THiNKr
新思

新一代人的思想

# DK航海史

探险、贸易
与战争的故事

# THE CONQUEST OF THE OCEAN

[英] 布赖恩·莱弗里 · 著

邓峰 · 译

BRIAN LAVERY

THE ILLUSTRATED
HISTORY OF SEAFARING

中信出版集团 | 北京

图书在版编目（CIP）数据

DK航海史：探险、贸易与战争的故事 / （英）布赖恩·莱弗里著；邓峰译. -- 北京：中信出版社，2021.3（2025.5重印）

书名原文：The Conquest of the Ocean: The Illustrated History of Seafaring

ISBN 978-7-5217-2356-4

Ⅰ. ①D… Ⅱ. ①布… ②邓… Ⅲ. ①航海—交通运输史—世界—普及读物 Ⅳ. ①F551.9-49

中国版本图书馆CIP数据核字(2020)第202069号



DK航海史：探险、贸易与战争的故事

著　　者：[英] 布赖恩·莱弗里
译　　者：邓峰
出版发行：中信出版集团股份有限公司
（北京市朝阳区惠新东街甲4号富盛大厦2座　邮编　100029）
承 印 者：北京顶佳世纪印刷有限公司

开　　本：650mm × 970mm 1/16　　印　　张：25　　字　　数：330千字
版　　次：2021年3月第1版　　印　　次：2025年5月第9次印刷
京权图字：01-2016-1559
审 图 号：GS（2024）0327号
书　　号：ISBN 978-7-5217-2356-4
定　　价：128.00元

THE MARINERS MIRROVR
Wherin may playnly be ſeen the courſes, heights, diſtances, depths, ſoundings, flouds and ebs, riſings of lands, rocks, ſands and ſhoalds, with the marks for th'entrings of the Harbouroughs, Havens and Ports of the greateſt part of Europe: their ſeueral traficks and commodities: Together wth the Rules and inſtrumēts of NAVIGATION.
First made & set fourth in divers exact Sea Charts, by that famous Navigator Lvke Wagenar of Enchuiſen And now fitted with neceſſarie additions for the uſe of Englishmen by
ANTHONY ASHLEY.

# 目录

# 引言

海洋该如何定义？今天谈到海洋，我们会提到5个独立的大洋——大西洋、太平洋、印度洋、北冰洋和南大洋。但是在古代和中世纪，“海洋”就是一整片神秘且骇人的水域，环绕着人们已知的陆地——欧洲、亚洲与非洲。实际上，大洋与大洋之间没有分隔。你没办法说清楚一个人是在哪一刻从大西洋来到印度洋，或从印度洋进入太平洋的。海洋是一个大的整体。正如1911年的《大英百科全书》所定义的，它是一个“巨大的、相连的水域，覆盖着地球表面的绝大部分”。

远洋航行的历史可以追溯到公元前1000年。波利尼西亚人在那时开始了穿越太平洋的迁徙。在9世纪的欧洲，斯堪的纳维亚半岛的维京水手横跨北大西洋，前往冰岛，并在1000年的时候到达了北美洲。到了中世纪，海上的贸易线路将中国和埃及，威尼斯和伦敦连在了一起。只要条件允许，大多数航海者会尽量贴近海岸线行驶。但在中东地区以及信奉基督教的欧洲，饱学的学者仍然认为海洋是令人恐惧的禁地。按照957年阿拉伯地理学家马苏迪（Al-Masudi）的说法，矗立在地中海到大西洋出海口处的海格力斯之柱上就有雕像告诉人们，“前方无路可走”。德国不来梅的史学家亚当在1076年写道：“挪威是极北之国度，再向北便没了人烟，只有骇人的海洋，环绕着整个世界的、无边无际的海洋。”1290年左右，英格兰哈丁汉姆的理查德向赫里福德大教堂献上了一张地图。在这张中世纪风格的地图上，整个世界仅有欧洲、非洲及亚洲三块大陆。就连地中海地区画得都不准确——意大利是三角形的，而且海的东边弯向了北方。图中围绕着大陆的海域，宽度还不及河流与近海。这都说明了海洋在人们心中的地位并不重要。

不过，这种狭隘的世界观很快就发生了转变。威尼斯人马可·波罗在1298年记载了他游历东方的见闻，其中就包括一次从中国到波斯湾的海上旅途。人们的眼界由此打开了。到1400年，古希腊地理学家托勒密著于2世纪的作品在欧洲出土。托勒密在他那个时代就绘出了印度洋，只不过印度的大半部分在他笔下是个岛，而印度洋则是被陆地包围着的。15世纪的海员们开始系统地探索世界。从1405年到1433年，郑和统领中国船队多次前往印度洋，最远航至非洲东海岸。同一时期，葡萄牙人驾着卡拉维尔帆船，开始试探性地探索非洲西海岸。他们还驶进了未知的大西洋，在1427年发现了亚速尔群岛。1450年前后，威尼斯修士弗拉·毛罗（Fra Mauro）用一张巨大的地图总结了人们对世界的新认识。毛罗写道，他觉得“印度海不是像池塘那样，被陆地包围在中间”，因为有那么一艘中国帆船——可能是来自郑和的船队——在1420年穿越了印度洋，并且“向西南方向航行了40天，除了水和风以外，什么也没发现”。在毛罗的地图上，大西洋也被绘制成了大洋。

欧洲人的经验很快传播到

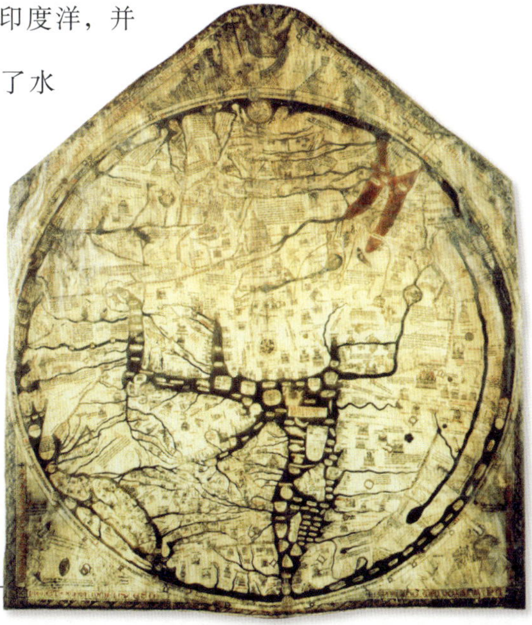

**赫里福德收藏的世界地图**

这幅中世纪的世界地图绘于1300年前后，是现存同类地图中尺寸最大的世界各地。贪婪的君主野心勃勃，支持富有冒险精神的海员开疆拓土、建立贸易线路并从事掠夺。克里斯托弗·哥伦布在1492年那次知名的航行中驶向西印度群岛，首次在欧洲与美洲之间建立了固定的航线。瓦斯科·达·伽马则在1498年出发，带领一支葡萄牙舰队绕过了非洲的最南端，前往印度。身为葡萄牙人却为西班牙服务的斐迪南·麦哲伦在1519年开始了一段航行，绕过了南美大陆。在他死于菲律宾之后，他的船员继续前行，完成了环球航行。到了1527年，迪奥戈·里贝罗（Diogo Ribeiro）在地图上精准地绘出了大西洋与印度洋，还有略显粗糙的太平洋。对海洋一无所知的时代结束了。

既然人类能够穿越浩瀚的海域，那么称他们"征服了海洋"或许也没什么不妥。不过，几个世纪以来，航海家们面对的都是不适与危险。在陆地上行进并非没有危险，但海上的危险则完全是另一回事。在没有知识准备和海图的条件下，水手们根本无法确定海面下藏着什么。如果天气变坏，找不到避风港可是家常便饭。维生素C缺乏症（俗称坏血病）这样的疾病在海上夺走了成千上万人的生命，而在帆船危险的环境中，事故也是频频发生。走海路的旅行者可能遭遇食水短缺，而水手在遇上麻烦时，救援又远在天边。海路旅行经常因海浪而变得让人难以忍受——除了危险之外，晕船大概是海路旅行最大的阻碍了。

16世纪到19世纪是航海的黄金时代。在这段时间里，航海帆船对世界贸易、开疆拓土以及战事来说有着举足轻重的意义。然而帆船的航行完全依靠洋流和风，而风往往又是无法预测的——即便对现在的天气预报员来说也是如此。大风突然来袭，就有可能打散一支船队，或使其沉没。无风或逆风则会拖慢或困住船只，让整个航程的时间再加上几周。能赶上持续的、可预测的风，完全是一种福分。美国海员理查德·亨利·达纳（Richard Henry Dana）在1840年写道："好的信风……总是刮往一个方向，或许从创世之初便是如此，永远不会平息，也永远不会变成狂暴的大风……"导航技能的匮乏也是航海会让人害怕的一个原因。观察天体、持续测量航速再加上使用指南针，只能在测算方位时保证一定程度的准确性，但充其量也就是这样了。对远洋航行的海员来说，他们通常只是大概知道自己身处何方，没有精确的海图则会增加他们的困难。不过，经过了多年的技术发展与海事经验积累，航海的情况逐渐得以改善。到了19世纪，坏血病基本得到了有效治疗，导航技术也出现了极大的进步。在19世纪下半叶的时候，远洋汽轮取代了帆船，海员们就不再单纯依赖变幻莫测的风了，海上航行的时间也得以缩短。等到20世纪，至少在和平时期，海上旅行已经相当安全了。

从某种意义上说，海洋从未被"征服"，而且永远不会被征服。我们无法按照自己的意愿去操控洋流、海浪和天气，人为的影响反而多是负面的、事与愿违的。但是，经过了许多世纪的冒险与实验，人类至少发明出了跨过广阔海域的办法。古往今来，无论是贸易、探险、战争抑或对异国的殖民，航海家都要与自然的力量做艰苦卓绝的搏斗，他们要具备超乎寻常的忍耐力、技能以及富有独创性的思想。挺进未知水域，从极端恶劣的海况下生还，这些令人难以置信的事迹组成了他们的一生。这些经历值得赞颂，而同样值得赞颂的，当属海员和他们的船只对人类世界发展所做出的重要贡献。

# 早期航海者

## 1450年前

在世界的很多地方，最早的小船是为了在湖泊、江河以及入海口这些比较安全的内陆水域航行而建造的。与之相比，在海上或大洋中漂泊的风险则要大得多。波利尼西亚人是首批远洋航行者，他们乘着浮架独木舟，以小桨和帆为动力，穿越了苍茫的太平洋；在地中海，生活在现在黎巴嫩地区的腓尼基人，从公元前900年开始发展海上贸易；古希腊人与古罗马人则通过桨帆船实践了大规模海战。地中海地区的人们并没有局限在自己的内海中。腓尼基人就曾航行至加那利群岛，罗马人在不列颠行省也驻扎着一支舰队。5世纪罗马帝国衰落后，欧洲西北地区出现了新的社会，其中一些发展出了令人叹为观止的航海技术——斯堪的纳维亚的维京人可能是首批到达北美洲的欧洲海员，只不过他们没有在那里留下永久性的居住点。在中世纪，桨帆船在地中海仍是顶级舰船，而此时北欧人以维京长船为基础打造了远洋帆船，将其用于贸易和战争。

同时，随着伊斯兰教在7世纪兴起，阿拉伯人在印度洋展开了繁荣的海上贸易。各种航线把红海和印度、印度尼西亚群岛、中国这些地区联系在一起。中国人主要是沿江靠海航行，他们的造船技术与航行方式自成一体，有一套成熟的传统。在14世纪明朝建立后，海军舰只建造方案得以开展，舰队纷纷驶向印度洋。不过到了15世纪中叶，中国对远洋航行失去了兴趣，欧洲则很快迎来了一个海洋探索与扩张的全新盛世。

# 探索太平洋

1778年1月，第三次横渡太平洋的库克船长在日志中写道："这个民族分布在如此广大的一片海洋上，我们该如何解释呢？"库克口中的这个民族就是波利尼西亚人。他们居住在新西兰、夏威夷以及复活节岛三点构成的大三角区域内，分散在其中数千个太平洋岛屿上。很明显，在不借助海图、指南针，甚至没有文字指令的情况下，他们就已经划着小船，完成了对这一区域的殖民。

其实库克船长在第二次航行时，就有了一个大致的答案。当抵达南库克群岛时，他发现了三名塔希提人在探索其他的岛屿时沉船了。库克船长不免猜想，波利尼西亚人分布得如此之广，可能是一种偶然。不过，这种可能性不大。靠这种偶然建立一个新社会，就需要有一大群具备一定技能的男男女女长时间待在海上——而且他们还要有充足的工具、作物、种子和动物。另外，这些人还得搁浅在一处无人居住的荒岛上。不光是这一点不大现实，波利尼西亚地区的殖民模式与太平洋的洋流及盛行风也不吻合。这意味着当地人并不是简单地从一座岛随波逐流漂到另一座岛，而是在有意识地展开探索——而且，如果说他们当时的风向和洋流与今天一样，都有固定模式，那么他们的航行就有一定保障，在没有结果的时候至少有希望回到出发的地方。探索的另一个保障是，这些岛屿都位于赤道地区，这里很少有看不到太阳或星星的时候，而且这里的风暴基本都有季节规律。另外，翻船也不是什么需要担心的问题。正如随库克船长出行的自然学家约瑟夫·班克斯（Joseph Banks）所发现的，"它们［指船只］经常翻倒，但这些人就像能活在水里一样，根本不在意这类事故。他们都是游泳好手，与之不相上下的只有海豹"。

可以确定的是，波利尼西亚人的航海技术是逐渐发展起来的。考古学证据显示，他们的祖先可能来自约4万年前的东南亚地区，在近海沿着海岸从一座岛搬到另一座岛。3万年前，他们抵达了南太平洋上的所罗门群岛，在那里定居了差不多2.5万年，并利用这段充足的时间改

波利尼西亚人的远洋航行

进了造船与航行技术。然后，在2 500多年的时间里，他们又开始从一座岛向另一座岛迁移，一次航行几百英里*。在公元前1000年到公元前500年这段时间里，他们发现了从斐济和汤加出发，到萨摩亚，再到库克群岛的路线。到了公元750年，他们抵达了复活节岛和夏威夷。等到公元1500年，他们已经在新西兰和查塔姆群岛定居。另一群人则在公

* 1英里≈1.61千米。——编者注

元前1000年从菲律宾和印度尼西亚出发，定居到了东北面的北马里亚纳群岛和加罗林群岛，并一直向东迁移，直到公元500年前后。

至于波利尼西亚人为何要到大海里去，可能因为他们就是想冒险，而不在乎各种显而易见的危险。这曲提科皮亚（Tikopia）悲歌就真切地表达了这种不安分的心理：

> 起航心意已决
> 你要离开那里驶向大海
> 船下水时众人恸哭。脚迈出水面……
> 那是年轻人登船远行的决心

另一个可能的原因就是，人们在远方捕鱼时发现了新的岛屿，而技艺出众的领航员可以再去那里，从而确定岛屿的位置。当一处岛屿的方位被确定后，船只就可以载着家人、货品以及牲畜前往，这种做法相对安全。1847年，英国皇家海军的亨利·拜厄姆·马丁在塔希提就碰上了这样一条船——这是一艘远洋用的双体独木舟，可以搭载整个村落的人："从普莫沱出发，船上载着38个人——走了大约250英里……他们就像是那种到处闲逛，看看可以捡到什么东西的家庭。"

在有的岛上，人口可能是一点点增加起来的。也许开始只有偶尔前来的渔夫或猎人，然后才逐渐出现了棚屋和小型定居点。有的岛屿则可能在很短时间内就被人完成了开拓，一下子迎来一大群有意开辟新领地的人。这一大群人里可能有酋长或酋长的儿子，还有木匠，以及擅长打鱼、狩猎或耕作的人。三到四艘独木舟可能会同时出航，共用一个经验丰富的领航

波利尼西亚探险者穿越大洋的最远距离

3 200千米

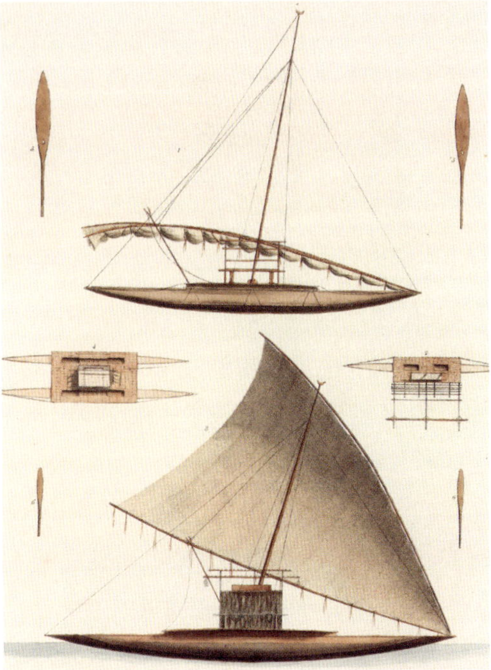

**波利尼西亚船只**

这种船的特点是有两条船体，有上扬的船首，以及简单的甲板舱室。波利尼西亚船只可以搭载整个部落，从一座岛屿前往另一座岛屿，有时是为了寻找新的定居点

员。如果要向西航行，他们应该会选择一个风从东面刮来的季节。他们有可能会选择冬天里信风较弱的时候出航。

关于古代波利尼西亚船只的考古学证据几乎没有，也没有关于这些船只的书面记载。直到数个世纪后，首批欧洲人到访这一区域，才改变了这一情况。所以，我们只能想象古波利尼西亚船只是什么样子。班克斯在1769年曾描述过塔希提和汤加的传统船只。那里的人们利用石制工具，以精巧的技艺造出简单的木筏、中空的木船以及靠把木板绑在一起制成的船只——全是敞篷的，只是个别甲板上有个小棚屋。当地也有双船体的大型战斗艇以及小渔船，战斗艇的船首高度为5.2—5.5米。用来在岛屿间航行的船只长度为9—18米，每艘船的甲板上都有“一个5英尺*或6英尺高、7英尺或8英尺长的小舱室，固定在船的前端。里面坐着的是……从一个地方到另一个地方去的重要人物”。这些船非常窄小，但因为采用双船体，非常稳定。双船体或是绑在一起，或者是在主船体外伸出一个浮架——那是个小一号的副船体，起到浮体的作用。岛上的人用大桨划动这些船只，桨的握杆很长，桨板很平。船上有一根或两根桅杆，帆则是“窄窄的，三角形状，一角冲上，边缘呈弧形”。这种帆“完全包在木质框架里，没有考虑过缩帆或卷帆操作，所以

* 1英尺≈0.3米。——编者注

**波利尼西亚人的海图**

这是由木头和贝壳组成的马绍尔群岛海图，上面标注了岛屿、洋流以及岛屿间的航线

在遭遇坏天气时，就必须整个卸下来”。在天气特别恶劣时，海员就要寻找岛屿躲避，还要把船拖上岸，不能把它留在海里。

岛上的居民如果要出海，就得挤在小船上，这样的日子最长是三个星期。大的出海群体中会有妇女、儿童和婴儿。按照班克斯的说法，在必要的时候，船上所有人都要划桨，而且这些人“可以划得相当快”——只有“那些被安顿在舱室中的人”不用划船。船只可以迎风航行，“可能由于有木架包裹，这些帆立得比任何靠帆索牵引的帆都要直”。船经常漏水，“至少要安排一个人不停地向外舀水”。男人和女人尽可能分开，女人一般待在舱室里。所有人都睡在椰子垫铺成的床上，尽可能利用每一寸空间。

领航员是船上最重要的人，地位相当于酋长或祭司。他的技术是至关重要的，一旦出错就可能危及整组人的生命。他的权威也是至高无上的。他不借助任何仪器导航，只用星星和高耸的火山岛作为参照点。按照班克斯的说法：“在稍远的航行中，他们在白天靠太阳指明方位，晚上则靠星星。他们给大多数星星起了名字，聪明人则能讲出星星在不同月份会在天空中什么位置升起来；他们还知道星星每年消失并重新出现的具体时间，精确程度远超欧洲天文学家的想象。”

从年代稍近的一次航行中，可以看到这种领航技术的应用：那是1983年从提科皮亚到阿努塔的一次航行。在那次航行中，连海浪也成了一种导航的手段：

> 假如天色变差，乌云遮蔽了天空，星星暗淡无光，那就只能靠领航高手全权负责。他会观察海浪，岛上山峰的高低和风决定了波涛的浪峰……这样他就找到了航线……但还是没有发现岛屿……这时他就

**塔希提的马塔瓦伊湾**

库克船长在18世纪70年代的航行中，在塔希提遇见了波利尼西亚人的传统船只。在这幅1776年创作的画作中，停泊在波利尼西亚小船附近的是HMS（英国军舰）“决心号”与“冒险号”

> 寻找海浪波群——也就是近海浪形成的波群——这些浪头开始拍向船首……他重新调整独木舟，让它正对着迎头打上来的近海浪。

在万不得已的情况下，鸟的飞行路线也可以当作导航的最后一招：“阿努塔［山］仍未出现。它很近了。坐在船上的他终于看到了阿努塔山顶的鸟……于是，领航员调整船首，沿着鹲鸟的飞行轨迹前进。”

由于船只尾部很高，长度也足够，所以在汹涌的海浪中停泊不是难事。船在停下来后就要拉上海滩，尽可能远离潮水。这时候，人们便卸下家畜、工具以及补给品，开始搭建住所并寻找食物。

虽然这种远洋航行堪称壮举，但波利尼西亚人没有打造更大船只的需要，因为他们的人口相对较少，而且几乎不进行什么贸易。不过，他们的领航技术是卓越超群的，他们的事迹一直被传诵至今。他们的两项发明——浮架独木舟与双船体设计——经常出现在20世纪末的帆船与渡轮上。

# 地中海上的航行

公元前2千纪，活跃在地中海东部的是克里特岛的米诺斯商人，但首次横渡整个地中海的其实是腓尼基人，也就是位于现在以色列北部的一个文明。他们完成这番壮举的时间是在公元前1200年到公元前900年间。在这之前，公元前3500年的时候，埃及人已经发明了船帆，并借助这种工具建立了当时世界上首屈一指的海军力量。埃及帝国在公元前1085年覆灭，腓尼基文明借此繁荣壮大。这个文明的基石是海上进行的贸易，靠的是由船桨推进的帆船。这些船被希腊人称为“gauloi”(意为“桶”)，并由此派生出“galley”(桨帆船)一词。腓尼基人的贸易范围包括地中海、非洲西海岸、加那利群岛、迦太基(今突尼斯)等殖民地，以及伊维萨岛、西西里岛和西班牙南部的城镇。到当时为止，他们最伟大的发明当属二桡船，即每侧船舷都有两排桨手的桨帆船。另一个依靠岛屿以及海边城邦发展起来的伟大文明——希腊，承袭了这种设计，接着发明了三桡船，即每侧船舷都有三排桨手的桨帆船。荷马在著于公元前700年左右的《奥德赛》中，就描述了水手们在希腊桨帆船(这应该是一种配有50名桨手的单层甲板船，被称为“50桨船”)上工作的典型情景：

> 忒勒玛科斯向水手高声下令：“全员升帆！”船员得令，跳将起来，拉动船中央的滑车，稳稳地竖起松木桅杆，飞快地拿支索将其固定，并用生牛皮编成的吊索将白色的船帆升得高高的。风突然间刮过来，帆布大展开来，发出强有力的声音，船首前方涌出一道深蓝色的波浪。船开动起来，掠过浪花，径直冲向目标。

公元前480年，依靠军用三桡船和50桨船，希腊人在萨拉米斯海战中大获全胜，击败了船只多得多的波斯侵略舰队。这种胜利证明，海军力量直接关系到该地区的政治力量——罗马人对此深信不疑，虽然他们并不是天生的航海家，但也建设了自己的海军。希腊人的船主要还是贸易船只，连使用的航线也都是腓尼基人开辟的。很少有关于船员在这些船上生活的记载，不过那些保留下来的记录则证明，哪怕是最普通的航行也是困难重重。其中最完整的一份记录来自公元397年。记录者时年27岁，名叫辛奈西斯（Synesius）。这名男子出生在希腊一个富裕的家庭，获得了良好的教育，晚年成了一名军事指挥官兼基督教主教。在给兄弟的信中，辛奈西斯回忆了他从埃及亚历山大港乘船到利比亚的经历，这是一段近乎灾难的航程。

辛奈西斯搭乘的不是讲究的桨帆船，而是一艘短小的、装备不齐的商船，船长也即将破产。这艘单桅帆船的年头应该是相当久了——那个时代的船只，有时大修一次就会服役80年或更长时间。还没开出港口，这艘船就几次触底。这让辛奈西斯感到很不安——发生这种事不是什么好兆头："……或许从一开始，更明智的选择就是不乘这艘倒霉的船。不过，我们不愿给人留下怯懦的印象。"

**米诺斯人早期的航行**

这幅约公元前16世纪的壁画描绘了青铜器时代航行在地中海上的米诺斯船只

# 初代帆船

埃及人最早建造船只的年代应该是在公元前3500年到公元前2500年之间。在这之后，随着希腊的三桡船和拜占庭的多桅德罗蒙战船（dromon）逐渐兴起，地中海变成了军舰的演练场。

**埃及船（公元前1900年）**
最早的埃及帆船是结构简单的单桅船，船尾有一对划桨。船首和船尾各有一间为船长准备的小房间

**米诺斯船（公元前1500年）**
公元前2000年到公元前1000年，来自克里特岛的米诺斯商人在地中海东部开展贸易，发展壮大。他们的船只通常很小，只有一排桨

**希腊50桨船（公元前600年）**
正如它的名字，流线造型、高航速的50桨船有50名桨手。这可能是希腊最早的舰首带撞角的船只

**希腊三桡船（公元前480年）**

希腊人将腓尼基二桡船的尺寸放大，建造出了三桡船。这种船每侧船舷有三排桨。它的舰首撞角得到了进一步改良，是种令人生畏的军事武器

**腓尼基二桡船（公元前700年）**

二桡船是每侧船舷都有两排船桨的单桅船。发明了这种船的腓尼基人，靠它在地中海上作战

**拜占庭德罗蒙战船（公元900年）**

德罗蒙船是拜占庭帝国的战船，主要靠船桨驱动，不过三角帆也可以让它借风力航行

**罗马商船（公元200年）**

罗马商船主要的用途是将埃及的谷物运往罗马。这种船非常宽敞，而且不设桨手，从而最大化货运空间

**维京长船（公元800年）**

这种船吃水较浅，可以高速行进。长船载着维京人穿越了大西洋，从地中海抵达了黑海

驶离了亚历山大港，辛奈西斯开始担心船员的状态。板着脸孔的船长阿玛拉托斯（Amaranthus）让人放心不下，而且船上有13名海员——这是个不吉利的数字。其中有一半是有经验的水手，不过在辛奈西斯看来，剩下的一半则是“一群由农夫组成的乌合之众，去年才第一回握上船桨”——而且每个人“身体都有残疾”。开工的时候，这些人就用外号称呼彼此，例如“瘸子”、“左撇子”和“突眼”。最后，他们中的大多数（包括船长在内）都是犹太人。辛奈西斯认为这些人“肯定真心希望把希腊人送进冥府，而且人数越多越好”。

船上有50名乘客，其中有一队阿拉伯骑兵。辛奈西斯不禁注意到，约1/3的成员是女子，大多“年轻貌美”。不过他写给兄弟的信却带着一丝失望。“不要着急嫉妒我们。我们和女人之间有一道屏风，旁边还站着一个矮胖子。屏风的材料是一面刚被撕破的船帆……”一开出港口，船就直奔大海，辛奈西斯想起了诗人荷马。船长开船直奔一处礁岩岛，“所有的帆都张开了，好像要和海妖斯库拉对决一番。我们小时候都害怕这只妖兽，想起它就浑身发抖”。这里是在引用奥德修斯穿过斯库拉盘踞的礁岩和卡律布狄斯[1]潜伏的旋涡的故事。这个位置就是现在的墨西拿海峡。从神话中回过神之后，辛奈西斯和同行乘客吃惊地发

**商船卸货**

这幅壁画描绘了公元前3世纪前后一艘商船在古罗马港口奥斯提亚卸下谷物的情景

现，犬牙交错的礁石就从船边掠过，于是“所有人都大叫起来，导致船长不得不放弃与礁石搏斗的念头”。乘客们以为是他们说服船长及时避让，但实际上可能船长只是在戏弄这些自大的人，“他就像着了魔一样，突然转舵，把船头对准开阔水域，使出全身力气对抗与他作对的大海”。

一阵从南边吹来的清风让船驶出了近海。不一会儿，辛奈西斯便羡慕地看到，更大的商船从身旁驶过，“都是些双桅货船，和我们要去的利比亚毫不相干”。这些大商船把谷物从埃及运往罗马城，让那里的人填饱肚子。自己坐的是破烂的小船，而且又看不到任何陆地，这让辛奈西斯觉得根本没必要沿着靠海岸的航线向北航行这么远。脾气反复无常的阿玛拉托斯厌倦了乘客的抱怨，站在船尾“恶意诅咒”乘客，并大声说：“我们肯定没法飞起来……我要怎么做才能帮到你们这些既不信任陆地又不信任海洋的人？”辛奈西斯则应声道：“我们需要开到远海吗？不如朝着五城[2]开吧，贴着海岸走。”

这是未出过海的人与海员间的典型冲突。前者希望看到陆地，得到心理上的慰藉；后者则知道，沿着海岸航行其实有很多隐藏的风险。阿玛拉托斯的判断得到了验证：风突然改成从北面刮来，而且风力变强了很多，把帆吹向桅杆后方。在辛奈西斯看来，整艘船差点儿就被刮翻了。船长得意扬扬地叫道：“看看什么叫领航大师吧。我早就预见到了这场风暴，这就是要开往远海的原因……贴着海岸就走不到我这条线路了，要是那样船早就搁浅在海滩上了。”

狂风减弱了，这一天剩下的时间也还平安无事，但入夜之后，风又大了起来。犹太安息日的习俗重新让乘客们紧张了起来。船长居然停止履行自己的职责，因为这个时候“还动手工作是不合法的……于是我们的船长在他认为日落西山的时候放开船舵，径直趴下了……”乘客们还以为船长陷入了突如其来的绝望。稍后风渐渐平息了些，但海浪逐

1 斯库拉（Scylla）与卡律布狄斯（Charybdis）都是希腊神话中的海妖，盘踞在墨西拿海峡两侧。斯库拉有六首十二足，专门吞噬过往船只上的船员；卡律布狄斯则一天三次饮下海水，形成大旋涡。船只想要穿过此处，要么选择穿过斯库拉的领地，要么涉入卡律布狄斯的险潭，故英语有“夹在斯库拉和卡律布狄斯之间”这种说法，形容进退两难的境地。——译者注

2 五城（Pentapolis）是指由五座相连城市组成的城市群。这里的五城可能是指组成罗马上利比亚省的五个希腊殖民地。——译者注

渐高了起来，而船长还趴在甲板上，没去管船舵。辛奈西斯注意到，在风消失的时候，海况总是更加恶劣："当风突然变得不再暴戾……就轮到海浪不甘平静了。"

船被海浪抛来抛去。一名士兵拔出剑来威胁阿玛拉托斯，想让他采取行动，但船长"在这种时候证明了自己是摩西律法的虔信者"，不为所动。人们可能会想，船长知道自己拿风没有办法，而且存心再次戏弄他的乘客。不管怎样，阿玛拉托斯终于在午夜重新掌舵，并用他自己那种让人担心的方式解释道："我们肯定在面对死亡的威胁，一切都由摩西律法说了算。"

风暴更加肆虐了，"男人绝望地呻吟，女人则尖叫起来"。人们向各自信奉的神灵祈祷，辛奈西斯则又想起了荷马。"阿喀琉斯，最高贵、最勇敢的人，也因为险些被淹死而畏惧死亡，并将这种死法称为可悲的结局。"别的乘客开始戴上最好的金饰和珠宝，认为这样做可以在渡过冥河时缴纳自己的船费。辛奈西斯的态度则更偏向实用主义："沉船丧命的人身上一定要有丧葬费，这样不管是谁无意中碰见尸体并从中获益……好歹也会给这些让他致富的人盖一把土。"

风在破晓的时候平息了。现在可以把帆收起来，换下这面像"衣服厚褶子"一样的帆。按照常理，应该换上一面小一点儿的帆，结果辛奈西斯发现阿玛拉托斯的帆"已经交到当铺老板的手里了"。他们最终在一处靠近偏远沙漠的水域下了锚。松了一口气的乘客们"触摸着挚爱的陆地，我们就像拥抱亲生母亲一般拥抱土地"。他们在那里停留了两天，等待好天气，然后在拂晓时分顺风出发了。在顺风航行了两天后，北面又吹来了一阵狂风，"风力大得无法衡量，大海就像开了

**腓尼基坠饰**

这件腓尼基船形饰品出自公元前4世纪。首次将航行路线拓展到整个地中海的是腓尼基文明

沉船丧命的人身上
一定要有丧葬费。

—— 辛奈西斯

锅一样”。由于恶劣的天气让船备受摧残，挂着船帆的横桁被拽断掉了下来，差点儿砸死人。在这种状态下，“我们坚持了一天一夜……在谁也没意识到的情况下，我们突然发现船下面就是一座锋利的暗礁。它从陆地伸出来，就像一小块半岛一样”。面对这条危险的航路，“水手们都吓坏了，而我们这群毫无经验的人都在鼓掌拥抱，庆祝看到了陆地”。

触礁的危险是显而易见的。就在这个时候，一个“穿着土里土气”的人出现在海岸上，向船员打着手势，引导他们前往一个相对安全的位置。随后他乘着一艘小舟来到船上，从船长那里接过船舵，船长则“很高兴地将指挥大任交予这个人”。在这个神秘救星的引导下，他们停在利比亚海岸上一个叫作阿扎兰姆的“欢快小港”里。这艘船到现在为止已经行驶了差不多640千米。

虽然暂时避开了滔天怒浪，但乘客们面临着供应品短缺的窘境，于是他们开始寻找食品，钓鱼并收集贝肉。不过，辛奈西斯和他那些被困在这里的同伴却始终在“沙漠的海滩上哀怨地唱着歌，旁若无人地凝望着亚历山大港的方向，以及故土昔兰尼”。辛奈西斯的信中没有讲述他们是如何摆脱困境的，不过就像奥德修斯一样，他最终安全返乡。他后来写信告诉兄弟，“永远不要把自己托付给大海”。

《奥德赛》的背景设定在古典希腊时代刚开始的时候。荷马描述的地方都是未知的海洋与陆地，这大概就是3 000多年前地中海在航海家心中的印象。而辛奈西斯则生活在那个时代的末期，那时的罗马已经受到了匈人的冲击。新的文明正在发展壮大。不久之后，地中海就告别了古典文化的控制。

# 地中海

地中海坐落在南欧、北非和中东之间。在这片海洋里，蒸发的水量是雨水与河流注入水量的3倍，导致这里的盐度极高。来自大西洋的海水经过直布罗陀海峡注入这里，补偿了缺失的水量，也使得这里出现了微弱的逆时针环流。在西西里岛和意大利大陆之间，有一股强劲的海流通过墨西拿海峡，希腊神话中关于海妖斯库拉与卡律布狄斯的灵感也正是源于此。地中海气候温和，刮的都是地方性风，当地人给这些风都起了名字。例如吹过撒哈拉沙漠的西洛克风，它是一股从南方刮来的热风，还有从西北方刮来的密史脱拉风，以及从东北方刮来的干冽风。

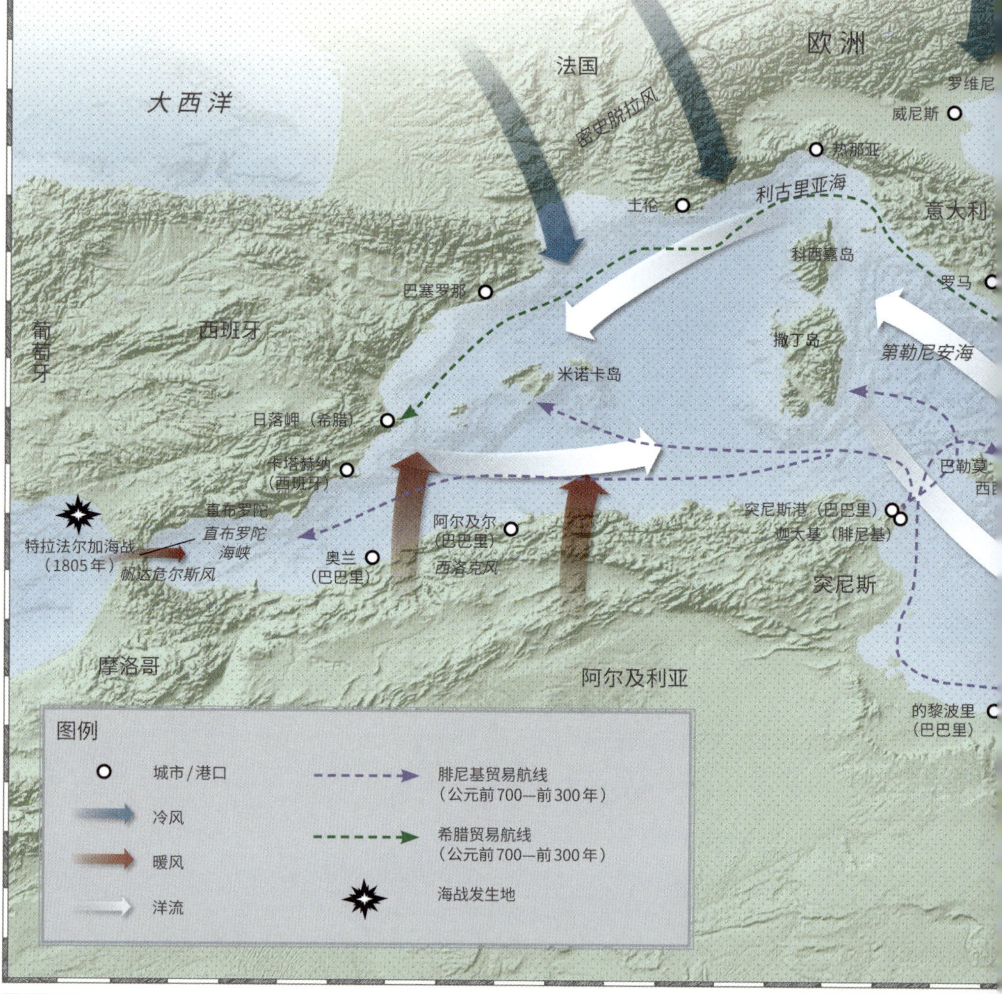

## 地中海文化

人类真正对世界各大洋进行探索，是15世纪的事情。在这之前，对许多民族来说，地中海地区就是已知世界的中心。在这些民族中，有许多伟大的文明和岛屿文化，例如埃及、腓尼基、米诺斯和希腊——这里的人们都借助海洋迁徙，在海洋上作战，并借助海洋进行贸易。到了公元前30年，整个地中海地区都在罗马帝国的控制之下。然而，随着罗马帝国在476年覆灭，一个政治冲突与宗教冲突频发的时代到来了。再之后主要是北方的基督徒与南方的穆斯林间的争斗

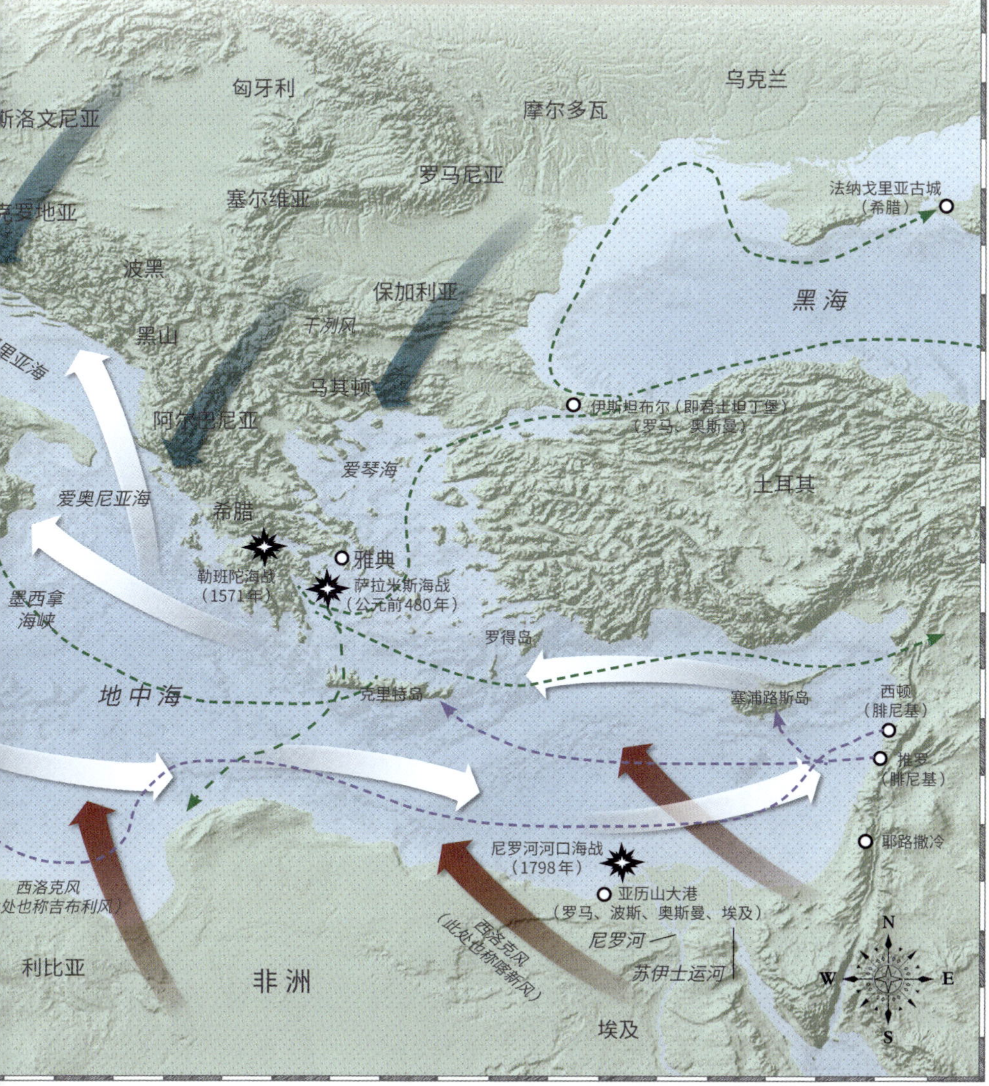

# 维京传奇

“[793年] 6月［7日］，他们来到了林迪斯岛上的教堂，毫不留情地捣毁并抢掠那里的一切；他们用自己肮脏的脚践踏圣物，掘倒圣坛，把物品占为己有。”这段话出自英国杜伦的史学家西米恩，描述了英格兰东北海岸附近的林迪斯岛上的修道院遭受劫掠的情景，而洗劫这里的人就是维京海盗。他还写道：“教友们有的被杀害，有的被用锁链捆走，更多的人被他们扒光衣服，赤身裸体地遭受羞辱，踢出门去，还有人被扔到海里淹死。”这座曾写出福音书中最隽永篇章之一的知名修道院，就这样被来自海上的野蛮异族维京人毁掉了。那里的修士们遭受了羞辱、奴役甚至死亡的命运。没过多久，法兰克帝国查理大帝的顾问阿尔古因便表示了自己的担心：“这要么是更大苦难的开端，要么就是当地居民原罪招致的祸端。”此事的确成了这片岛屿上凯尔特人与盎格鲁–撒克逊人长久梦魇的开始，也是许多欧洲人噩梦的发端。

“Viking”这个词可能源自诺尔斯语中的“Vik”一词。后者意为“小溪”或“海湾”，有“海盗暗藏在这里寻找猎物”的含义。在西班牙，这群主要来自丹麦和挪威的强盗，被称为“蛮族法师”——这种说法实际是在赞叹维京人的航海技能，因为他们比同时代的人更为大胆，可以远涉重洋。他们的大部分航行带有军事目的，而且他们会利用周边民族的弱点，例如英格兰人与爱尔兰人的分歧，以及欧洲大陆在查理大帝于814年驾崩后出现的混乱。维京人没有海图，也没有指南针。

**林迪斯岛雕刻**

这幅9世纪的雕刻作品表现了维京人对林迪斯修道院的野蛮攻击。维京人既是结实的水手，又是狂暴的战士。他们的探险历程通常是发现与暴行并存

维京人的航程

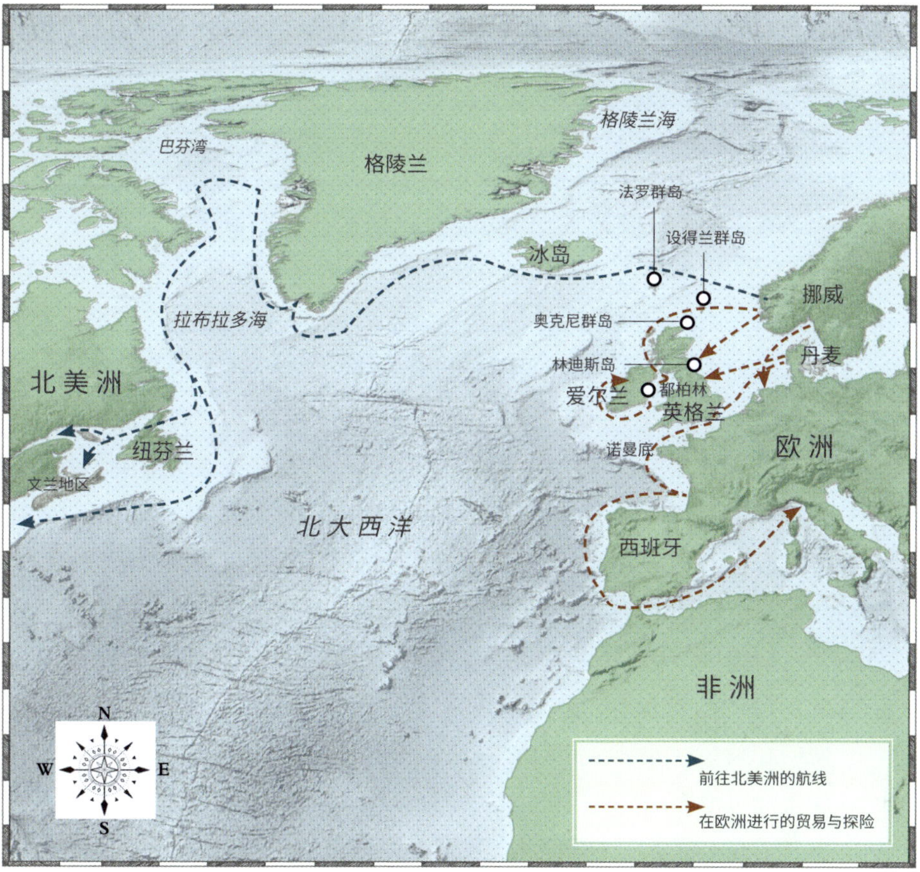


和其他早期航海者一样，他们依靠星星领航；这些人使用的唯一工具是一种日晷，它可以提供原始但有效的方法，让他们沿着纬线向东或向西航行。不过，他们的长船却体现了精湛的造船技艺。就是乘着这种船，维京人航行至奥克尼群岛与设得兰群岛，在那里安营扎寨，建立了都柏林，征服了英格兰大部分土地，对诺曼底进行了殖民，并在东欧主要河流的沿岸进行贸易并定居在那里。

除了对欧洲大部分地区进行殖民外，维京人还发现了一些新大陆。这些发现远早于其他西方文明，其中最知名的发现当属北美大陆。他们还在873年取道法罗群岛抵达了冰岛，并在895年来到了格陵兰——

后者的名字与该岛真实的气候状况完全不符[1]，传说起这个名字是因为维京探险家“红发埃里克”想要鼓励同胞向他发现的大陆移民。现在人们认为，率先发现北美大陆的欧洲人是一个名叫比阿尼的维京商人，时间是985年。此人在一个夏天乘船前往冰岛，看望他的父亲，但得知父亲已经搬到了格陵兰。比阿尼决定追随父亲的脚步，但他的船员却表示反对——就连他自己也承认，这趟航行有些鲁莽，因为他们中没有一个人以前曾去过那里。不管怎样，他们还是出发了，航行了三天，“后来海水淹没了陆地，起先的顺风也消失了，海上刮起了北风，起了雾，他们也不知道自己要漂往何方”。

漂泊了许多天后，他们看见了陆地——现在人们认为他们看见的地方就是靠近美洲海岸的纽芬兰。比阿尼知道这里不是格陵兰，因为当地没有冰雪覆盖的群山，而是“地面平平，满是树木”。他们发现岸边有一处平坦的林地，于是船员们敦促比阿尼上岸寻找食物和淡水。他回复道：“这两样东西你们都不缺。”就这样，他的此次探险并未真正登上新大陆。他们向北航行，最终看到了更大的陆地。比阿尼说：“就我知道的消息来看，这里最像格陵兰。”完全是凭借运气，他们在格陵兰找到了比阿尼的父亲和他父亲的营地，并且发现他对他们此前绕过的广阔大陆浑然不知。

诺曼人都认为，比阿尼的探险缺少开拓精神。遭流放的维京探险家“红发埃里克”有个儿子，名叫莱夫·埃里克松（Leif Ericsson）。他一心想要去那片大陆好好探索一番，于是便买下了比阿尼的船，并招募了35名船员。在远涉重洋之后，这群人踏上了新大陆——应该也是纽芬兰，建起了小屋。有一次，一名船员进入内陆，而后带着一串串葡萄返回了营地，所以莱夫给这里起名叫“文兰”[2]。他们用当地的木材修复了损坏的龙骨，把换下来的旧木料竖

**莱夫·埃里克松**

人们认为，这位知名的维京探险家是从南格陵兰的布拉塔席尔德出发前往纽芬兰的。现在在莱夫启航的地方，有一座他的塑像

在一处海岬上，管那里叫作“龙骨岬”。然后，他们就带着一大堆葡萄返航了。

维京长船的最高航速

12节

莱夫的兄弟托瓦尔德是下一个远洋航行前往文兰的维京人，不过他的登陆并没有他兄弟那样成功。托瓦尔德那帮人撞见了三艘独木舟，上面有九个原住民。托瓦尔德他们杀掉了其中的八个，一个则逃脱了。第二天，托瓦尔德被一阵慌乱的叫声惊醒：“快起来，托瓦尔德，你和你的人要是还想活命，就赶紧上船，离开陆地全速驶向大海！”数百名划着独木舟的“斯克赖林人”，也就是因纽特人包围了他们，发起了攻击。就在维京人匆忙上船的时候，托瓦尔德被一箭射死。据说他的临终遗言是：“这是一个富饶的国度……我在这里吃肥了肚子。我们找到了一处宝地，却无福消受。”

到了1009年，又一次前往文兰的航行开始了。这次领头的是挪威富翁托尔芬·克尔塞夫尼（Thorfinn Karlsefni）。他组建了一支由三艘船和160人组成的队伍，想要在新大陆定居。这伙人里有探险经验丰富的冒险家托尔霍（Thorhall），不过按照《红发埃里克传奇》一书中的说法，此人“行事专横，又带着一丝忧郁，总是一言不发，埋头做自己的事情，而且对人总是恶言相向”。队伍里还有五个女人，其中包括托尔芬的妻子格瑞德，以及红发埃里克那令人生畏的女儿弗雷迪斯——身边总跟着她那个妻管严丈夫。

顺着北风航行了一阵后，他们来到了龙骨岬，在继续前进的路上发现了一些小溪。他们派两名苏格兰奴隶上岸——男的叫凯基，女的叫赫迦。两天之后，这两个人带着一串葡萄和一穗野生小麦回来了。托尔芬得出结论，他们找到了“上好的土地”，因此他们沿峡湾行驶，发现了一处满是飞鸟的岛屿，那里“一伸脚就能踩到鸟蛋”。再往峡湾

1 格陵兰（Greenland）意为“树木葱郁之地”，实际上该岛的纬度非常高，不可能有茂盛的植被。——译者注

2 文兰（Vinland）一词中的“Vin”在诺尔斯语中有“酒”的意思，而葡萄可以用来酿酒。——译者注

里走了一些，他们卸下了储备和牲畜，建立营地着手为冬天做准备。那个冬天异常寒冷，捕鱼收成很差。这群诺曼人（大部分已经皈信基督教）祈求上帝让他们摆脱饥饿。有一天，托尔霍找不见了，后来人们发现他正坐在一块石头上发呆，口中还念念有词。他是在向自己以前信奉的神托尔祈祷——他的祈祷似乎得到了回应，一头鲸鱼被冲上了岸。人们切开肉大口吃起来，不过没过多久便病倒了。人们接着“祈求上帝的原谅”，后来捕的鱼多了起来。探险队也会出去打猎并收集鸟蛋。

夏天来临的时候，托尔芬决定向南出发。他认为那里的土地更好，而托尔霍则被派去探索北方。由于船上只让带淡水而不能带酒，托尔霍抱怨道：“我到这里时，武器的撞击声说，我可以饮下上好的佳酿……战神啊！我生来就要高举酒樽。酒还没有沾到我的胡子，反倒是我要趴在泉水旁边。”他的团队向北开进，但一场大风将他们吹向大海，漂往爱尔兰。这可能是史上首次横渡北大西洋的航行。这次航行最终以灾难收场，他们被爱尔兰人击溃，被掳为奴隶。

与此同时，托尔芬的团队向南挺进，最后来到一片被他们叫作“霍普”的大陆，那里如同天堂一般。“低地上长满了野小麦，丘陵上则全是葡萄。小河里的鱼儿数也数不清。”两周后，这组人看到有独木舟向他们划来，上面的人挥舞着棍子。托尔芬怀疑来者的用意，但他的儿子斯诺里说，“这种举动可能象征着和平，我们拿一面白色盾牌去会会他们”。诺曼人还真没有遭遇战争。他们在那里建立了营地，而且过了一个没下雪的冬天。春天的时候，出现了更多的斯克赖林人。维京人举起盾牌，表达和平相处的意愿，两边展开了贸易。斯克赖林人用红布换取毛皮和熟皮。他们还想买剑和长矛，但托尔芬和他的儿子禁止这样做，怕有危险出现。

接下来的几周双方也相安无事，之后一大队独木舟出现了。原住民向他们发射巨大的石块，“撞在地上发出可怕的声响”。诺曼人纷纷退到岩石后面躲避。弗雷迪斯嘲讽他们：“跑个屁……给我一把武器，我比你们任何人都强。”她夺过一把剑，露出胸部，用剑脊拍打胸膛。这就足以把攻击者吓退了。

另一份记录则暗示托尔芬是故意撤退，好占据岩石中的有利地形。

**战斗民族**

这块基督教兴起前的石板出自瑞典的哥得兰岛。上面画着主神奥丁的船。船上搭载的是战士之魂，他们在战场上英勇牺牲，之后被送往冥界

因纽特人只有石斧，对铁器一无所知。有个因纽特人拾起一把维京战斧，想试验一下这件武器。他举起铁斧砍向同伴，同伴一命呜呼。一个“结实强壮”的因纽特人——可能是他们的首领——捡起这把斧子，满心狐疑地查看起来，随后将其掷入海中，接着便“手忙脚乱地逃进了树林”。托尔芬的追随者坚持了一冬。由于一直担心斯克赖林人要同他们开战，托尔芬决定就此离开。

几年后，弗雷迪斯乘自己的船再次来到文兰，同行的还有一对兄弟——海尔吉和芬伯奇，他们开着另一艘船。冬天来临的时候，两拨人产生了分歧，弗雷迪斯的人趁对方熟睡时将其俘虏。他们杀掉了男人但拒绝处死女人，最后弗雷迪斯自己拿起斧子杀掉了所有人。这队人发誓要对此保密，不过在回到格陵兰后，他们的所作所为便传开了。弗雷迪斯的兄弟莱夫拒绝处罚他的姐妹，但是“从那往后，人人都认为他们是邪恶的代表”。

在记录中，这是维京人最后一次远征文兰，他们的前哨就位于今天的北美洲。如果维京人还留着他们征服欧洲大部分地区时的那股尚武之习，因纽特人可能就活不了多长时间了。不过维京人似乎失去了拓展领土的劲头，而且由于开始采纳基督教的价值观，他们也越来越不好战了。虽然实力逐渐降低，但他们给欧洲大部分地区和北方都留下了不可磨灭的印记。事实上，他们在造船技术上的影响，为500年后人们重返美洲做出了贡献。

# 北海与波罗的海

从北海出发，穿过挪威海和英吉利海峡，就到了大西洋。北海一直是欧洲的一条重要航路。它的面积约为75万平方千米。北海毗邻波罗的海，两片海由丹麦和瑞典中间的卡特加特海峡相连。波罗的海是内陆海，盐度仅比淡水稍高。低盐度的海水让这里出现一种情形，海水连通但不混合。这使得两片海有截然不同的特点：北海海水呈深色，波涛汹涌，波罗的海则更为平静。

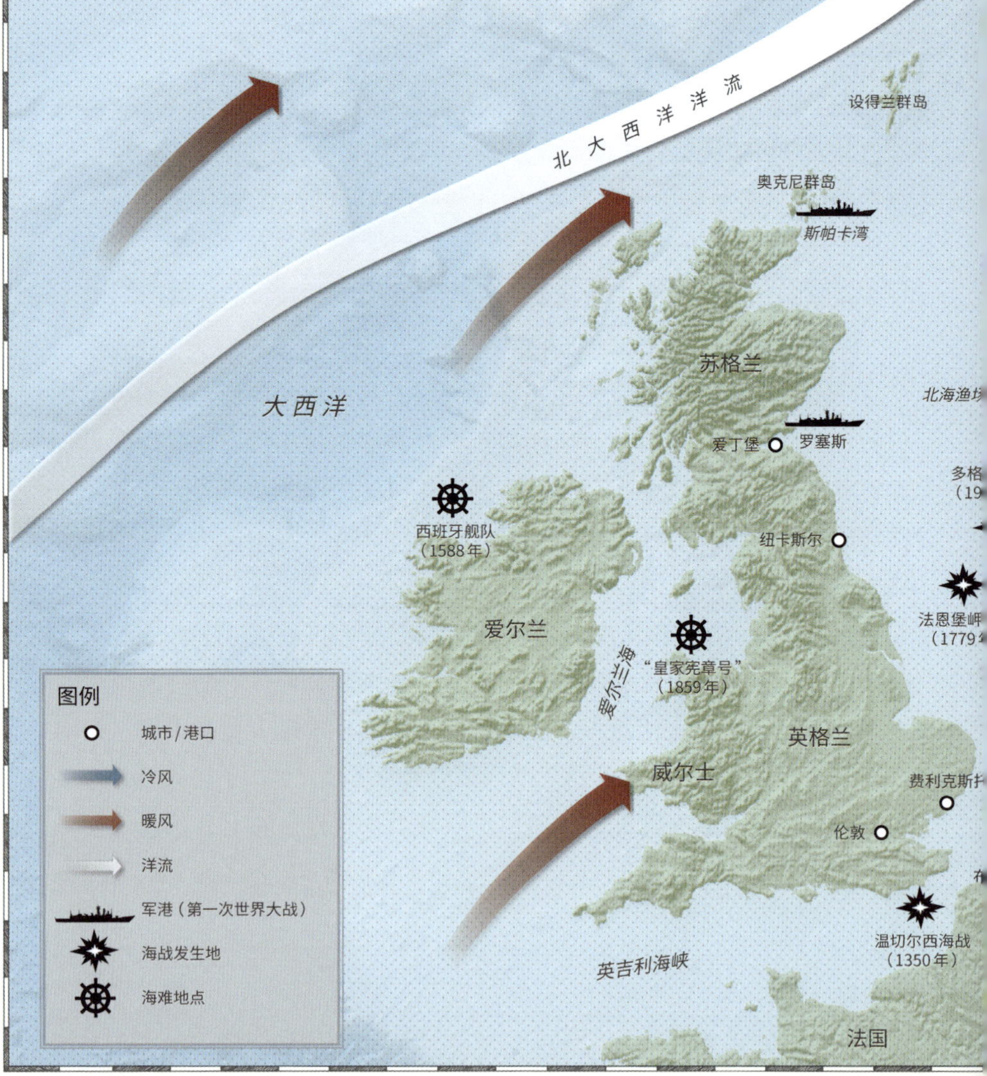

## 维京人

维京人发源于挪威、瑞典和丹麦。他们是首批敢于驶向远海的欧洲人。从8世纪末到11世纪中叶，这些无畏的航海家兼战士航行在北海险恶的水域上，在整个欧洲甚至更远的地方抢掠、贸易

# 阿拉伯世界

在伊斯兰教历338年（950年），一艘波斯商船被困在了南海的大风暴中。吓坏了的乘客纷纷向船长发难。这位穆斯林顶着猛烈的海浪，平静地告诉众人他的哲学："我们这些船长都起过誓。只要没到最后一刻，只要船还能航行，就绝不弃船。船长只要登船，就把自己的命运同船绑在了一起。船在我在，船沉我亡。"

在伊斯兰教的发展过程中，这种海员们特有的坚定扮演了重要的角色，使其能够传播到像孟加拉与印度尼西亚这样遥远的地方。实际上，《古兰经》就把船只看作安拉的一种神迹，所以对穆斯林海员来说，当上船长被视作一种莫大的荣耀。在632年先知荣归安拉之后，埃及北部、巴勒斯坦、伊拉克、伊朗以及北非其他地方一直由阿拔斯王朝统治，一直持续到13世纪。支撑这个王朝的正是它的海洋实力。在地中海，一场针对基督教拜占庭帝国的冲突爆发了。在655年的"船桅之战"中，阿拉伯人把黎巴嫩的木头运往亚历山大港，造出了轻桨帆船（即德罗蒙战船），大胜对手。

红海、波斯湾以及印度洋则是一片祥和景象，海上进行的更多是贸易而非战争。阿拉伯人已经找到了两条从地中海出发前往东方的路线——一条经过苏伊士与红海，一条则穿过巴格达与波斯湾。不过，此处的航行也并非没有危险。据9世纪的商人苏莱曼记载："康府［广州］经常发生火灾……船只有时在出航时沉没，有时在返航时沉没，或是遭到抢劫……"乘坐这些船的商人多是乐天派，愿意把商品卖到任何地方。他们或许会"被迫在非阿拉伯国家停留很长时间，出售他们的商品。而且有时候，海风会将他们吹到也门或其他地方，他们就将货物就地出售"。这些商人会打探货物在各个港口的价格信息。就拿1065年的一个例子来说，一位商人给同事写信说："我这里有塞浦路斯蚕丝，拉马拉城的价格是每磅2第纳尔。请告知我它的价格，再帮我分析下要不要在这儿卖掉，还是说福斯塔特那里的售价更合适。"

950年遭遇风暴的是一艘典型的阿拉伯商船，一种形状匀称、两头尖的“阿拉伯三角帆船”(dhow)。这艘帆船的主人是阿布扎赫尔·阿巴哈迪(Abu al-Zahr al-Batkhati),他是位来自波斯湾北部港口尸罗夫的波斯商人,非常有名。这艘船的目的地是广州,载着“中国人、印度人、波斯人和岛屿上的人”。虽然船上提供了货舱,许多人还是租了两间船舱,一间用于日常起居,另一间拿来存储货物。这艘船有两根桅杆——一根在船中央靠前的地方,小一点儿的后桅在后面。每根桅杆都靠可移动的支索支撑,而不是西方船上那些固定索。每根桅杆上有一面三角帆,升起来的时候顶端还能高出桅杆一些。这些帆并非规整的三角形。在桁的下方、帆的前端,有一道垂直的边缘,形成了一个缺角。遭遇风暴时,这些帆可以换下来,换上小一些的替代品——在西方海员看来,这套程序比较奇怪,因为西方是靠“缩帆”来缩小帆的面积的。还有一点不同的地方是,阿拉伯船只几乎不靠“迎风换舷”(让船首迎着风)来转向,而多是用“顺风换舷”的方式进行操纵(船尾面对风)。后一种方式更简单,但更耗时间。

在阿巴哈迪的年代,阿拉伯三角帆船使用船尾固定舵来替代橹板。985年,地理学家穆卡达西就介绍过这种舵的用法:

> 瞭望台上的船长密切注视海面。当发现礁石时,他就大喊“右转舵!”或“左转舵!”,两个年轻人会重复口令,把话传下去。舵手拉着两条绳子,听到口令时就向右或向左拉动其中的一条。稍不留神,船就会触礁沉没。

这个时代的阿拉伯三角帆船与欧洲船只还有一大区别。很多阿拉伯三角帆船都是用绳索把船板拼接起来的,而不是用钉子钉在一起的。按照伊本·朱巴伊尔在

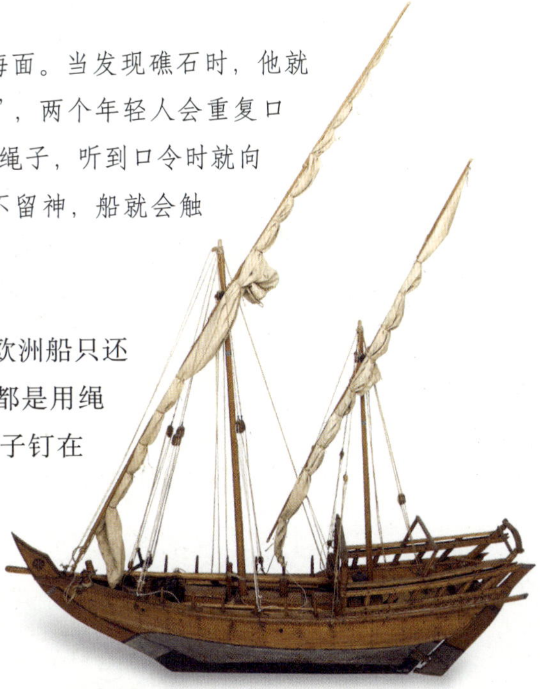

**阿拉伯三角帆船**

三角帆船的角帆使它能在风中迅速航行,因此它不必依靠准确的风向

商用阿拉伯三角帆船

这幅画出自13世纪的一份阿拉伯手稿，图中画的是当时的典型商船。这是艘单桅船，靠尾部固定的舵来操纵

1184年的记载，船体用拼接的方式建造非常关键，因为“在海中会碰到很多暗礁”，必须保证船体的“柔软度”。“这些船板用椰子纤维质地的绳索连在一起。工人们要把这些纤维打成线的形状，然后再把它们搓在一起做成索，把船板连起来。”

阿巴哈迪中国之行的航线——从波斯湾到广州——从7世纪开始就一直通行。到了9世纪，它成了“人类日常航行中距离最长的航线，这一纪录一直持续到16世纪欧洲人的扩张”。船只会选择在9月或10月，在海况变差前，从尸罗夫这些波斯湾的港口出发，并在阿曼的苏哈尔短暂停留。“在那里人们可以最后看一眼棕榈和其他树木，再往前便没有了港口，也没有了人烟。”之后再行驶10天就到了阿曼的另一大港马斯喀特（Muscat），波斯湾就在此处与阿拉伯海连通：“从这个海岬出发，有两条不同的航线。此处风平浪静，拥有淡水……”离开的时候，领航员知道前路坎坷，“所有地方的旅行者都知道这一点，无论他是要前往印度和信德，还是西面的霍尔木兹和莫克兰”。

准备停当之后，这艘船准备穿过印度洋。船长可能在印度的奎隆歇脚上岸。在这之后，“……每一处海角都挡在路上，一看见它们就得赶紧借着东方吹来的季风绕行”。这艘船可能开往了锡兰南部，那里“岛上有持续不断的灯光可以引导旅行者”。驶过尼科巴群岛南面，船就要开往马来半岛上的古吉打王国，补给并进行贸易，然后再前往南海。按照当时另一名水手的说法，“我正航行在……桑德拉弗拉地区……突然风停了，海面平静了下来：我们下了锚，在原地歇了几天”。后来一股合适的风将船送入南海——这里海况险恶，有臭名昭著的暗礁和台风，前往广州的海员都得避开西沙群岛。

就是在这里，阿巴哈迪的船以及船上的乘客被卷入了风暴。大风非常猛烈，声音震耳欲聋。不过让船“几乎沉没的并不是风浪，而是船员们的粗心大意以及索具的情况”。在大海咆哮了两天两夜之后，船员们眼前出现了“一片大火，映红了整个地平线”。乘客们大惊失色，“吓出了眼泪，都在抱怨自己多舛的命运”，即使船长悉心安慰也无济于事。这时候，一名上了岁数的偷渡客从人群中现身了：

冷静，这位老人说。蒙安拉庇佑，你们将平安无事。你们眼见的是一座四周被山峦包围的岛屿，里面的海水会自行沸腾。这一切在晚间看起来就像一场大火，可以吓坏无知的人。等太阳升起来的时候，幻象就会溶入水中消失。

这番话让乘客们松了口气。在大风停下来的时候，他们发现自己确实接近了一处岛屿——这是众多火山岛中的一座，自然会引发他们看到的幻象。

虽然船长充满信心，但阿巴哈迪的这艘船还是几近损毁，而船员们造成的损害比天气造成的还要多。为了能避免这种灾难，穆斯林的船只在以后采用了更加复杂的人员管理结构。到15世纪，阿拉伯三角帆船通常会设立一位“穆安利姆”，也就是船长。他负责“……在行至远海和靠近陆地时……一丝不苟地观测风向、暴风雨、洋流、月亮及星星的移动轨迹、当年各个季节中海湾与海岸浅水区的高度、海岬、岛屿、珊瑚礁、海峡入口、沙漠海岸、丘陵与山岭……同时他还不能忘了向安拉和先知祷告，祈求排难除险”。船长的首要工作是领航与驾驶，不过他也要当心，“除非事情到了万不得已的地步，就要失控，不然不要去管船上的乱子，把它留到以后再说”。此外，船员中还设有“丹迪”，即水手长；“那库答-哈莎卜”，负责乘客的给养，协助搬运货柜；“刹朗”，即船副，指挥载货，并发挥副船长的作用；“古买提”，负责把船里的水舀出去；剩下的则是人数众多的“哈瓦”，也就是普通水手。船上还配备若干舵手，不过领航员艾哈迈德·伊本·马吉德警告说：“要特别当心舵手的心不在焉，他是你最大的麻烦。”船员一班通常值3个小时。由于热带的夜

**9世纪的中国金杯**

1 000多年前，一艘阿拉伯三角帆船在从中国返航的途中沉没于爪哇海。1998年，人们从沉船中打捞出了大量物品，其中就有这个保存完好的金杯

当心舵手的心不在焉。

——艾哈迈德·伊本·马吉德

晚接近12个小时，所以他们要在黑暗中倒3次班。

13世纪，在从中国人那里获得了指南针之后，阿拉伯人便较少依靠星星导航了。按照马吉德的说法，从那时起，领航员还必须了解“更重要的东西，比如月历、罗盘方位线、航线以及星象变化的规律”，并“看好何时可以靠岸”。马吉德1432年生于阿曼，而同一年郑和的中国帆船就停泊在吉达。马吉德成了他那个时代最伟大的领航员之一。1490年，他撰写了一本名叫《航海要领实用指南》的书，全面地介绍了当时的航海知识。在以后的数个世纪中，它一直是领航员们的标准教科书。

# 寻路

为了保证海上领航的精准程度，水手们需要知道他们航行的确切方向。在古代，水手必须待在能看见陆地的地方，或者通过观察太阳和星星来确定方位。磁性罗盘的问世是一项重大突破，因为这意味着人们可以依靠自己，而且即便在夜晚或能见度非常差的环境中，也可以找到路。在900年前后，中国人就已经设计出了首个“湿式”罗盘。它里面有一根磁针浮在液面上，指向北方。真正意义上的航海罗盘是个干燥的盒子，里面有一根可以围绕支撑轴旋转的针。大约1300年之前，欧洲人普遍使用的是这种指南针。

罗盘上的东方点用十字标出，代表着圣地（耶路撒冷）的方向

与其他的方位点相比，北方点总是最为醒目——这只罗盘的北方点画着百合图案

这面可以旋转的圆盘——也就是罗盘的刻度圈——用牛皮纸和普通纸张制成，上面画着罗经点

磁针中间有一个黄铜轴帽，在黄铜的底部支柱上起到平衡作用

## 罗盘出现之前

早期的航海家利用经验领航，凭的是对风、海潮、洋流以及天体位置的熟悉程度。维京人没有指南针，因此他们在驶出近海后，只能依靠太阳和星星来航行。他们也使用日影板。这是一种简单的日晷，可以让领航员在白天的任何时候了解太阳的高度，从而能够沿着一条纬线航行

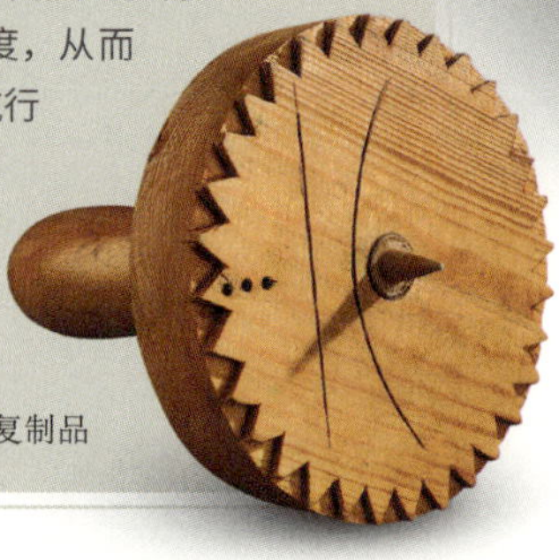

一块木质维京日影板的复制品

### 航海罗盘

可能来自1570年的意大利

这只罗盘配有一根菱形铁针，针体靠盘底的支柱获得平衡。这根针固定在刻度盘的下面，这样刻度盘就能和磁针一起转动

早期的罗盘大多采用木制容器，并配有盖子。这只罗盘是象牙质地，它的主人可能比较富有

罗盘装在黄铜的平衡架上，可以减轻船体颠簸的影响

刻度盘靠手绘制成，外缘被分为32点，代表着地中海地区已知的风向

## 罗盘的发展历程

有关欧洲首只罗盘的描述出现在十字军东征的高潮时期，时间大约是1187年，地点在意大利。从外观上看，这些罗盘与此前一个世纪来自中国的罗盘相似，后者可能是阿拉伯商人进口到欧洲的。

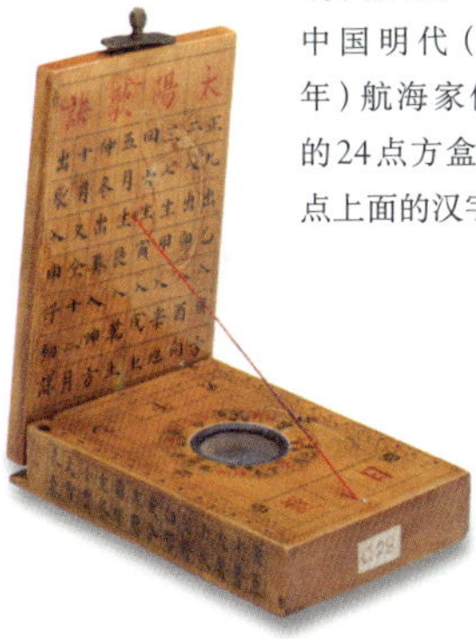

### 明代罗盘

中国明代（1368—1644年）航海家使用一款复杂的24点方盒式罗盘。方位点上面的汉字各不相同

### 航海罗盘

这款年代在1776年前后的干式刻度表罗盘有一根钢针，磁性持续的时间要远超过之前使用的铁针。黄铜的转盘装在盒子底部的支柱上，这样它在转动的同时也能保持水平

### 陀螺罗盘

陀螺罗盘发明于1906年的德国，并在1908年正式列装德意志帝国海军。在陀螺仪的作用下，这种全新的罗盘可以指明地球的正北极，而非磁北极。陀螺仪是个快速旋转的轮子，它可以顺着地轴调整自己的朝向

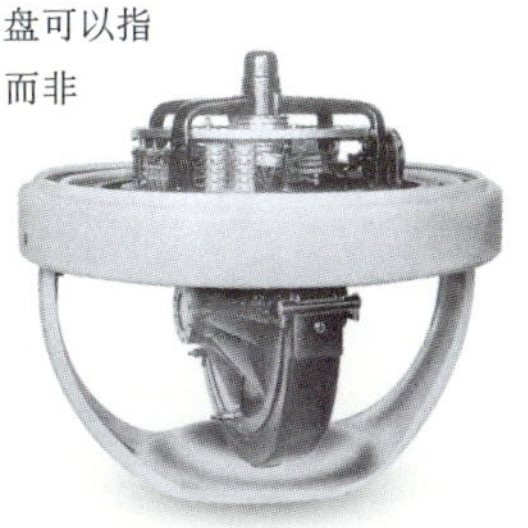

# 郑和下西洋

1431年1月，一支庞大的船队沿长江而下。在南京或是其他长江沿岸的城市里，哪怕是再玩世不恭的商贩也一定会为这番浩浩荡荡的景象所震撼。从1405年起，在明朝统治者的支持下，类似的海事考察已经进行了七次。和此前六次一样，这次航海的目的也是为了维护帝国对南亚、东南亚、阿拉伯半岛以及北非主要港口的控制，从这些地方收取贡奉，并开展贸易。

船队离开南京时的情形堪称是件盛事。相比之下，在长江上航行290千米的12天则要平静得多。整支船队无论是通过江上哪一处弯道，都要花上数小时的时间，因为船队里大约有100条船，其中包括数十条巨型的“宝船”——之所以叫这个名字，是因为它们将把财宝带回本土——还有大量护航舰、传令艇以及浅底的近海船只。这支船队的人员规模也令人敬畏，总人数在27 500人左右，有士兵、海员、商人、会计、医生，他们各司其职。

负责这一切的是仪表堂堂的总指挥郑和。此人身高超过1.8米，在船员中显得非常醒目。郑和1371年前后出生在云南一个回民家庭。他在10岁的时候被前来当地镇压叛乱的明朝军队俘虏。按照当时的习惯，年轻的男性俘虏须在被阉割后送往首都北京，服侍皇帝。宦官在当时很有实力，深得皇上的信任。郑和当上了士兵，成为太监，进一步成了皇帝的心腹顾问。他并没有接受传统的中式教育，而是学习带兵作

**郑和**

身为探险家、外交家、将军、战士以及皇帝信赖的顾问，郑和统领着“二战”前最大的舰队航行至印度洋

中国人的航海线路

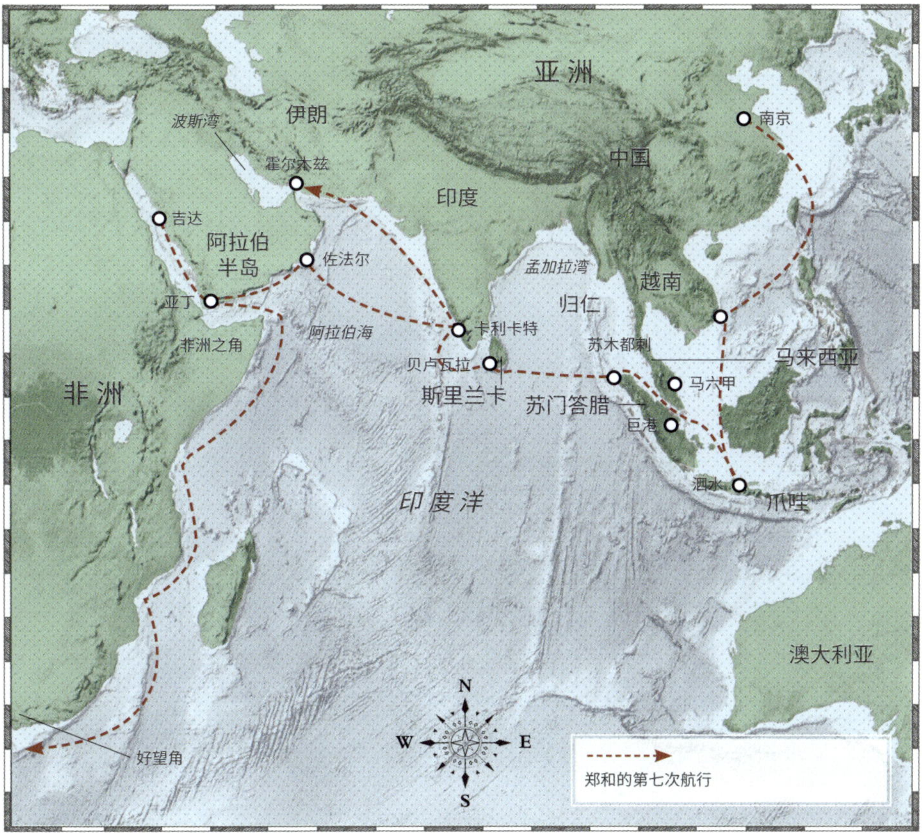


战，而且此人非常聪明，精力过人。明成祖任命他负责上述考察航行，目的是找到一条穿过印度洋的海上贸易路线，取代被蒙古人破坏的陆路。考察只是远航的次要目的，因为到访的大部分地区都已经被中国商人所熟知，不过这些航行的确也带有开疆拓土的含义。

郑和下西洋的事迹多出自马欢的记载。马欢是一名朝廷官员，会说阿拉伯语。他在儿时就读过一本名为《岛夷志略》的书。“世界怎会如此多样？”是他心中一直存在的疑问。为了找到答案，他在1413年参加了郑和的第四次远航，担任翻译。之后他还参加了第五次和第七次下西洋，对此前到访过的岛屿有了进一步的认识。他的记载是严格写实的——没有什么神怪和传奇人物——而且他极少发表评论，只是关注每个国家贸易品的细节，以及各个港口人们的衣着与习俗。

宝船是每支船队的核心，造它们的目的就是要让看见它们的人心生敬畏。1420年，威尼斯商人尼科洛·达·孔蒂写道，它们“就像大宅子一样，与我们的船完全不一样”。这些船用隔水板划出若干区域，欧洲直到19世纪才学会这种技术。最大的宝船桅杆可多达12根，其中一些只在微风时才用得上。船员有1 000人之多（600名海员和400名水兵）。100年前，马可·波罗看到的最大的船有50或60间船舱，但郑和手下的很多船比它大。1597年的时候，也就是郑和下西洋160多年之后，在中国作家罗懋登的笔下出现了长达137米、宽为55米的大船——和20世纪的战列舰同等大小——但这些船可能只有76米长，不过还是很大了，足够震慑住任何亚洲统治者。郑和的船全部使用带帆骨的船帆驱动，这是经典的中国帆装。每面帆都由巨大的横帆布组成，由帆骨连接。帆挂在船桅上的时候，会有一小部分伸到桅杆前面。遭遇强风的时候，帆骨可以一条条地降下来，从而收起船帆。每条帆骨放置的角度都与下面的一条稍有不同，当风变大从上面刮过来的时候，这种设计就很有必要。在风向合适的时候，这种船两天半就可以行驶557千米；平均每天可航行222千米，也就是6节左右的航速。

离开长江后，第七次出航的船队花了15天时间，缓缓地穿过北部湾，比以往需要的10天长了一些。在离开归仁（今越南境内）之后，船

**中国宝船**

在500多年的时间里，图中这样的中国帆船几乎没有改变过设计，而且受到欧洲的影响很小。郑和的船队中就有那个时代最大的中国帆船，长度可以超过100米

郑和下西洋航行的总距离

**48 000千米**

队向南航行了2 250千米，于3月7日到达了爪哇岛上的泗水。马欢留意到当地有一种名叫“画卷哇扬戏”的表演形式。在这种演出中，表演者会挨个展示画片中的片段，并配以旁白。观众“圜坐而听之，或笑或哭，便如说平话一般”。11周后，船队到达了苏门答腊岛上的巨港，这里当时是一个临海王国的首都。人们必须用地面上的砖塔系住船，才能划艇上岸。郑和在第二次航行的时候曾在当地剿灭海盗，现在这里的治安好了许多。之后船队前往马来西亚的马六甲，那里的围栏建得像城墙一样，城门上有四座瞭望塔，还有兵员巡逻。内部是另一圈围栏，围着货仓和谷仓，里面储备着钱和储备品。船只分散开来，前往这个地区的各个地方，回来的时候带着各种宝贵的物品。等到南风刮起的时候，这些宝物就会被送回中国。

接下来是10天的航程，船队行驶603千米前往苏门答腊东北海岸上的一个小贸易王国。这个伊斯兰王国叫作苏木都剌。这是整个航程中耗时最长的一段，平均航速是每天60千米。这里的浪头很高，海况很凶险，也算不上一个舒适的停泊点。这个王国称得上是东方贸易的集散地，但在中国人眼中，这只是个原始的地方，没有城墙，不过人还算“淳厚”。11月2日，船队真正驶入大洋，前往锡兰（斯里兰卡），好赶上东北季风。他们待在尼科巴群岛南部。记录上写道：“彼处之人巢居穴处，男女赤体，皆无寸丝。”之后他们便绕过锡兰南端，在11月28日抵达了贝卢瓦拉。马欢对城里的宗教遗迹很感兴趣。当地有一块石头，表面有一只脚印，据称是佛祖留下的。

12月10日，船队来到了印度南部的卡利卡特（中国古代称之为“古里”），也就是“香料之城”和“西洋上的伟大国度”。郑和知道这座城市。他在1407年曾到访这里，赐给当地的国王一个荣誉官衔以及赏银，并赏赐给酋长们帽子和腰带。他在那里竖起了一座石碑，颇有些得意地宣称："其国去中国十万余里，民物咸若，熙皞同风，刻石于兹，永示万世。"与卡利卡特开展贸易会涉及许多繁文缛节。国王派出一位酋长和一名会计，去和管事太监中的一位协商。从昂贵的丝绸刺绣开始，双方会为每一件商品敲定价格。这种复杂的谈判经常会持续三个月之久，最短也要一个月。第七次航行可能在这里留下了一些船只，等待交易完成或是进行卸货，因为整个船队在卡利卡特只待了四天。

12月14日，船队中的大部分船只开始了前往下一站的航行，2 250多千米穿越阿拉伯海的航程。船队的速度在这里放慢了，平均每天只能行驶72千米。下一站是波斯湾门户的贸易大港霍尔木兹。当地的匠人能把美丽的珍珠穿在一起，而商人则交易贵重的宝石和金属。霍尔木兹与伊朗、中亚、伊拉克的主要城市有陆路连接。马欢注意到，"各处番船并旱番客商，都到此地赶集买卖，所以国民皆富"。当地人也是虔诚的穆斯林。水手们在城里找到了消遣项目，但马欢认为这里的戏法与杂耍水平也就是勉勉强强。让他觉得精彩的是个小节目：让山羊站到3米高的柱子上去。

在穿越阿拉伯海的时候，有些船选择了不同的航线，前往阿拉伯半岛东南海岸的佐法尔。在这条航线上，他们绕开了拉克代夫群岛。按照马欢的说法："设遇风水不便，舟师失针舵损，船过其溜……渐无力而沉。"到达亚丁的时候，他们发现一个"人性强梗"的民族，拥

**进贡的长颈鹿**

沈度画于1414年。这张画画的是外国统治者（此例中是一名印度王公）在郑和下西洋期间，向中国进贡的数头长颈鹿中的一头

有7 000—8 000名训练有素的步兵与骑兵，称得上是有价值的盟友。之后他们北上来到红海，进入专门为前往麦加朝圣的人准备的吉达港。麦加当地居民的外貌、他们对宗教的虔诚以及社会的良好秩序，给马欢留下了深刻印象："民风和美，无贫难之家。悉遵教规，犯法者少，诚为极乐之界。"

部分船只开到了非洲海岸，一个世纪前，中国人就曾出现在那里。郑和的船队可能行进得还要更远。威尼斯的地图学者弗拉·毛罗就写道："1420年前后，一艘船，或一艘中国帆船，从印度出发经过印度海，前往迪布角（非洲南部，即好望角）之外的男人岛（Island of Men）和女人岛（Island of Women）……它向西南方向航行了40天，除了水和风以外，什么也没发现。"这艘船行驶了3 200千米，然后在70天后折回好望角。如果这份记录是真实的，那么郑和在第七次下西洋时就可能绕过了好望角，比欧洲人早了数十年。

1433年3月9日，船队开始返航。一同前往中国的还有霍尔木兹国王派出的一艘船，上面载着进贡的宝石、狮子、马匹和一头长颈鹿。船队几乎沿着出发的路线返回，从卡利卡特到苏木都剌这段航程开得最快，在14天里走完了2 400千米。到6月时，他们已经进入了中国领海。可能就在旅程即将结束时，郑和去世了。船员们为他举行了海葬。虽然他增加了中央之国的财富，在很大一片地区内扩大了中国的影响力，但这个国家探索海外的时期已将近结束，而且也不再需要外邦的进贡了。

# 朝圣者与桨帆船

1483年4月，12名德意志多明我会的修士来到威尼斯，找一艘船带他们去圣地。其中一位是菲利克斯·法夫里（Felix Fabri）。此人之前曾去过那里，还生动翔实地记录了自己的见闻。他仔细写下了在港口选择桨帆船的过程。其中一艘由奥古斯汀·孔塔里尼指挥（法夫里之前乘坐的就是他的帆船），但这艘船“狭小逼仄”，而且只有两排桨；另一艘船比较新，有三排桨，船长是孔塔里尼的对头彼得·德兰多（Peter de Lando）。后者的开价是每人45达克特，并保证“船长一定会保护朝圣者，无论他们在船上还是在陆上，都不会让划桨的奴隶攻击或虐待他们”——于是他们便与德兰多签约了。

朝圣者们等了一个月，其间，他们购置了寝具和其他储备品，随后，他们开始把自己携带的物品装上一条大艇，出海走了一英里，与他们的桨帆船会合。风浪很大，乘员们花了近两个小时才全部上船。人们见过了自己的旅伴，这里有贵族、骑士、神父、修士，他们来自各个国家，有“斯拉夫人、意大利人、伦巴第人、高卢人、法兰克人、日耳曼人、英格兰人、爱尔兰人、匈牙利人、苏格兰人、达契亚人、波希米亚人和西班牙人”。旅客中只有一名女性，一个来自佛兰德斯的“老婆子”，她不招人待见，因为她“谈吐犯傻，喜欢八卦些没用的事情”。

桨帆船准备就绪，船员们升起了七面丝质大旗——里面有带着红色狮子标志的圣马可旗，随后拉起了锚，“一边喊叫着一边费力地”升起了帆桁。法夫里写道，在这之后，“帆便展开了，被风鼓了起来，我们就高高兴兴地驶出了这座岛”。喇叭也吹了起来，“就好像我们要奔赴战场一般”。划桨的奴隶喊着号子，朝圣者唱着圣诗《十诫》，桨帆船有力地划开水面，把威尼斯远远地留在了后面。

这是一艘典型的威尼斯桨帆船，“用最结实的木料造成，靠许多螺钉和铁链绑在一起”。艏部“入海的地方非常尖，椽头有点儿像张开大嘴的龙头，非常结实，全部用铁制成，可以撞毁任何胆敢上前的船只”。船尾要比船头高出许多：

15世纪的威尼斯

这幅当时的木刻画描绘了威尼斯的情形。在15世纪末之前，威尼斯一直是欧洲最大的港口之一。不过随着大西洋贸易路线的开辟，葡萄牙变成了前往东方的门户

船楼有三层：舵手和罗盘在第一层，有专人告诉舵手罗盘的指向，这里还有观测星星与风向的瞭望员，指出穿越大海的航线；中间一层是祈祷室，兼做船长室以及高级船员吃饭的房间；最下一层是贵族妇人晚上休息的地方，船长的财宝也放在这里。

船头到船尾之间摆满了长凳，每条凳子上有三名桨手，他们就在上面工作，吃喝，睡觉。长凳间安装着各式各样可旋转的火枪，船首则放着两门射石炮。船头上的一根桅杆挂着三角帆（或者叫“拉丁帆”），

主桅则立在船中央。主桅旁边有一处开阔的空间，“人们聚在那里聊天……”乘客们将这里叫作“桨帆船上的市场”。

船舱是朝圣者们睡觉的地方，也是他们待的时间最多的地方。法夫里笔下的船舱“大而宽敞……但是人们的铺位紧紧靠在一起，没有任何空隙，朝圣者们也就彼此挨着并排躺下……头朝着船舷的一面，脚则伸向另一面”。船舱就在船底污水舱上面，污水舱产生的“味道比任何污物桶（便桶）都要难闻”。在这种拥挤逼仄的空间里是很难入睡的，尤其是对那些习惯一个房间住宿的修士来说：

> ……铺位之争引发了一场骚乱……挨在一起的两个人大吵了一架……其中一人责备邻床占了他的铺位，另一人则坚决否认。熄灯之后，一些人开始和邻居谈天说地……很多个夜晚，我都没合上过眼睛。

**15世纪的桨帆船浮雕**

这是艘五桡桨帆船——中世纪时对希腊三桡船的改良——这种船有五排桨，还有一面横帆

德兰多是船上无可争议的首领，不过“他不管领航，也不明白这里面的道道，只是下令将船开到这里或那里”。船员里有个“勇武好斗的人”，负责看管军械；一名厨师负责伙食，还有一名“哈里发”，也就是木匠，负责维护桨帆船。领航员有一张海图，“上面画着整个海洋，还有成千上万根线条，国家则用点标记出来，里程也有标注”。协助领航员的还有一群“精明的人”——占星家与卜算者。他们观测天空和星星，努力预报天气。“科米达”，也就是大副，用一只银哨子来传达命令。“下属都害怕他，看见他就像碰到魔

鬼一样，”法夫里感到不可思议，“因为他会抽打奴隶，随心所欲地用拳头和鞭子惩罚任何人……”

此外还有9名熟练的海员，“他们就像猫一样灵巧地打绳结，能飞快地沿着绳索爬上桅杆顶部，并在最猛烈的暴风雨中直直地攀在帆桁上”。排在他们下一级的是技术不那么娴熟的水手。最下一级的船员是桨手，也就是划桨的奴隶，“他们大多是船长买来的奴隶，其他的则出身贫苦，是囚徒、逃犯、背井离乡的人或是被流放者，或者是非常倒霉、在陆地上没法谋生的人”。他们来自地中海地区的各个国家，不过法夫里也发现，自己从未见过日耳曼奴隶，因为“日耳曼人没法在这种悲惨的环境中生存”。他的日记生动地描绘了划桨奴隶的命运：“他们个个人高马大，但干的都是驴子干的活……就算这些不幸的人用尽全身力气划桨，他们还是会被视作不够努力而遭受鞭打……这些人……还得光着膀子干活，好让鞭子抽到他们。”他们的主要工作是将船从港口里划进划出，这通常是个缓慢的过程；在逆风的时候，划1 600米进港要花上两个小时。

乘客们用各种办法打发航行时间。许多人下棋、打牌或是玩骰子，有时候会赌一赌。其他人则唱歌或是演奏乐器——法夫里就提到过齐特琴、鲁特琴、风笛以及古钢琴。好动的人会爬上帆装，或者用举重来显示自己的气力。懒人就不停地嘬着自己的酒瓶，或是在铺位上打盹。船上还有一些令人讨厌，但又不得不做的事情，例如抓虱子和耗子。四名喇叭手吹号就表示开饭了。人们听到这个信号就会冲到船尾楼甲板去，因为那里只有三张桌子，晚到的人就要坐到划桨奴隶的长凳上。

吃饭时先上酒，然后是“油拌莴苣沙拉，前提是还有绿色蔬菜；然后是正菜羊肉，配一块布丁，或是一碗由小麦面或大麦面熬的稀粥，要么就是糊糊（面包汤），以及薄薄的奶酪”。要想添菜就得贿赂厨师，不过这并不轻松。厨师的脾气都很糟糕，他们的工作场所“窄小，许多锅挤在一起，要煮各种各样的东西，偏偏火又小得很，而且争吵声永不停息……”

航行开始不久，他们就发现自己正在与德兰多船长的对头孔塔里尼竞速，后者的船比他们稍晚一些开出威尼斯。人们害怕，如果孔塔里尼这帮人先到了圣地，那么在这帮人离开之前，当地人不会允许他们上岸——按照法夫里的说法，“那就等于判了我们死刑，是无法忍受的”。6月4日，德兰多在罗维尼（位于现在的克罗地亚境内）避风。当发现孔塔里尼超越了他们时，德兰多又连夜起程。第二天，在把帆桁从桅杆一边挪到另一边的时候，三角帆又惹了大麻烦：

> 风暴肆虐起来，帆桁已经被吹到了桅杆“顶”上，帆都卷了上去。水手们想调整主帆，可当他们把帆桁拖到另一侧时，帆松了下来，落在那一侧的桨上。这时风突然又把帆扯了起来，力量极大，拖着桨乱打。船也倾斜起来，连帆桁都要碰到水面了。主桅杆，应该说是整艘桨帆船都要翻个儿了。

他们在6月9日停下来歇脚，补充淡水，可是“……看呐！那是奥古斯汀船长和他的桨帆船，而且还把我们甩下……一大截。他们的桨帆船就在海中航行，而且还是顺风”。到了14日的时候，他们又看见了孔塔里尼。但更让船长烦心的是，乘客们厌倦了比赛，根本没有那种竞争意识——而是“想高高兴兴地做朋友”。6月21日，他们抵达了罗得岛，结果在那里又看见了对手，不过这次德兰多吃了午饭才动身。他吹响喇叭，集合乘客，开始追赶。有几个人没赶上船，里面就有那个让人讨厌的佛兰德斯女人。

1450年活跃在海上的威尼斯商用桨帆船数量

**3 000艘**

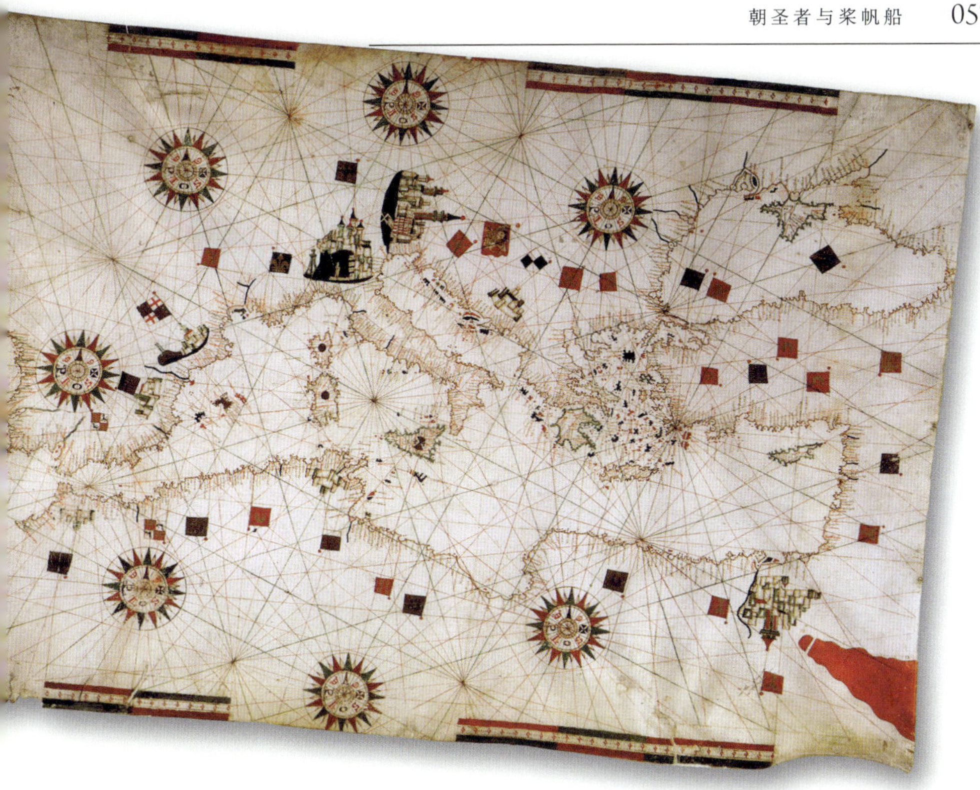

**波特兰[1]型海图**

这张海图由许多条从罗经点延伸出来的"罗盘方位线"组成，是现代海图的祖先。在13世纪和14世纪，这些线被用来标绘港口间的航线；这幅海图来自15世纪的意大利

7月1日，主桅杆上的瞭望手喊道："朝圣者大人们，赶紧起身到甲板上来；看呐，你们想去的地方就在眼前了！"人们都不敢相信圣地就要到了，直到船长"郑重其事地"证实了这一点。甲板上的人群沸腾了："……能听到这么多神父齐声同唱一首歌，声音里带着发自内心的喜悦，这真是一件快事。"两艘桨帆船几乎同时到达目的地。当朝圣者走下船时，法夫里写道："(我们)把脸贴在地上，怀着极大的感激之情亲吻神圣的土地。仅仅是触摸到圣地，我们就感到了极大的满足，因为原罪得到了宽恕。"

1 波特兰(Portolan)一词源于意大利语中的"Portolano"，意为"与港口或海湾相关的"。——译者注

# 温切尔西海战

英格兰国王爱德华三世在1346年的内维尔十字战役中俘虏了苏格兰国王大卫二世，又在同年的克雷西战役中大破法军。这让人们终于在1350年迎来了久违的和平。然而，英格兰与卡斯提尔（Castille）的矛盾已经酝酿了多年。卡斯提尔是西班牙历史上的一个王国，它的海军经常在英吉利海峡劫掠英格兰船只。当听说有支西班牙舰队前往佛兰德斯做毛料生意时，爱德华三世觉得复仇的机会到了。他宣称："我们放纵这些人的恶行已经太长时间了，他们伤害我们却没有丝毫愧意，相反还越发狂妄，必须严惩他们。"英格兰国王决定在这支舰队返回卡斯提尔时发起拦截——水域狭窄的英吉利海峡正是下手的好地方。

和往常一样，爱德华征召了50条商船，在适当改装后用它们组建了一支舰队。他还传唤了自己的领主与骑士，至少有17位领主以及超过400名骑士响应了国王的号召，在船上搞出了一套头重脚轻的作战指挥结构；也就是在这个时候，"船长"实际上成了一个军衔。但凡是在船上指挥军队的领主和骑士，都有这个头衔。舰队在温切尔西港外集结。温切尔西当时是英格兰南部海岸的一个重要港口，而且还是王室船只驻扎地"五港"中的一港。爱德华的爱打仗的儿子——"黑太子"，以及10岁大的"冈特的约翰"都加入了军队。参战的还有爱德华最喜爱的骑士——"那慕尔的罗伯特"。他负责指挥"王室号"，载着国王的家眷。

在另一边，西班牙舰队有47艘船，它们都在佛兰德斯的斯鲁伊斯载满了亚麻。斯鲁伊斯正是10年前英格兰人击沉法国军舰最多的地方。西班牙指挥官唐·卡洛斯·德·拉·塞尔达听说了爱德华的计划，于是进行了相应的准备；他把能找到的加农炮都搬上了船，比桅杆还高的木质"船楼"里也摆满了石头和铁块，可以用来砸向英格兰的船只。按照佛兰德斯史学家让·博华萨的说法，当西班牙人起锚出发的时候，"船只扬帆前行，好一番景象"。

爱德华乘坐的是"托马斯号"，船长是罗伯特·帕瑟罗。整支舰队

**温切尔西印章**

这枚14世纪的城镇印章上画有一艘两层船楼的英格兰船只。印章上的图案描绘了这艘船的细节：舵手握着船舵的舵柄，还有两个人正在拉锚

就在多佛和加来之间游弋。在等待西班牙人的时候，国王实在无聊，便让克雷西之役中的军师约翰·钱多斯爵士同王室乐师一同唱歌。终于，在8月29日傍晚，瞭望哨看见了西班牙人，叫道："我看到了二、三、四，太多了，上帝啊，数不过来了。"乐师们收声了，国王拿出酒来给他的骑士壮行。骑士们饮下酒后便戴上头盔。爱德华是个注意自己形象的人。据博华萨记录，他站在船头，身着黑色的天鹅绒外套，戴着一顶海狸皮帽子，"非常符合他的风格"。

处在上风的西班牙人本可以避免作战（船上载有货物，打起仗来他们的损失更大），但"傲气却让他们做出了另一种选择"。国王向帕瑟罗喊道："向那艘船开过去，我要和它比武。"爱德华非常喜欢马上长枪比武赛，不久前还提出要复兴亚瑟王时期的骑士精神。正常情况下，该由船长来决定怎样开船，但在这种情况下，帕瑟罗只好一言不发：

> 这名水手不想违抗命令，因为这是国王想要的，哪怕是西班牙人正顺着风高速航行。好在国王的船既坚固又灵活，不然就要被撞碎了；它同那艘西班牙船撞在一起，力量极大，发出的撞击声如同雷鸣一般。当两艘船互相弹开的时候，英格兰国王那艘船的船楼与西班牙船的船楼（的顶层）别在了一起，结果桅杆直接把固定的船楼顶层撬了起来。船楼掉进了海里，上面所有的人都淹死了。

不过，冲撞损坏的不仅仅是西班牙船只。"托马斯号"船板间的缝隙被挤开了口子，整艘船开始进水。骑士们又是舀又是补，就是不敢告诉国王。两艘船并在一起，爱德华看着自己这条刚刚与别人"比过武"的船，喊道："把我的船钩在那艘船上，这艘船绝不能丢！"一位骑士高喊："放手吧，你会有艘更好的船！"很快，另一艘船靠了过来，骑士们拿起抓钩和铁链，套住了它：

> 英格兰王家骑士拼出全力，登上了那艘被他们钩住的船，因为他们自己的船……进了太多水，即将沉没。最后，在国王和乘员的苦战之下，那艘西班牙船被俘获了，上面的每个船员都被扔下了海。这之后，士兵告诉国王旗舰有沉没的危险，国王应当改乘他的战利品。国王接受了建议，撤离了自己的船，和大家一道登上了那艘西班牙船。

随着英格兰人逐渐逼近西班牙人，战况也变得越发激烈。西班牙人向敌人放箭并投掷铁块。入夜时分，英格兰人急切地想结束战斗，但西班牙人"熟悉大海而且他们的船又大又好"。黑太子的船钩住了一条西班牙大船，他自己也深陷苦战。可能是遭到了铁块的攻击，他的船破了几个洞，开始下沉。这时候，兰开斯特公爵驾着自己的船来到一旁，这位老十字军喊道："德比伯爵来救您了！"——他也是德比郡伯爵——并登上了西班牙船。他胜利了，所有敌军俘虏又都被扔进了大海。

"王室号"被另一艘西班牙大船钩住。这艘船升起了帆，想把"王室号"拖走。当这两艘船经过"托马斯号"时，"王室号"上的国王家眷大声哭号求救，但没有人理睬。罗伯特手下一个名叫海内金的人跳出来：

> 此人拔剑出鞘，一跃跳到西班牙船上，奔向主桅，砍断了升降

> 如果英格兰人迫不及待地想要打一仗，那么（西班牙人）则更是这样。事实证明就是如此。
>
> ——让·博华萨

**海上的搏斗**

这幅画来自博华萨的《编年史》，显示出中世纪海战实为近战搏杀。这幅作品描绘了1340年英法舰队在佛兰德斯的斯鲁伊斯进行的海战

> 索。船帆滑落下来，再也升不上去了。他又使出浑身解数，砍断了支撑主桅的四根粗大支索，船帆和桅杆一起倒在船上。这艘船停了下来，走不动了。

罗伯特的手下纷纷拔出剑来，涌上这条船。按照博华萨的记录，他们“英勇地作战，把上面的人杀了个一干二净，活着的也被扔下海，他们占领了这艘船”。战斗就此结束——英格兰人大获全胜。他们俘虏了20艘西班牙船，而自己的损失只有两艘。

虽然国王爱德华获得了胜利，但就英格兰与西班牙200多年的冲突历史来说，温切尔西海战不过是其中的一个小片段。双方争斗的高潮当属1588年西班牙无敌舰队的覆灭之战。温切尔西之战是中世纪晚期典型的海战，既让人想起古代“冲撞–登船”的战术，又接近现代早期那些甲板上装配了枪炮的战斗。然而这场战役再次证明，商船并不适合装配加农炮，而且在短兵相接时，实际上会成为白刃相见的战场。直到16世纪出现了首批真正具有现代战舰意义的船只，这一切才会有所改观。到那时，船只可以在远距离向敌方开火的时代真正到来，登船白刃作战才无法左右战果。

# 探索时代

## 1450—1600

15世纪与16世纪欧洲海员的航行对世界历史有着深刻的影响。1492年，为西班牙王室服务的意大利人克里斯托弗·哥伦布穿越大西洋，前往西印度群岛。在这之后30年里，欧洲海员还绕过好望角，开辟了前往印度的航线，并进行了环球航行。从某种意义上说，他们成功的秘诀在于三桅与四桅帆船的进化，以及地中海与北欧地区高超的船只建造技术，再加上星盘、六分仪和磁性罗盘等航海仪器的应用。不过，海事考察的成功与否还取决于超乎常人的意志力。只有这样，航海家才能忍受艰难困苦，冒着生命危险探索已知世界之外的地方。

探索航行让欧洲各国——首先是葡萄牙与西班牙——发现了那些海外的帝国。他们通过劫掠、剥削以及贸易获得了财富。虽然获得了新领土，征服了当地的原住民，开辟了有利可图的贸易航线，欧洲人还是有劲头互相争斗。16世纪，克拉克帆船（carrack）或加利恩帆船（galleon）等船只都加装了大量加农炮，不仅可以从船头或船尾发射，也可以从设在船舷的炮位开火。在欧洲各国持续不断的冲突中，海上作战力量成了其中至关重要的一个环节。弗朗西斯·德雷克爵士这样的私掠船船长在获得许可的情况下，针对西班牙船只和美洲殖民地展开了一系列抢掠。1588年，为了捍卫伊丽莎白一世的统治，英格兰击败了西班牙无敌舰队，抵挡了入侵。水手们在航海时有了些许信心，但他们的航行依然是危机四伏。

# 新大陆

1492年1月2日，摩尔人对西班牙的长期占领结束了。西班牙王室的旗帜在格拉纳达的阿尔汉布拉宫上冉冉升起。这一切都被40岁的热那亚航海家、冒险家克里斯托弗·哥伦布看在眼里。摩尔人的国王走出城堡，亲吻国王“阿拉贡的斐迪南二世”与女王“卡斯提尔的伊莎贝拉一世”的手。一个强大的天主教王室统一了这个国家。同年，在新君主的支持下，哥伦布成了首个踏上美洲大陆的欧洲人——至少也是那些误打误撞的维京人之后的第一人，为他的西班牙主人开启了一个探索与扩张的黄金时代。

哥伦布博览群书，对世界地理有着极大兴趣，称得上是个有远见卓识的人。从北方的冰岛，到南方的几内亚，他可能都去过。此人相信，只要向西航行，就可以抵达富有的中国和印度。在向西班牙人寻求赞助前，他曾请求法国、英格兰以及葡萄牙支持他的航行。他的出现非常及时，热衷于开辟海外殖民地的斐迪南与伊莎贝拉资助了三艘船——18米长的“圣马利亚号”，以及小一点儿的“尼尼亚号”与“平塔号”——都是当时流行的三桅帆船。“圣马利亚号”由哥伦布本人亲自掌管，另外两艘船则由平松兄弟负责。三艘船分别搭载了40人、24人和26人，人都睡在甲板上。（到西印度群岛的时候，他们发现了吊床——这可能是哥伦布航行中诸多未被提及的重大发现之一。）

1492年8月3日，哥伦布一行人从西班牙的帕洛斯港起程。船队先到达了加那利群岛的戈梅拉岛。这里从1402年起便由

**克里斯托弗·哥伦布**

哥伦布的发现既来自精心安排，也有意外的因素。不管怎么说，他都是欧洲人进驻新大陆的先锋

哥伦布航海线路，1492—1506

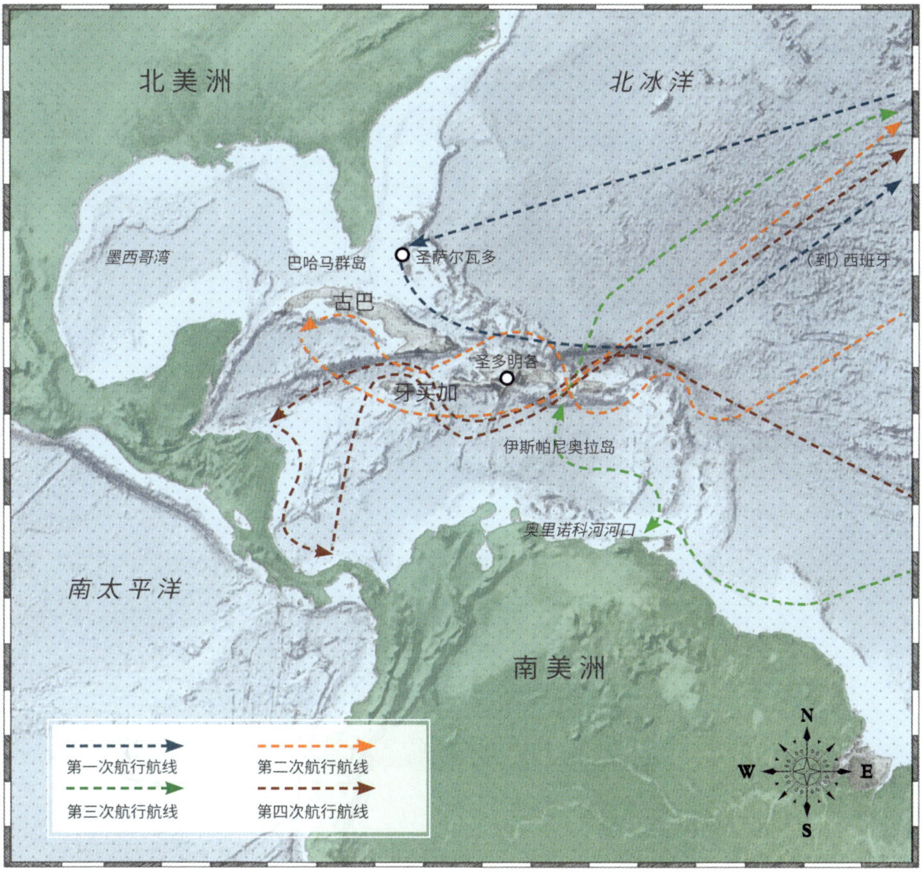


西班牙控制，是大西洋航行的优良基地。他们在这里重整了“尼尼亚号”的帆装，修理了“平塔号”的船舵，之后便继续向西航行，挺进海图上的未知水域。

哥伦布知道自己要航行的距离非常远，他更愿意把地球的直径少算一些。他写道，这样一来船员“大概就不会丧失斗志”。由于不知道自己已经走了多远，水手们把船开得偏离了航线。船长训斥了他们的粗心大意。哥伦布知道，鸟类按理说可以指明陆地的存在，所以在“尼尼亚号”的船员报告看到了一只燕鸥和一只鹲鸟后，他开始一丝不苟地记录看到鸟类的次数。按照哥伦布的说法，这些鸟的活动范围不会超过离岸160千米的地方。

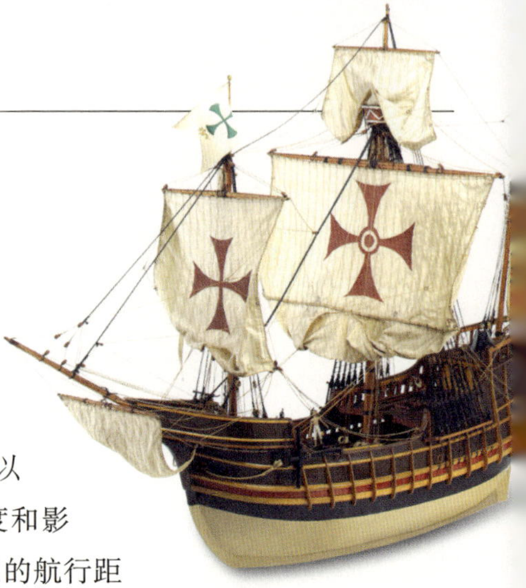

**“圣马利亚号”**

“圣马利亚号”是哥伦布船队中最大的船，刚刚超过100吨。即便在那个时代，它也算不上是大型商船

依靠正午的太阳，领航员可以测量出纬度。但是由于洋流的速度和影响无法考量，再加上没有记录船只的航行距离与航向，经度是无法准确计算的。9月19日，在问过领航员之后，“尼尼亚号”的船长估计，从加那利群岛算起，这艘船已经行驶了440里格*。而“平塔号”航行了420里格，“圣马利亚号”航行了400里格。当天晚些时候下起了雨，哥伦布由此判定船队北面与南面有岛屿。但他继续向西航行，一心要找到亚洲大陆。第二天，船上的人看见了一只鸟。他们觉得这是一只江鸟，代表陆地就在附近。

今天的传说称，哥伦布的船员害怕自己会掉下世界的边缘，但实际上他们更担心风向。风总是向西刮，这样怎么能返回西班牙呢？据哥伦布的记载，当遭遇从西面刮来的逆风时，船员们变得“非常激动”。但当大海平静下来的时候，人们又非常失望，因为这意味着西风不够大，不足以掀起浪头。不过在23日，海面“在无风的情况下却涌起了大浪”。哥伦布拿《圣经》中摩西劈开红海的故事与此种景象相比。当暴风雨平息之后，平松从“尼尼亚号”的船尾楼中喊道，他在西南方向看到了陆地。人们爬上帆索一探究竟，之后便跪下祈祷。哥伦布估计，陆地有25里格远，并掉转方向驶向那里——但到了第二天中午，他得出结论，他们看见的只是云朵。哥伦布指出，看到鸟的次数增多了，他想以此维持众人的希望。他在航海日志中写道：“他们看到了一只军舰鸟。这种鸟会逼迫鲣鸟吐出吃下的东西，好自己吃掉……它离陆地不会超过20里格。”但是到了10月1日，船长自己的记录显示，他们已经

* 1里格≈4.8千米。——编者注

## 黄金是种财宝，拥有它的人能在世上为所欲为。

——克里斯托弗·哥伦布

航行了707里格，但是没有找到任何陆地。即便是哥伦布也不那么乐观了。在茫茫大海上航行了一个多月之后，船员们“再也忍受不住了”，开始抱怨这漫长的航程。在继续向西的航行中，人们发现海面上飘来了一根顶端包铁的木棍、一小块木板以及陆地上的蔬菜。哥伦布记载道，船员们“又高兴了起来”。船长把人召集起来，告诉他们第一个看见陆地的人可以奖励一件丝绸上衣，外加每年领取10 000西班牙金币（差不多是海员一年的薪水）。

10月12日夜晚，一名水手大喊：“喂！陆地！”这次不是什么幻象：船队抵达了一座小岛，上面有裸体的原住民，于是他们下锚停船。哥伦布以国王和王后的名义接手此岛，将其命名为圣萨尔瓦多。500多年后，尚无结论说哥伦布具体是在哪里登陆的，但有可能是巴哈马群岛中的瓦特林岛（Watling Island）。在哥伦布的描述中，当地原住民思想简单，容易轻信他人，他们“体格结实，体态匀称且面容俊秀”。“只要施以爱心而非暴力”，这些人就很容易转信基督教，而且也可以做非常优秀的仆人。

船队继续航行，寻找着马可·波罗笔下的亚洲。人们发现了新的人种、动物和农作物，相信亚洲近在咫尺。在巴哈马群岛的克鲁克德岛西北角停船的时候，船员们发现当地的人已经被吓跑了。船队继续航行至一座大岛，即今天的古巴。船员们在那里了解了更多让当地人害怕的事情：爱好和平的阿拉瓦克人非常害怕东面凶狠的加勒比人。西班牙人觉得加勒比人是食人族。有两名船员前往内陆，发现那里的原住民“走在回村的路上，男人和女人手上都拿着‘小火条’，习惯抽一种草药”。这是欧洲人首次发现吸烟这种行为——这种习惯后来被带回了西班牙。

# 北大西洋

北大西洋上的风主要沿大洋边缘刮动，呈顺时针方向。信风从欧洲刮向西南方向，直到加勒比海地区，之后沿北美洲东岸北上。墨西哥湾流与北大西洋洋流带着温水流回欧洲，让这片纬度较高的大陆也能拥有温和的气候。源自纽芬兰的低气压也带来了大风和降雨。在格陵兰附近，浅海中经常漂着冰山。

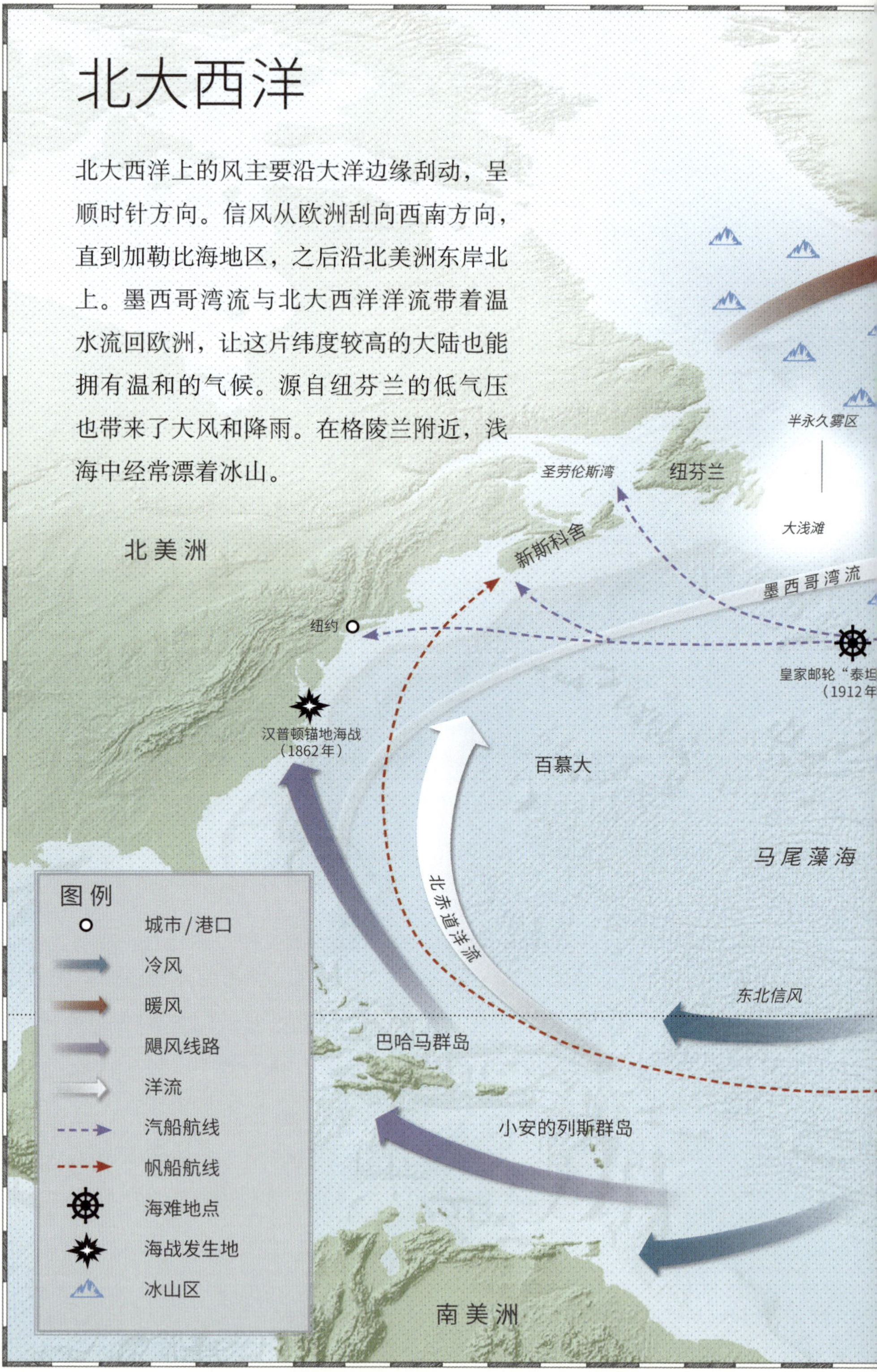

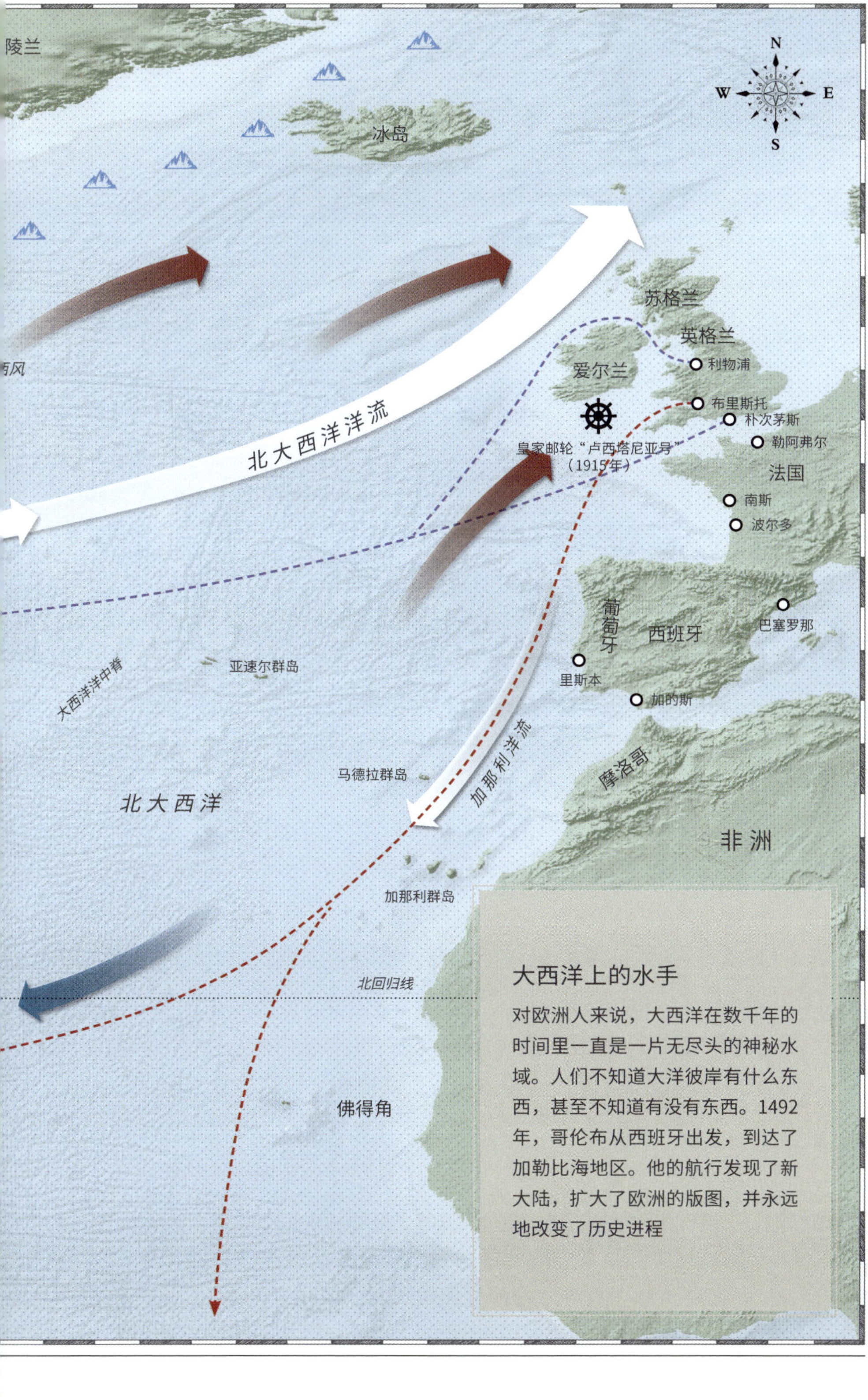


## 大西洋上的水手

对欧洲人来说，大西洋在数千年的时间里一直是一片无尽头的神秘水域。人们不知道大洋彼岸有什么东西，甚至不知道有没有东西。1492年，哥伦布从西班牙出发，到达了加勒比海地区。他的航行发现了新大陆，扩大了欧洲的版图，并永远地改变了历史进程

11月5日，哥伦布向东南航行“寻找黄金、香料以及土地”。“平塔号”与另外两艘船分道扬镳，这在哥伦布看来是开小差。“圣马利亚号”与“尼尼亚号”来到了一座被哥伦布命名为“埃斯帕尼奥拉”的大岛（即后来人们口中的伊斯帕尼奥拉岛）。那里有绝佳的港口，以及“一些最为肥沃的平原，就像卡斯提尔的土地一样适合播种”。当地人说话轻声细语，他们“长得很高，肤色不深”，举手投足“彬彬有礼，似乎生活在对‘卡利勃人’的恐惧中”——这是恐怖的加勒比人的另一个名字。

在圣诞前夜，“圣马利亚号”与“尼尼亚号”绕伊斯帕尼奥拉岛航行。是夜，哥伦布以为船只“不会有撞岸或触礁的危险”，便下甲板歇息了，可“圣马利亚号”却漂上了海滩，侧翻着搁浅了。船的侧边接缝裂开了，人们只能弃船。由于“尼尼亚号”太小，装不下两船人，于是哥伦布决定把39个人留在伊斯帕尼奥拉岛上，建立一座小镇——这是欧洲人在新大陆开辟的首个定居点——他将其命名为“纳维达德”（意为圣诞镇）。留守的人武备充足，并用船上的木材搭建了工事，而且哥伦布也相信，他们能获得当地酋长以及那些没有武器的原住民的支持。他写道：“光是我留下的人就足以毁掉整座岛。”“尼尼亚号”起航后，“平塔号”又重新回归了船队。

1月13日，探险队遭遇了可怕的卡利勃人。7名上岸的船员被50多个带着弓箭的男人攻击。在船员回到船上后，船队开始搜索卡利勃人的老巢（一座传说中有女人居住的岛），却被西风吹向大洋彼岸，回到了非洲。在一场风暴掀起的“滔天大浪”中，“尼尼亚号”上的哥伦布及船员看着“平塔号”消失在海浪之中，于是他们抽签决定，谁要是活下来，就去圣洛伦佐教堂朝圣。哥伦布抽到了一颗带着十字痕迹的鹰嘴豆，不过他还是写道：“人人心里各有想法，因为没人指望自己能从这场骇人的风暴中活下来。”他把航海日志封存在桶里。风最终小了下来，他们在葡属亚速尔群岛短暂停留了一阵。

在又一场风暴袭来的时候，船员们发觉“海水从船的两舷同时袭来”，而“这艘卡拉维尔帆船好像被风举到了半空之中”。他们看见了

**登上伊斯帕尼奥拉岛**
这片富足的大陆以及友善的当地人给哥伦布留下了深刻印象

陆地，并在破晓的时候驶向一个之前瞧见的港口。不幸的是，那里是里斯本。葡萄牙人很快发觉这些人去过印度，便逼哥伦布说出航行线路。1493年3月15日，哥伦布终于被放行了。又在海上漂泊了六个多月后，他突破了封锁，进入了西班牙的帕洛斯港。

在巴塞罗那，哥伦布向国王和女王汇报了情况，获封“世界洋海军上将”的头衔。他获得了17艘船和1 200人，以便进行一次规模大得多的航行。1493年9月，哥伦布第二次扬帆远航。他回到了伊斯帕尼奥拉岛，发现圣诞镇已经被烧成灰烬，留下的人已被原住民屠杀殆尽。

在这次航行结束回到西班牙后，他在1498年开始了第三次远航。这次他抵达了南美大陆，认为奥里诺科河河口就是伊甸园。不过在1500年，他被新任命的西班牙殖民地王室总督弗朗西斯科·德·博瓦迪利亚逮捕，送回了家，罪名是对当地的统治过于残暴。后来哥伦布在西班牙重获宠信，在1502年的第四次航行中探索了墨西哥湾。

哥伦布于1506年去世。直到那时，他还以为自己离亚洲非常近了。不过，意大利航海家亚美利哥·韦斯普奇（Amerigo Vespucci）很快指出，哥伦布发现的陆地，并不是亚洲东岸，而是一个完全不同的大洲——这片大陆很快就以韦斯普奇的名字命名。这个在当时被称为新大陆的地方，很快就变成了帝国势力争夺领土的战场，其中最著名的事件当属西班牙对南美黄金诸国的征服。向来闭塞、狭隘以及人口过剩的欧洲开始拓展疆界——这一过程刺激了旅游、航海以及商贸的发展，但也随之带来了邪恶的奴隶制与种族灭绝。

# 中世纪船只

中世纪涌现了很多具有创新意义的船只设计，尤其是在欧洲，受到斯堪的纳维亚以及地中海地区的双重影响，当地制造出了新一代强大的多桅船只。

**维京克诺尔船（1000年前后）**
克诺尔船是维京人在殖民冰岛、格陵兰以及文兰地区时使用的货船。这种船一般长17米，宽4.5米

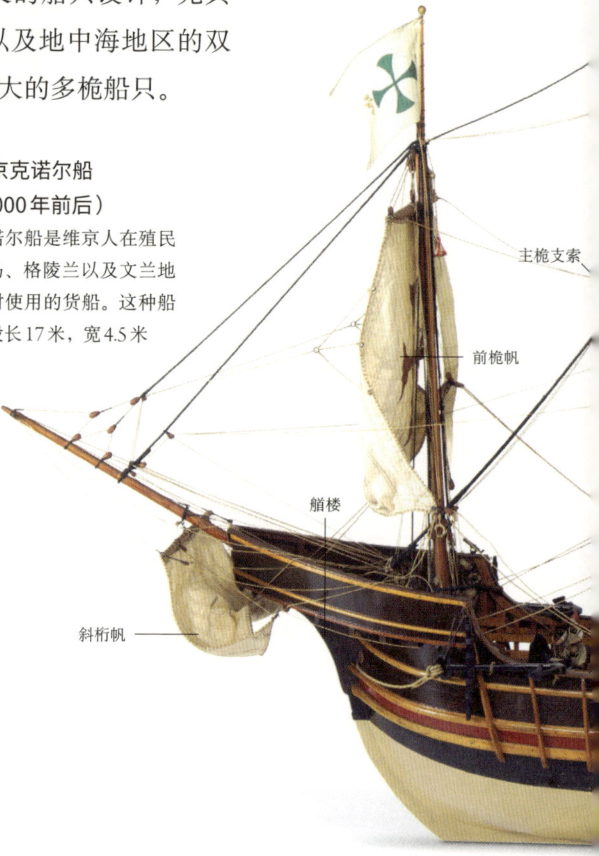

**不来梅柯克船（1380年）**
柯克船是中世纪北欧的标准用船。它只有一根桅杆，使用横帆，由伸向船首的一根杆子牵住船帆

**西班牙柯卡船（1450年）**
在地中海，与柯克船地位相当的是柯卡船。这种船的船体宽大浑圆，可以最大化载货空间。主桅上方设有瞭望台

**佛兰德斯克拉克帆船（1450年）**
在16世纪，克拉克帆船成了大西洋贸易中使用的标准船只。佛兰德斯版的克拉克帆船有三个瞭望台

**英格兰柯克船（1485年）**
到了15世纪中叶，这种船既有楼也有艏楼，这些是作战时弓手的绝佳射击平台

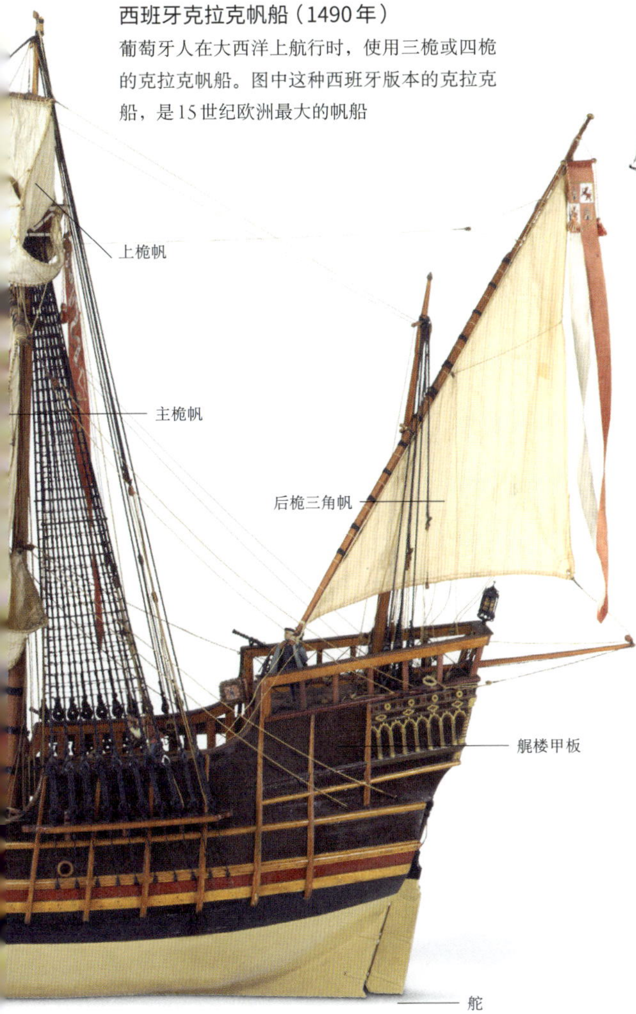


**西班牙克拉克帆船（1490年）**

葡萄牙人在大西洋上航行时，使用三桅或四桅的克拉克帆船。图中这种西班牙版本的克拉克船，是15世纪欧洲最大的帆船

**葡萄牙卡拉维尔帆船（1490年）**

这又是葡萄牙人的发明。卡拉维尔帆船的机动性非常好。图中的帆船是“圆船体卡拉维尔式”，主桅上有数面横帆

**英格兰卡拉维尔帆船（1497年）**

这是“马修号”卡拉维尔帆船。意大利探险家约翰·卡博特（John Cabot）在1497年曾乘着它从布里斯托前往纽芬兰。和哥伦布一样，卡博特也希望找到亚洲东海岸

**威尼斯桨帆船（1500年）**

直到16世纪，桨帆船依然是地中海地区的主要作战船只。像图中这样的威尼斯桨帆船，每只桨可配置的桨手可多达五人

**宝船（1400年）**

15世纪初，中国的“宝船”行遍世界各地。据称有的宝船可长达137米，宽达55米

**威尼斯柯卡船（1525年）**

这种小型柯卡船的船头和船尾都很高，是16世纪初从威尼斯前往东方的主要商船

# 从海路到印度

看到对手赞助哥伦布完成了横跨大西洋的航行，葡萄牙国王若昂二世大受刺激，于是便任命瓦斯科·达·伽马向东进行一次探索航行。达·伽马的探险与哥伦布的航行有许多不同之处：他是向东而非向西航行，航程中多沿海岸前行，而且到访的都是欧洲人之前已经发现的岛屿。不过，他是头一个通过海路前往印度的欧洲人，在地中海与危险的阿拉伯海之外开辟了首条前往亚洲的航线。

到15世纪末，葡萄牙的航海探险历史已经堪称悠久。这个国家背靠大西洋，拥有漫长的海岸线、优良的港口以及老练的水手。在航海家恩里克王子的带领下，葡萄牙从1415年起开始探索非洲西海岸，探索一直持续到1460年他去世。向西，葡萄牙在1432年发现了亚速尔群岛；向南再远一些，则是1456年发现的佛得角群岛。对探索大西洋来说，这两个地方都是不错的基地。1488年，巴尔托洛梅乌·迪亚士（Bartholomew Dias）绕过了非洲南端，发现了他称之为“风暴角”的地方——此地后来被命名为“好望角”，摒弃了此前那个让人闻之气馁的名字。

葡萄牙国王若昂二世此前否决了哥伦布向西航行的方案，但当哥伦布在1493年到达里斯本，即将结束第一次航行时，国王又想知道西班牙发现了些什么。西葡两国对新大陆的争夺日益激烈，最终由西班牙裔的教皇亚历山大六世出面，平息冲突。1494年，两国在西班牙的托尔德西里亚斯签署了一份条约，从葡属佛得角群岛到哥伦布在加勒比海地区发现的新岛屿之间，沿

**瓦斯科·达·伽马**
这位葡萄牙贵族是首个航行至印度的欧洲人。他的航行开辟了重要的贸易路线，堪称航海史上的壮举

达·伽马的首次航行 1497—1499年

两地中间的子午线划分了新发现的土地。分界线以西的土地都归西班牙所有，以东的土地则归属葡萄牙。

《托尔德西里亚斯条约》的签订促使葡萄牙向东面和南面探索。如果哥伦布能找到一条向西前往印度的航线，那么葡萄牙人也能找到一条向东的航线。1495年，在若昂二世驾崩后，继任者曼努埃尔一世继续支持探险活动，并投资给一位大臣，即瓦斯科·达·伽马，让他负责一次探险。

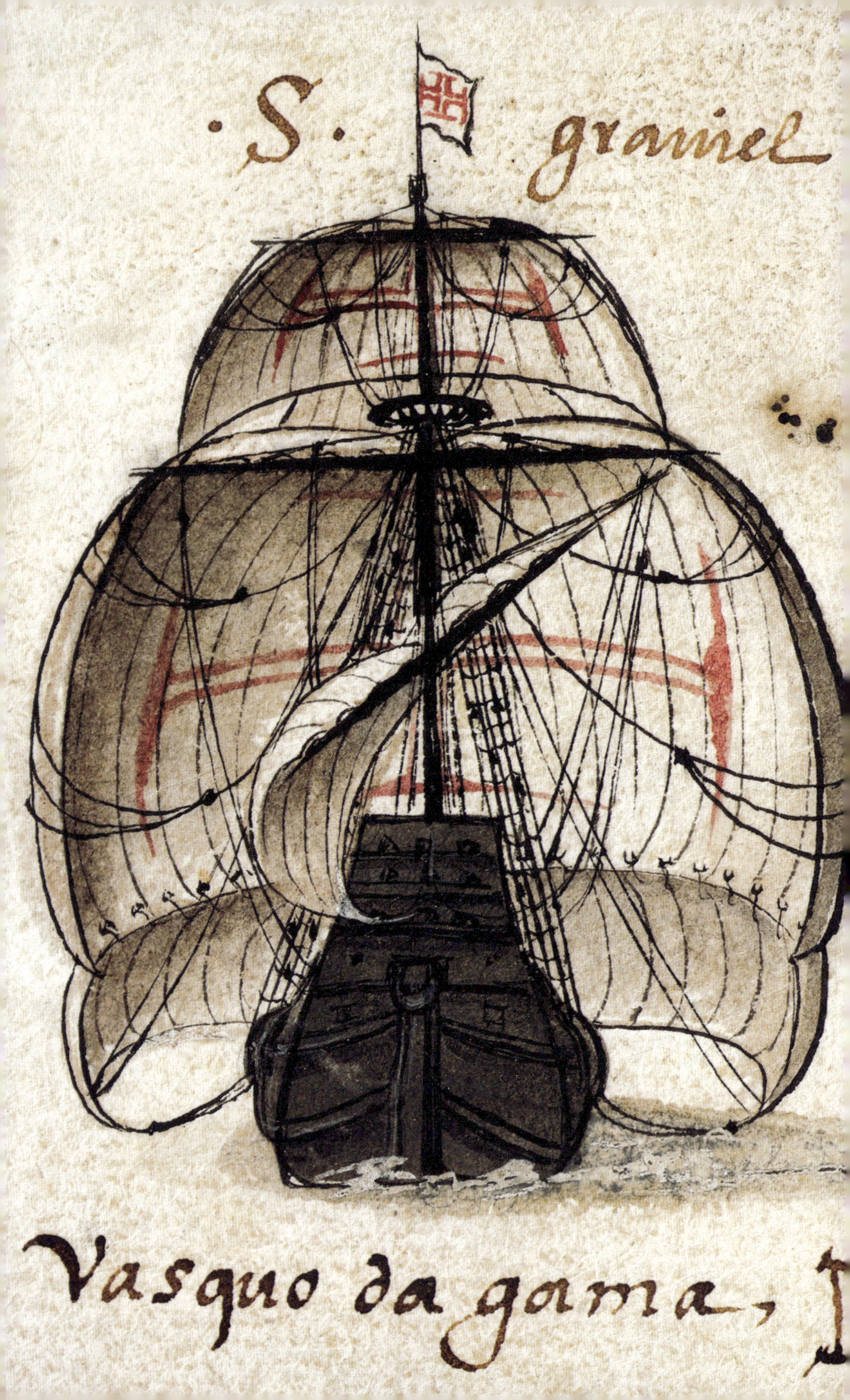
·S· grauiel
Vasquo da gama,

葡萄牙人喜欢建造非常大的船只，但这种吃水非常深的船不适合航海探险，所以达·伽马找来了三艘小一点儿的船，每艘在120吨左右，还有一艘更小的补给船。他指挥旗舰“圣加布里埃尔号”，他的弟弟保罗带领“圣拉斐尔号”，而尼古劳·科埃略负责“贝里奥号”。达·伽马还招募了迪奥戈·迪亚士，也就是探险家巴尔托洛梅乌·迪亚士的兄弟，作为自己的领航员，船员总计170人。

国王的旨意很简单，就是要“发现”，也就是找到东面富庶的国度，并与那一地区可能存在的基督教国家建立联系，联手控制大洋。1497年7月8日，达·伽马和他的指挥官在里斯本走入一列神父的队伍，让主教赦免了他们的罪，之后一行人便在众人的注视下登上了船。船队赶上了顺风，在14天里走了2 560千米，很快到达了佛得角群岛。船只从那里驶向东南，进入了南大西洋。他们希望能避开赤道无风带，但船队花了80天才开到足够靠南的地方，赶上了西风。这之后，他们便快速向东驶去。

11月4日，在航行了四个月之后，达·伽马和他手下的人看见了非洲西南岸的陆地。一份未署名的航行记录记载道：“穿上礼服，我们要鸣炮向船长致敬，把船上的旗帜和标识都挂出来。”可是，曾经和兄弟到过好望角的领航员迪亚士却认不出这个地方，所以人们没有上岸。船只沿着海岸谨慎地前行，在一个避风的海湾抛下锚。他们给这里起名叫“圣赫勒拿岛”。人们在这里遇见了“黄褐色皮肤”的原住民，这些原住民身上画着图案，“男性身上套着紧身服”。船员想要做生意，但引发了一场混战——类似的冲突以后还会发生很多起——当地人用长矛攻击了达·伽马和他手下的人。

船队继续航行，迎风驶向东方，终于看见了好望角。他们乘着风绕过了这里，三天后停留在另一处海湾里。人们在这里发现了更加好斗的原住民。双方都把武器握在手里，不过还是有一大队原住民带着礼

**一幅16世纪的画作，画的是瓦斯科·达·伽马的卡拉维尔帆船**

卡拉维尔帆船船体够小，可以在浅水中航行，既能用三角帆也能用横帆。这些特点使其成了航行中的多面手

物，用笛子吹出“音调不一”的曲子，走到岸边。达·伽马下令鸣号回应，水手们也和着音乐跳起了舞。葡萄牙人用不值钱的小玩意儿换来一头牛，就地将其烤熟，吃起来的味道“就和葡萄牙的牛肉一样好”。船员们在海岬上竖起了一根十字架，但看到原住民在他们离开后将其拆掉了。

一周后，探险队进入了未知的海域，超越了迪亚士在之前航行中立下的地标。这根柱子式的地标代表着迪亚士航行到达的最远距离。1497年圣诞节，达·伽马驶过一段海岸线。他将这里命名为“纳塔尔”（取耶稣诞生之意）。船队谨慎地前进，在夜间会抛锚，以防黑暗中隐藏的危险。在“吉兆河”，他们发现了“肤色黝黑、体格健壮”的人。当地的酋长“傲气十足，看不上我们呈上的所有东西”。这些原住民以前就见过“和我们的一样大的船”，这代表探险队正在接近阿拉伯人的贸易区域。那份匿名的日志写道：“种种吉兆让人欢欣鼓舞，我们大概离目的地不远了。”不管怎样，船员们在那里停留了一个月，很多人身上已经显现出患上坏血病的迹象。

3月2日，船队抵达了莫桑比克海岸。船只就地抛锚，人们见到了好像北非摩尔人一样的伊斯兰教徒，还有四艘停在港里的阿拉伯船只，载着金银珠宝与香料。这里的苏丹登上了达·伽马一行人的船，但据达·伽马的记载：“他完全不把我们的东西当一回事，还索要我们没有的红色布料。”不过在一次“满是无花果与蜜饯的宴会上”，这位苏丹同意向探险队提供两名领航员，并向科埃略赠送了“一罐用丁香和小茴香腌起来的枣椰子”。

葡萄牙人继续航行，但莫桑比克洋流又把他们推回港口。他们在傍晚下船取水，遇上了大约20个手持长矛的人。葡萄牙人开炮回击（前装弹的加农炮），莫桑比克人撤退了。双方间这种剑拔弩张的关系一直

肉变臭了，黄油坏了，
啤酒也喝完了。

——瓦斯科·达·伽马

出自他在1497年9月17日写的日志

持续到3月29日船队开拔。领航员后来告诉他们，苏丹开始以为他们是摩尔人。“但在得知我们是基督徒后，他们便设下埋伏，想要用诡计杀死我们。”

事实证明，当地的领航员并不可靠——其中一人错把小岛当成大陆，达·伽马因此用鞭子抽了他一顿——还好船队很快抵达了这一地区最优良的港口蒙巴萨。有小艇挂上旗帜出港迎接葡萄牙人，葡萄牙人也以礼相待。船员们以为和摩尔人生活在一起的还有基督徒，于是相信会受到盛情款待，心里都很高兴。

然而在午夜时分却发生了一场对峙，有100人手持弯刀想要登船。最后，有四五个“领头的人”被允许登船。他们在船上待了几个小时。达·伽马怀疑他们想要夺船。虽然这些拜访者形迹可疑，但第二天当地的统治者还是派人送来了橙子、甘蔗以及绵羊作为礼物，还有一枚代表安全的戒指。“两名使者勉强算得上是白种人，自称是基督徒。”这边则派出两名水手上岸，与统治者相见，并接触那些所谓的基督徒商人；有个卖画的人说自己有幅圣灵的画，但实际上画的却是一个印度的神祇。达·伽马得出结论，这座城市里的基督徒“只是临时的居民……而且处境堪忧”。

事态越发严峻。达·伽马怀疑有一个领航员密谋反叛，于是便拷问两名当地人。是夜，当值的水手听到船下有鱼游动的声音，结果发现是几个当地人试图砍断缆绳登船。航海日志写道：“主不让他们得逞，因为他们是无信者。”船队再次起航，船员们都很高兴。就在这时，出现了两艘小艇，紧紧追住他们不放。葡萄牙人捕获了其中的一条船，将上面的18名乘客当成囚犯关押起来。囚犯里有一人“显得与众不同，是个老摩尔人”，他还有个年轻的妻子。

三天后，船队抵达了马林迪。葡萄牙人在那里上交了人质。他们被视作联手抗击蒙巴萨的盟友，受到了款待。水手们在当地待了九天，享受了“宴席、格斗比赛、音乐表演”，非常满意。

4月24日，达·伽马和手下起航穿越印度洋，乘着西南季风，开往最终的目的地——印度马拉巴尔海岸的卡利卡特。一位马林迪的领航

## 达·伽马抵达印度

这幅当时的画毯描绘的是瓦斯科·达·伽马于1498年抵达印度卡利卡特的情景。由他开辟的绕过好望角的航线，直到今天仍被使用员帮他们避开了“1 000座岛屿，或者更多”，也就是拉克沙群岛。只用了23天，船员们便看见了“高耸的群山”。人们起初因为滂沱大雨无法上岸，不过最后有一名船员被派上岸，他发现了会说卡斯提尔话的阿拉伯人。阿拉伯人告诉这名船员：“感谢上帝吧，他把你们带到了一个如此富庶的国度！”达·伽马被邀请觐见印度当地统治者扎莫林（Zamorin）。航海日志上记载道，他和13个人“穿上了自己最好的衣服，把大炮搬到艇上，随身还携带着喇叭和许多旗帜”。船长坐在六抬大轿上进了宫殿，看到扎莫林正倚在绿色天鹅绒的躺椅上。后者要求达·伽马送来船上的“金处女”——一尊圣母马利亚的雕像。但达·伽马拒绝了，称雕像并不是金子做的，而且它有很重要的宗教意义。葡萄牙人准备了布料、外套、帽子、珊瑚、糖以及一桶黄油，想用这些礼物取悦主人，但扎莫林的官员对此毫无兴趣，告诉他们“从麦加来的最穷的商人，或是最穷的印度人拿出来的东西也比这好”。扎莫林本人则拒绝观看样品。

在回船的途中，轿夫走得飞快，把队伍里的其他人落在了后面。焦虑不安的葡萄牙人怀疑其中有诈，拒绝放信号让船开近。后来他们获准将货物带上岸交易，双方间的紧张气氛才消退。精明的阿拉伯商人看不起他们的货品，水手们只得在海边以货易货，换取归行途中的必需品。

葡萄牙人在卡利卡特待了三个月，双方间的关系又紧张了起来。达·伽马提出，留下迪亚士和另外一个人讨论贸易事务，并带着扎莫林的使者返回葡萄牙。但他却被要求缴纳关税。葡萄牙人觉得迪亚士是被扣为了人质，于是便抓住了前来谈判的一组人，起锚开船。不过对迪亚士来说幸运的是，海上没有风。当地人向他保证，他不是囚犯，这边的人质随即也被释放了。

也就是在这个时候，达·伽马决定该返航归国了：“鉴于我们已经发现了想要寻找的国家……而且与这些人似乎又不能建立诚挚的关系，那我们最好就此离去。于是我们扬帆起程，返回葡萄牙。能有这样的大发现实在值得高兴。”这一次，船队迎着季风穿越印度洋。3 700千米的航程花费了132天，而出航时同样的航线只用了27天。坏血病再次出现。日志记录道："人们的牙龈又疼起来，肿得盖过了牙齿，让人无法进食。腿和身体其他部位也出现了浮肿。"30个人丧命，幸好船员们在马林迪补给休整的时候搞到了橙子，这才救下了剩余的人。

船员们沿着非洲东海岸继续向南航行。由于缺乏人手，他们烧掉了"圣拉斐尔号"。剩下的两艘船只要绕过好望角，风和洋流就能把他们带到佛得角群岛，但他们因为无风而延误了航程。"圣加布里埃尔号"与"贝里奥号"分头航行，瓦斯科·达·伽马与他那濒死的兄弟前往佛得角群岛，科埃略则返回里斯本。保罗·达·伽马死在了亚速尔。"贝里奥号"在7月10日到达里斯本，"圣加布里埃尔号"在9月18日抵港。这时距他们起程时已经过去了两年。

虽然整个航行损兵折将，也没能顺利开展贸易，但达·伽马却因为远航归来成了国家英雄，获得了成堆的荣誉。他的航行证明，向东有前往印度的航线，而在印度洋上，葡萄牙的海军力量无人能比，而且只要选对货物，贸易的利润将颇为可观。后来，他的同胞缩短了航行时间，在欧洲和印度之间建立了首条主要的海上贸易路线。

**卡利卡特的葡萄牙堡垒**

葡萄牙人热衷于使用新发现的贸易线路，并在卡利卡特建立了一座贸易站。他们于1530年在当地建造了一座堡垒

# 环球航行

从1519年到1522年，斐迪南 · 麦哲伦带领的探险队历时三年，完成了首次环球航行。虽然麦哲伦自己没能活着看到船队返回西班牙时的盛况，但他在航行中创下了几个“第一”：他是乘帆船从大西洋驶进太平洋的第一个欧洲人，也是横渡太平洋的第一人——实现了人们长久以来的期望：向西航行的确可以抵达印度。

自哥伦布1492年的首次航行之后，西班牙的势力已经扩展到了古巴、伊斯帕尼奥拉以及牙买加等岛屿，还有大陆上的巴拿马与佛罗里达地区。在大洋上，真正可以称得上对手的只有葡萄牙人。他们在巴西与印度洋海域有所建树。麦哲伦是位葡萄牙贵族，曾多次航行至印度，但葡萄牙国王曼努埃尔一世拒绝支持向西前往富庶的“香料群岛”，即马鲁古群岛的航行。麦哲伦因此与其产生嫌隙。1517年，这位心怀不满的探险家转投了西班牙的怀抱。

巴拿马的西班牙人瓦斯科 · 努涅斯 · 德 · 巴尔沃亚（Vasco Núñez de Balboa）在1513年时就已经瞥见了壮丽的太平洋。麦哲伦则于1518年说服西班牙国王卡洛斯一世赞助一次小型的探险，找到进入太平洋的线路。这次冒险符合西班牙的利益，因为《托尔德西里亚斯条约》已经把教皇子午线以西的土地划为西班牙所有。所谓教皇子午线，是指位于西非岸边葡属佛得角群岛和西属加勒比海地区正中间的一条政治分界线。葡萄牙获得了这条界线以东的所有土地。

**斐迪南 · 麦哲伦**

麦哲伦1480年出生在葡萄牙的一个贵族家庭。他在1505年进行了自己的首次航行，前往印度

环球航行，1519—1522

麦哲伦在塞维利亚用5条船组建了他的舰队：120吨的“圣安东尼奥号”作为旗舰，还有110吨的“特立尼达号”、90吨的“康塞普西翁号”以及都是75吨的“圣地亚哥号”和“维多利亚号”。船员中有15名葡萄牙贵族和他们的仆人、4名葡萄牙领航员，还有据称是葡萄牙探子的“马德拉的席尔瓦”（Juan de Silva of Madeira）。此人还抱怨这些船“修修补补，太过老旧”。

在整个航行中，葡西两国的争斗就没有停止过。意大利冒险家安东尼奥·皮加费塔（Antonio Pigafetta）在自己的航行日志中提到，由于两国间的纷争，麦哲伦从一出海就认为“队伍中其他船的船长和负责人并不爱戴他”。亲自参与了此次航行的皮加费塔写道：“1519年，我人在西班牙。我从交谈和书籍中见到的都是说海上航行的美好之处，因此我要亲眼看看真实的情况到底如何。”

麦哲伦的船队总共有237人。皮加费塔提到，水手们并不知道航行的真正目的，以防“担心与惊惧”使他们退缩。船长精心安排了值班

## 分割世界

这张1502年的地图显示出，西班牙与葡萄牙两大帝国用教皇子午线（图中垂直蓝线）划分了自己在世界上的势力范围表，每晚三班值夜，午夜和“临近破晓”时轮换。值夜班的人每三晚可以安心睡一晚。麦哲伦还将船员分成“组”，这套制度称得上是现代海军组织结构的先祖。为了让整支舰队团结一心，麦哲伦下令自己的船“特立尼达号”要开在前面，还为升降船帆设计了灯火信号。

1519年8月10日，五艘船沿瓜达尔基维尔河顺流而下，来到港口圣卢卡尔。他们在那里装上了补给品，参加了平日里的弥撒。在出发前，麦哲伦还命令所有人忏悔自己的罪过。船队在20日起航，在西属大加那利岛短暂停留后继续向南行驶，穿过葡属佛得角群岛，继续沿熟悉的非洲西海岸前行。一连数天，船队都开在能看见塞拉利昂山脉的地方。

船队在赤道地区慢了下来。皮加费塔写道，因为“天气多变且风向不利，风暴、顶头风以及逆向的洋流都让我们无法前进”。在风暴中，让人感到安慰的是众人看到了圣艾尔摩之火[1]闪烁的微光。在水手们的故事中，只要这种火光出现，船只就不会迷失方向。水手们还逮住了鲨鱼，可惜这种“牙齿吓人”的鱼的肉一点儿也不好吃。

在穿越赤道之后，北极星从探险队的头顶消失了。11月29日，领航员弗朗西斯科·阿尔沃开始看到太阳，发现他们已经越过了南纬7度线。不久船队便到达了沃金（Verzin），也就是里约热内卢。葡萄牙人在1502年发现了这个地方。皮加费塔记录道，他们在这里“重新补充了食物，有家禽和小牛肉，还有地瓜、菠萝等各式各样的水果，以及质量上乘的糖果和其他许多东西”。

继续向南开，就到了拉普拉塔河。船员们在这条河宽阔的入海口发现了一个人种，认为他们就是曾吃掉60个西班牙人的食人族。有一个“身材似巨人，声如公牛”的男人靠近了船员。上百名船员追逐他，但“这种人跨一步的距离就比我们一跳还要远”。在了解到这条河无法穿过大陆后，船员们向南航行，来到圣胡利安港下锚停歇。不过，这时他们已经错过了南半球的夏天，不得不在这里再待上五个月。

1 圣艾尔摩之火（St Elmo's fire），是雷电将空气离子化形成的。这种火光的名称来自意大利圣人圣伊拉斯莫（Sant' Erasmo）。水手们认为，这种火光的显现说明人们得到了该圣人的庇佑。——译者注由于储备品消耗殆尽，这个冬天将非常难熬。在为冬天做准备的时候，有的船长意识到了今后任务的艰巨性。他们没法知道这片大陆会向南延伸多远，只能靠猜测判断到印度尼西亚马鲁古群岛到底有多远。此外，他们也不相信这位葡萄牙船长，他有理由憎恨西班牙人。而麦哲伦已经下定决心，“要么完成此一创举，要么就葬身大海”，而且还告诉他的船长们，他们可以靠打猎捕鱼撑过一冬，而到了夏天就是“万象一新”。到目前为止，他们只在好望角以南4纬度的地方航行，而穿过好望角对葡萄牙水手来说可是家常便饭。停止前进就此折返是不光彩的事情。只要坚持下去，就很有可能发现“一个香料与黄金遍地的新大陆”。

麦哲伦的陈情未能打动他的三位船长——胡安·德·卡塔赫纳、路易斯·德·门多萨和加斯帕尔·克萨达。4月1日，卡塔赫纳带头登上了“圣安东尼奥号”，把这艘船的船长、忠心耿耿的阿尔瓦罗·德·梅斯基塔锁在了船舱里。麦哲伦进行反击，登上了“维多利亚号”，杀掉了参与暴动的船长门多萨。其他船看到寡不敌众，也纷纷投降。麦哲伦对反叛者毫不留情，处死了“康塞普西翁号”的船长克萨达。卡塔赫纳则因为官阶太高被免去了极刑，和叛乱的随行神职人员一起，被流放在孤岛上。

他们在下锚的海湾又发现了“巨人”。麦哲伦管这些人叫作“巴达贡人”[1]。这个名字大概来自弗朗西斯科·巴斯克斯当时所著的流行小说。在这部作品里，英雄普力马龙就碰到过这种野人。皮加费塔观察了这些人，写道：“显然这些巨人比马跑得还快，而且非常在意自己的妻子。”船员们与“巴达贡人”的关系很好，可是后来麦哲伦想方设法抓住了其中的一些人。他给他们戴上枷锁。当地人开始还以为这是一种装饰品，后来在枷锁收紧的时候才发现势头不对。一个人在冲突中被杀掉了。

8月24日，探险队再次起航，搜索穿过大陆的航线。“圣地亚哥号”在一场风暴中沉没了，不过船员幸存了下来。在圣克鲁兹稍作停留后，剩余四艘船来到了另一处海湾。“特立尼达号”与“维多利亚号”抛锚，“圣安东尼奥号”与“康塞普西翁号”继续探路。一场风暴迫使两艘船只进入了一处海湾。他们担心自己会撞上礁石，却发现了海峡的入口。

1 巴达贡人（Patagón），在西班牙语中有“大脚”的意思。——译者注

**麦哲伦在太平洋上**

在这幅画中，太平洋的飞鱼撞到了斐迪南·麦哲伦的船上。他的航行是西班牙最为成功的探险之一

在返回报信的途中，两艘船鸣炮升旗。“特立尼达号”与“维多利亚号”上的人都很高兴，所有的船员都在感谢上帝与圣母马利亚。

船队还需要对海峡进行勘察。这条海峡是海湾的延伸，两边有高耸的群山，中间的水路“有的地方宽3里格，也有2里格、1里格的地方，有的地方宽度只有半里格”。这条海峡太过狭窄，水深又超过了锚缆。在停船过夜的时候，水手们只得把船拴在岸边的礁石上。

“圣安东尼奥号”与“康塞普西翁号”再次被派出查看陆地的位置。这次“圣安东尼奥号”上的领航员发动了叛乱，把船长铐了起来向西班牙开了回去。麦哲伦让他的船长们投票决定是否继续前进，但他自己已经下定了决心，咨询他们的意见只是为了“让手下人满意”。他最终得出结论，继续航行“有利于整支舰队”。人们第二天继续前进。在五个多星期后，他们“在另一边看见了一片大海”，麦哲伦下令鸣炮庆祝。

麦哲伦把自己发现的大洋叫作“太平洋”(意为“平和的”)。船只“乘着一股几乎是不间断的强风”前进，驶过了一片“比任何人想象的都要宽阔的”海域。事实上他们只是非常幸运，没有遇到任何风暴。人们以为如果朝着正西前进，就会错过好望角，找不到什么有价值的地方，所以他们驶向西北偏西方向。他们对自己要走多远毫无概念，不过他们发现了两处小小的荒地，以及一些无人居住的岛屿。皮加费塔记录道，食品开始出现短缺，“……我们只能吃变成粉末的过期饼干，上面长满了蛆，和老鼠在上面爬时带来的污物混在一起。老鼠倒是吃上了好饼干。而我们喝的水也是发黄发臭的”。防止横桁磨损的牛皮也被拿来充饥，只要在水里泡上四五天就可以下肚。死老鼠也是食物，每只要卖到半克朗。这之后出现了坏血病，死了20人。

3月6日，在海上航行了三个月之后，人们抵达了一处岛屿——可能是关岛——他们可能在那里停船补给。就在准备开船的时候，数十名原住民出现了。欧洲人首次遇到了波利尼西亚航海者：“他们的小船没有艏艉之分，就像海豚一样，在海浪间跳来跳去。”原住民偷走了一条挂在船尾的小艇。麦哲伦下令报复，攻击当地的村庄——拆毁了40或50所房子，杀掉了7个人。欧洲人认为这些人“穷困，但有心机，是当小偷的料”。在看到了一些“相貌精致”的女人后，欧洲人带着些许后悔离开了这里。10天之后，他们抵达了菲律宾群岛边缘的萨马岛。那里的人更为友善，提供了他们从未见过的水果。之后，他们来到了一座名叫玛萨华的岛屿。麦哲伦派他的马来奴隶兼翻译恩里克上岸谈判。他们与当地的统治者交换了礼品，可能还在3月31日复活节那天做了弥撒。一周后，他们到达了宿务。麦哲伦承诺“把基督徒的武器留下

麦哲伦航行的距离

60 440千米

**“维多利亚号”**
这是探险队中唯一一艘返回塞维利亚的船只。整支队伍出发时有大约265人，返回时只剩18人

来”，用这种方式说服了那里的统治者转信基督教。转信仪式是在一个精心搭建的台子上进行的，国王、王后以及800人接受了洗礼。

这之后，麦哲伦犯下了一个致命的错误，参与了当地部族的斗殴，支持一方去攻打另一个不肯皈依基督教的族群。他领着一小队人坐着小船前往麦克坦岛，“想要看看他们的矛怎么能伤到我们”。就这样，费力上岸的49个人遭遇了大约1 500名岛民（的袭击）。西班牙人用上了火枪和十字弓，但当地人毫不畏惧地逼近，瞄准腿和胳膊这些没有防护的部位射出箭，投掷长矛。在发现麦哲伦是船长后，原住民开始攻击他，而麦哲伦“就和优秀的骑士一样，坚守阵地”，即使头盔被打掉了“也没后退一步”。他面部受伤，仍刺倒了一名敌人，但没法从尸体上把剑拔出来，于是陷入了包围。“‘印度人’纷纷扑上去，用长矛和弯刀扎穿了他的身体。”

麦哲伦的手下撤了出来，但探险队失去了主心骨。剩下的人不够开动所有的船，人们只得放弃“康塞普西翁号”。剩下的两条船坚持到了香料群岛，把价格不菲的丁香和肉桂装上了船。正是靠卖掉这些货品，整个航行的费用才得以偿清。“特立尼达号”试图向东行驶，再度穿过太平洋返航。由塞巴斯蒂安·德尔卡诺（Sebastian del Cano）指挥的“维多利亚号”则向西航行绕过了好望角。“特立尼达号”没能成功回国，不过“维多利亚号”在1522年9月1日抵达了圣卢卡尔。整个航行历时三年。

“维多利亚号”上幸存的船员是首批完成环球航行的人，麦哲伦也因为这项航海大业成了不朽的英雄。然而，在此次航行中，有大约232人因饥饿或疾病丧命，而西班牙人此后的跨太平洋航行也均告失败。1529年，西班牙把自己在香料群岛上的所有权力都让给了葡萄牙，换得了一笔不菲的收入。

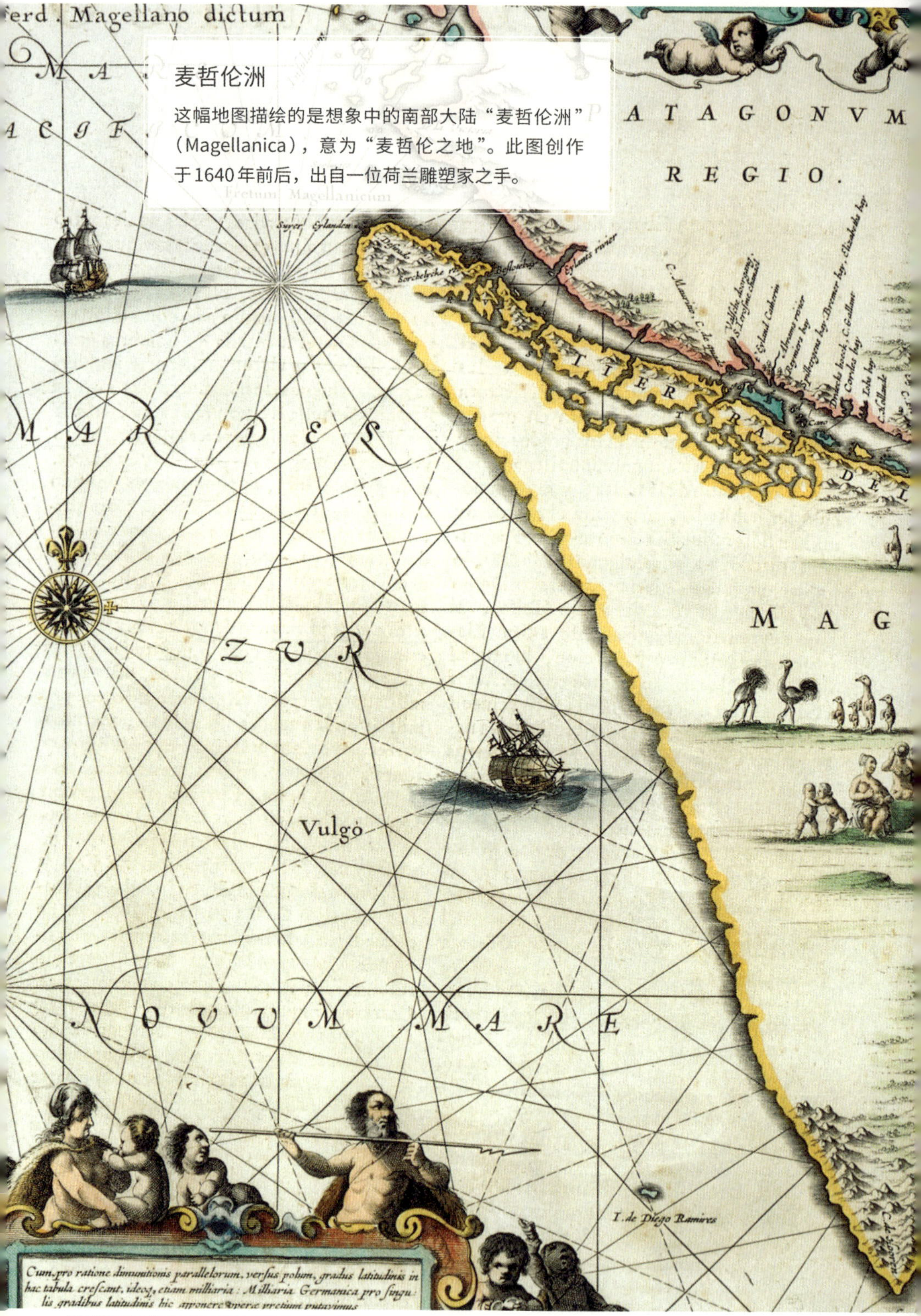


## 麦哲伦洲

这幅地图描绘的是想象中的南部大陆“麦哲伦洲”（Magellanica），意为“麦哲伦之地”。此图创作于1640年前后，出自一位荷兰雕塑家之手。

Nobilißimo.
Amplißimoque Viro,
D. GVALTHERO de RAET,
I.V.D. Curiæ Hollandiæ, Zeelandiæ, West-frisiæque
Senatori eminentißimo.
D.D.D. Ioannes Ianßonius.
Fretum Magellanicum
DEL NORT
ANICA.
Mauritius Landt
Verschoors Ree
Valetyns Bay
Staert van Lemair
Staten Eylandt
Nassausche Voerd
Schapenhams bay
Lheremitens eylandt
Terhaltens eylandt
Ewoudts eylandt
C. de Pennas
C. de St. Ines
I. de Gonçalo
Barnevelts Eylanden
AUSTRALE.
TABULA
MAGELLANICA.

# 征服墨西哥

自从哥伦布1492年发现新大陆之后，西班牙人花了25年时间打理西印度群岛，在那里充分发展了自己的势力。1517年，古巴总督迭戈·贝拉斯克斯·德奎利亚尔下令，派遣弗朗西斯科·埃尔南德斯·德·科尔多瓦向西探索大陆。这队人在尤卡坦半岛的一处海角上岸，给这里起名叫卡托切（本地玛雅语意为“故土”），但他们很快遭到了伏击，只得奋力作战才退到船上。在半岛西侧的香波顿登陆时，他们就小心多了，但还是遭到了攻击，探险队受挫回到古巴。在整桩不幸的事件中，一个名叫贝尔纳尔·迪亚斯·德尔·卡斯蒂略的年轻战士感叹道：“哎！去发现新大陆真是件麻烦事……”不管怎样，贝拉斯克斯在第二年还是派出了一支240人的探险队。这支队伍有3艘船，由胡安·德·格里哈尔瓦带领，迪亚斯则以低阶船副身份随行。队伍依然遭遇了原住民的进攻，但这次他们带回了价值4 000银圆的金子，以及600把斧子。西班牙人以为这些斧子也是金子做的，但实际上是铜制的。迪亚斯写道：“人们大大地嘲笑了我们一通，把我们的贸易当成笑柄。”不过，相信新大陆富产黄金的贝拉斯克斯还是派出了第三支探险队。这次的队伍由曾参与过数次探险的小贵族埃尔南多·科尔特斯（Hernando Cortés）指挥，总共有10艘船。记录了此次探险的迪亚斯写道，这位衣着鲜亮的指挥“戴着一缕翎毛，上面还装饰着一枚勋章，脖子上套着金项链，身披天鹅绒斗篷，斗篷边缘坠着金流苏，看起来像极了一位英勇无畏的船长”。

这次探险从一开始就困难重重。就在船队起航前，由于害怕科尔特斯会在大陆建立自己的据点，与自己在古巴的大本营抗衡，贝拉斯克斯撤销了科尔特斯的职务，但科尔特斯最终还是出发了。起程后不久，旗舰便搁浅了，必须卸下货物才能重新浮起来。船长们想要带着马，但只找到了16匹。科尔特斯挑中一匹“深栗色的烈马”，这匹马在航行初期就死掉了，而胡安·塞德尼奥“则成了舰队中最富有的战士”。他乘着自己的船，带着一匹栗色的母马和一名黑奴。船长佩德罗·德·阿

> 我们此行的目的是侍奉上帝，
> 还有获得财富。
> 这两件事情，没人不想。
>
> ——贝尔纳尔·迪亚斯·德尔·卡斯蒂略

尔瓦拉多乘一艘“名叫‘圣塞巴斯蒂安号’的好船”，带着70名士兵在前面当先锋，剩下的船则尾随其后。在航行途中，科尔特斯的船又遇上了麻烦，失掉了船舵，只能安上备用舵。当科尔特斯在尤卡坦半岛赶上“圣塞巴斯蒂安号”时，他发现这艘船的领航员违背命令上了岸，于是便叫人给他戴上了镣铐。

在科苏梅尔岛上岸后，科尔特斯发现了一名神父。此人在一次沉船事故后被当地的玛雅人俘虏，做了8年奴隶。事实证明，神父赫罗尼莫·德·阿吉拉尔（Jerónimo de Aguilar）是名“称职且值得信赖的翻译”，不过他对当地的地理环境一无所知。迪亚斯写道：“身为一名奴隶，他只知道砍树，浇地，垦田。”探险队再次起航，沿海岸向西前进，在3月12日抵达了塔巴斯科，发现海岸上列队站着“12 000名战士”。科尔特斯并未退缩，让手下的人登陆——100名水手、508名战士，其

**科尔特斯遇见唐娜·玛丽娜**

在塔巴斯科登陆后，当地人向科尔特斯献上了首领的女儿唐娜·玛丽娜。她皈依了基督教，学习西班牙语，成了一名优秀的翻译

中有32名弩手和13名火枪手——还带上了一些铜炮，以及4杆隼炮[1]。战斗在河中与沼泽地上打响，当地人很快被击败了。战斗结束得非常快，以至于当地原住民觉得科尔特斯是预言中提到的将会回归的羽蛇之神魁札尔科亚特尔。当地人向科尔特斯献上了黄金和20名女子，其中还包括首领的女儿唐娜·玛丽娜（Doña Marina）。她后来转信基督教，成了一名杰出的翻译兼谈判者。西班牙人在这时候才第一次听到“墨西哥”这个名字，知道当地人自称“阿兹特克人”。

科尔特斯来到了圣胡安乌鲁亚，在那里受到了礼遇。阿兹特克皇帝蒙特祖玛二世（Moctezuma II）住在距海岸80千米远的特诺奇提特兰城。他指派当地的长官为代表，接待了科尔特斯。两拨人都想镇住对方。当地人写实地画出了人、船只与马匹的图片，西班牙人则演示了骑术，并向炮中装填了“大把火药，好在发射时弄出巨大的响声”。皇帝的信使们惊呆了，光是骑士就把他们镇住了，他们以为这些是两首六足的野兽。

数支探险队前往内陆，但留在后面的人开始心生不满；住在蚊虫肆虐的沙丘上远称不上舒适，35名战士因旧伤未愈命丧黄泉。迪亚斯记录道，“那些习惯了在古巴统治‘印度人’的战士”尤为不悦。决心继续前进的科尔特斯安慰他们说：

> ……在毫无理由的情况下返航并不是好主意。时至今日，我们不能抱怨自己的运气，而应当感谢处处帮助我们的主。至于那些亡故的人，这在战争的艰苦环境中是常有的事。

尽管如此，一场内乱还是发生了。有人企图夺取一艘船，返回古巴。科尔特斯在听闻这个阴谋后，便收起了这艘船的船帆，卸下了船舵。他

**前往特诺奇提特兰之路**

科尔特斯一行人花了三个月时间，才从东海岸来到阿兹特克的都城特诺奇提特兰。他们沿路与许多部族结成了联盟，这些部族并不满意蒙特祖玛二世的统治

1 隼炮是一种轻型加农炮，炮弹重约0.9千克。——译者注

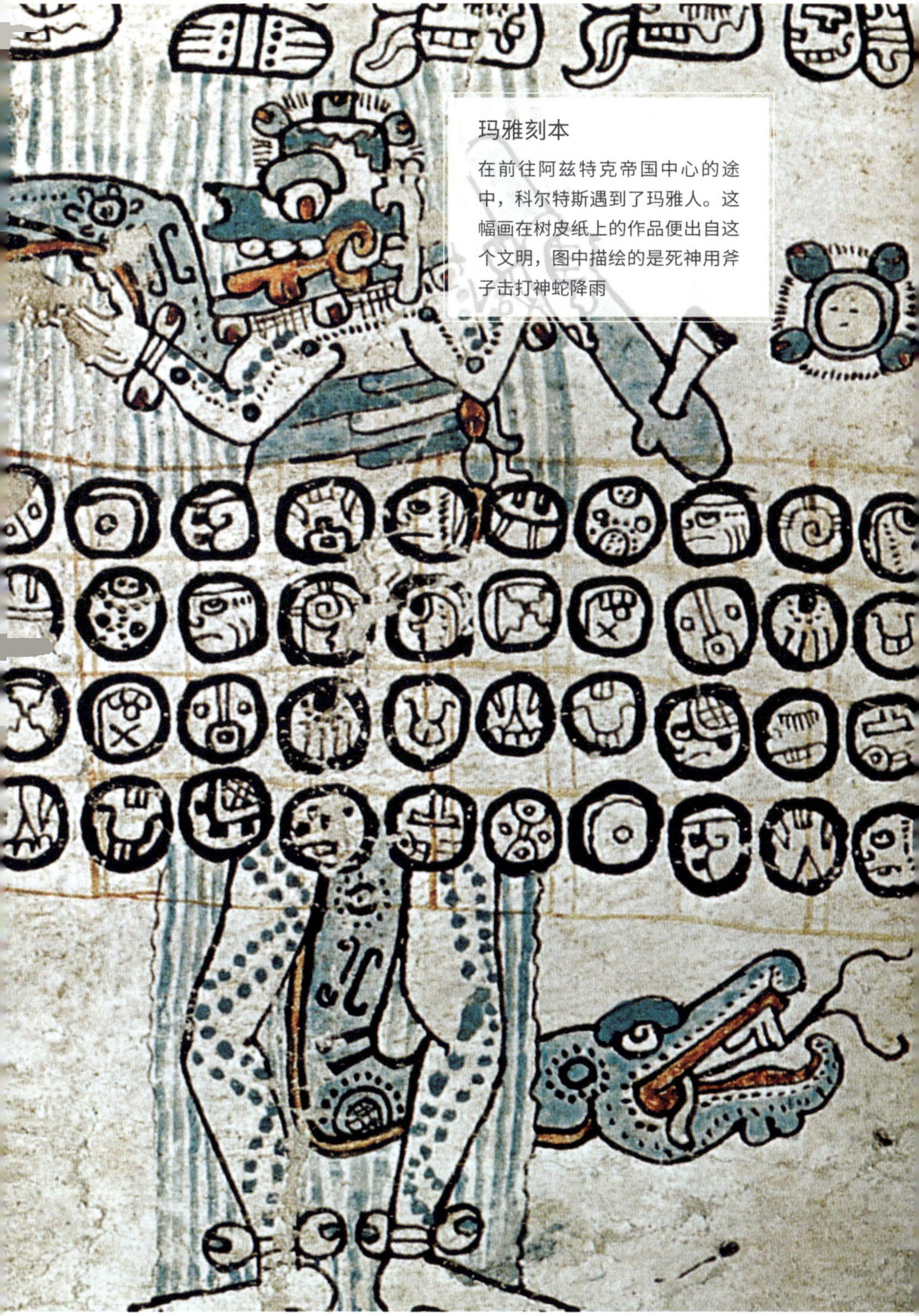

玛雅刻本

在前往阿兹特克帝国中心的途中，科尔特斯遇到了玛雅人。这幅画在树皮纸上的作品便出自这个文明，图中描绘的是死神用斧子击打神蛇降雨

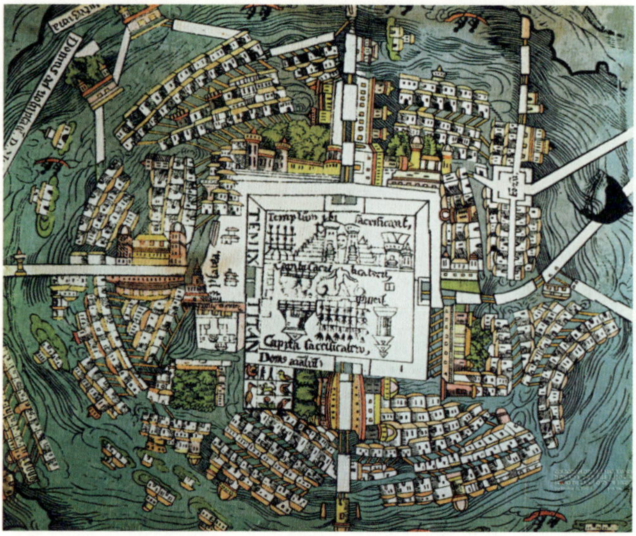


**科尔特斯的地图：特诺奇提特兰**

这幅手绘地图出自科尔特斯本人。图中坚固的阿兹特克首都就坐落在特斯科科湖中央。这座城市通过大量堤道与陆地相连

吊死了密谋者佩德罗·埃斯库德罗与胡安·塞梅尼奥，砍掉了领航员贡萨洛·德·翁布里亚的双脚。支持反叛的水手每人被抽了200鞭子。之后，科尔特斯听取了船长们的建议，“不留一艘船在港口，而是立刻把它们全部捣毁，这样就没了后顾之忧”——所谓听取建议的做法可能只是障眼法，目的是让人觉得这是船长们的一致意见。人们把所有有价值的东西都带下船，然后破坏了船只。在这之后，科尔特斯和手下，以及船上的水手便朝着内陆的特诺奇提特兰——阿兹特克的首都——进发了。

特诺奇提特兰坐落在群山中的湖泊里，是座岛城，被蒙特祖玛二世当作首都。对一个没有铁器、马匹、轮子，甚至还未发明出文字的民族来说，能建起这样一座城市堪称巨大的成就。它是当时世界上最大的城市，四面环水，当地人觉得这里固若金汤。迪亚斯也深感震撼：

> 如此壮丽的景象让我们瞠目结舌，或者说我们根本不知道眼前的一切是否真实存在。从陆地一面看过去，都是些壮丽的城池；而从湖上看过去，城池的数量则更多。湖里满是独木舟，堤道的间隙处有许多桥梁。伟大的墨西哥城就在我们眼前，我们——我们只有区区400名战士！

科尔特斯注意到了宽大豪华的住宅，许多有两层楼。迪亚斯写道，这些房子“除了拥有宽敞华丽的房间外，还有相当精致的花园”。科尔特斯手下的战士觉得，这里大集市的规模与秩序都胜过罗马城的市场，而城市中众多的水路则可以媲美威尼斯。队伍中的一人这样描述这座城市，“（它）拥有许多宽阔整洁的街道，其中两三条为主干道。在其余的道路上，一侧是坚实的土路，好像用砖铺就一般，另一侧则是水。这样人们可以选择在路上步行，或是乘着空心木头做成的小舟出行……”为了显示自己与同伴精力充沛，科尔特斯在拒绝旁人搀扶的情况下，自己走完了114级台阶，登上了城中最大的庙宇，结果看到了一个祭祀人牲的平台。迪亚斯写道：“当天献祭了三个‘印度人’，这三个人的心脏被烧掉了。祭台四周的墙被血浸成了深色，上面全是污点。地板也是一样，整个地方都发出恶臭。”

据说蒙特祖玛二世把科尔特斯当作神迎接进城。按照贝尔纳迪诺·德·萨阿贡（Bernardino de Sahagún）的说法，当地人的致辞是这样的：

> 我的主……你降临在你的城：墨西哥。这是供你憩坐的尊位，你的王座……我们的首领，统治这座城的人已经知悉，你会索要你的王座、你的尊位，你会降临于斯。

之后，蒙特祖玛便宣布效忠西班牙国王，允许科尔特斯以后将任何反叛者处以叛国罪。

西班牙征服墨西哥的第一阶段就此告一段落。科尔特斯入主阿萨雅卡特尔宫，蒙特祖玛实际上成了他的人质。不过在数周后，古巴总督贝拉斯克斯派出了一支探险队，要把科尔特斯带回西班牙，审判他的反叛罪。科尔特斯只好离开这座城市，与这支西班牙军队作战。科尔特斯得胜而归。但在他外出期间，留下的人在一次宗教集会上杀掉了一些当地人。回城的科尔特斯发现阿兹特克人公开叛乱并选出了一位名叫库伊特拉华克（Cuitláhuac）的新领袖，取代了蒙特祖玛。在试图镇压叛乱的行动中，科尔特斯命令蒙特祖玛与他的人民对话，但阿兹特克

**阿兹特克双头蛇**

这尊马赛克的阿兹特克雕塑被认为代表着重生与复兴。有数个阿兹特克神祇与这条蛇有关系

人用石头砸死了倒霉的前皇帝，西班牙人也被赶出城市。这一切发生在1520年7月，距离科尔特斯进入特诺奇提特兰正好7个月。

科尔特斯在第二年春天返回了这座城市。他得到了不少地方部族的支持。这些部族多年来一直向皇帝缴纳贡奉——包括黄金和人牲——错误地把科尔特斯当作他们的解放者。迪亚斯提到，科尔特斯没有了自己的船，但还有水手和木匠。由于攻城只能走水路，他命令马丁·洛佩斯，"一名表现向来优秀的水手"，设计13艘小炮艇，也就是海盗船。每艘船装一面帆，设12人划桨，有足够的空间搭乘12名火枪手或弩手，1名炮手和1名船长。船首设一门轻炮或隼炮。在当地人的帮助下，科尔特斯找来了以前船上拆下来的帆装、船锚和铁器，洛佩斯则像"大力士"那样砍树伐木。四名水手被派进森林，从松树上收集树脂，好把船的边接缝都粘起来。各种部件被运到特斯科科组装起来。

从阿兹特克的画作中可以得知，这些船比一般的小艇要大，而且艏艉都有船楼。靠人力是移不动这些大船的，于是8 000名本地人便开掘了一条从特斯科科到那片湖的运河。在人手配置上，科尔特斯遇到了困难，因为剩下的水手人数不够。原来做大副的萨莫拉，以及"海员兼好战士"科梅内罗都当上了船长。科尔特斯把这些船看成是"整场战争中制胜的法宝"。阿兹特克人则依靠两侧"带着木头屏障"的圆木舟，来防御西班牙人的武器。

作战命令发出了。据迪亚斯记载，每名西班牙船长都被详细告知"自己要做什么，要前往堤道的哪个位置，以及要和哪位登陆的船长协调"。战士们在5月31日出发。贡萨洛·德·桑多瓦尔带领陆上部队前往湖南部的伊莎帕拉巴，科尔特斯则加入由桨和帆共同驱动的船队，从水面进攻。在穿越湖面的时候，他们用150人夺下了提比泊克山。阿兹特克人则浩浩荡荡地划着独木舟从城里出发。上山的人很快回到船上，科尔特斯下令待命，等待敌人靠近。阿兹特克人逼近了，停在“两倍于弩箭射程”的地方。等到湖面刮起了顺风，科尔特斯和手下人发起了进攻：“……虽然他们逃得飞快，但我们还是冲进了敌阵当中，撞碎了数不清的独木舟，杀掉并淹死了很多敌人。这真称得上是世上最值得一看的景象！”

科尔特斯乘胜追击，派30人携3门加农炮登上了堤道。火器发挥了它的威力，大肆破坏。不过有名炮手不小心引燃了弹药，炮击只得停止。桑多瓦尔的陆上增援赶来，但遭到了来自陆地和湖面的攻击，腹背受敌。科尔特斯下令冲破堤道，好让船绕到另一边，攻击阿兹特克独木舟，可是阿兹特克人撤退到较浅的水域，西班牙人的船开不进去。桑多瓦尔和手下沿着西侧的堤道进攻，但阿兹特克人破坏了部分道路，想阻止他们。科尔特斯派出两艘船前往缺口处，充当桥梁。在6天的激战后，科尔特斯听说北面还有第三条堤道，“墨西哥人可以随意走动”。他派出了大批地面部队和船上的250人夺取了那里。这些人打进了城，却守不住。

在城市周边地区，战斗仍在持续。但到了6月15日，科尔特斯已经确信自己可以获胜，于是将船只分成两拨。6只用来保卫他的营地，3只被分配给他的副官桑多瓦尔和阿尔瓦拉多。6月30日，趁着迪亚斯和另外6人将一艘船推出浅水的时候，守军发起了一波致命的反击，拼死想要夺取这艘船。桑多瓦尔赶来营救，高喊道：“啊！兄弟们用力推啊，不要让他们夺走这艘船！”这些人拼尽全力，将船推出浅水，保住了它。

西班牙人的损失很大，只能眼睁睁地看着友军俘虏被带到神庙顶上献祭。不过，在艰苦地围攻了85天之后，在8月13日，特诺奇提特兰沦陷了，阿兹特克帝国也随之覆灭。废墟之上建立起了墨西哥城，科尔特斯被任命为新西班牙总督。这是西班牙帝国在太平洋扩张的一个关键事件。

# 探索加拿大

法兰西国王弗朗索瓦一世在1515年加冕，这时的法国海员对“新大陆”的海岸已经很熟悉了。法国的布列塔尼人已经在纽芬兰的大浅滩打鱼多年，1524年的一支探险队则宣布纽芬兰归法王所有。在这之后，经验丰富的布列塔尼航海家雅克·卡蒂埃（Jacques Cartier）向西挺进，想要发现更多的陆地，并打算向西北找到一条通往中国的线路。1534年的时候，此人抵达了圣劳伦斯湾，并对此地进行了勘探，将此处的陆地命名为加拿大。他带着当地酋长的两个儿子返回了法国，并立誓要返回这里开展贸易。1535年，奉弗朗索瓦一世之命，卡蒂埃再次出航，深入考察了此前匆匆一瞥的“丰饶”大地与“大河”。

卡蒂埃5月份从法国的圣马洛起航，一马当先走在船队的最前面。整支船队有三艘船：“大野鼬号”、“小野鼬号”和“灰背隼号”。穿越大洋的航行“多风暴且不顺利”，三艘船走散了，但在经历了两个月的波折后，它们都抵达了纽芬兰。卡蒂埃沿圣劳伦斯湾北岸航行，想寻找一条通道，之后他又改沿圣劳伦斯河逆流而上。易洛魁部落联盟的酋长当纳克纳（Donnacona）的两个儿子——泰格纳李（Taignoagny）和多马哥雅（Domagaya），也就是之前和卡蒂埃一同前往法国的两人，负责为船只领航。

在卡蒂埃的记录中，船队在斯塔达科纳（今魁北克）下锚。“加拿大之王”当纳克纳带着12艘独木舟前来迎接。在看到自己的儿子后，这位酋长“以一种奇怪的方式摇晃着他的身体和四肢，用他们的风俗来表达内心的喜悦与兴奋”。两艘稍大的船泊在上游的“支流中……那里有条小河和一处带防沙堤的船港”，他们给这里命名为“圣十字”。“灰背隼号”则待在河的干流中，准备出发探索。

易洛魁酋长的热情接待还没过去多久，双方的文化差异就开始产生摩擦。当纳克纳抱怨法国人带了太多武器，结果被告知这是法国的习俗；客人们则发觉，当地人有向他们献上孩童的习惯，这令人难以接受。卡蒂埃意识到，这是一种贿赂，好让他们不要再沿河而上，于是拒绝了这种礼物，但多马哥雅向他保证，孩童代表着双方结成了同盟。

不过，易洛魁人的确决定不让法国人前进，还想把他们吓跑。卡蒂埃写道：“他们让三个人扮成魔鬼，给三人穿上黑白相间的狗皮，脑袋上戴着和胳膊一般长的角，脸涂得和黑炭一样。”扮成魔鬼的人乘着独木舟从上游下来，被说成是神祇“古都基”的使者，警告客人们停止前进，否则他们就会死在冰天雪地之中。法国人一笑置之，可当地人拒绝提供向导，除非法国人愿意留下一名人质。卡蒂埃与手下并未因此退缩，他们安排了两条长船，和“灰背隼号”一起向上游前进，把大小“野鼬号”两艘船留在了后面。

借着涨潮，卡蒂埃一行人出发了。他一路上对当地人都很尊重，因此保证了双方间良好的关系。在走了217千米后，他们到达了霍切里加（今蒙特利尔），在那里受到了热烈的欢迎。“1 000多个男男女女以及小孩迎接我们，亲切得就像父亲看到了孩子，一片喜庆；男人们围成一个圈跳舞，女人们围成另一个圈，孩子们也在一旁自娱自乐。”

卡蒂埃套上盔甲走上岸。他记录道：“整个村子呈一个圆形，被三层木栅包得严严实实，像金字塔一般……”10个人用鹿皮把瘫痪的酋长阿古汉拿抬出村，迎接法国人。这位酋长打手势示意，让法国人触摸他，想以此治愈自己的病症。卡蒂埃蹭了蹭酋长的双腿，“许多病人，一些盲人、独眼、跛足和虚弱的人，以及那些老到眼袋都要掉到腮帮的人”也出来治病。卡蒂埃努力满足他们的要求，一边用手划着十字，还一边读了一段《约翰福音》。

为了弄清前方的情况，法国人登上了附近的一座山。他们将这座山命名为“蒙特-利尔”。从山上远眺，150千米范围内的景象一览无余。卡蒂埃描述道：

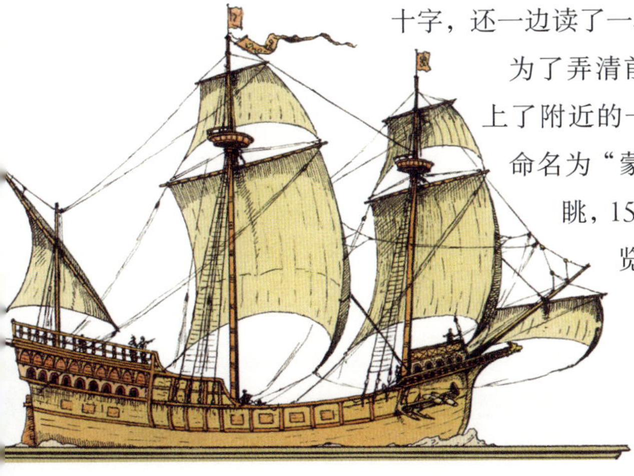

**“大野鼬号”**

卡蒂埃乘坐的帆船“大野鼬号”。这是一艘重120吨的克拉克帆船。同乘此船的还有数名来自王室的绅士

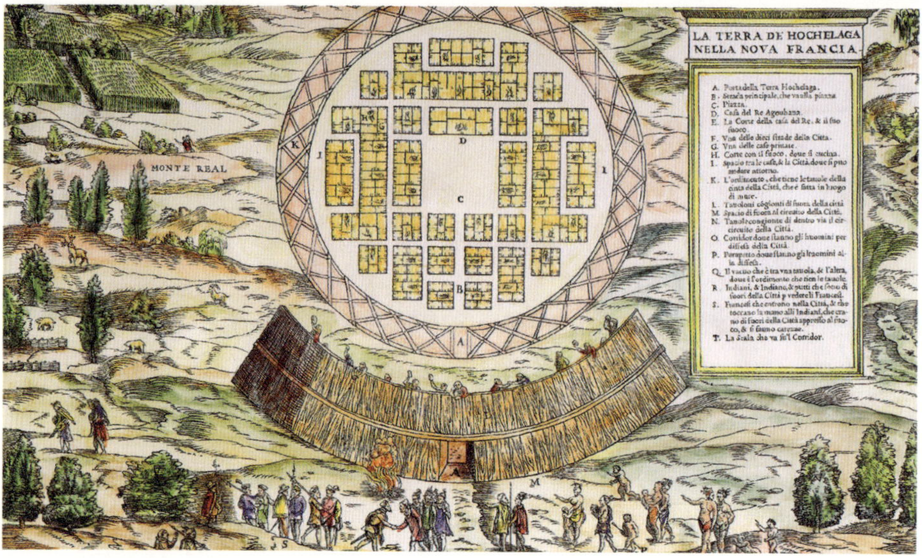


**霍切里加的印第安人村庄**

村庄匀称的布局给卡蒂埃留下了深刻的印象，他还留意到，村子里有大量房屋以及公共的广场

> 北面是连绵的山脉，贯穿东西，另一条山脉绵延向南方。坐落在这些山脉间的，是最最丰饶的土地，易于开垦、平整。这片平原中间有一条河，流过我们停靠长船的地方，一路延伸下去。那里流淌着最为湍急的水流……

激流明显阻碍了前进，想找到一条西北线路的愿望也就此破灭。当地人说上游有银子和其他财宝，但也警告他们那里有一个好战的部落。备感失落的队伍返回了圣十字，卡蒂埃发现水手们已经在那里建起了一座要塞，“四面竖起了粗大的原木屏障……炮口对准各个方向，是非常有利的防御工事”。虽然这明显表达出了不信任的心理，但当纳克纳酋长还是在第二天赶来庆贺，“对卡蒂埃等人的返回扮出了一副欣慰的样子”。这个季节想赶回本土已经太晚了，法国人准备在这里坚持一冬。与当地人的关系在恶化，人们变得神经质起来。他们看见了5张头皮，这是当纳克纳部族好战的证据。卡蒂埃下令，“在要塞四周挖出又深又宽的壕沟，加固防御，同时还要加装一面闸门和一座吊桥”。50人在夜晚负责守卫。

河水在11月上冻了，冰“有2寻[1]厚”，岸上的雪“堆得超过了我们船的舷墙”。在12月的时候，50名当地人死于一种怪病。在要塞内部，法国人也纷纷病倒了。这是坏血病在作祟。很快，“在我们110人的队伍中，身体健康的还不到10人”。8个人因病死去。最后，是当地的一种土方救了法国人。卡蒂埃留意到，多马哥雅喝了一种用白云杉树皮煮的水，便痊愈了。于是法国人伐倒了一棵树，把上面的树皮扒了个干干净净。

在整个漫长的冬天里，酋长当纳克纳都在外狩猎，但法国人对他真正的目的感到怀疑。当酋长在4月归来时，卡蒂埃派仆人夏尔·居约去村子里打探虚实，结果发现“棚屋里挤满了印第安人，在里面几乎无法转身，此前从未见过这种情况”。法国人怀疑这里面有阴谋，于是将酋长抓了起来。那一晚当地人“像狼一样”嗥叫，喊着当纳克纳的名字。卡蒂埃说服了酋长，让他与船队一起返回法国，觐见国王，并发誓会在一年后带他回家。法国人起航了，在13个月后到达了圣马洛。当纳克纳再也没有回到斯塔达科纳，据说他于1539年客死法国。

卡蒂埃在1541年第三次来到加拿大，他的身份是首席领航员。这次带队的是让-弗朗索瓦·德拉罗克·罗贝瓦尔，目标是前往传说中的萨格奈王国，也就是卡蒂埃上次看到但未探索的那条河的流域，找到当地的黄金。法国人在斯塔达科纳的上游处建起了一个殖民地，但当地的部落现在变得更具敌意，杀掉了大概35名开拓者。法国人到1605年才在当地建起了一处永久性的居住点，不过卡蒂埃早就告知了他们在这里拓展新领土的可行性，而且无论是从船只还是从人员的代价上说，都要比其他国家的探险者所要付出的要小得多。

> 我更愿意相信，这里就是
> 主应许给该隐的土地。[2]
>
> ——雅克·卡蒂埃

1 2寻厚接近4米厚。——译者注

2 在《圣经》中，农夫该隐杀掉了自己的兄弟，上帝因此让他的土地颗粒无收。“地开了口，从你手里接受你兄弟的血。现在你必从这地受咒诅。”见《圣经·创世记4: 11》。——译者注

# 南大西洋

在南大西洋上，可做探险落脚之用的岛屿并不多，而且面积都很小。海员们从16世纪起便知道，这片大洋南部有两个出口——好望角和合恩角。到20世纪初，这两处海路已被苏伊士运河和巴拿马运河所取代。和北大西洋一样，这里的信风也沿大洋边缘刮动，但方向是逆时针。大洋中间是赤道无风带，只有轻风或静风。这一无风带会随着季节向北或向南移动。

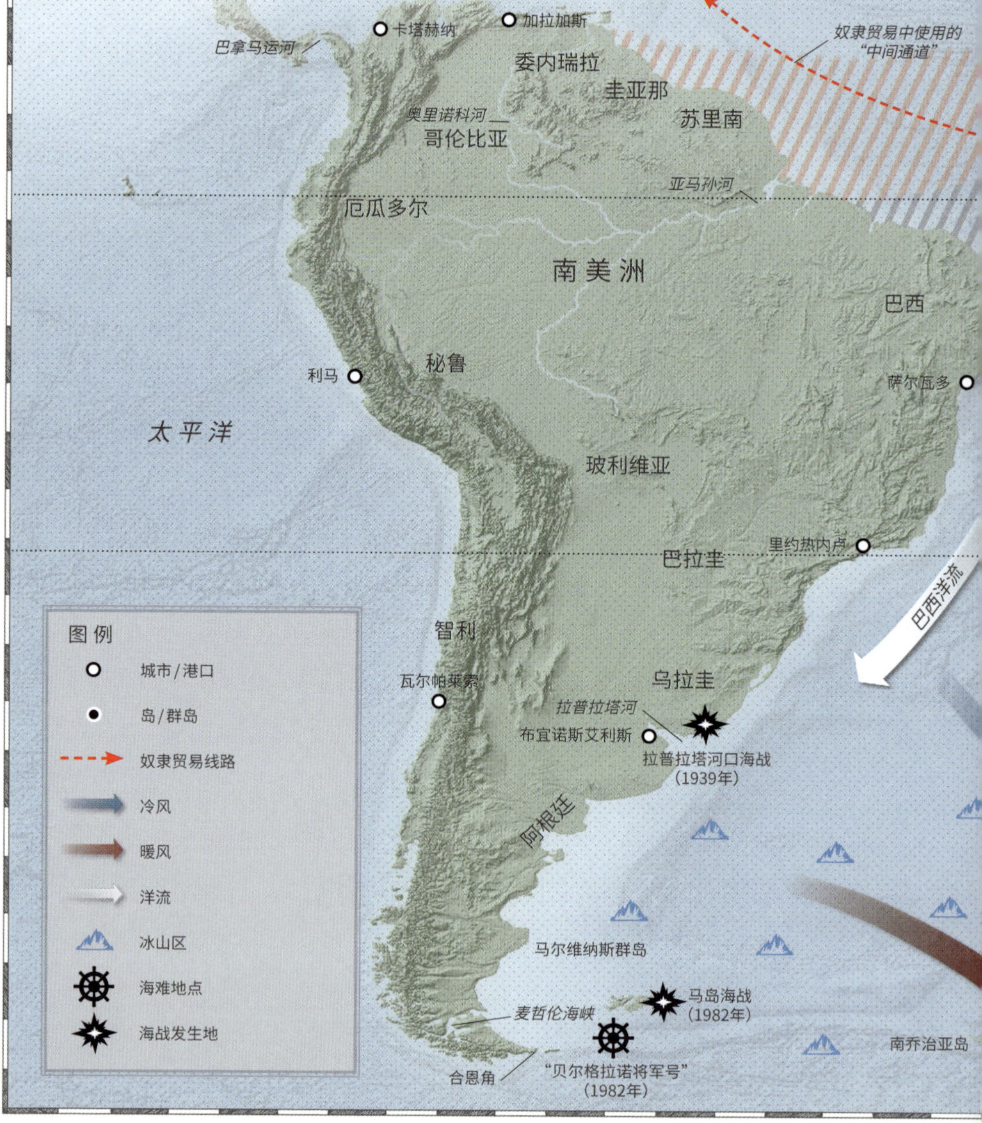

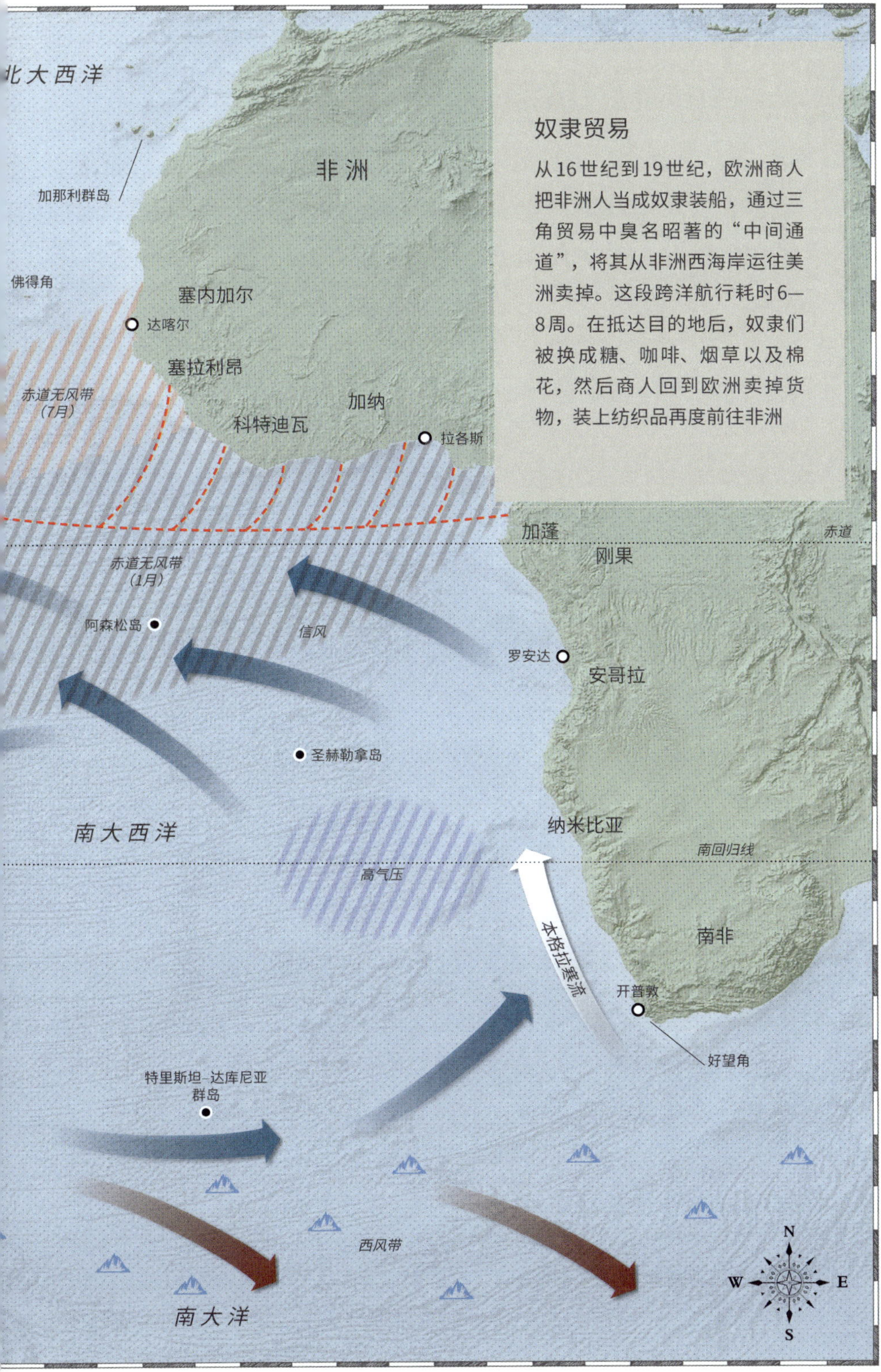


## 奴隶贸易

从16世纪到19世纪，欧洲商人把非洲人当成奴隶装船，通过三角贸易中臭名昭著的“中间通道”，将其从非洲西海岸运往美洲卖掉。这段跨洋航行耗时6—8周。在抵达目的地后，奴隶们被换成糖、咖啡、烟草以及棉花，然后商人回到欧洲卖掉货物，装上纺织品再度前往非洲

# 私掠船船长德雷克

弗朗西斯·德雷克爵士（Sir Francis Drake）1540年出生在英格兰西南的德文郡。他既是船长、奴隶贩子、探险家，也是一名私掠者。德雷克的父亲是位虔诚的新教徒，曾在肯特郡查塔姆船厂的海军军舰上任随军神职人员。德雷克年轻时就在附近的岛屿和浅滩上学到了很多关于航海的知识。他曾和表亲约翰·霍金斯加入过一支抢劫商船的队伍，还参与过非洲的奴隶贸易。1568年，他们的小船队在墨西哥的圣胡安乌鲁亚被西班牙人突袭，德雷克撇下全部家当逃了出来。现在，他与西班牙不共戴天。对天主教的痛恨，对黄金的贪婪，加上他的决心与航海技术，使德雷克成了一个非常危险的敌人。在接下来的几年里，他数次远征西属加勒比海地区与巴拿马，在那里展开了劫掠。他在1573年返回英格兰，拿到了赏金，成了一名老道的劫掠者。

前往太平洋的主意可能是德雷克想出来的，但支持这个想法的是英格兰女王伊丽莎白一世的外交顾问弗朗西斯·沃尔辛厄姆爵士。具体方案是穿过麦哲伦海峡已知的唯一一条通往太平洋的海路。西班牙当时已经打通了南美大陆，在大陆的西岸造船，确立了自己在当地的势力。而且，他们觉得自己控制下的海域非常安全，因此他们的船只都没有武装。

据说，德雷克的任务是在那个“尚未臣服王威”的地区找到商品。但他知道，那里都是西班牙的领土，而且他要搜寻的是西班牙的黄金与白银。在一次交谈中，大家都认为“……西班牙国王用各种方式中伤女王陛下，因此她理应报复一下”。女王在暗地里全力支持此次航行。虽然两个国家并未开战，但这并不妨碍德雷克拿到一份“私掠许可证”——这可以让他免于海盗罪的指控。

鉴于这次行动的战争性质，德雷克舰队的武装非常齐备。他的旗舰——100吨的“鹈鹕号”，两侧甲板下各有7门舷炮，还有两门可以冲前射击的炮。甲板上有6门轻炮。80吨的“伊丽莎白号”由约翰·温特指挥，30吨的“金盏花号”由约翰·托马斯负责，50吨的“天

**弗朗西斯·德雷克爵士**

德雷克身材矮胖，红色的小胡子打理得非常时髦，一眼就能被认出来。他在暗地里获得了女王伊丽莎白一世的支持，可以在太平洋上针对西班牙人展开私掠

鹈号”归约翰·萨寇德掌管，纤小的、只有15吨重的“本尼迪克特号”由托马斯·穆尔出任船长。船队中有不少与朝廷有关系的绅士，一些人参与了此次航行，但在船上没有职务。这些人里有托马斯·道蒂和他的兄弟约翰。船员总数约为150人。出于安全考虑，船员们被告知，他们要前往埃及的亚历山大港做生意。在那有蛮族海盗出没，西班牙也会插上一脚。人们到后来才得知这次远征的真正规模。

1577年12月，舰队从普利茅斯出发。没过多久，德雷克的舰队就逮住了六条西班牙与葡萄牙小船。其中一只被改名为“克里斯托弗号”，取代了“本尼迪克特号”。在向南航行的途中，德雷克与手下洗劫了佛得角群岛中的马约岛，夺取了葡萄牙船“圣马利亚号”。他们挟持了这艘船的船长努诺·达·席尔瓦，“因为他们知道他可以在巴西利亚海岸领航，有可能把他们带到这些国家有淡水的地方”。这个战利品被更名为“玛丽号”，由托马斯·道蒂负责。不过此人领导无方，德雷克日益怀疑他的所作所为，于是把他赶上了“鹈鹕号”，绑在了桅杆上。

1578年6月，他们到达了巴塔哥尼亚海岸上的圣胡利安，也就是半个多世纪前麦哲伦船队发生暴乱的那个港口。德雷克现在相信，道蒂是个“……幻术师，一个好煽动且下流的坏家伙”，而他的兄弟则是名“巫师、囚犯……”虽然德雷克证明不了自己有审判两人的权利，但还是将二人推上法庭。道蒂被判定有罪。随船神职人员弗朗西斯·弗莱彻在日志中记录道，此人死得颇有尊严：

> 用餐过后，一切准备就绪……没有任何拖沓，他走上前跪了下来，伸出脖子等着斧子落下，准备将灵魂交付上苍；整个过程没有

> 繁文缛节……他想要众人为他祈祷，也为刽子手行了方便，没有求饶，也没有露出丝毫怯懦。

当被砍下来的头颅被高举示众时，德雷克宣布：“看，这就是叛国者的下场。”对德雷克和他那些不安的手下来说，这是一个转折点。他们要涉足的航线通往未知的、险恶的水域，之前只有一支探险队走过。如果有必要来一番鼓舞士气的演讲，那现在就是最佳时机。

德雷克此时的一番话在之后变成了英国海军的一条格言：“先生们，你们要和水手一样干粗活了，大家要齐心协力。”阶级差别和个人敌对都要被忘却：“我们要证明自己是个团队。”他想要激起人们的爱国心和荣耀感，继续说：

> ……要是这趟航行没有圆满成功，我们不仅仅会被敌人轻视嘲笑，我们整个国家也会因此永远蒙上污点，等于让西班牙和葡萄牙得胜。

为了表示这是一个新的开始，同时也要显示自己的绝对权威，他先解除了所有船长的职务，再以自己的名义重新任命了这些人。他将旗舰更名为“金鹿号”。金鹿是此次远征的赞助人——克里斯托弗·哈顿——家族盾徽上的图案。通过麦哲伦海峡的航程要比预想的容易，但那里的气候很恶劣，几个人因饥寒交迫而丧命。“金盏花号”与其他船走散了，而船长温特又借着一场风暴的机会，把“伊丽莎白号”开回了家。

**德雷克之鼓**

德雷克在航行时携带着这只画着盾徽的鼓。这只鼓后来成了诗歌的素材

9月6日，“金鹿号”驶出了麦哲伦海峡。现在它形单影只，陷入了强风，被吹往西南偏西方向。完全是由于意外，德雷克与手下发现了麦哲伦海峡南侧的陆地，但不知道他们是否到过合恩角。当风向改变的时候，德雷克转向

## 1573年，仅一次袭击，德雷克就抢掠了 20吨黄金与白银

北方，路上抓住了数条没有武装的西班牙船只。在瓦尔帕莱索外，他逮住了一条船，上面装有价值20万比索的黄金——保证了这趟航行的利润——以及一套关于这片海岸的海图。到了1579年年初，“金鹿号”上已经有许多船员病倒了，但当它袭击卡亚俄港的时候，还是在西属秘鲁总督区的首都利马引发了恐慌。

德雷克听说还有一艘西班牙宝藏船出海，便许诺要奖赏第一个发现这艘船的人。结果是他的表亲约翰·德雷克在3月1日正午时看到了这艘船。德雷克不想在白天发起进攻，于是他在船尾拖了一些空酒桶，让“金鹿号”慢了下来。大约在晚上8点左右，西班牙加利恩帆船“无染原罪女士号”的船长向靠近的船打招呼。德雷克砍断挂着的酒桶，用那艘加利恩帆船的尾部做掩护开了上来，喊道：“我们是智利船。”

两艘船开到并排的位置。“无染原罪女士号”上突然有人高喊：“英格兰人！落帆！”船长圣·胡安·德·安东是在故意等英格兰人上钩。“金鹿号”上吹起了哨子，紧跟着一声号响，子弹和弓箭便猛烈地射向敌人。一发链弹击倒了西班牙船的后桅，弓箭又把西班牙人逼下了舱，只剩安东一个人在甲板上。德雷克这边40个人乘小艇登上了敌舰，西班牙人投降了。安东被俘虏，被关押在“金鹿号”上。英格兰人找到了一笔惊人的财宝：价值36万比索的银子。也有记录说，是36千克金子、13箱银币，以及26吨银子和珠宝。

这艘西班牙船的外号叫“屙火”。一名年轻人站出来说，它应该起名叫“屙金”。这个笑话让船员们“乐了很长一段时间”。包括这名年轻人在内的所有船员，如果他们能活到航行结束，余生都可以衣食无忧，而德雷克则可摇身一变，跻身绅士行列。

财富已经被掠上了船，是时候开路回家了。德雷克考虑了几种方案。如果沿原路返航，可能会撞上寻找他们的西班牙人。其他的方案

西班牙无敌舰队的溃败

西班牙指挥官“满怀信心认为会出现奇迹”，但似乎命运更青睐英格兰舰队，而且他们的船要比西班牙那些体型庞大、全副武装的战舰更灵巧则是沿麦哲伦的航线穿越太平洋，或者找到传说中绕经俄罗斯的东北航线，要么取道同样没人走过的西北航线绕过北美洲北部。

德雷克最后选择向西北前进，在加利福尼亚海岸登陆。他在那里扔下了领航员达·席尔瓦，透露给他虚假的信息以迷惑西班牙人。然后他们沿着西班牙宝藏船往返菲律宾的路线穿越了太平洋。他穿过了印度尼西亚的摩鹿加航道，沿途进行了补给并将香料装船。当“金鹿号”搁浅到一处暗礁时，船上的气氛再度紧张起来。随行神职人员弗莱彻声称这是上天对处死道蒂的惩罚，他也因为自己这番话被赶到了甲板下面，和船员一起挤在拥挤逼仄的舱室里。船只后来摆脱了暗礁，让德雷克松了一口气。他们在爪哇补给，然后航行了长长的一段距离绕过好望角，在1580年9月返回了英格兰。在海上度过了3年之后，最初出发的164人只剩下了57人。

伊丽莎白一世对德雷克的成就感到满意，在1581年册封他为骑士。但这次航行进一步恶化了英格兰与西班牙之间的关系，而且英格兰还在荷西战争（1572—1585年）中支持荷兰。1585—1604年，英西两国开战。德雷克带人前往西印度群岛，劫掠那里的西班牙港口。约翰·霍金斯爵士则建立了一支现代海军。1587年，德雷克对在加的斯集结的西班牙海军发动了蓄谋已久的进攻，击沉了37艘船。这次胜利被英格兰人称为“燎掉西班牙国王胡子”的进攻。

1588年，腓力二世派出庞大的无敌舰队进攻英格兰。德雷克出任英格兰舰队的副指挥进行反击，并在西班牙人开到英吉利海峡时进行骚扰。在多次战斗后，西班牙舰队在格瑞福兰外被打散，于是向北撤退。在绕经苏格兰与爱尔兰时，舰队遭遇了致命的风暴。英格兰人高兴地将这归结于天谴。之后，整场战争又延续了15年，但英格兰已经取得了决定性的胜利。

1596年，德雷克在远征西印度群岛时死于痢疾。历史对他的评价毁誉参半。从一方面看，他是个野蛮的海盗；但从另一方面看，他又是大英帝国以及这个帝国海上力量的重要创立者。

# 帝国时代

1600—1815

到17世纪中叶，西班牙与葡萄牙对世界大洋的统治已不复存在，技艺与开拓精神更胜一筹的荷兰与英国海员取而代之。他们在全球各地建立殖民地与贸易站，范围从美洲延伸到亚洲、印度、东印度（印度尼西亚）甚至日本。从17世纪60年代起，在国王路易十四的统治下，法国也在壮大自己的海军，参与到了贸易和疆域竞争中。随着第一次英荷战争的爆发，以及之后法国对全球海域的控制，海上战事频发，到了前所未有的程度。海军元帅纳尔逊在特拉法尔加海战一役中的胜利，确立了英国对海洋的统治，而这种统治持续了一个世纪之久。

航海家的生活依然艰辛，但导航技术、海图、船只设计与医学知识的进步加快了航行的速度，也降低了人员在长期远航中的死亡率。常规海军的兴起为海洋带来了秩序。曾在17世纪初十分活跃的海盗安分了近一个世纪。在战争中，私掠船则被行动迅速的海军佛盖特帆船（frigate，即巡防舰）所取代。

随着各大帝国在海外开拓领土，大规模的奴隶贸易也发展了起来。数百万非洲人被运到大西洋彼岸，被迫在美洲殖民地充当劳力。在18世纪，英国水手是这种可耻贸易的主要参与者。捕鲸业也发展了起来。随着船只向北大洋和南大洋的进一步深入，这种海洋哺乳动物被屠杀的数量也越来越多。这时候也有一些正式的科学考察任务，让法国海军上将路易斯·安托万·德·布干维尔和英国海军上校詹姆斯·库克这些人发现了太平洋上的岛屿、澳大利亚和新西兰。在这个欧洲帝国不断扩张的时代，这些冒险家当属真正的英雄。

# 殖民美洲

英格兰人很早便对北美洲产生了兴趣。还是1496年的时候，国王亨利七世便委任意大利人约翰·卡博特远航探险，结果发现了纽芬兰。不过，直到1584年，英格兰人才首次尝试在美洲建立殖民地。英格兰大臣兼航海家沃尔特·雷利爵士没有理会西班牙在美洲大部分地区的主权，派出一支探险队，去殖民北美洲东部沿海地区的中央地带。后来他将这里命名为弗吉尼亚，以此纪念“圣洁女王”伊丽莎白一世。[1]雷利的殖民地位于罗亚诺克岛，离今天的北卡罗来纳州不远，但它没能坚持多长时间。1587年，雷利又在同一地区建立了第二块殖民地，带去了大约100名拓荒者。在这之后不久，探险队的指挥约翰·怀特返回英格兰补给。当他在1590年重回这里的时候，那些殖民者已经神秘地消失了。

当时英格兰正与西班牙开战，英格兰航海家多把精力放在掠夺西班牙殖民地上。等到1604年与西班牙和解之后，英格兰开始重新考虑殖民，而不是抢掠。知名地理学家理查德·哈克卢特是伊丽莎白时代海外扩张的狂热支持者，著有一部名为“英格兰主要航海、航行、交通和地理发现”的作品。在这部作品的感召下，剑桥出身的律师巴塞洛缪·高斯诺德推动英格兰在北美洲建立了首个永久性的定居点，达成了自己长久以来的心愿。高斯诺德一开始是向西航行进行私掠，并于1602年在马萨诸塞东南海岸边的一处岛屿上安营扎寨，将此处命名为“马萨葡萄园岛”，以纪念他的岳母。不过他很快发现，此处无法长住。高斯诺德并未气馁，他与贵族接触，为自己的殖民计划寻求财务支持。1606年，在获得英王詹姆士一世的特许后，弗吉尼亚公司建立了，其目标是开拓北纬34度到北纬41度之间的北美洲东部海岸地区。

弗吉尼亚公司的董事找来克里斯托弗·纽波特（Christopher Newport）

1 伊丽莎白一世终身未嫁，因此人称“童贞（圣洁）女王”。——译者注

**约翰·史密斯**
史密斯曾做过佣兵、战士、商人以及私掠者。在詹姆斯敦（Jamestown）成功建立的过程中，他的坚韧与领导力发挥了至关重要的作用

负责探险中的航海事务。纽波特是名经验丰富的船长，已经从私掠生意转投贸易，他对西印度群岛的了解无人能比。高斯诺德也被任命为船长，同时被任命为船长的还有约翰·拉特克利夫（John Ratcliffe）。同行的还有一位项目的主要投资人爱德华·玛丽亚·温菲尔德（Edward Maria Wingfield），以及已经事业有成、曾在欧洲东南部和亚洲与土耳其作战、被俘后从奴隶营中逃脱的约翰·史密斯。殖民地选址在切萨皮克湾宽阔的河口地区，那里有优良的海港与肥沃的土地。正像史密斯形容的那样："这儿正好被看作是个美丽的国度（指弗吉尼亚），人民顺从，在很久之前就被人悄悄地拿到了手，符合冒险者的心意，而且能让前往这里的人过目不忘。"

探险队中有许多"绅士"——在105名殖民者中有29名——他们不像德雷克所说的那样，"要和水手一起干粗活"，而是抱着一种养尊处优的心态。队伍中还有4名木匠、1名铁匠、2名砖瓦匠和1名建筑师，以及大量工人、1名医生和至少4个男孩。开在最前面的是120吨的"苏珊·康斯坦号"，一艘典型的商船；拥挤的甲板上装了71名殖民者。高斯诺德指挥的"神佑号"船重40吨，载着52名乘客。20吨的"发现号"上面有21人，船长是拉特克利夫。

1606年12月19日，乘客们在伦敦泰晤士河上了船，但是不利的风向把船只困在肯特郡东岸达6周之久。对船上的人来说，这段冬季里的日子是一次严峻的考验。随行的一名神职人员也不例外。据记载，他患了重病且晕船晕得厉害，"不停地呕吐直到深夜"。1607年1月，船队终于驶离了英格兰领海。他们选择了南方的贸易航线，在2月中旬抵达了加那利群岛。殖民者之间一直存在摩擦。当他们向西航行穿越大西洋时，史密斯成了一场阴谋的靶子。带头发难的可能是温菲尔德，他指责史密斯意图“篡权夺位，谋杀理事，拥立自己为国王”。在航行剩下的时间里，史密斯都被关了起来。

一进入加勒比海，船队便在多米尼加登陆。他们在那里与“食人族”开展贸易，然后在尼维斯岛休息了6天。人们在那里竖起了绞刑架，想要绞死史密斯，但最后没有行刑。尼维斯的淡水中含硫太高，所以探险队继续前进。据殖民者乔治·珀西（George Percy）记载，船队在维京群岛中的托托拉岛找到了“一处优良的海湾，可以容纳下100条船”。他们继续向北航行，希望能看到弗吉尼亚。在与一场风暴搏斗过后，人们开始觉得自己已经从目的地开了过去——即使是纽波特也不知道现在是在哪里。4月26日，他们“偶然间看到了亨利角，也就是切萨皮克湾的出口”，便驶了进去。船只在离岸不远的地方下了锚，不过一开始只有几个人被允许上岸。

弗吉尼亚公司的董事们事先就定好了新殖民地理事会的人选，将名单写下来封在了匣子里，规定只有到了目的地才能打开。当天夜晚，众人庄严地打开匣子，发现理事人选分别是温菲尔德，纽波特、高斯诺德与拉特克利夫三位船长，两名“绅士”，以及被污蔑的约翰·史密斯。他被放了出来，但温菲尔德用尽一切办法将他排除出了理事会。探险队发现詹姆斯河上有一处突出来的陆地，平坦且方正。史密斯认为“这里非常适合建起一座大城市”。众人将石材卸到那里，开始建造要塞。他们用国王的名字命名了这个地方，管这里叫詹姆斯敦。

纽波特带着40人乘小艇去探索上游，寻找黄金和通往太平洋的通道。虽然两者均未被发现，但他碰上了美洲原住民的酋长波瓦坦（Powhatan）。波瓦坦是个有实力的统领，掌管着30多个部族。詹姆斯敦正好建在波瓦坦不断扩大的国土之内。纽波特害怕当地部族会很快发动进攻，所以在返回殖民地后便加快了要塞的建造。在珀西的记录中，这座要塞“呈三角形；有三处半月形的屏障，一角一个，每处屏障里架着4或5门炮，足以让我们对付那些野人”。

在抵达弗吉尼亚4个月后，高斯诺德便死去了。船长纽波特带着“苏珊·康斯坦号”和“神佑号”返回英格兰，去寻找补给和增援，把

**弗吉尼亚地图**

这张17世纪的地图标注了弗吉尼亚和切萨皮克湾，
左上角则画着美洲原住民首领波瓦坦

“发现号”留给了殖民地。史密斯与已经当上理事长的温菲尔德争夺权力。拓荒者们困难不断，决定选择实践经验丰富的史密斯带领众人。温菲尔德的职位被免除了，罪名是子虚乌有的“秉持无神论”且“串通西班牙人破坏殖民地”。史密斯掌控了殖民地，颁布了一项严格的纪律。他在自己关于殖民地成立之初的记录中写道：“弗吉尼亚有很多人……（他们）就愿意无所事事。”他要求拓荒者们在干农活时记住这句话：“不干活就没饭吃。”

1607年12月，史密斯前往上游，结果被当地人抓住。按照他自己的说法，正在原住民准备砸碎他脑袋的时候，“国王最宠爱的女儿宝嘉康蒂（Pocahontas）见劝说无用，便拿胳膊抱住了他的头，并用自己的身体护住了他，救了他一命；这之后国王也赦免了他”。[1]史密斯这个

1 迪士尼公司1995年推出的动画电影《风中奇缘》便讲述了这个故事。也有作品将宝嘉康蒂译为波卡洪塔斯。——译者注。

关于波瓦坦女儿是他救星的故事到现在仍有争议，很有可能是他误解了部族的仪式。不管怎么说，双方的关系好转了。英格兰人是带着一种好奇的心理，且有一种自我保护的倾向，去观察美洲原住民风俗的。他们看到当地的男人打猎捕鱼，女人务农。一位殖民者在刚上岸不久后写道："他们的主食是煮的豆子、麦子和豌豆，他们也会猎杀野鹿，用鱼梁捕鱼，在家禽富余的时候也会宰一些。"而无家可归的英格兰人就只能是挨日子了。正如珀西回忆的那样："浮肿、痢疾、发烧这些痛苦的疾病击垮了我们的人，另外还有战争。有的人是突然离世，但其中

**瑟克顿人的村庄**

西奥多·德·布里笔下的这处营地是波瓦坦领地的一部分。虽然写出了关于美洲的作品，但德·布里从未去过那里

# 从没有哪个身在异乡的英格兰人，经历过我们在弗吉尼亚这片处女地上所遭受的痛苦……

——乔治·珀西
詹姆斯敦的殖民者

大多数仅仅是因为饥饿丢掉了性命。”在当地人的帮助下，以及在史密斯的带领下，在最初的104名殖民者中，有38人熬过了第一个冬天。

1608年9月，纽波特终于带着给养和新殖民者返回了。新人中有两名女子，她们是前往新大陆拓荒的首批女性。1609年6月，伦敦的弗吉尼亚公司又派出了一支补给船队，领头的是240吨的“海洋冒险号”。但这艘船遭遇了风暴，沉没在当时尚无人居住的百慕大。这支遇险队伍的意志颇为顽强，用残破的船身造出了两只小艇，最终靠它们在1610年5月抵达了詹姆斯敦，完成了航行。殖民地的情况在那时已经非常糟糕了。史密斯在一次火药事故中受伤，返回英格兰医治。1609年冬的严重干旱又让殖民地的情况进一步恶化。到“海洋冒险号”的小艇抵达时，殖民地的人口已经因“饥荒”从500人锐减到大约60人。人们决定放弃这个居住点，不过就在船只要返航的时候，另外三艘船从英格兰带来了新鲜的补给，殖民者们留了下来。

在东海岸的其他地方，拓荒的是荷兰人与瑞典人，法国人则将加拿大据为己有。但遭受苦难最多的，还要数后来的弗吉尼亚殖民地。1613年，总督约翰·罗尔夫，也就是后来迎娶了宝嘉康蒂的那个人，引进了一种在欧洲大受欢迎的新烟草。1619年，首批20名非洲奴隶被运到这里，成了种植烟草的绝佳劳力。弗吉尼亚变得富有且开化——这是美洲第一个永久性的、成功的、讲英语的定居点，是美国的发源地。

# 近代船只

近代是克拉克帆船向加利恩帆船转型的时代——后者则逐渐演变为风帆战列舰（ship of the line）。这也是个欧洲列强统治各大洋的时代。

**朝鲜龟船（1592年）**
在16世纪，朝鲜舰队中出现了三只桅杆、船体覆铁的“龟船”。这种船上配有15门加农炮

**英格兰战船（1669年）**
威武的“圣米迦勒号”配有90门炮，是艘英格兰战列舰。它后来在1706年重建并更名为“马尔堡号”

**荷兰战船（1670年）**
在17世纪，荷兰拥有全球最强大的一支海军。这艘荷兰战船拥有两层炮甲板，80门炮

**法国风帆战列舰（1636年）**
“王冠号”是一艘配备了68门炮的战船。它是法国首支常备海军中最优秀的船，这支海军的创建者是枢机主教黎塞留

**西班牙战船（1769年）**
140门炮的“圣三一号”是当时武器最为强大的船只。不过，它的高度限制了自己的航行能力

**马耳他桨帆船（1600年前后）**

在15世纪和16世纪，桨帆船在地中海区域仍然很常见。这艘作战桨帆船由医院骑士团使用。他们在马耳他地区征战，后在1798年被拿破仑击败

**日本货船（1800年前后）**

从17世纪到19世纪中叶，日本的造船技术由于这个国家的封闭而停滞不前。像图中这种简单的船只多用于近海航行

**英国双桅帆船（1770年）**

这艘英国商船长22米，宽8米。宽阔的船梁使它可以容纳很多货物

**法国佛盖特帆船（1800年）**

和风帆战列舰相比，巡防舰更轻更快，主要用来侦察。这艘法国佛盖特帆船有46门炮

**英国战船（1759年）**

英国皇家海军HMS“胜利号”是一艘配有104门炮的战列舰。在特拉法尔加海战中，它是纳尔逊元帅的旗舰

# “巴达维亚号”的沉没

从1568年起，荷兰开始了漫长的独立运动，希望摆脱西班牙的统治。在这一过程中，荷兰快速扩张殖民地，变成了欧洲海事强国。虽然经历了80年无间断的战争——其间在1609年签署的和约带来了12年的和平时光，但荷兰人还是发展壮大起来，享受了一段“黄金时代”。他们成了世界上先进的建造师，建起了大堤、水坝与运河，而且创作出了各种艺术作品，其中就包括首批写实的海洋作品，逼真地描绘了现实中的大海与船只。

荷兰人设计出了福禄特帆船（fluyt）。这种船作为商船经济适用，欧洲的大部分贸易都由它完成。在进入印度洋后，荷兰人控制了东印度群岛（今印度尼西亚）到欧洲之间的香料贸易航线，获益颇丰。他们还在爪哇建立了巴达维亚镇（今雅加达），控制了肉蔻皮、肉蔻仁、胡椒和丁香的生产与销售。此外，荷兰人还在巴西开拓，并在南非的开普敦建立了中转站。与东方的贸易由荷兰东印度公司控制。前往东印度群岛做生意的门槛很高，而且充满危险。1621年，“金狮号”花了127天走完了这段24 000千米的航程，而大多数船只的航行时间要长得多。“巴达维亚号”则是其中命运最为悲惨的一艘船。

1628年10月，东印度商船“巴达维亚号”和其他几艘大船一道，停在须德海入海口处的特塞尔岛——从阿姆斯特丹等荷兰港口出发的船只途经这里进入北海——装船准备前往东印度群岛。这艘船长48米，可搭载乘客与船员341名。和那个时候大多数的荷兰船只一样，“巴达维亚号”的平头船尾又高又窄，上面可能绘着或刻着船名。其船底很平，而且考虑到要越过本地水中的沙洲，所以吃水不深。

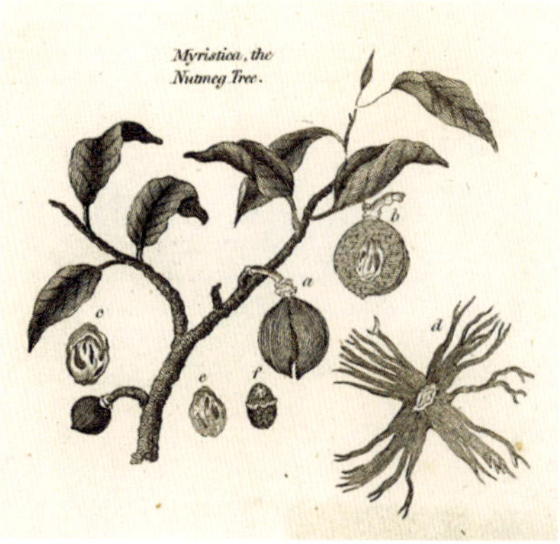


**18世纪的植物学图谱**

类似图中这株肉蔻植物的香料越发昂贵，因此荷兰人开辟了一条从好望角到印度尼西亚的航线

**巴达维亚，爪哇**

巴达维亚位于爪哇岛西北海岸，是荷兰东印度公司在17世纪建立的，目的是开展贸易并进行日常管理

船身横剖面呈方形，可以最大化载货空间。船头前面有一根细长、造型简单、呈纺锤形的架子，支着不起眼的船头雕塑。虽然这是一艘商船，但它还是配备了32门炮，用来防御进犯的海盗和私掠者。“巴达维亚号”是“往返船”。这种船在抵达东方后不会留在那里为荷兰东印度公司服务，而是要载着货物返回荷兰。

就在要从特塞尔岛出发的时候，“巴达维亚号”和其他6艘同行的船被交到了荷兰东印度公司一个“高阶商人”手里。此人名叫弗朗西斯科·佩尔萨特（Francisco Pelsaert），是公司在船队中的代表，与船长共用“巴达维亚号”船尾的大舱。船长名叫阿瑞恩·雅各布斯（Ariaen Jacobsz），负责航行与船员事务，但要听命于那位高阶商人。加入此次航行的还有一名药师杰伦尼穆斯·科内利斯（Jeronimus Cornelisz）。这个荷兰东印度公司的低阶商人不是一般人物，将在接下来发生的事件中扮演重要角色。

# 印度洋

印度洋是世界上第三大洋，位于非洲与大洋洲之间。每年11月至次年4月间，来自印度的高气压会把阿拉伯海表面的海水吹向非洲，产生洋流；而在每年6月至9月间的季风时节，印度的低气压又会导致西南风。在赤道以南，有规律的信风从东南方向刮来。在南回归线以南，西风带一直延伸到澳大利亚。

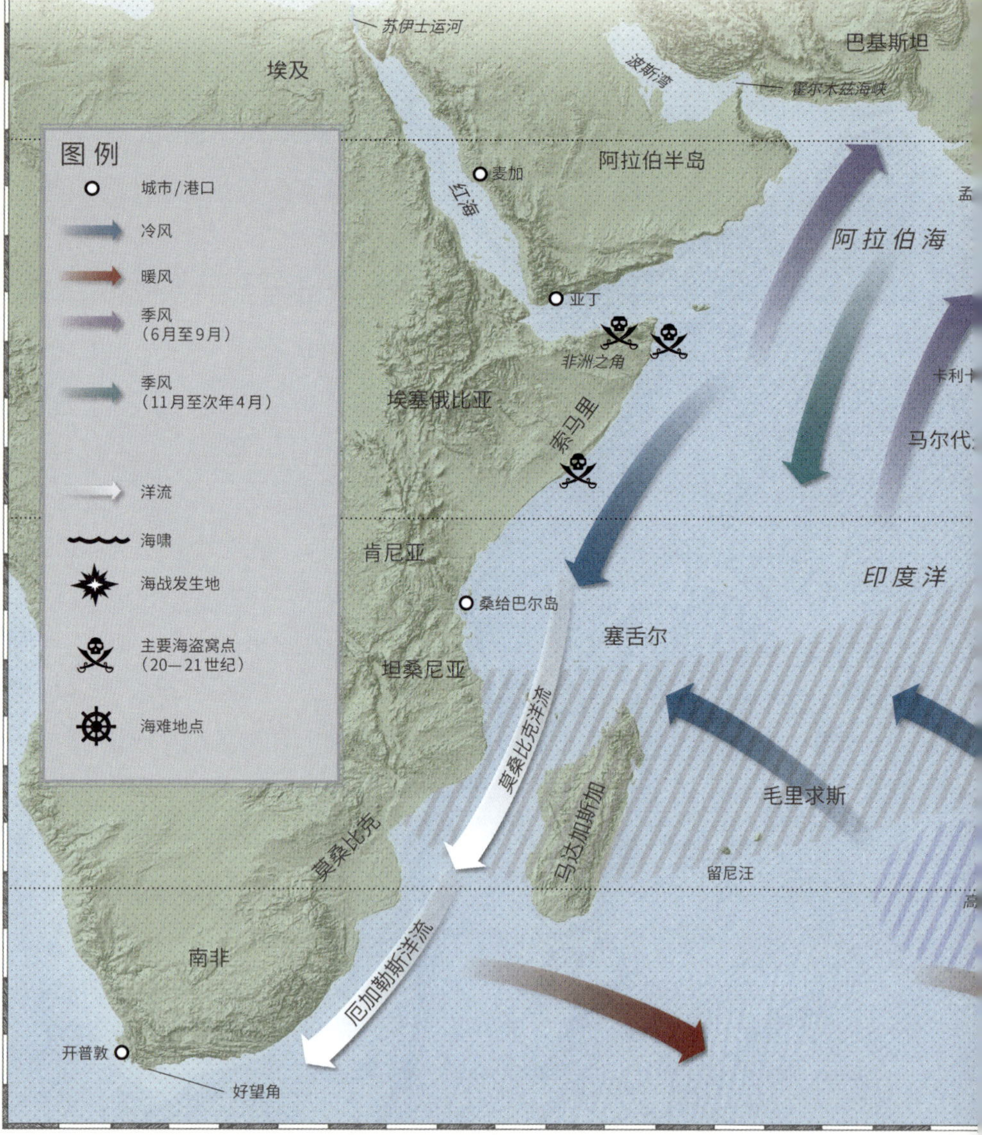

## 远洋贸易

从历史上看，穿越印度洋要依靠季风。10世纪，阿拉伯商人率先开始从东非贩奴。而中国的郑和1405—1433年下西洋时，绕过了印度次大陆，来到了阿拉伯半岛与非洲。在葡萄牙探险家达·伽马1497—1498年的航行之后，印度洋和周边的海岸逐渐被欧洲人控制

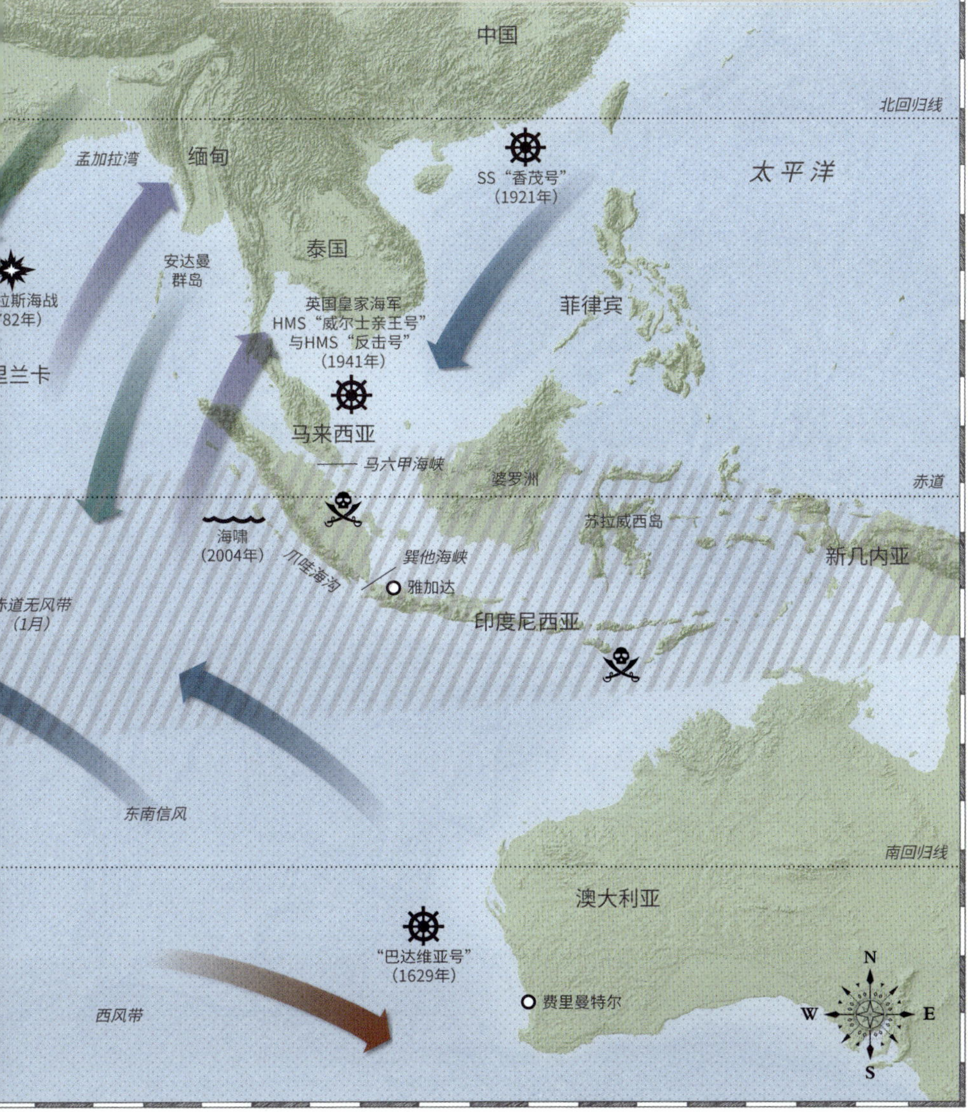

“巴达维亚号”有180名水手，起居都在主桅前面的上层甲板。他们有一套严格的纪律，其中的处罚包括死刑和“龙骨拖”（把人绑在绳子上，从一侧船舷扔下去再从另一侧拖上来）——有人说，往返船的水手“就和不能被驯服的野兽一样”。船员睡在吊床或草垫上。至于饮食，只要不嫌难吃，食物倒是可以管饱。船上的医生尼古拉斯·德·格拉夫写道：“……每天的早饭是一碟加了梅子干的热燕麦，上面盖层黄油，或者别的油；午餐是一碟白豌豆和一碟鱼干……”船上还有11名士官生和一连士兵。士兵住在不通风、不见光的最下层甲板，与水手相处不来——据说水手“更在意一只鸡的死活，而不是整团士兵的性命”。还有至少22名女性也上了船，其中有几个是士兵的妻子。众人间最显眼的是人称“克莉丝”的柳克丽霞·扬斯（Lucretia Jans）。她还带着一名女仆，名叫汪蒂·亨德瑞克丝。样貌姣好的扬斯28岁，出身名门，是去东方找她的丈夫。

在这个时期，荷兰东印度公司的董事尚未规定船只要走哪条航线穿越印度洋，不过他们的指令很详细，而且在到达好望角前不准停船。尽管如此，佩尔萨特还是去了西非海岸的塞拉利昂。在这之后，船队因为赤道无风带停了一段时间。坏血病发作起来，10名船员丧命。就在这段日子里，船上的氛围变得紧张起来。船长雅各布斯开始迷恋上克莉丝·扬斯。本来就是雅各布斯朋友的药师科内利斯来开解他，但是，“船长回答说，她太漂亮了，他想引诱她，用金子或其他办法让她就范”。扬斯拒绝了雅各布斯，于是船长转恋扬斯的女仆亨德瑞克丝，她则更为乐意。

1629年4月14日，船队在人称“大洋客栈”的好望角下锚。雅各布斯同亨德瑞克丝划船游览海港，拜访各船，喝得大醉。佩尔萨特记录道，此人“……表现得极为好斗。夜晚时，他登上了‘布伦号’，举止更加差劲儿”。高阶商人把雅各布斯叫到他们的舱内，“斥责了他的傲慢与作为”。晚些时候，这位不高兴的船长在甲板上眺望着其他的东印度商船，向科内利斯吐露心声：“我对天发誓，要不是这些船停在这儿，我就要狠狠地整治那条贪婪的狗，让他两星期出不了舱。而且，我很快就能当上这艘船的主人。”于是，两人开始密谋推翻佩尔萨特。

# “巴达维亚号”事故中丧生的人数

# 220人

船队4月22日再度起航，到这时，佩尔萨特与雅各布斯的关系已经降到了冰点。一场风暴把“巴达维亚号”与其他船只冲散了。这可能是雅各布斯故意为之，好让自己有机会发动叛乱。当然，这一切都受了科内利斯的唆使。船上的纪律涣散了，雅各布斯越来越嚣张。佩尔萨特由于晕船无法行使职权，雅各布斯就授意水手长猥亵扬斯。

从好望角出来，船顺着“咆哮40度线”航行。这是荷兰探险家亨德里克·布劳沃（Hendrik Brouwer）在1611年发现的一处海域，那里刮着强劲的西风。船队得到命令，在36度—42度之间向东行驶近4 800千米，然后再拐向北方。然而，船只的导航并不精确。“巴达维亚号”带了至少四块星盘，以便准确地测量纬度，但是和那个时代所有的水手一样，这艘船上的负责人没法准确计算经度。而且荷兰人用不好航迹推算法。和其他多数国家不一样，荷兰人不用计程绳计算船速。一种说法是他们“靠大号水沫的行进路线来测算。当水沫与前桅一端齐平时，便开始掐表，直到这块水沫与后桅一端齐平”。由于不能确定船只的位置，想要避免海难就只能靠全神贯注地瞭望。6月3日到4日夜晚，在甲板上当值的是雅各布斯。当浪花出现时，他却被告知这只是月亮的反光。在4日凌晨5点左右，佩尔萨特“被巨大的晃动”颠下了铺位。这艘船偏离了航线，搁浅在荒无人烟的霍特曼–阿布罗柳斯群岛上，那里离澳大利亚西岸约65千米远。船身在大浪的拍打下开始解体，船员和乘客带着不多的补给品摆渡到附近的一座小岛上。这座岛上没有淡水，食物也很缺乏。雅各布斯和佩尔萨特乘上一艘小船，带着46个人去寻找水源。他们试了澳大利亚海岸上的几个地方，但找到的只是“干硬得要命的土地”。因此人们决定前往北面2 900千米之远的爪哇岛。在沉船事故过去一个月后，他们于7月7日到达了爪哇的巴达维亚镇。

佩尔萨特向荷兰东印度公司做了汇报，雅各布斯被逮捕了，罪名是疏忽导致事故。那个猥亵“克莉丝”·扬斯的水手长很快被吊死了。

公司让佩尔萨特负责“萨丹号”帆船，返回出事地点，营救被困在那座岛屿上的船员和乘客，但这艘船却因为逆风在途中耽搁了较长时间。回过头再看岛上的情况，科内利斯本性显露，他才是个真正危险暴戾的人。由于害怕佩尔萨特会向巴达维亚方面报告自己共谋叛乱，这位低阶商人想出了一个疯狂的方案，要在这座岛上自立为王。在没收了武器和食物后，他把一队战士派到了附近另一座岛屿上，表面上是让他们去找水，但实际上是把他们留在那里自生自灭。然后他从水手中拼凑出了一组民兵，靠这些人来恐吓剩余的幸存者。在科内利斯暴虐的管制下，他的支持者屠杀了100多名乘客和船员，其中有17名妇女和7名孩童。受害者有的被刺死，有的被勒死，还有的被扔进海里或活

**“巴达维亚号”搁浅**

糟糕的驾船技术导致这艘船在澳大利亚西海岸外搁浅。幸存者来到了附近的一座岛屿上

生生饿死。

科内利斯没料到的是，那队被遗弃在另一座岛上的士兵还真找到了水源，并活了下来。在从逃离主岛的少数几个人那里听说了大屠杀的事情后，士兵们制造了一些简陋的武器，返回沉船地点，向科内利斯和他那些残忍的随从发起了进攻。9月17日，佩尔萨特终于回到了这里，介入了士兵与叛乱者之间的激战。在听说科内利斯堕入疯狂后发生的骇人事件后，佩尔萨特表示，“所有善良的基督徒都不敢相信会有此等恶事发生”。佩尔萨特与士兵们联手击败了叛乱者。在简单审判后，科内利斯与另外6名行凶者被处以绞刑。到这时为止，在最开始登上“巴达维亚号”的341人中，幸存下来的仅有68个男人、5个妇女和1个孩子。佩尔萨特把他们带回到了爪哇岛。

# 东印度商船

作为17世纪和18世纪时最大的商船，体型庞大的东印度商船被用来运送亚洲贸易需要的货物。这些船主要用来载货，同时也会将士兵和乘客送到殖民地。鉴于漫长的航行中险象环生，这些船要装备武器以应对袭击。荷兰与英国最早造出了这种船，不过其他国家很快效仿，从而竞争与亚洲的贸易。

## 船只特点

东印度商船的货舱宽大呈方形，因此主要用途是载货。不过由于装饰花哨且配有火炮，它们很容易被误认为是战船。

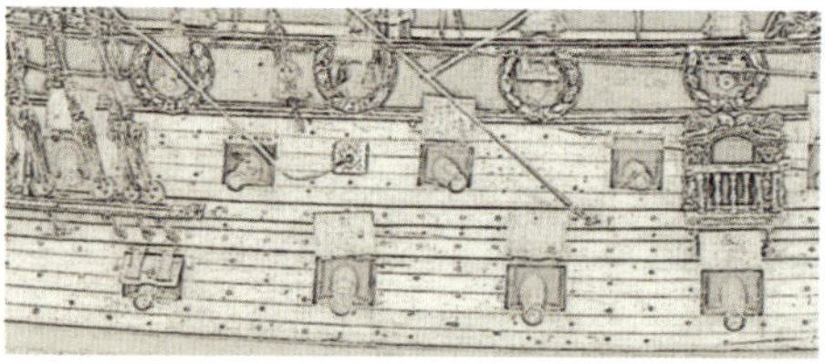

### 双层炮甲板

为了应对海盗，东印度商船装配有加农炮。而且这种船从外表看上更加唬人——并不是所有炮眼后面都有火炮

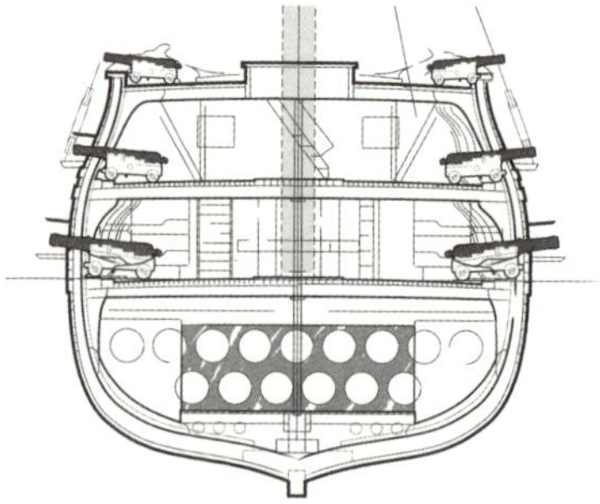

### 船舷内倾的设计原则

为了抵消加农重炮带来的晃动，东印度商船是按照“船舷内倾原则”来设计的：在吃水线上方，船体逐渐收窄，让整艘船更加稳定

## 东印度公司

17世纪和18世纪，欧洲与亚洲的贸易越发频繁，各种东印度公司也随之建立，展开茶叶、香料以及鸦片贸易——首先是英格兰人，然后是荷兰人、丹麦人、葡萄牙人、法国人和瑞典人。这些公司都有自己的军队、舰队和货币，影响力与强大程度堪比国家

荷兰东印度公司的徽章

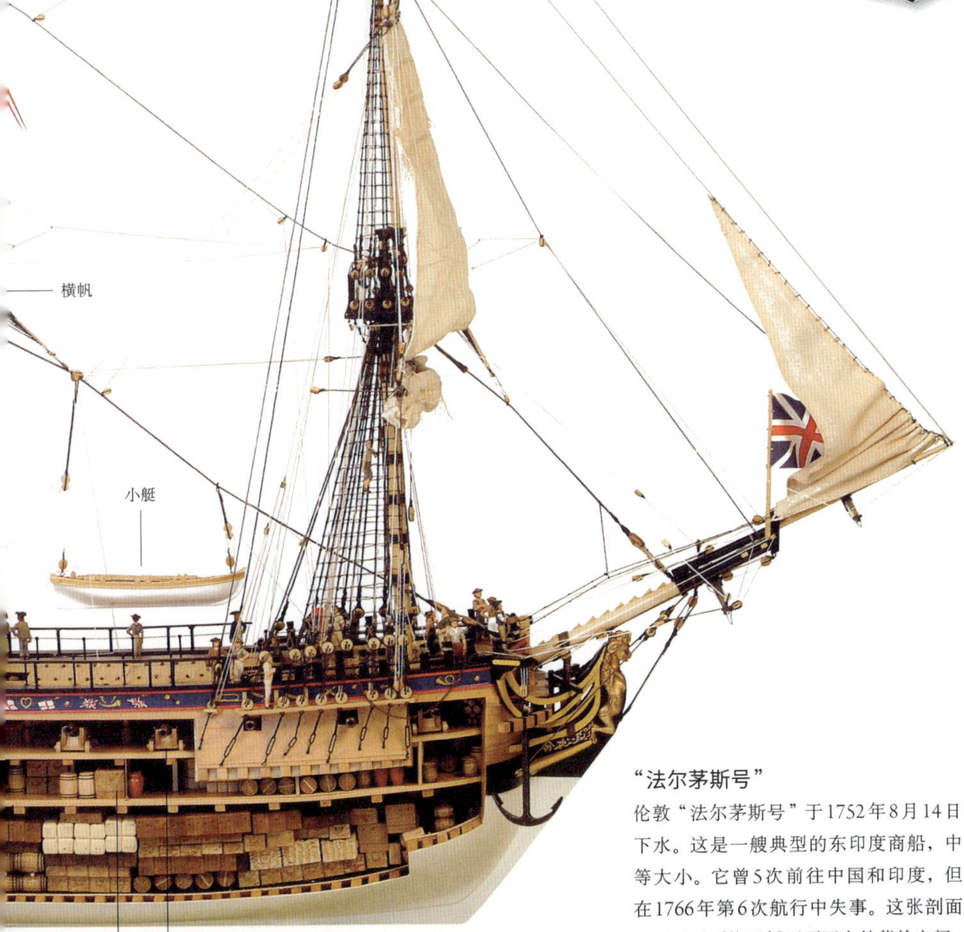


**“法尔茅斯号”**

伦敦“法尔茅斯号”于1752年8月14日下水。这是一艘典型的东印度商船，中等大小。它曾5次前往中国和印度，但在1766年第6次航行中失事。这张剖面图可以看到炮甲板下面巨大的货舱空间

# 海盗生涯

到了17世纪，海盗这种行径已经存在了数千年——早在罗马帝国时代，地中海区域的海盗就很常见了。海盗的名称有很多，[1]都是指不受拘束的海上劫掠者，但他们的行为并不像罪犯那样容易被定义。海盗行为通常会演变为私掠，即由国家赞助的、对船只或敌国展开的攻击。有些袭击者，例如英格兰船长弗朗西斯·德雷克爵士，他在16世纪70年代对西班牙人的攻击就得到了政府暗地里的支持，而且这种支持是在和平时期给出的。在战争时期，私掠者可以通过政府的“许可证”，将自己对敌国的袭击合法化。各国海军力量薄弱的时候，海盗活动就比较猖獗。北非穆斯林的蛮族海盗对基督国家的船只进行了数个世纪的劫掠。到了17世纪的时候，他们更是强大到可以在大西洋、不列颠群岛，甚至远至北方的冰岛发动袭击。1631年，他们攻击了爱尔兰海岸上的村庄巴尔的摩，掳走了大约120人。17世纪末，英格兰与法国海盗在加勒比海肆意横行，洗劫西班牙帝国在美洲的领土，因为这些地方富庶且人口稀少。

法国绅士拉弗诺·德·吕桑（Raveneau de Lussan）受过良好的教育。他也是一名海盗，还出版了一本关于自己事迹的书。吕桑出生于1663年，非常喜欢四处冒险。他的信条是：“一个从来没有出过国，而且对世间其他地方一无所知的人，在我来看也就只能做个女人了。”他最初曾从军，但围攻荷兰人的战事对他来说没有任何吸引力，因此他转投大海的怀抱。他爱上了海洋：“对大多数男人来说，那里的环境大概非常吓人，但对我来说却是世界上最亲切、最令人高兴的地方。”在经历了人生的起起落落之后，吕桑背上一大笔债务，最后来到了伊斯帕尼奥

1 “Pirate”、“Buccaneer”、“Freebooter”和“Corsair”都可译为海盗。“Buccaneer”特指17世纪在加勒比海地区攻击西班牙人的海盗，规模较大，也会洗劫沿海城市；“Freebooter”多指17世纪和18世纪在安的列斯群岛攻击西班牙人的私掠者；“Corsair”指代表法国王室劫掠他国的私掠者，也可以指在北非一带活动的海盗或私掠者。——译者注

南太平洋的海盗活动

拉岛上的西印度殖民地圣多明各。考虑到来钱最快的办法当属善用自己的技能，他决定做一名海盗。正如他坦率地在书中写到的那样，他要“从西班牙人那里尽全力借钱”，用这种方法偿清债务。这种借贷有一个好处，就是不用偿还。

吕桑和荷兰海盗劳伦斯·德·格拉夫一起搜索加勒比海地区的猎物，但是在1684年到1685年的冬天，可供挑选的目标并不多。他们下锚停在西班牙控制的达连地峡海岸（今巴拿马）外。那里是一条细长的

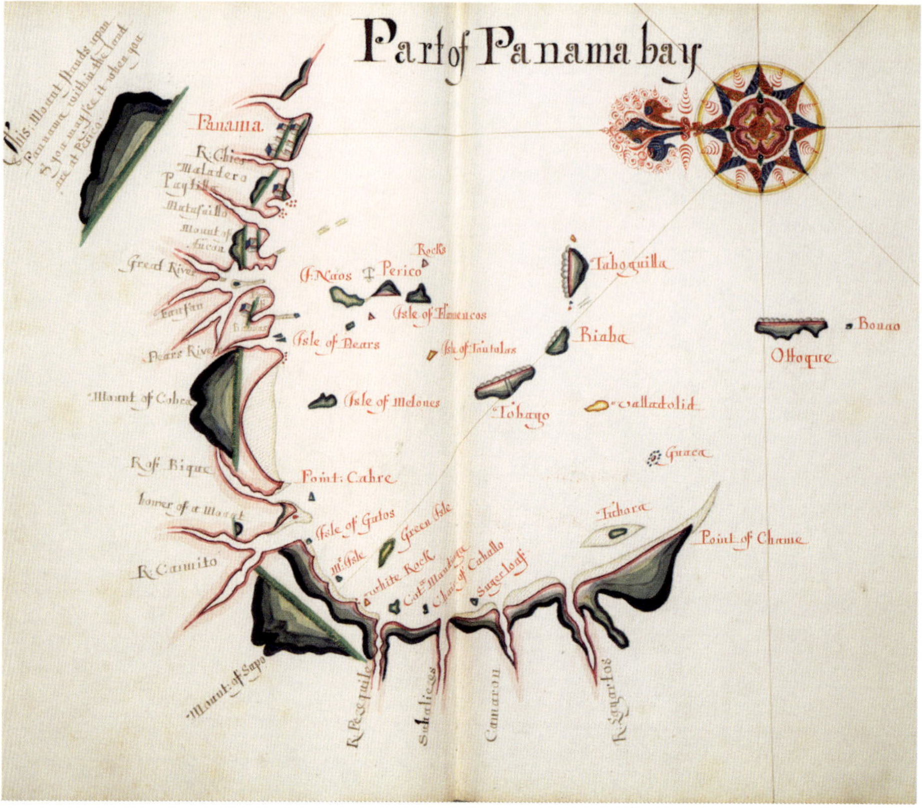


**巴拿马湾**

这幅巴拿马湾地图以英文标注。它是1680年从一艘西班牙船上夺来的

陆地，夹在太平洋和大西洋之间，海盗经常在此处出没。他们在那里看到了一则启事，其他的海盗船长正在招募人手，准备在太平洋活动。吕桑决定抛开格拉夫，加入了一支由达连印第安人带队，准备徒步穿越地峡的队伍。这些人打算加入地峡太平洋一侧雷伊岛上的一支海盗舰队。这支队伍走了6天，穿越了荒无人烟的地带。按照吕桑的说法，一路都是“群山、峭壁和密不透风的森林”。之后他们来到一条河上，乘上了独木舟。接下来，由于听说1 000名西班牙士兵正在搜索他们，因此这群人只好趁天黑赶路。最后，这群人抵达了河口。海盗们在那为他们留下了两艘小船，接他们加入舰队。

雷伊岛停着8艘海盗船，正等待新人的到来。有一艘船配装了36门炮，来自汉堡，发号施令的是个有佛兰德斯血统的英格兰人，人称“戴维船长”。戴维在非洲海岸外抢到了这条船。即便依照海盗的标准来看，他和他水手的行为也非常不堪，所以他们被赶到了太平洋。还有艘船要小一些，是条16门炮的佛盖特帆船。据称这艘船最开始是受英格兰国王的兄弟、约克公爵的派遣，在船长萨姆斯的带领下，对太平洋进行和平探险的。萨姆斯的船在海上遇到了可怕的戴维船长，于是这个英格兰人同意加入他的海盗队伍。这两人继续俘虏了另外6艘船。在吕桑的队伍加入后，整支海盗舰队现在有1 100人。英国海盗和法国海盗共同下达命令，享有指挥权的还包括船长格莱格尼特、汤斯利和亨利。

吕桑声称自己信教，但他觉得袭击达连的西班牙营地从道德上说是可以接受的，因为“(西班牙人)不义地……掠夺土人，通过暴行苛政做了当地人的主子，全世界都知道他们的不义之举”。更重要的是，当时法国可以算是正在与西班牙交战，不过这些海盗船长是不是拿到了私掠特许证就是另外一回事了。

1685年4月27日，500名船员驾着120条独木舟袭击巴拿马城附近的一座城镇。这是吕桑参加的首次行动。在路上，他们碰到了两艘西班牙船。两艘船上的船员看到他们后便将船搁浅，躲到了一座满是岩石的岛上。吕桑他们继续沿河而上，来到那座镇子，但他们抢掠的愿望落空了——这里的居民都带着家什逃跑了。5月8日，舰队驶过巴拿马城，这可能是史上最为大胆的一次海盗活动。在1671年的时候，威尔士海盗亨利·摩根(Henry Morgan)就宣称自己攻击了“知名古城……全球最大的金银市场”。虽然他的战绩令人失望——按照现在的算法只有3万英镑，但他还是成功了。而且在稍微丢了一下脸之后，他还被封为骑士，并当上了牙买加的总督。现在轮到吕桑和他的海盗伙伴来到加固的巴拿马新城前了。“在我们看来，这里的教堂和房屋建得都非常好”，紧挨着旧城的废墟。

海盗们随后在巴拿马城海岸外埋伏下来，因为有一支从秘鲁出发的西班牙宝藏船队就要抵达这里了。吕桑写道，若能俘虏这支船队，那么“获得的财富就足以惬意生活”。海盗们还发誓：“为了让上帝助我们一臂之力，击败西班牙人，我们彼此间不要藏一个银币。”法国船长格莱想要在这里得胜，揽下大量财富……
要做的只是准备一条好船，
带上足够的补给，坚持守下去。

——拉弗诺·德·吕桑

格尼特负责瞭望，等待宝藏船出现。6月7日中午，他发现了西班牙船只。海盗们将帽子扔向空中，觉得他们已经占领了先机。

西班牙船的火力要强大得多，所以海盗们取胜的关键在于要“占上风”——让风从自己身后吹过来——这样就可以由他们决定战斗的战术，具体来说就是方便采用登船这个海盗青睐的战术。海盗们在风向上似乎真的占据了优势，不过天色逐渐暗了下来，于是戴维下令船只抛锚待命，等到明天早上行动。西班牙人更熟悉当地的洋流，他们利用这一优势，在天亮的时候抢到了上风位置。西班牙海军中将驾船迎了上来，向戴维的战船射击。萨姆斯的船在开始的几轮攻击中就被击伤了，没法援助戴维。船长亨利的那艘船——也就是吕桑搭乘的战船——被击中了120炮。海盗们只得依靠自己高超的驾船技术，逃出战场，中断联络并躲到岛上修理自己的船。戴维那艘船的船舵被打掉了一半，萨姆斯的艉楼甲板几乎完全被掀掉了，不过万幸的是没有损失多少人。

首战遇挫，海盗中间开始出现分歧。英格兰海盗与法国海盗都认为自己的行为是顺应天意，但对英格兰人来说，顺应天意包括要毁掉西班牙教堂中的罗马天主教标识。按照吕桑的说法，“……他们冲进教堂，用军刀砍掉十字架上耶稣的胳膊，用燧发枪或手枪打烂圣象。在做这些事情的时候……他们是完全没有一丝犹豫的”。这种行为在来年春天愈演愈烈，那时戴维在达连南部海岸，萨姆斯则去了东印度群岛。法国海盗仗着自己人多势众，跑到汤斯利的船上与他对峙。“我们要让船长知道，我们比他老实多了。虽然我们占上风，但不会计较过去的事情，不计较他们对我们的伤害。”吕桑写道。在对格拉纳达的袭击中，海盗们又团结起来。那是尼加拉瓜湖湖畔的“一座大镇”，“教堂宏伟，房屋建得很好”。345名海盗占领了这座城镇。有的人考虑从格拉纳达驾着小船，顺着圣胡安河返回加勒比海，但海盗们还是回到了自己的船上。在瓜分战利品的时候，4名之前就因作战而落下残疾的海盗分到了1 000银币，而剩下的人则分得600银币。海盗们管这叫作“这是我们这片海上的惯例”。

格拉纳达一役之后，海盗之间的分歧越来越大，舰队分裂成两拨：格莱格尼特去了西面，而吕桑则和船长汤斯利开往东南方向的巴拿马城。他们占领了维拉镇，抓了300名人质索要赎金，并抢走了15 000银币。不过就在他们乘小船离开的时候，西班牙人发动了伏击，将人质夺了回去。幸存的海盗后来回到被伏击的地点，收拾那些被烧死或被砍头的同伙们的尸体。海盗们怒不可遏，斩首了四名人质作为报复。这之后西班牙人开始谈判，协商赎金问题。吕桑写道，海盗们“……砍下了两名人质的脑袋，并让信使把两颗人头带给总督阿尔西德，并表示如果没有合适的答复，就让剩下的人质全部人头落地”。最后西班牙人付了10 000银币赎金。

1686年10月21日，停靠在巴拿马湾塔沃加岛外的海盗们突然发现三艘西班牙船快速逼近。起初西班牙人处在上风，但海盗们在五次换舷后占了上风，而西班牙人又太过谨慎，不敢从礁石和塔沃加岛之间通过，因此没了退路。海盗们向最大的一艘西班牙船投掷手雷，引燃了大火，然后登上了那条船。最后，三艘西班牙船都被俘虏了。许多负伤的海盗在这一战后都死掉了——据称西班牙人使用了有毒的子弹。自以为是的吕桑表示：“这种做法违背了法律，不符合公正战争的标准。”后来又有两艘西班牙船赶到，但中了海盗们的圈套，也被俘虏了；当发现船上还有准备用

**西班牙银币**

西班牙银圆，也就是人们常说的“peso de ocho”，或叫“8比索”，价值为8里亚尔。这曾是一种通用的国际货币。像图中的这种银币通常会落入抢劫国际商船的海盗手中

## “摩根船长”击败西班牙舰队

在这幅1681年的雕刻画中，在英格兰与西班牙交战期间，“亨利·摩根船长”袭击西班牙船只与定居点，这被视作半合法的行为

**神话与传说**

对17世纪与18世纪海盗的描绘常带有一种神秘和想象的色彩。图中是一帮阿拉伯海盗要砍掉一位船长的胳膊

来吊死海盗的绳子时，这群人更加激动了。海盗们开始与巴拿马总督谈判，索要赎金。不过谈判进展得并不顺利，于是海盗们砍下了20名被俘水手的脑袋，并将人头送给总督，称西班牙人要为这一后果负责。吕桑写道，要是这位总督能早点儿客气说话，那他“就能挽救这些不幸的人。我们现在把这些人的脑袋送给你，你要对他们的死负责”。吕桑和手下最后拿到了20 000银币赎金。

之后，海盗们开始攻击厄瓜多尔海岸外的普纳岛。按照军队形式，海盗们列阵攻击主堡垒。吕桑做了一名举旗的少尉。船长向他许诺，只要第一个将旗插到堡垒上，就能拿到1 000银币。海盗们划小船逆流而上，来到瓜亚基尔镇。他们在一场激战中击败了700人，但船长格莱格尼特身负重伤。在夺取城镇后，海盗们很快发现，这里有丰厚的战利品。“(这里有)各种商品，大量珍珠和宝石，许多银碟子，银币少说也有70 000。”吕桑惊叹道。海盗们也被这里的女人迷住了，可惜没擦出什么爱情的火花，因为当地人被告知海盗们比猴子好不到哪里去，而且还会吃人。海盗们就在这座岛上过冬，“生活相当安逸”。

又一次夏季出击后，海盗们抢到了足够的钱，现在可以回家了。1688年年初，他们开始了漫长的陆地征程，穿越危地马拉。在走了59天后，他们走到一条河的河边，从这里可以划船前往加勒比海。到这时，在480人的队伍中，已经有84人迷失在森林中或死于疾病。最后，他们抵达了伊斯帕尼奥拉岛的圣多明戈殖民地。当地的总督迎接了吕桑，夸张地称赞他的冒险是“我们这个时代最杰出、最成功的航行”。吕桑返回了巴黎，将自己的海盗经历写成一本书出版。这本书大受好评，名叫“南太平洋上的暴兵”。

在吕桑回国后不久，欧洲大陆在1701年爆发了一场争夺西班牙王位继承权的战争。一直在瓜分西班牙新大陆领土的英国与法国争端频发，而战争本身又让喜好冒险和财富的年轻人加入私掠者的行列中，合法地袭击船只。当战争在1714年结束时，一个被称为“黄金海盗时代”的年代到来了。和早先的几世纪不同，这时候没有什么默许的国家支持。在六七年的时间里，像“黑胡子”爱德华·蒂奇（Edward Teach）和“黑准爵”巴塞洛缪·罗伯茨（Bartholomew Roberts）这些臭名昭著的海盗活动在加勒比海、北美洲东部沿海、印度洋与西非外海，抢掠原住民与携带珍贵货物的船只。这些海盗最终被常备海军所压制。不过，北非的蛮族海盗一直在劫掠，直到1830年法国占领阿尔及利亚。

# 大西洋上的奴隶船

奥拉达·伊奎阿诺（Olaudah Equiano）居住的村子位于现在的尼日利亚。他在11岁时遭人拐骗，被绑着带到了“要走很多天才能到的地方”，一起被拐走的还有他的妹妹。伊奎阿诺被卖给了非洲的奴隶主，与妹妹失散了。非洲本地的奴隶制度相对人道，伊奎阿诺的头一个主人对他还不错。但1756年，在被囚禁了六七个月后，他又被卖掉了，被运到了大洋彼岸。伊奎阿诺之前从未见过大海，不过让他更为震惊的事情还在后面。他在33年后出版的自传中回忆道：“到了海边之后，首先映入我眼帘的是大海和一条奴隶船。那条船就泊在那等待它的货物。这一切都让我感到十分惊奇，不过这种惊奇很快就转变成了恐惧……”他一上船“就被人抓住，摇来晃去，检查是不是还活着”。环顾四周，他更加害怕了。他看到“众多来自不同地方的黑人被锁在一起，每个人脸上都是一副悲苦的表情”。伊奎阿诺被卖给了英国奴隶贩子，将要被运到大西洋彼岸的巴巴多斯。

在欧洲海员从事奴隶贸易之前，非洲当地买卖奴隶的交易就已经很发达了。阿拉伯商人贩奴的历史很长。他们会取道撒哈拉沙漠并通过非洲的港口运输奴隶。1441年，葡萄牙人开始引入非洲奴隶，但只是

**奴隶船**

在不洁、逼仄和拥挤的环境中，许多奴隶根本活不到行程终点。奴隶们一般被镣铐锁着，有时还会遭到船员的虐待

在本土使用。从16世纪初起，随着新大陆上欧洲殖民地的发展，农场对农业劳动力的需求也在增加。葡萄牙人便开始向西班牙的美洲殖民地供应非洲奴隶，同时也将自己的奴隶运往大西洋对岸的巴西。在17世纪头10年，荷兰人在非洲西海岸建起了奴隶贸易要塞。首批想介入大西洋奴隶贸易的英国人是约翰·霍金斯爵士和弗朗西斯·德雷克，但他们的尝试被西班牙人挫败了。不过在1672年，为了促进从西非运送奴隶，皇家非洲公司建立了起来。在1698年公司的执照到期后，这种贩卖人口的贸易便向所有英国船只开放了。在18世纪，英国成了大西洋上首屈一指的贩奴国家。这种交易的规模达到了工业化的程度，每年有数万名非洲人被强行运过大洋。

英国贩奴航行的典型模式是“三角贸易”。从英国港口出发的船只，携带着布料和枪支这样的制成品，沿西非海岸航行，用货物交换被关押的男人、女人与伊奎阿诺这样的儿童。当货舱装满人的时候，奴隶船就会起程穿过大洋，经过漫长的航行来到加勒比海，这段路被称为“中间通道”。在逼仄、非人道、不卫生的环境中幸存下来的奴隶被拍卖掉，船只再装上糖、烟草、棉花这些奴隶港口出售的商品，返航回家。

1750年8月，也就是伊奎阿诺被拐卖的6年前，25岁的约翰·牛顿(John Newton)指挥140吨的奴隶船“阿盖尔公爵号”，从英格兰北部的利物浦出发。牛顿11岁时就曾在海上航行，早年过着放荡不羁的生活，后来在1748年皈依福音派基督教。在“阿盖尔公爵号”的航海日志上，头一句话便是“奉主之命”，这艘船将前往加勒比海。除了二副、水手长、修理工、枪炮手、乘务、厨师、裁缝和账房，船上还有11名干练的水手。这样一来，算上普通船员和实习生，船员总数为30人——这些人

**约翰·牛顿**

牛顿一生中做过海员、奴隶贩子和神职人员。他的经历最终让他发起了一场反对奴隶贸易的运动

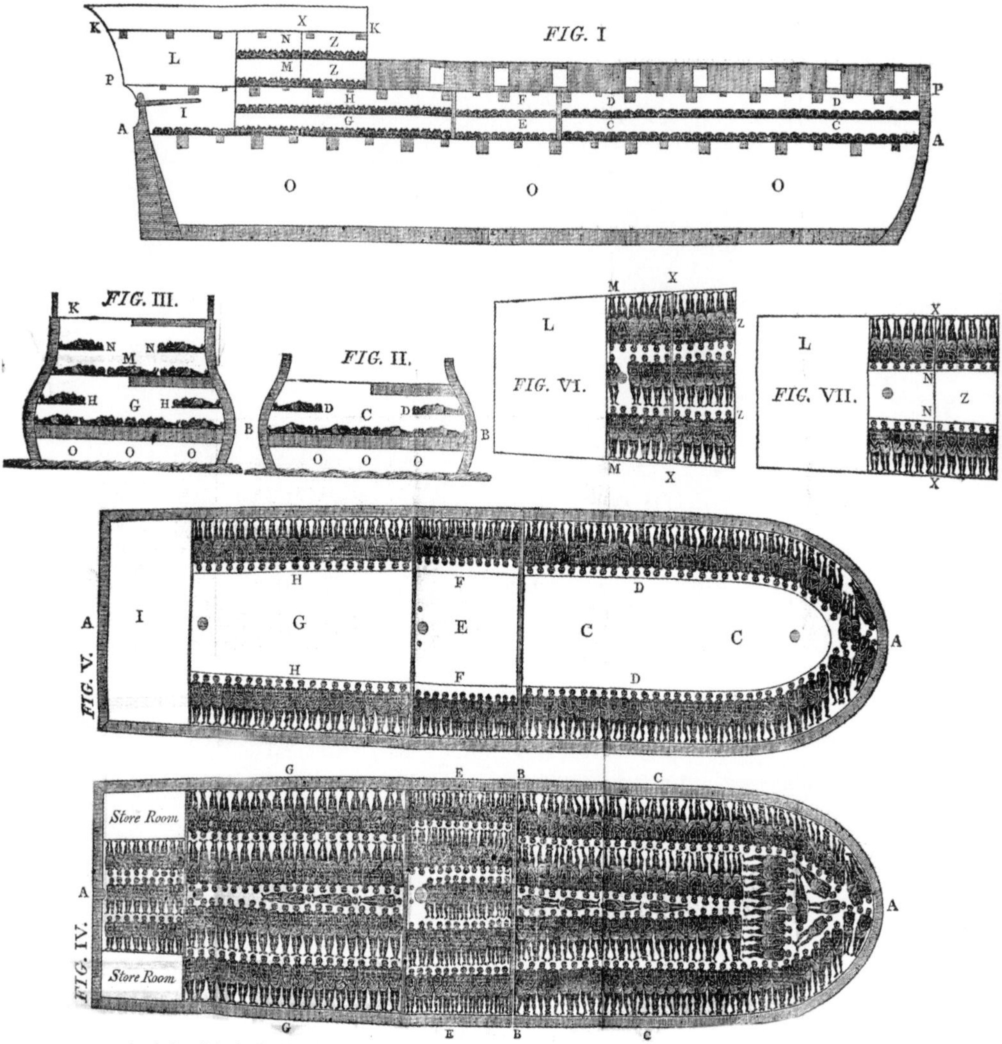


**奴隶船“布鲁克斯号”**

这就是用来强行带走奴隶的船只的设计图。从这张1879年的图可以看出船上拥挤的状况。这都是为了将利润最大化

在兼顾开船的同时，勉强能管住货舱里可能装下的200名奴隶。在船只向南航行的途中，木匠便在甲板下建造隔间，好把男人、女人和男孩奴隶分开；枪炮手则安装枪械，从而完全控制甲板上的局势，以防发生暴动。要想让奴隶们活动一下，就只能把他们带上甲板，这样就要在四周安装网子，以防他们跳海。这艘船在10月23日抵达了西非塞拉利昂海岸外。“从英格兰过来的路程不是最短的，却相当惬意，没有什么麻

烦。”牛顿写道。

欧洲人很少亲手去抓奴隶，而是买下那些已经被奴役的人。10月25日，牛顿上岸看了七个奴隶。在筛除了一名老女奴后，他选了两个男子和一名女子。牛顿很快发现，奴隶船“哈利法克斯号”的船长埃利斯已经垄断了这片海岸的大部分生意。另外，由于最近的一场战争，法国船开不过来，所以像马提尼克和海地这些殖民地都很需要奴隶，而法国船长们准备为此付高价钱。“阿盖尔公爵号”在接下来的几个月里沿海岸来来回回航行了约241千米，在岸边抛锚，放下大艇，穿过浪头上岸寻找出售的奴隶。这些大艇也被用来沿河深入内陆，以寻找更多的奴隶。想把船装满要花很长时间。1751年2月22日，大艇回来了，上面只带了两男两女和一个男孩。牛顿管这叫作“长达一个月的买卖”。

牛顿表示，在交易奴隶的海岸上，没人可以信任：“白人、黑人以及黑白混血人，都是两面三刀的骗子。”在“阿盖尔公爵号”上，牛顿的船员错过了一笔非常好的交易。他把其中的两人“狠狠地抽了一顿”，并给一名水手戴上了手铐。这个人之后想要逃跑，但一些非洲人逮住了他。牛顿因此奖给这些非洲人1加仑白兰地。

牛顿没有记录任何奴隶的名字，在他的记载中只出现过买卖奴隶时使用的数字编号。被带上船的一些人死于疾病，牛顿也没有显示出悲伤的情绪。他1月9日的记录上写道，11号奴隶，一名“不错的女奴”，患上了“昏睡症，没什么人能从这种病中康复”。在79号女奴死掉的时候，牛顿怀疑可能是给奴隶吃的一天两顿的米饭出了问题，于是计划让奴隶改吃扁豆和豌豆。几天后，他下令将92号女孩送上岸等死，好给“整艘船省下一个麻烦”。在离开非洲前，船上总共死了12名奴隶。水手们也患上了热带病。1月20日，牛顿信任的大副死了，他对此感到非常惋惜。

牛顿不担心女性奴隶或孩童奴隶会暴动，不过当12名成年男性被带上船后，他立刻将他们拷在了一起。他可能使用了一种残忍的办法，让奴隶们背靠背、两个两个地锁在一起。牛顿写道：“……他们的手脚都不能动。不过这都是秉着谨慎的态度，而且众人都表示同意。他们只能坐着、挪动或躺着，持续好几个月……”至于女人，她们有些许自

## 葡萄牙奴隶船

这幅1838年的画表现了奴隶船“尽职号”穿越大西洋时的情景。虽然1810年的《英葡条约》限制了葡萄牙殖民地的奴隶贸易，但非法运送奴隶的勾当一直继续到19世纪60年代由行动的权利，但有可能遭到船员的性虐待。牛顿禁止自己的船上出现这种行为，但他也写道："在一些船上，或许是绝大多数船上，在这种情况下，是没有什么限制的。"伊奎阿诺则表示，女人和女孩"经常会成为白种野人的施虐对象"。

在西非海岸徘徊了七个月后，5月22日，"阿盖尔公爵号"开始朝西印度群岛进发。通常来说，在船只开动后，奴隶们就很少暴动，可牛顿的这艘船就遇上了这种事情。有一名奴隶小孩患上了严重的溃疡，于是被从镣铐中放了出来，并被允许前往甲板活动。一到了甲板，他就透过栅栏，把一根大钉子传给了下面的奴隶。大约20名奴隶的镣铐被打开了。就在这些人准备发动暴乱的时候，船员发现了他们，阻止了暴动。"他们的脑子里还是装着愤恨和怀疑。一旦有机会，他们就会把这些情绪发泄出来。"牛顿在日志中写道。

和其他的船一样，"阿盖尔公爵号"船上的奴隶也可以被分成小组上甲板活动。不过在6月12日，外面的天气太冷，奴隶们又被带进了货舱。在接下来的几天中，由于一直被关在货舱里，疾病和恶劣的条件开始导致奴隶们死亡。在整个航行的过程中，有九人身亡。在非洲到南美的"中间通道"航行中，欧洲奴隶贩子把奴隶们装在拥挤污秽的隔间里。伊奎阿诺描述了一次航行的情景：

> （这艘船）非常拥挤，以至于人们几乎没有转身的空间。逼仄的空间让人满头大汗，空气很快变得难以呼吸，散发着令人难以忍受的恶臭。奴隶们因此患病。这种悲惨的境遇……还因为磨人的锁链而变得更为不堪，让人无法支撑下去。便桶中的污物散发出让

1808—1860年
英国皇家海军西非舰队解救的奴隶人数

**150 000人**

**镣铐**

在运输途中，为了防止发生暴乱，奴隶们通常被铐在一起

人窒息的味道，孩童经常摔倒在里面。女人的尖叫，将死之人的呻吟，渲染出了……一副让人不敢相信的恐怖情景。

这艘船在1751年7月3日抵达了安提瓜，从“中间通道”中活下来的奴隶比往常要多。上岸给这些人带来的解脱没有持续太长时间，在西印度农场中的生活非常艰苦；狠心的奴隶主已经计算过，引进新奴隶要比优待现有的奴隶更省钱。奴隶们的寿命只有九年左右。据牛顿的记录，“阿盖尔公爵号”因为装满了货物而在返航时“行动缓慢”，应该是装满了糖。10月7日，船只停在了利物浦，整个航程花了一年多的时间。

据估计，在大西洋上的奴隶贸易中，约有1 100万人被运往他乡。奴隶贩子牛顿和奴隶伊奎阿诺后来都成了禁止奴隶贸易活动中的积极分子。牛顿成了一名神职人员，与威廉·威尔伯福斯（William Wilberforce）和他那些支持废奴运动的基督徒朋友一起，强烈反对奴隶制。牛顿写下过多首赞美诗，其中最知名的当属《奇异恩典》。在这首赞美诗中，有两行文字特别能体现他的心路转变：“前我失偏，今我赎回；青盲今我重见。”伊奎阿诺则被一位英国皇家海军军官买下，并获得了自由。伊奎阿诺从这位军官那里学会了阅读和书写。从1786年起，他也积极参与到废奴运动中。他在1789年所著的自传对这项事业有不小帮助。美国、葡萄牙以及整个欧洲都出现了反抗，英国殖民地则在1834年废除了奴隶制度。英国皇家海军还专门成立了打击奴隶贸易的军队，即西非舰队。尽管如此，在19世纪的大部分时间里，跨大西洋的非洲奴隶贸易依然猖獗。

# 库克船长在太平洋

1768年8月25日，HMS“奋进号”从英格兰南部海岸的普利茅斯启程，前往太平洋进行科学考察。带队的是39岁的詹姆斯·库克，时任英国皇家海军上尉。库克是个农场工人的儿子，曾在一艘运煤船上工作，在英格兰东部海岸复杂的水域中学习航行技术。他入伍皇家海军的时候，正好赶上英国与法国等其他欧洲国家之间进行的“七年战争”（1756—1763年）。库克在战后成功地率队考察了纽芬兰沿岸，这让他声名大振。海军部注意到了这个人，并选择他带队进行一次重要的科学考察航行。

库克在“奋进号”上指挥着85名海员与水兵。一同乘船的还一队科学家，领头的是自然学家约瑟夫·班克斯（Joseph Banks）。班克斯当时只有25岁，但已经跻身皇家学会的会士行列，同时也是科学界的明星人物。班克斯和他的同伴热衷于记录新的物种。事实证明，他们在此次航行中的价值是不可估量的。此次航行的真正目的是观测金星凌日，这一天文现象会在1769年6月发生。如果可以准确观测这次天文现象，那么对计算地日之间的距离来说就有很大意义。此外，库克还肩负着仔细勘察太平洋的使命，要搜寻广阔的南部大洲，即所谓的“未知的南方大陆”。苏格兰地理学家亚历山大·达尔林普尔等人就曾预测有这样一片陆地。如果这片想象中的大陆确实存在——人们认为它的面积要比澳大利亚大得多——那么英国就可以将其纳入自己不断扩大的帝国版图。

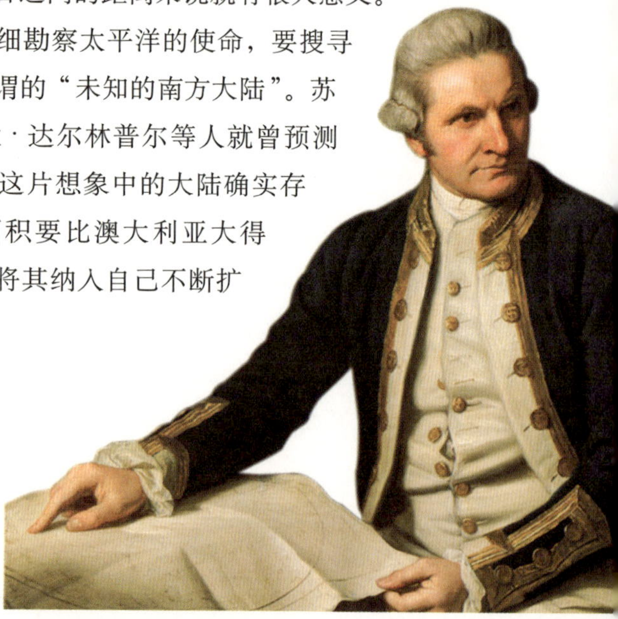

**詹姆斯·库克船长**

库克拥有考察和绘制地图的天分，这恰好符合那个时代科学考察的要求。同时，他还是一名出色的航海家和技术派领导

库克的航线

在17世纪末，英国与法国对太平洋产生了兴趣——这种兴趣不仅仅是在那里夺取西班牙的领地。最开始，这种兴趣表现为私掠者淘金加上科学探索，例如1699—1701年，英格兰海盗兼自然学家威廉·丹皮尔负责了一次海军部组织的对新荷兰（即澳大利亚）的探险。1763年后，这种兴趣越发高涨。当时，经历了"七年战争"的法国将北美洲绝大部分领地割让给了英国，于是法国人开始寻找新的出口探索太平洋，而英国人则想阻止他们。在这片广大的海域上，一场探索并占领未知区域的竞赛就此展开。英国船长塞缪尔·沃利斯在1767年登陆塔希提，成为到访这里的首个欧洲人。第二年，路易斯－安托万·布干维尔率领首支法国官方探险队前往太平洋。他来到了塔希提，并将这座岛描绘成一个祥和的天堂，由此引发了人们对未受文明侵扰的“高贵的野蛮人”的遐想。布干维尔还首次绘制了许多群岛的地图，记录了那里居民的习俗与生活。

库克探险的首个目的地是塔希提，从这里可以观测到金星的运动轨迹。“奋进号”是一艘改装过的运煤船，结实而且能装很多给养。不过，按照班克斯的说法，这艘船“设计上更偏重载货，而非航行”。为了能在海上长时间航行，船的舱室被设计得非常狭小。库克必须把自己的船舱让给科学家和绘图师，低阶士兵住到了下层甲板上，他们在自己的舱室里甚至直不起腰。在出航的路上，库克实验了预防坏血病的新方法。这种病一直是长期海上航行中船员死亡的主要原因，它实际上是由于缺乏维生素C导致的。库克在船员们的膳食中加入了“可携

**毛利人的作战独木舟**

在新西兰海岸边，库克遭遇了毛利部落的袭击。毛利战士乘着独木舟发起进攻，“奋进号”上的船员被迫应战

带”的浓缩蔬菜汤和泡菜。他的报告显示，在这之后船员们“大多身体健康”。1769年1月，“奋进号”抵达了南美洲的南端合恩角。班克斯一行人登上火地群岛采集植物标本。因为天气季度寒冷，班克斯损失了两名仆人。库克决定前往塔希提，之后经过八个月的航行，队伍在4月13日抵达了那里。

人们在那里支起了帐篷和观星仪器，不过对金星运动轨迹的测量算不上完全成功——影响观测的扭曲失真问题直到20世纪才被彻底解决。这些英国客人还被塔希提人迷住了。准少尉詹姆斯·马格拉（James Magra）评论道：“人们都认为这里的女子容貌姣好，体态匀称，活泼且性感。”班克斯与库克赞叹岛上原住民的航海技术，对他们航行的距离非常惊讶。

库克在8月离开了塔希提，在海上来回航行寻找迷失的南大陆。两个月后，“奋进号”在新西兰登陆。今天人们知道，库克他们是第二批到访新西兰的欧洲人。第一批抵达那里的是阿贝尔·塔斯曼（Abel Tasman）带领的荷兰水手，他们到达那里的时间是1642年。库克发现，当地的毛利人与塔希提人区别很大，非常好战。他在日志中写道：“即便是议论一场虚构的战争，也能让他们激动起来，这种疯狂程度可想而知。”库克把新西兰的两座岛都绕了一圈，进行了相当准确的考察，绘制了当地沿岸的地图。这也证明，这两座岛都没有连接着什么南方的大陆。

1770年4月1日，库克离开新西兰，向西寻找陆地。他知道“新荷兰”的存在——今天的澳大利亚。从17世纪初起，欧洲人会时不时地去到那个地方。荷兰人曾在澳大利亚荒凉的西岸与北岸登陆，东印度商船“巴达维亚号”1629年的时候也沉没在那里。阿贝尔·塔斯曼在1642年看到过一片土地，他给它起名叫作范迪门斯地（后更名为塔斯马尼亚），但不能确定那是否是一座岛屿。威廉·丹皮尔1699年时曾在澳大利亚西北登陆，但在第二年放弃了前往东部的打算。库克是首个探索澳大利亚东部肥沃土地的欧洲海员。

船员们在4月19日望见了澳大利亚。随后库克找到了一条线路，穿过了险恶的大堡礁。接着他掉转航线，沿海岸向北前进。在一处海滩上，库克看到了“肤色颇深或呈黑色”的人。4月28日，他们找到了一处可以停船补给的海湾。几个原住民走上前来望着陌生人，但是双方语言不通，船员们放了几枪将他们吓退。这个海湾最开始被命名为“黄貂鱼港”，不过班克斯在这里发现了大量有意思的植物，于是这里又改叫“植物学湾”[1]。在采集了一周样本后，班克斯的藏品实在太多了，他只得把植物压在书里，好节省空间。库克亲自查看了那里的土壤，觉得“适合种植任何谷物”。

1 植物学湾（Botany Bay），即博塔尼湾。——译者注

**锯叶班克木**

班克斯发现了班克木属开花植物，并把它记录在自己的图集作品《班克斯花谱》中。班克斯用自己的名字命名了这种植物

探险队又沿着澳大利亚海岸前行了六周时间——用英国贵族、将军以及政治家的名字给那里的山峦与海峡命名。这之后发生了一场灾难。库克通常非常谨慎，在夜间不会沿着陌生的海岸航行，但在1770年6月11—12日夜间，一轮满月照亮了天空，而且没有太合适的地方可以下锚，所以他让船在微风中缓慢地移动着。就在一名船员刚把铅锤放入水中准备测深时，这艘船突然撞上了珊瑚礁，并紧紧地卡在了上面。库克尝试把船开出来。船员们放出一只锚，使劲儿拖拽锚链。为了减轻重量，人们把饮用水、枪炮、储藏品、石制压舱物以及所有能卸下来的东西都扔下了船。虽然减轻了大约50吨重量，但船在涨潮的时候还是纹丝不动。就在这个时候，海水透过破损的船体流进了货舱。船员们放下了更多的锚，把它们固定在障碍物上。在下一次涨潮时，部分船员拽着所有能拉住的东西向外拉，其他人则疯狂地向船外泵水。在6月12日晚上10点20分，也就是搁浅超过24小时后，“奋进号”从珊瑚礁上飘了出来。

一名船员测量了船体中进水的深度，发现水深为114厘米——很危险，但还不至于酿成灾难，泵水的速度刚好能保证船只浮起来。人们升起了帆，让船缓缓向前移动。他们找到了一片合适的海滩，把船开了上去。库克决定，要用船帆来堵漏；他曾听说过这种做法，但没有见过是如何操作的。准少尉乔纳森·蒙克豪斯挺身而出，他待过的一艘商船曾成功地使用此法。他找来一面旧帆，在上面抹了些麻絮和羊毛，然后在帆的四个角上穿上绳子，好调整帆的位置。人们把这面帆放下水，如果它可以盖在破损处，上面的材料就会被往里吸，从而堵上漏洞。据班克斯记载：“在大概一个半小时之后，我们惊奇地发现，船里的水居然被排干了。而且只要泵在工作，船里面几乎就没什么水。”6月17日，这艘船开上岸，修理工作开始了。

虽然船在出事后成功开上了岸，但航海者们要面对一个冷酷的事实：他们离家差不多有6 000千米远，而最近的爪哇岛上的荷属巴达维亚殖民地（雅加达）也远在4 000多千米之外。如果“奋进号”无法修理，他们很有可能就要在现在上岸的地方度过余生了。人们把船上所有能移动的东西都搬了下来，并在岸上扎了营。船员们在内陆找到了树木，木匠和他的伙计费力地修起了船。由于潮水涨落的关系，他们每天只有几个小时的工作时间。

在六个多星期之后，船终于修好了。他们航行到巴达维亚做进一步修理。由于库克坚持给船员们提供健康的饮食，没有人因为坏血病身亡，不过荷兰殖民地那不洁的环境让人们染上了疟疾和痢疾。当“奋进号”再度起航时，有40个人已经病得非常严重了，其中的24个人在抵达开普敦前死掉了。1771年4月，这支探险队回到了英国。

**岸上的“奋进号”**

受损的“奋进号”开到了澳大利亚北部一处河岸上进行维修。
库克便以这艘船的名字为这条河命名

## 约瑟夫·班克斯发现的新物种数量

# 1 300种

库克的航行取得了巨大的成功。人们在这次探险中考察了新西兰，绘制出了澳大利亚东海岸的地图。他们是有史以来第一拨在那里登陆的人，并将此地划在了英国的势力范围之内。班克斯收集了大量自然历史样本，而在此之前科学界对其中很多新物种是一无所知的。1772年6月，库克又从海军部收到了一份命令：继续搜索传说中的南部大陆。班克斯要求带领探险队，但海军部拒绝了——“绅士”给有经验的海员下命令的年代已经过去了。库克这次带着两艘船出发，而班克斯却不在队伍之中。在这次为期三年的航行中，库克环绕了整个南极洲，但是未能突破海冰发现南部的极地大陆。1776年，升任海军上校的库克进行了第三次航行。这次他的使命是找到被认为存在于美洲北部，连接太平洋与大西洋的“西北通道”。在航行中，库克和他的手下在夏威夷群岛登陆，成了到达当地的首批欧洲人。在对美洲西北海岸进行探索并绘制地图后，他们抵达了白令海峡。令人沮丧的是，那里横着一堵冰墙，说明并不存在可供航行的通道。船队在1779年初返回了夏威夷。2月14日，探险队声称当地人偷走了一条小艇，双方因此发生了争执，库克遇袭身亡。

与此同时，约瑟夫·班克斯于1778年向英国议会一委员会建议，可以把英国的囚犯迁到博塔尼湾周边地区（今新南威尔士）居住。1787年，“第一舰队”带着504名男性囚犯和192名女性囚犯驶向澳大利亚。不过，博塔尼湾的营地很快便被遗弃了——库克认为当地土质肥沃的评估是错误的，而且那里缺少淡水——英国人搬到了附近的悉尼湾，那里后来成了一座伟大的城市。

# 测量纬度

如果想让航行能够有规律可循，航海家就必须能判定他们所处的纬度——他们在南北方向上距离赤道的距离——这涉及测量正午太阳（夜晚则是特定的星星）与地平线间的俯角。这种测量需要的仪器就是六分仪。

## 星盘

首个能够较为准确测量纬度的仪器是星盘。古希腊人发明了这种工具，并将其用于天文学领域。星盘由若干可移动的部件组成，它们能排列出特定日期与时间天空中天体的相对位置。如果水手能确定时间，就能判定他们的纬度（反之亦然）。而且这也是种确定星星位置的便捷方法，对航海来说很有用

星盘，1642年，拉哈尔

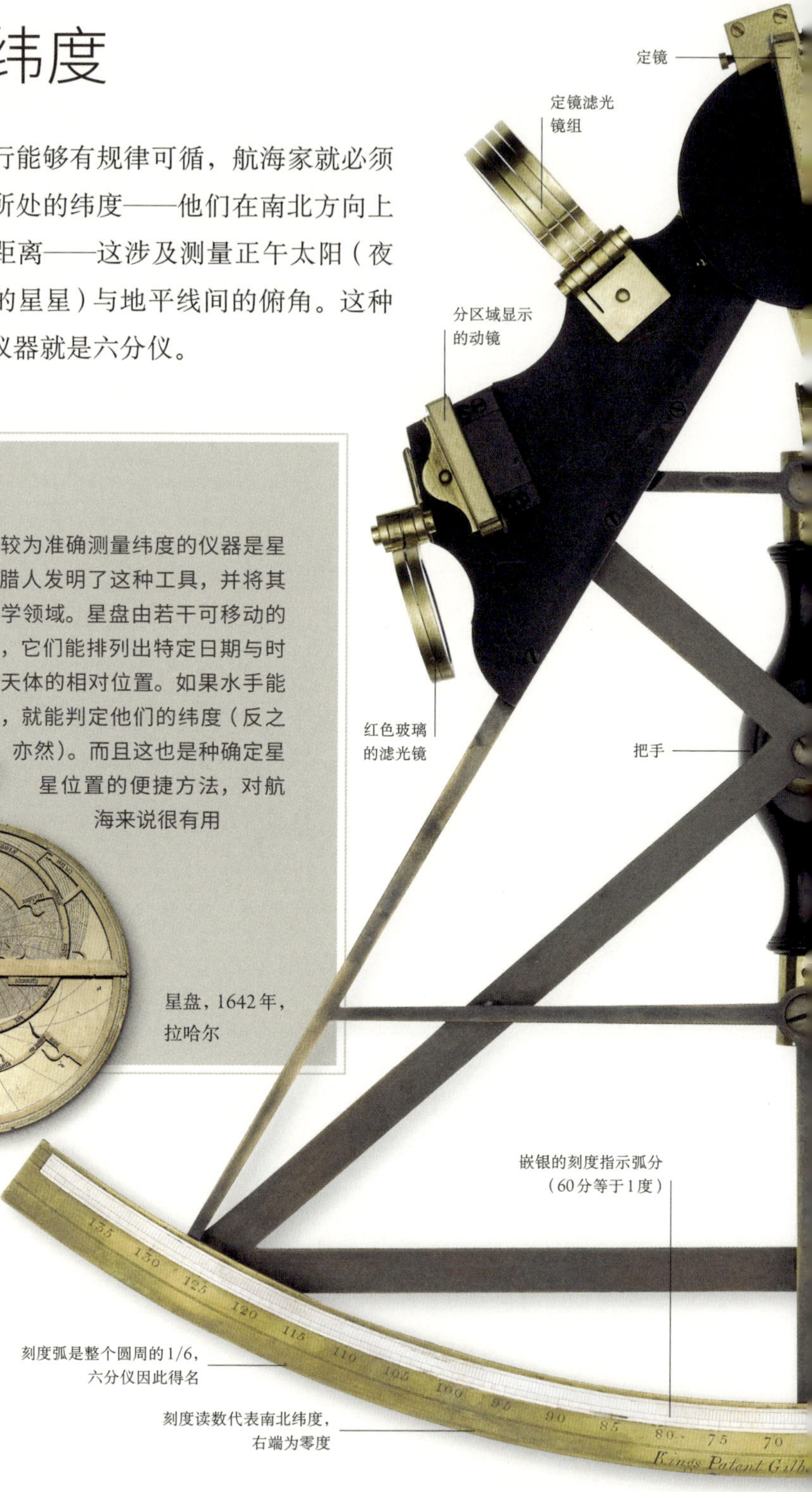

### 六分仪

1791年，伦敦

六分仪发明于18世纪中叶。这种装置上面有一块半反射的透镜，透镜后面是一部望远镜。六分仪可以用来测量天体的高度，从而判定船只的位置（见右侧的使用方法）

## 使用方法

在白天，六分仪测量的是正午的太阳与地平线间的角度。在夜晚的北半球，它测量的是北极星与地平线间的夹角；在南半球，则测量南十字座与地平线的角度。

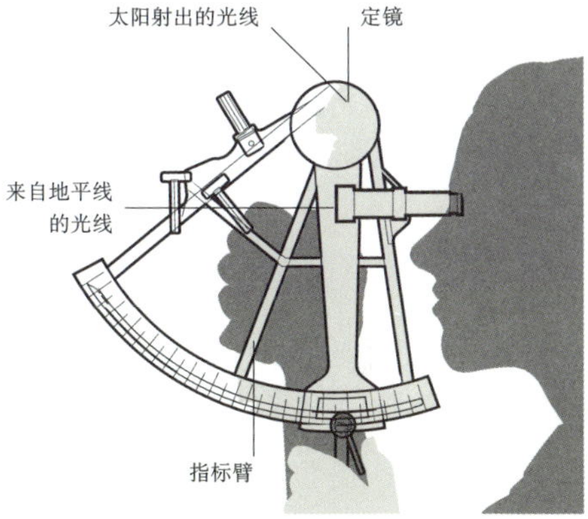


### 对齐地平线

观测者从望远镜中看出去，盯住地平线，然后松开指标臂，在定镜中找到太阳或星星的影像。由于动镜的左半边是一块普通镜片，而右半边是透明的，所以可以做到这一点。

镜片组反射出地平线　　移动镜片找到星星　　让星星对齐地平线

### 对齐星星

当星星或太阳反射进定镜后，观测者便移动指标臂，直到星星的影像与地平线齐平。这时便可以从六分仪下端的刻度弧上读出俯角的度数。

# 约翰·保罗·琼斯与美国独立

18世纪末的爱丁堡是座繁荣昌盛的城市。作为苏格兰的首都，它在此时的发展势头可谓如日中天。但是1779年9月有消息传来，说有支美国舰队将要开进旁边的福斯湾，攻击这座不设防的城市。在福斯湾另一侧的法夫郡，面对兵临城下的威胁，一位长老会牧师祈祷道："主啊，难道你不觉得让这个邪恶的海盗来抢劫你的子民是可耻的吗……风照这样刮下去，他很快就会到达此地，谁知道他会做出什么事情来？"讽刺的是，这名将美国独立战争带到不列颠群岛的"邪恶海盗"，本身就是个苏格兰人。他当时使用的名字是约翰·保罗·琼斯（John Paul Jones）。

此人原名为约翰·保罗，1747年出生在苏格兰西南海岸柯克库布莱特附近的村子柯克宾。他12岁时曾在一艘商船上做学徒，而那艘商船就来自索尔威湾南岸的怀特黑文，只要跨过英格兰边界再走不远就能到达那里。他的正式工作都与西印度群岛的航海贸易有关，也涉及贩奴航行。到了1768年，他升任为一条小船的船长，但麻烦也接踵而至。1770年，他将一名水手鞭打至伤重不治，并因此短暂入狱。1773年，他又在西印度群岛杀掉了船上带头叛乱的人。由于害怕回到英国后会被起诉，他躲到了弗吉尼亚殖民地，并用"琼斯"这个姓来隐藏身份。就这样，当1775年英属美洲殖民地发动反英起义时，他就留在了那里。

英国与殖民地间矛盾激化主要是因为税收问题。遥远的英国议会在殖民地征收税款，但殖民地的人民在议会中却没有代表。这导致北美地区出现了大范围的抗议，殖民地人民还喊出了"无代表，不纳税！"的口号。殖民地与英国当局之间发生了许多冲突，这些事件多出现在海上。1768年6月，波士顿富商约翰·汉考克（John Hancock）的单桅纵帆船（sloop）"自由号"因违反了多条严苛的英国海关法而被罚没。1773年12月，一队波士顿殖民者为了抗议茶叶税，假扮成美洲原住民登上了三艘东印度公司的运茶船，撬开了装茶叶的箱子，将里面的

**波士顿倾茶事件**

这是北美民众反抗英国统治的代表性事件。在这次事件中，抗议者将三艘东印度公司货船上的茶叶倾倒进了波士顿港

东西统统扔进了大海。这就是后来人们熟悉的“波士顿倾茶事件”。此事导致北美与英国间的对抗急剧升温。到1775年夏天，北美殖民地公开起义，并于1776年7月4日宣布独立。

为了镇压起义，英国政府不得不去支援一支距本土4 800千米之遥的陆军部队。要做到这一点，就需要规模上万吨的海运运力。美国人想破坏这条海上补给线，但最开始却苦于没有海军和战舰。1775年10月，扮演起义殖民地执政机构角色的大陆会议下令，建造大陆海军，即后来美国海军的前身。时任大陆会议主席的约翰·汉考克签发了一则告示，动员“绅士海员”入伍，宣扬入伍的海员们有机会“为自己国家的光荣事业而奋斗，从而扬名立万并赚取财富”——大多数入伍者可能对后一个目标更感兴趣。约翰·保罗·琼斯参军的动机不为人知，但他在新海军中找到了自己的用武之地，官至上尉。在证明了自己足以驾驭佛盖特帆船USS“阿尔弗雷德号”以及单桅纵帆船USS“普罗维登斯号”后，1777年6月，他受命指挥配有14门6磅小炮、载有140人的作战单桅帆船USS“游骑兵号”。11月时，他扬帆出海横渡大西洋，手上的命令是将战火燃向敌人。

“游骑兵号”先是来到了法国，停在了卢瓦尔河上。法国当时持中立态度，但对美国的事业表示同情。琼斯的美国海军作战生涯开局不顺。他原本希望能指挥一艘好得多的战船“印第安人号”——这艘船正在荷兰建造，但荷兰政府不打算违背中立国义务，没有将这艘船卖给美国，所以琼斯只能在“游骑兵号”上暂时将就着。1778年初，法国宣布参战，并与美洲各殖民地签署了一份盟约，琼斯的地位也得到了巩固。2月14日，他收到了首个国际识别标志——新的美国国旗“星条旗”。琼斯下令鸣13响礼炮庆祝，一艘法国军舰也鸣炮示意。

琼斯在1778年发动了他对英国的首次攻击。“游骑兵号”4月10日从法国出发，穿过爱尔兰海一路北上。琼斯决定进攻自己曾待过的老港口怀特黑文，那里停泊着数百艘没有防御能力的商船。和私掠者不一样，他不想要什么战利品，而是要破坏那些船只，打击英国防线上的弱点。烧毁而非俘虏船只，这种做法无法让船员们满意——船上的医生埃兹拉·格林坚持认为：“烧掉穷人们的财产对谁都没好处。”4月22—

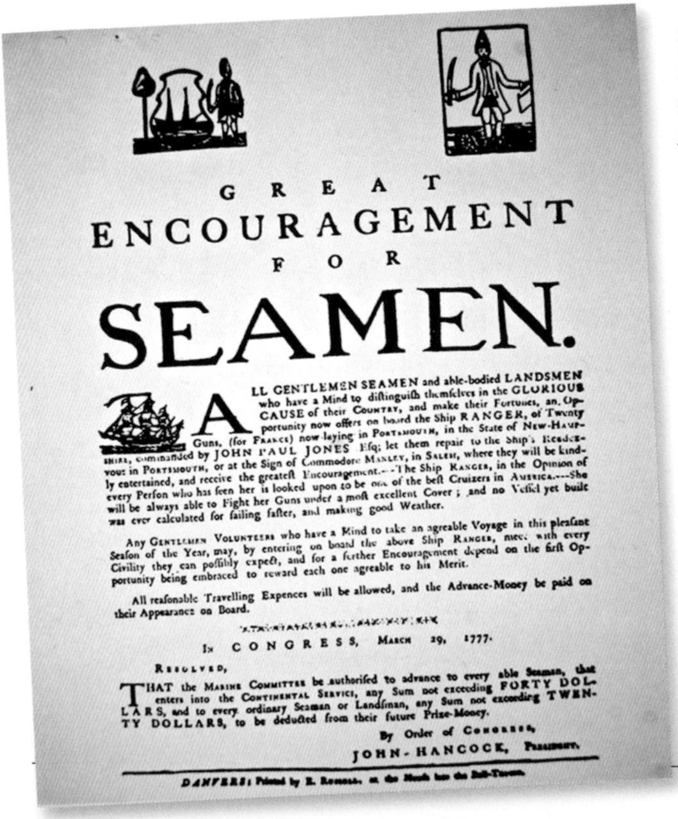

GREAT ENCOURAGEMENT FOR SEAMEN.

ALL GENTLEMEN SEAMEN and able-bodied LANDSMEN who have a Mind to distinguish themselves in the GLORIOUS CAUSE of their COUNTRY, and make their Fortunes, an Opportunity now offers on board the Ship RANGER, of Twenty Guns, (for FRANCE) now laying in PORTSMOUTH, in the State of NEW-HAMPSHIRE, commanded by JOHN PAUL JONES Esq; let them repair to the Ship's Rendezvous in PORTSMOUTH, or at the Sign of Commodore MANLEY, in SALEM, where they will be kindly entertained, and receive the greatest Encouragement.---The Ship RANGER, in the Opinion of every Person who has seen her is looked upon to be one of the best Cruizers in AMERICA.---She will be always able to Fight her Guns under a most excellent Cover; and no Vessel yet built was ever calculated for sailing faster, and making good Weather.

Any GENTLEMEN VOLUNTEERS who have a Mind to take an agreable Voyage in this pleasant Season of the Year, may, by entering on board the above Ship RANGER, meet with every Civility they can possibly expect, and for a further Encouragement depend on the first Opportunity being embraced to reward each one agreable to his Merit.

All reasonable Travelling Expences will be allowed, and the Advance-Money be paid on their Appearance on Board.

IN CONGRESS, MARCH 29, 1777.

RESOLVED,

THAT the MARINE COMMITTEE be authorised to advance to every able Seaman, that enters into the CONTINENTAL SERVICE, any Sum not exceeding FORTY DOLLARS, and to every ordinary Seaman or Landsman, any Sum not exceeding TWENTY DOLLARS, to be deducted from their future Prize-Money.

By Order of CONGRESS,

JOHN-HANCOCK, PRESIDENT.

DANVERS: Printed by E. [illegible]

**征兵启事**

1777年，约翰·保罗·琼斯在横渡大西洋攻击英国前张贴了这则启事，为“游骑兵号”招募船员

我不想与任何开不快的船扯上干系，
因为我就是要险中取胜。

——约翰·保罗·琼斯

23日晚上，借着夜色的掩护，两艘小艇载着40个人登上港口海岸，但半数人去了一家酒馆，其中一人还四处敲门，警告人们危险即将到来。在“游骑兵号”的甲板上，那位医生等着看到“城镇冒出浓烟，船只在火焰中分崩离析”的景象，但一直到破晓，什么事都没有发生。登陆部队返回到船上，战果只是烧毁了一条运煤船。

当天晚些时候，琼斯驶过他熟悉的索尔威水面，在苏格兰南部派出12人上岸。他打算抓住塞尔扣克伯爵作为人质，用当地的这位小贵族来要求英国更好地对待被俘虏的美国海员，但塞尔扣克不在家。琼斯手下一些人指出：“英格兰人在美国可不讲什么风格，他们掠走了所有能搬动的财产，不加区别地放火烧毁镇子和房子。”船员们要求掠夺伯爵的房子，琼斯迫于无奈只好同意。为了证明自己是个绅士，他后来给伯爵夫人写信，解释了情况并进行了赔偿。虽然对怀特黑文和塞尔扣克伯爵庄园的攻击没有什么实际效果，但它们给人带来的心理影响是巨大的。英国地方军指挥官詹姆斯·奥顿爵士后来在报告中写道，琼斯“让整个西海岸陷入了恐慌”。

在攻击怀特黑文之前，美国人就看见英国皇家海军的单桅帆船HMS“德雷克号”停在爱尔兰北海峡对面的卡里克弗格斯。琼斯打定主意，要在返回法国前进攻这艘船。他的船员再次表现出了不情愿的态度——攻击军舰势必会苦斗一番，而且得不到什么战利品。但他们的船长心意已决。4月24日下午，“德雷克号”乘着轻风出海迎敌，双方的炮战持续了一个多小时。英国船的船长与上尉阵亡，20名水手受伤无法作战。在海战中，想要示意投降就得降下船旗，但“德雷克号”的旗帜被打飞了，幸存的英国军官只得挥舞帽子，要求停火。也有损伤的“游骑兵号”带着这艘船回到了法国的布雷斯特（Brest）。

**“好人理查德号”**
在约翰·保罗·琼斯的指挥下，“好人理查德号”在1779年与HMS“塞拉比斯号”展开了激烈的海战

1779年，法国人交给琼斯一艘新船——USS“好人理查德号”。这艘船有些与众不同——它建造于1765年，本来是艘从事东印度贸易的商船。这艘船有两层炮甲板，长44米。它的行驶性能比不上单层甲板的佛盖特帆船，而且只有6门老式的18磅炮，战斗能力又逊色于那些配置了32磅炮的大号风帆战列舰。琼斯在8月时带着207名船员出海，这里面只有79名美国人——很多人是法国志愿者，而且大部分海军士官都是英国人。此外船上还载有137名法国水兵。琼斯最开始指挥着7艘船，本打算绕过苏格兰北部进入北海，但他的舰队在爱尔兰外被一场风暴打散了。到了8月13日能望见爱丁堡后面的潘特兰山时，跟随他的就只剩下三艘船了。

为了攻击这座城市的利斯港，琼斯安排了周密的作战计划。他认为这里的防御非常薄弱——爱丁堡城堡的大炮射程为4 000米，几乎打不到海上，而且那里没有驻军。琼斯要求所有的船都派出登陆部队，在占领城市之后，他们还要向爱丁堡的市长发信，并提出条件。他们还要在信里写上，“如果有人从公正的复仇者那里夺走人道的诉求”，占领者就要把利斯烧成灰烬。此外他们还要求获得10万英镑的补偿金。琼斯的三艘船逼近福斯湾，抓住了一条苏格兰小商船，但上面的一名小童划着小艇逃跑了，向驻扎在爱丁堡的军队发出了警告。琼斯放下小艇，准备让水兵登陆。英国皇家海军当时在福斯湾里只有一艘军舰，即20门炮的HMS“三姐妹号”。这艘船把住了进入海港的水路，美国人无法登陆。海上还刮起了风暴，琼斯只得再把小艇拉上来。风迎面刮过来，把登陆艇向福斯湾外吹去。在这种情况下，琼斯只得放弃登陆作战。不过，仅仅是出现在福斯湾，他们就已经引发了岸上的惊慌。

琼斯沿英格兰东部海岸南下。9月23日，在约克郡的法恩堡岬外，他遇到了从波罗的海出发的木材船队，总共有41艘船，护航的是两艘英国皇家海军战船。战斗旋即在“好人理查德号”与领头的英国战船间打响，那是44门炮的HMS“塞拉比斯号”。这艘英国战舰也是小型的双层炮甲板船，但有整整一组由20门18磅炮组成的炮位。“好人理查德号”刚进入战斗，就有两门18磅炮炸了膛，只有四门可用，这让双方的火力差别更为悬殊。两艘船在近距离上互相试探，寻找有利位置。琼斯希望能够直接登上敌船的甲板。“好人理查德号”的船首撞上了“塞拉比斯号”的船尾，二者缠在了一起。英国船的船长理查德·皮尔逊随后问美国人是不是要投降。琼斯冷冷地答道：“我还没开打”。

两艘船在风中打转，双方互相发起致命的炮击。英国人的重型加农炮派上了用场，靠近距离平射，把“好人理查德号”的船体打出了大洞。与此同时，站在“好人理查德号”高处的法国水兵与美国人手持火枪，向下瞄准，射击敌舰甲板上的英国人。一名美国水手爬上了伸到“塞拉比斯号”上方的横桁臂，把手雷扔进船舱，引发了火药爆炸，给敌人带来极大伤亡。由于“好人理查德号”被炮弹打中的地方位于水线以下，糟糕的形势迫使美国人释放了从商船上抓获的俘虏，让他们帮忙泵水。一名俘虏逃到了“塞拉比斯号”上，告诉船长皮尔逊，美国人即将被击败。“好人理查德号”上的枪炮长亨利·加德纳也觉得英国人赢定了，于是想降下美国国旗投降。但琼斯将其狠狠地击倒在地，他还没有认输。这时“好人理查德号”的一发炮弹击中了“塞拉比斯号”，几乎要打断了它的主桅。船长皮尔逊慌了

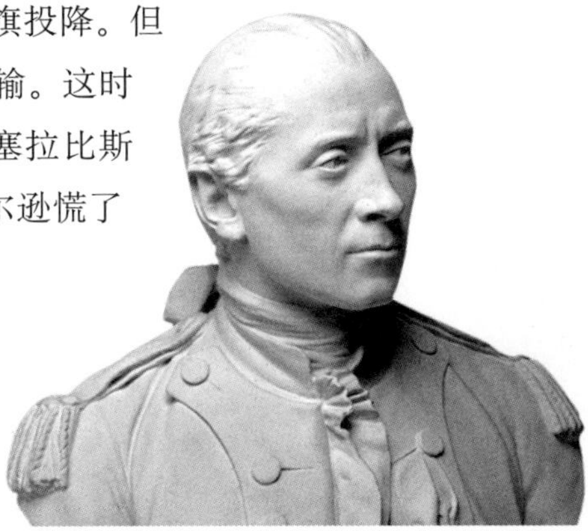

**约翰·保罗·琼斯**

琼斯在苏格兰出生。在移民美洲之前，他有着一段动荡不定的职业生涯。美国独立战争期间，他成了美国海军的一名主要指挥官

法恩堡岬海战

1779年9月23日，法恩堡岬海战在英国北部海岸外打响。这场战斗是英美两国间最著名的一场海战，约翰·保罗·琼斯因此被誉为英雄

**理查德·皮尔逊的手枪**
这对长管燧发手枪属于英国船“塞拉比斯号”的船长理查德·皮尔逊

神，反倒是他先投了降。琼斯自己的船上总共伤亡67人，而“塞拉比斯号”上有54人阵亡，75人负伤。由于“好人理查德号”不断下沉，琼斯只得把人员转移到俘获的英国船上，然后把它开到了荷兰的中立港口特赛尔。

法恩堡岬海战让琼斯成了一个传奇人物，但这也是他在美国海军中的最后一场战斗。他的战功削弱了英国人的士气，鼓舞了美国人的斗志，但终归没有给英国造成什么实质性的打击。最后，是横渡大西洋的陆军以及英法两国间的海上大战决定了战争的走向。1781年3月16日，英法两国舰队在弗吉尼亚的切萨皮克湾入口处遭遇。双方在战斗中均未损失一艘船，但法国和它的美国盟友取得了战略上的胜利。这一役确保了被乔治·华盛顿将军围困在约克镇的英国将军查尔斯·康华里无法从海上得到支援。康华里的投降决定了英国在北美统治的命运。虽然英国人1782年4月在西印度群岛的桑特击败了法军，但在第二年，英国承认了13个殖民地的独立，它们后来组成了美利坚合众国。琼斯在战后返回了欧洲，并在俄国女皇叶卡捷琳娜二世的舰队中担任了很短一段时间的海军上将。俄土战争期间，他在黑海上的战斗中有出色表现。琼斯于1792年死于法国。

诘问

这幅1905年的讽刺漫画，描绘的是约翰·保罗·琼斯在军事调查法庭上的表现。他被要求解释自己的行为。图中海军高官背后的地图上写着"'好人理查德号'在兜圈子"

# 特拉法尔加海战

1805年10月21日，在西班牙南部海岸外，也就是从加的斯到直布罗陀海峡之间的海域上，配有74门炮的法国战船“无畏号”进入战斗。奥古斯特·吉凯尔·德图谢（Auguste Gicquel Des Touches）就站在这艘船的艏楼上。他的船是法西联合舰队中的一员，这支舰队由海军上将皮埃尔·德·维尔纳夫（Pierre de Villeneuve）统帅，即将与霍雷肖·纳尔逊（Horatio Nelson）带领的英国地中海舰队交火。这是拿破仑战争中的关键一役。少尉吉凯尔身处一个由海洋大战主导的年代，而他这名低阶军官马上就要参与这个年代的巅峰之战：特拉法尔加海战。

从1689年到1802年，英法两国间进行了六场战争，这两大海洋强国发展出了以风帆战列舰和巡防舰为核心战舰的舰队。风帆战列舰，正如它名字的含义，就设计为要排成一列长队作战。这种战术可以最大化一侧船舷的火力。74门炮的战列舰有两层全通甲板放置重炮，是火力与航行能力的完美结合体。配置98—120门炮的三甲板船更显笨拙，但超高的船体意味着在近距离作战时，它能够朝着小船的甲板倾泻火力。支援战列舰的是体形较小、行动迅速的巡防舰。这种船只有一层炮甲板，可以执行包括侦察、保护商船船队以及袭击敌军航线在内的多种任务。

吉凯尔既在巡防舰上服过役，也上过战列舰。他出生于1784年，是布列塔尼一个贵族家庭中的一员。为法国海军输送军官，是他那个社会阶层的传统。但1789年的法国大革命带来了

**霍雷肖·纳尔逊元帅**

纳尔逊是名极具天赋且不拘泥传统战术的统帅。战斗让他失掉了一只胳膊和一只眼睛

**备战“光荣的6月1日”**
这场战斗在大西洋上打响，是法国大革命战争时期英法两国间爆发的首次大规模海战

翻天覆地的变化，许多贵族被逮捕、处决或是流亡国外。旧的贵族式军官销声匿迹，革命党的海军就用士官和商船船长来填补空白，但前者教育程度不够，而后者又缺少胆量。自1793年2月起，革命的法国与英国开战。在这段混乱的时期里，年仅9岁的吉凯尔加入了海军，在巡防舰“好人号”上做小童。1794年夏天，在吉凯尔的海军事业刚刚起步没有几周的时候，他发现自己正身处北大西洋上的英法之战中。在法国共和历的牧月十三日当天，也就是英国的“光荣的6月1日”，法国大革命战争中的首次大规模海战展开了。吉凯尔的巡防舰负责传递旗舰发出的信号，没有参加主要的战斗。法国舰队损失了六艘风帆战列舰，但成功保住了一支前往本土的重要运粮船队。

1799年，随着大革命战争逐渐白热化，吉凯尔晋升为准尉，在74门炮的“德赛号”上服役。1801年7月6日，在船长克里斯蒂·德·拉·帕利埃的指挥下，“德赛号”加入了一支由三艘风帆战列舰组成的舰队，在直布罗陀附近的阿尔赫西拉斯外，与六艘英国战列舰交火。在接下来的战斗中，“德赛号”在180米的距离上与HMS“汉尼拔号”互相射击。HMS“恺撒号”从这艘法国船的船尾逼了过来，炮弹从顺着炮甲板打过来，在纵向上击中了船体。“德赛号”上半数船员非死即伤，吉凯尔那小小的船舱被炸成了碎片。尽管如此，到战斗结束时，“恺撒号”与另外两艘英国船还是被法国人打得失去了移动能力。六天后，法国舰队与一支西班牙舰队会合了。西班牙舰队中有两艘巨大的112门炮战船，但在英国人的反击中，这两艘船都被击中起火。吉凯尔后来写道：“熊熊大火燃至天际，照亮了整个海峡，

N
W
E
S
北美洲
美国
密西西比河
莫比尔
加尔维斯顿
新奥尔良
卡特里娜飓风
（2005年）
“深水地平线”平台泄油事故
（2010年）
佛罗里达
佛罗里达洋流
墨西哥湾
拿骚
北回归线
墨西哥
哈瓦那
古巴
尤卡坦海峡
尤卡坦半岛
墨西哥城
韦拉克鲁斯
坎佩切
牙买加
开曼海沟
伯利兹
危地马拉
洪都拉斯
萨尔瓦多
尼加拉瓜
哥斯达黎加
巴拿马运河
巴拿马城
巴拿马
太平洋
图例
城市/港口
冷风
飓风线路
洋流
军港（18世纪）
主要海盗窝点（17—18世纪）
海战发生地
奴隶起义
飓风
泄油事故

# 加勒比海与墨西哥湾

加勒比海是世界上最大的海域之一，是北大西洋的延伸部，一半面积被陆地环绕。一串排成月牙形状的岛屿将加勒比海与大西洋隔开，这串岛屿被称作西印度群岛。墨西哥湾是一处海盆，通过尤卡坦海峡与加勒比海相连。两个地方终年都刮东北信风，而且每年都会遭受飓风的袭击。加勒比海的海床上有两条深深的海沟，这也是该地区会发生地震与海啸的原因。

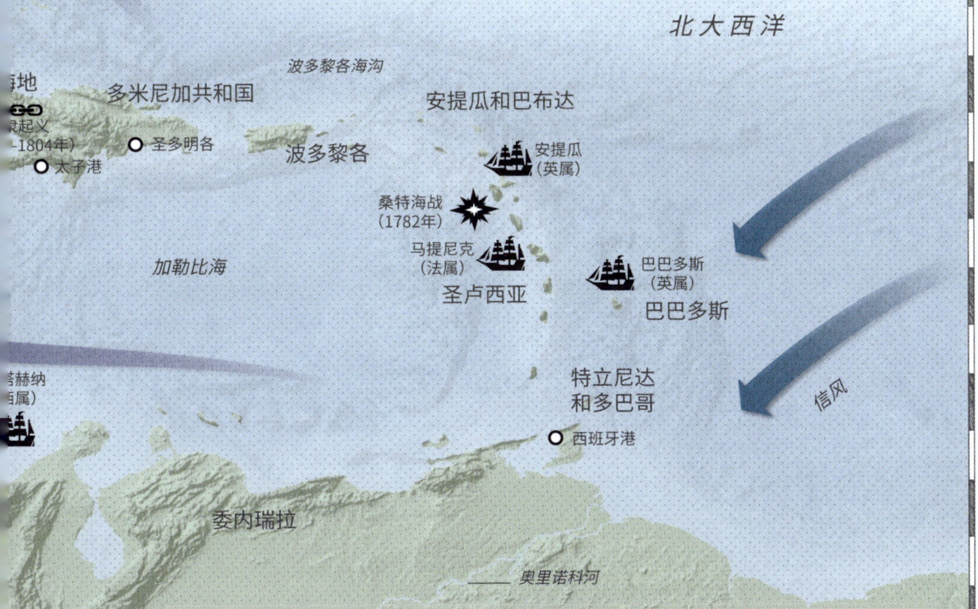


## 加勒比海盗

对海盗们来说，在17与18世纪往返于加勒比地区与欧洲之间的贸易船是不错的打劫目标。在这一时期，该地区因为海盗们的恶行而变得臭名昭著。不过，有的城镇，例如牙买加的罗亚尔港，就是因为海盗可以在当地自由交易抢掠来的货物而变得非常繁荣舰队清晰地映在火光之中，场面十分骇人。”这两艘西班牙船上先是传出了令人毛骨悚然的惨叫声，紧接着就爆炸了，2 000人葬身鱼腹。

1802年3月签署的《亚眠和约》给法国与欧洲其他势力间无休止的战事画上了句号。不过，仅仅在一年后，英法两国便再次开战，和平的愿望幻灭了。拿破仑·波拿巴，这个在革命中攫取了权力的将军，不断巩固自己的实力，并在1804年称帝。为了准备入侵英国，他向法国北部海岸调遣了一支陆军。想要把军队运到对岸的英国，就必须用海军控制英吉利海峡。拿破仑在1805年想出了一条计策：用威胁英国在西印度群岛殖民地的办法，诱骗英国舰队离开欧洲海域。

这时的吉凯尔已经升任少尉，在“无畏号”上服役。这艘船停在法国设在土伦的地中海军港，那里已经被纳尔逊率领的英军封锁。1805年3月，在海军上将维尔纳夫的指挥下，“无畏号”和另外11艘法国船成功地溜出了包围圈，开往西印度群岛。纳尔逊起航追赶，但在一开始走错了方向。维尔纳夫的舰队和六艘西班牙风帆战列舰一起抵达了法国在西印度群岛上的殖民地马提尼克（法西两国在1804年结盟），比纳尔逊快了一个月。在成功引诱英国海军元帅上钩后，法西联合舰队又开回了欧洲。纳尔逊派出一艘巡防舰回国通报，而这条船在大西洋中间看见了维尔纳夫的舰队。一支英国舰队被火速组建了起来，它于7月22日在布列塔尼的菲尼斯特雷角遭遇了维尔纳夫的舰队。在一场拖沓的战斗之后，英国人俘虏了两艘西班牙船。不过，这场战斗具有重要的战略意义，因为它迫使维尔纳夫开往西班牙的港口，而非英吉利海峡。拿破仑在8月份放弃了入侵英格兰的计划，把陆军从布伦撤了回来。

到1805年9月，海军上将维尔纳夫带着一支庞大的舰队驻扎在加的斯。这支舰队中有33艘法国与西班牙的风帆战列舰，而且沿途还不断有船只加入。纳尔逊受命带领舰队包围法西联军，他于当月晚些时候抵达了加的斯外围。联军并不认为自己能够与纳尔逊的舰队抗衡。他们知道对方炮手更有准头——正像吉凯尔所写的那样，在加农炮互射的时候，“我们遭受的损失总是要比英国人高出一大截”。因为曾在1798年的尼罗河之战与1801年的哥本哈根战役中获胜，纳尔逊非常自信，而且知晓敌人的弱点。他的船员在海上漂泊多年，经验丰富，而法西联合舰队多数时间都被封锁在了港口内。虽然许多英国水手是被迫从军，但他们的士气很高，因为他们拥有纳尔逊这样一位颇具感召力的领袖。

拿破仑逼着维尔纳夫迎敌。由于感觉到再待在港内就会被撤职，维尔纳夫在10月18日准备驶出加的斯进入地中海。在轻风中缓慢地追逐了三天之后，双方终于在西班牙海岸的特拉法尔加角打响了战斗。法西联合舰队排出了战列线，迎战纳尔逊，但船员的经验严重不足——在战列线的某些地方，两艘或三艘船紧紧地贴在一起，而其他地方又露出了大片空隙。纳尔逊手下只有27艘战列舰，而维尔纳夫有33艘，不过纳尔逊将船排成两条纵队，以这种阵型冲击敌阵。他的想法是将全部火力集中在一个区域，突破敌军的战列线，在局部获得数量上的优势。以纵队进攻，就等于在长长的接敌路线上把舷侧暴露出来。如果敌方有足够的火力，这种作战方式的风险就很大，但纳尔逊知道敌人做不到这一点。

10月21日，由海军中将卡思伯特·科林伍德（Cuthbert Collingwood）率领的一列英国战船纵队冲进了法西舰队战列线的后方部队。每艘英国船都承受着极大的火炮压力，一直坚持到完全穿过战列线，这之后便转

**战列线**

这幅特拉法尔加作战方案图画出了船只的阵型。纳尔逊大胆采用了“突破战线”的战法，冲破了法西联军的防线

身攻击落单的法国或西班牙船只。纳尔逊坐在“胜利号”上，带领着另一列纵队，穿过了联军战列线的中央部，直接与维尔纳夫的旗舰“布森陶尔号”交火。“敬畏号”的船长让–雅克·卢卡斯赶来援助维尔纳夫。由于意识到自己人开炮的准头不佳，卢卡斯之前便训练船员使用火枪，结果这给他带来了一个意想不到的战果：从“敬畏号”帆装上射出的一枪打中了纳尔逊，子弹击中了他的肩膀，穿过肺部，停在了脊柱上。纳尔逊因重伤被人抬下甲板，但战斗还在继续。

吉凯尔所在的“无畏号”靠近联军战列线的前部，由海军中将皮埃尔·迪马努瓦（Pierre Dumanoir）统一指挥。迪马努瓦没有返回战列线中部和后部参战，而是继续航行在自己的航线上——这一决定后来让他背上了临阵脱逃的罪名。不过“无畏号”的船长，粗鲁莽撞、口齿不清的路易·安费尔内（Louis Infernet），却“对自己的职责另有想法”。他自己主动将船驶向混乱的战场。吉凯尔站在艏楼，看到74门炮的“敬畏号”渐渐不敌“胜利号”，“但仍凭借极大的勇气抵抗，发动登船进攻，几乎就要拿下纳尔逊的船了”。他写道：“英国人在每一处都有数量优势……他们能够借助风力前往任何地方，出现在任何需要的位置上……”与此同时，在“胜利号”的甲板下面，纳尔逊已经奄奄一息了。由于肺出血，他艰难地吞咽着空气，但仍在询问战况。此时，在炮术上更胜一筹的英国人正在逐渐消灭法西联合舰队。

透过硝烟弥漫的混乱战场，吉凯尔发现了一个打击敌人的机会，他知道自己的船长肯定会对此感兴趣。英国船HMS“猎户座号”即将掠过他们的船首，向他们开炮。吉凯尔觉得，只要能撞向敌船并趁机登

**纳尔逊使用的信号旗**

这张表格记录了纳尔逊在1805年特拉法尔加海战中使用的信号旗

# 上下都有炮火……根本不要提什么口令：所有命令都靠信号旗传达。

——一名参加了特拉法尔加海战中的英国水兵军官

船，就有可能扭转劣势。他派出一名准尉向船长提出建议，然后便准备好自己的夺船队伍，心想能俘获一条英国船。但命令迟迟没有下达。坐不住的吉凯尔决定亲自报告船长，结果却在途中发现那名准尉正卧倒在甲板上——另一艘英国船HMS“不列颠尼亚号”正从旁边驶过，炮击把那名准尉吓得不敢动弹。吉凯尔给了那人一脚，紧接着看见船长安费尔内拔出剑气势汹汹地逼了过来。“你想砍我的头吗，船长？”吉凯尔问道。“当然不是你，我的朋友，”安费尔内答道，“可我要砍下第一个劝我投降的人的脑袋。”登上敌舰白刃搏斗的机会错过了，“猎户座号”舷炮齐射，发出致命一击，然后驶过了“无畏号”的船头，而“不列颠尼亚号”的炮火也从侧面蹂躏着这条法国船。

吉凯尔幸运地躲过了一劫。他这样描述“无畏号”上的情形：“……我们的炮不能用了，尸体和将死之人堆满了炮架。”在联军舰队多数投降的情况下，“无畏号”也放弃了。吉凯尔写道：“不可能再坚持抵抗……我们的旗降了下来……那是唯一一面还在飘扬的旗帜。”

英国人俘虏了19艘法国与西班牙船，击沉一艘。但更令人痛苦的事情还在后面。战斗结束后，海上刮起了风暴，撕扯着那些已经受损的船只。“无畏号”桅杆折断，有沉没的危险。人们顺着炮口把伤员转移到安全的地方，最后船上只剩下了吉凯尔和另外两名水手。吉凯尔在船只沉没的时候弃船，被老敌人“猎户座号”搭救了起来。风暴过后，被俘的19艘船只剩下了4艘。

对英国人来说，特拉法尔加海战是一次重大的胜利，粉碎了拿破仑的海洋战略，确定了英国在海上的统治地位。拿破仑政权在1815年倒台，欧洲迎来了相对和平的一个时期。吉凯尔留在了军中，为复辟的王朝服务。

# 确定经度

到18世纪，水手早已知晓如何判断纬度，办法就是测量正午太阳与地平线之间的夹角。但如何确定经度（东西方向上的距离）还是一个问题，因为这涉及计时装置的使用，而这种装置必须保证在海上能长期可靠——这样一种钟直到1736年才被发明出来。它被称作“海钟”，即人们所说的“H1”，发明者是约翰·哈里森（John Harrison）。

### 约翰·哈里森

英国经度委员会办公室悬赏两万英镑，寻找能够准确测算经度的人。约克郡出生的木匠约翰·哈里森挺身而出，在1736年呈上了他的H1海钟。他总共设计了四款类似的钟表，这是其中的第一款。在前往里斯本的测试航行中，它只有几秒钟的误差。他设计的最终版本（H4）是一块怀表大小的装置，可以保证测量误差在1海里[1]之内

1 1海里=1.852千米。——编者注

约翰·哈里森（1693—1776）

**海钟（H1）**

英国，1736年

H1是在1730—1735年制造的，重34千克。与传统的计时装置不同，它是靠弹簧来控制和平衡的。因此，它不用像摆钟那样受重力方向的影响

## 计算经度

确定经度的关键在于计算当地时间的正午（正午指太阳处在最高点），然后用设定为格林尼治标准时间（GMT）的经度仪查看时间。举例来说，如果精密计时器显示是下午两点，那么船（见下图）一定是在本初子午线以西30度的位置，因为地球是圆的，而正午的太阳每小时就要走过15个经度。如果时间是上午10点，那么船一定在东经30度。

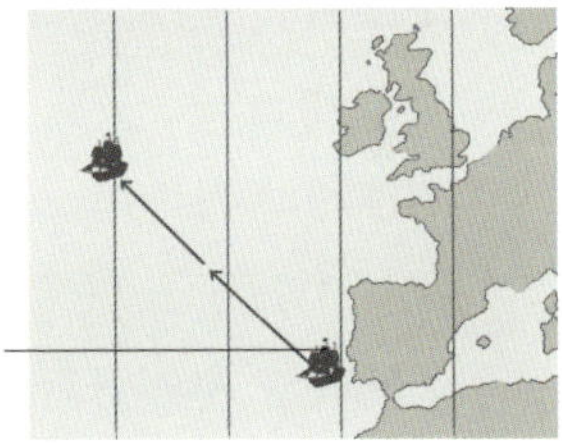


### 确定当地正午

通过测量太阳在天空中的移动轨迹与地平线间的角度，领航员就可以确定当地正午。当夹角变小时，说明正午已经过去了

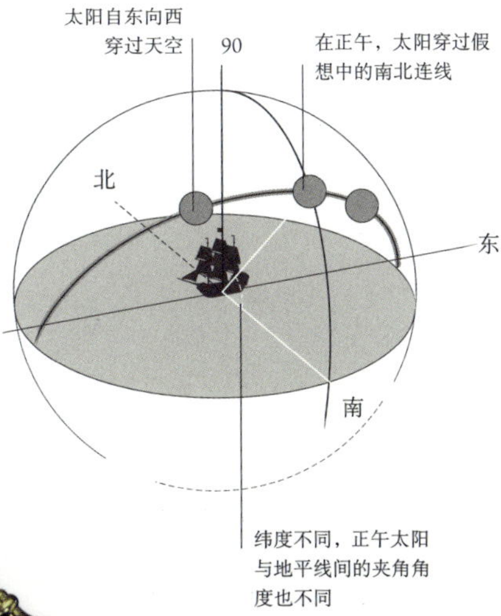

# 北极的杀戮

1811年6月15日，英国惠特比镇的捕鲸船“决心号”在北极冰层边缘度过了忙碌的一天。捕鲸人之前刚刚屠宰了一只鲸鱼，突然又发现有只未断奶的幼鲸从海面上接近小艇。从这样的幼鲸身上取不到多少鲸脂，不过船员们知道，它的母亲会竭尽全力保护幼崽，于是他们便用鲸叉扎中了它。不出意料，伤心的母鲸不肯放弃它的孩子，绕着船直打转。船长威廉·斯科斯比（William Scoresby）这样描述道：“它发狂地游窜着，经常突然停下，然后又折返回来，看来失去幼崽让它陷入了极大的痛苦……”头一条艇上的捕鲸人用活着的幼鲸当作饵，另外五条艇则捕猎它的母亲，而母鲸却毫无畏惧地接近他们。鱼叉手两次掷出鲸叉，但都失败了。鲸叉在第三次投出时击中了目标。很快，母鲸身上便扎满了鲸叉。这条母鲸坚持了一个小时才死去，幼鲸也被杀掉了。斯科斯比写道，母鲸是条“非常值钱的鱼”，但幼鲸身上的鲸脂仅有3英寸[1]或4英寸厚，剩下的用处便是头骨上的一块骨头，可以用来做助听器。

21岁的斯科斯比船长从“决心号”的瞭望台上目睹了这一切。他是个虔诚的教徒，连在安息日进行“世俗且充满虚荣”的交谈也会产生负罪感，但当手下在6月16日周日[2]进行“割脂”作业，也就是剥掉鲸鱼的肉时，他却没有反对。此人还是一名成长中的科学家，冬天的时候，他都会去爱丁堡大学进修。无论是宗教还是科学，都没能让他把捕鲸看成是一件残忍的事情。不过，两年之后，当手下重施故技想捕捉一头母鲸和它的幼崽却没能成功的时候，他却不知道“是该高兴还是该懊恼”——这或许意味着他那嗜血的心中掀起了些许同情。

1 000多年来，人类一直在为一己之私捕杀鲸鱼。到了12世纪，巴斯克捕鲸人持续猎杀比斯开脊美鲸（即北大西洋露脊鲸）。在追逐鲸鱼的过程中，他们会去到很远的地方，在16世纪抵达了纽芬兰。荷兰捕

1 1英寸=2.54厘米。——编者注

2 犹太教中的安息日就是周日。按照教义，这一天不应工作。——译者注

鲸者从17世纪开始在格陵兰海捕猎，很快巴斯克人、丹麦人、德国人和英国人都跟来了。从18世纪起，美国捕鲸者会为了抹香鲸在南大西洋和太平洋长途跋涉。鲸油的价值很高，尤其适合做灯油。到了19世纪，英国的纺织产业飞速发展，由于纺线工作需要先处理羊毛，鲸油又变得必不可少起来。格陵兰鲸，或称弓头鲸，尤为昂贵。由于生活在北极冰层边缘刺骨的冷水里，这种鲸鱼的脂肪可厚达50厘米。鲸脂是猎手们的主要目标，不过鲸鱼嘴里的300多片鲸须板也有用处——鲸鱼的这种过滤进食器官韧性好，弹性大，可以用来做紧身衣。

1813年，66艘英国船前往格陵兰西面的戴维斯海峡，还有73条船前往格陵兰海，其中7条就来自斯科斯比的家乡的港口惠特比。斯科斯比指挥着一条新船——350吨的“埃斯科号”，专门可以用来应对北极的冰层。斯科斯比写道，船长室“装潢得非常精致”，用了惠特比最好的木匠。这艘船配备了六只小艇，用来追赶鲸鱼。艇上的成员包括一名鱼叉手、一名舵手和一名调整连接鲸叉绳子的理线员。此外再算上医生、木匠、军械师和厨子，大捕鲸船上总共需要16名技术海员。在捕鲸季节，捕鲸人可以不被皇家海军抓壮丁。但不管怎么说，在拿破仑战争期间，有经验的老手是很难躲过去的。“埃斯科号”前往设得兰，在那招募了更多的人手，但即便这样，船上的人还是略显青涩。其中的六人只不过是12—16岁的孩子，没见过什么阵仗。

**威廉·斯科斯比的画作，绘于1820年**
一只鲸鱼将鱼叉艇抛向空中。虽然这种戏剧化的场面并不存在，但捕鲸人的死亡率是很高的

**冰天雪地**

18世纪50年代的英国捕鲸船。从大船上放下来的小艇在格陵兰外追逐猎物。图中的小艇正穿过浮冰

斯科斯比的新船并不如看上去那般结实。当它向北驶往猎场时，船体开始进水，水泵几乎应付不来。不过在4月17日，他们抵达了北纬79度附近，处在北极冰层边缘，开始准备捕鲸的小艇。他们给每只艇配了两把鲸叉，六条长120寻的绳子，还有六七把桨。两天后，静风中的“埃斯科号”开始漂向冰层。船员们把三只小艇放入海中，去拖大船，但还是不能改变它的航向。斯科斯比抛下了自己设计的船锚，想让船减速，但事实证明也不管用。就在船员们以为再有两个小时就要撞上冰层的时候，一阵微风刮来，把他们从冰层旁边吹开了。

4月22日午夜刚过，船员们便看到了一条鲸鱼。他们放下小艇，在凌晨3点射出了第一支鲸叉。鱼叉手不想打中弓头鲸那又大又厚的头骨，而是选择其他“能发挥设备全力，不会扎不进去”的地方。鲸叉上有倒钩，鲸鱼被刺中后就很难摆脱。当鲸鱼下潜的时候，艇上的船员就把绳子绕在缆桩上，让它减速。摩擦会让绳子发烫冒烟，人们必须往上浇水降温，不然就会着火。船员们会把绳子接在一起，因为鲸鱼会潜到接近800寻的深度——非常深，以至于斯科斯比认为它可能会被水压压伤。在八条绳子的拖拽下，鲸鱼在筋疲力尽之后便会上浮。等到冲出水面的时候，它就已经累得根本游不动了。到了这个阶段，斯科斯比写道：“周围一大片海面都被血染红了，有时连冰、船以及人身上也都是血糊糊的一片。”船员们一片欢腾。

4月24日，躺在自己舱室里的斯科斯比突然听到甲板上有人跑动，然后就有喊叫称：“有人落水！”穿着“厚重防水衣，戴着两双手套”的理线员约翰·多德从后桅帆桁上跌入海中。等到船长来到甲板上的时候，多德已经被落在了船尾后面，沉到了冰海中，从人们的视线里消失了。在天寒地冻的北极，只要数分钟，他就会因低温症死掉。

捕鲸作业仍在继续。5月3日，斯科斯比的船员又遇上了一头母鲸和一头刚出生的幼鲸。在被鲸叉刺中后，这条母鲸并没有像一般的弓头鲸那样下潜很久——护崽的本能让它留在了孩子身边。船员们杀掉了这头母鲸，留下小鲸自生自灭。月末，人们又逮到了两头鲸鱼。每次屠宰之后，船员们都要剥取鲸脂。这是一项费力的工作，而且伴随着恶臭。处理之后的残骸就用绳子挂在船边。鱼叉手在鲸尸上爬上爬下的时候，会穿着带钉的鞋子，好站得更稳当。在“取脂者”——主鱼叉手——的指挥下，人们把鲸肉切成长条，每条可重达半吨，用绞车挂在甲板上。然后再把鲸鱼翻一面，重复之前的工作。像斯科斯比手下这样的格陵兰捕鲸人习惯把鲸肉切成小块，装进木桶里。而南太平洋的捕鲸者就直接在船上把油从肉里煮出来。

之后，他们直到6月7日才看到鲸鱼。瞭望台上的人“高兴地大喊‘鲸鱼，鲸鱼’”。这一次，这条鲸鱼待在浮冰当中一个不好捕捉的地方。鲸叉扎中了这条鲸鱼的背部。它带着鲸叉潜了下去，再浮上来的时候就在冰层边缘。鱼叉手花了好几个小时才再次射中它，当时它正“快速向远游去”。

6月10日，“埃斯科号”被困在了冰上。一条长长的浮冰被风刮到了船停泊的位置，拦住了它退到无冰海域的去路，并把小块的浮冰挤向船体。斯科斯比担心船可能会被挤坏：

> ……在仔细查看了一番之后，承主圣恩，我们大概不必承受最吓人的压力。但如果我们被冻在冰里，那无论什么办法也保住不这条船，这样就只能祈求主，唯有他能够拯救这些最最信赖他的人……

**捕鲸叉**
一旦鲸叉刺进鲸鱼的厚皮，鱼叉手就要一直抓住绳子，直到鲸鱼筋疲力尽

幸运的是，三天之后冰层上出现了裂缝，风也刮了起来，船能够开到一片面积大约是1/4平方英里的开阔水域。船员们移开重达百吨的浮冰的碎块，开出了一条通往大海的小通道。40个人上到冰面，顺着这条通道把“埃斯科号”拖了出来。船进入开阔海域没有多久，浮冰中间的通道便合上了。

在接下来的两周里，他们又杀掉了八头鲸鱼。“主肯定是站在我们一边的。”斯科斯比写道。7月9日，有一次艰难的追猎。当时人们发现有头鲸鱼正在冰窟窿里换气，于是便拖着鱼叉和320米的绳子从冰上跑过去，赶在鲸鱼下潜之前刺中了它。这条鲸鱼跑了10条绳子的距离，在数个不同的冰窟窿里换气后，游到了冰层边缘不动了。第二只鲸叉扎了上去。鲸鱼再次下潜，浮上来的时候冲碎了1英尺厚的冰面。眼见一只鲸叉就要脱落，一名勇敢的水手跳到鲸鱼背上，拔出鲸叉又插了进

**鲸鱼的用途**

这幅1850年前后的石版画，用图案讲解了“捕鲸工作与鲸鱼的用途”

1930—1931年被捕杀的鲸鱼数量

37 000头

去。鲸鱼被杀死了。

到7月22日，尽管木桶还没有装满，但斯科斯比觉得他们“这次航行已经不会再有更多的收获了”。船员们开始准备返航。他们在帆装上吊起了三套鲸鱼颌骨，从两条鲸鱼的尾巴里剥出了鲸脂，清理了甲板然后装好小艇。人们还将船上的火炮准备停当，因为当时英美之间爆发了“1812年战争”，四处劫掠的美国巡防舰也是个危险。不过，“埃斯科号”在返航途中没有遇到什么意外。三周后，这艘船在惠特比下锚。斯科斯比乘舢板上岸，告诉船员的家属，他“要说的只有好消息”——虽然多德淹死了。他看到自己的母亲、姐妹和妻子“身体都好好的，而我们亲爱的孩子也被上帝保佑着”。鲸油的价格这时正值历史高位，每吨可卖50英镑，这次出航挣到了将近10 000英镑——这相当于今天的50多万英镑。斯科斯比一直从事这一行直到1823年，然后加入了教会。他的年收入也随之从800英镑下降到40英镑。

1820年，斯科斯比出版了一本书，名叫“北极记录兼北方捕鲸业历史介绍”。这是一部科普作品，而且经受住了时间的考验。但从长远看，这本书也成了弓头鲸几近灭绝的原因之一。在20世纪初，随着渔炮、蒸汽捕鲸船以及渔业加工船的出现，遭捕杀的鲸鱼数量大增——仅在1930—1931年，就有37 000头鲸鱼被宰杀。在那时，鲸油在经济中的作用已经不像原来一样重要了，它的大部分功能已经被煤、瓦斯、电力与矿油取代。但是，直到20世纪下半叶过去了很长一段时间后，人们才开始爱护鲸鱼，鲸鱼保护才成了一个议题。从1986年起，商业捕鲸被明令禁止，不过还是有一些国家——最明显的有日本、挪威与冰岛——还在继续游说，希望解除捕鲸禁令。

# 蒸汽与移民

1815—1914

在19世纪，金属船体的汽船取代了木质帆船，让远洋贸易与航行改头换面。这种革命是分阶段进行的。第一艘蒸汽轮船是靠桨轮推进的，只能在江河、湖泊以及近海水域航行。不过从19世纪中叶起，靠螺旋桨推进的航海汽船开始普及起来。虽然运茶的飞剪式快船（clipper）为帆船时代的繁荣贡献了最后一分力量，但到了19世纪70年代，在远洋航线上已经极少出现帆船的身影了。借助汽船，世界贸易快速发展——在1850—1913年，贸易额增长为原来的10倍，欧洲的移民数量也出现了飞跃——主要是前往美国。虽然跨洋的奴隶贸易被废止了，但数以万计的人们主动跨过海洋，尤其受益于汽船运输保证了一定的航行时间与安全。到20世纪初，像冠达（Cunard）和白星（White Star）这样的客运公司开设了豪华跨洋班轮服务。他们的船只靠汽轮机提供动力，新问世的无线电报也保证了客轮与陆地间的联系。

蒸汽与钢铁的问世改变了海洋战争。蒸汽动力炮艇成了欧洲帝国主义的标志。1862年美国南北战争期间，第一场汽船海战在弗吉尼亚外海打响，场面显得尴尬笨拙但仍然堪称开创新纪元的事件。在这之后的30年里，所有向往成为海上大国的国家都想拥有一支造价高昂的钢铁蒸汽舰队，而且上面的炮塔还要能发射榴弹。在第一次世界大战爆发前的几年，英国和德国争先恐后地建造战舰，而这场海军军备竞赛又让国际关系进一步恶化。与此同时，随着潜艇的使用，海上作战行动还延伸到了波涛之下的水域，水雷和鱼雷则威胁到了那些在过去统治海面的大炮巨舰。

# 海上之火

1807年8月17日，美国发明家兼工程师罗伯特·富尔顿（Robert Fulton）下定决心，是时候让他的新式实验船“克莱蒙特号”来一场真正的航行了，在纽约哈得孙河里逆流而上开出240千米——纵然“相信这条船每小时能开1英里，或是相信它真的有用的人，在城里可能还不到30个……”“克莱蒙特号”上装有一部小蒸汽机，使用粗糙的侧边桨轮，看上去与其他船只完全不同，因为当时所有的船都靠帆提供动力。看着它吭哧吭哧地在河中行驶的样子，岸上驻足观看的人都惊讶不已。河上还有几条船，看见这头机械怪兽以火引路，乘浪而来，赶忙退到一边。富尔顿写道：

> 第一批汽船……用干燥的松木做燃料，烧起来的时候向外喷出一股烟柱，比烟囱高出许多英尺。每每添柴拨火的时候，都会有一团火星溅出来，在夜晚看起来醒目动人。这种不寻常的光起初引起了其他船上船员的注意……而当这条船驶近，机械与桨片的噪声变得人耳可辨时，其中一些船员……看到这个骇人的景象，又缩到了甲板下面，下船上岸。

虽然“克莱蒙特号”让人惊慌失措，但它的处女航却非常成功。这艘汽船后来的改进版让哈得孙河上的航行变得更为轻松。在纽约发展为全球最大海港的过程中，这一点起到了非常重要的作用。不过，富尔顿并不是唯一一个想到用蒸汽动力推进客船的人。

在大西洋对岸，也就是在苏格兰克莱德湾岸边的海伦斯堡，有一位颇具进取心的土木工程师兼旅店老板，名叫亨利·贝尔（Henry Bell）。此人在1812年造了一条25吨、6马力的汽船“彗星号”，用来接送他在格拉斯哥这座繁荣城市里的客户。“彗星号”在商业上取得了极大的成功，很快便有其他汽船纷纷效仿：俄罗斯的“伊丽莎白号”在1815年被改装成蒸汽动力船，并成功地在圣彼得堡和喀琅施塔得两地间运营；

瑞典在1816年也建造了自己的第一艘汽船“斯德哥尔摩女巫号”；同年，普鲁士造出了他的首条蒸汽船“夏洛特公主号”；1818年，那不勒斯的“费迪南多一世号”成了首只在地中海运营的汽船。

再看美国，摩西·罗杰斯（Moses Rogers），一名擅长驾驶汽船的船长，买下了一条在建的船，并给其加装了蒸汽机和桨轮，同时也加上了帆。这条新改装的船叫SS[1]“萨瓦纳号”，属于一家想要率先推出蒸汽推进船只的财团。可惜“萨瓦纳号”没有什么乘客，财团决定将其卖到欧洲。就这样，这艘船在1819年来了一次历史性的航行，花了29天开到了英国北部的利物浦。一路上它更多是用船帆而非蒸汽机前进——在整个582个小时的航程里，用蒸汽机的时间只有大约100个小时。途中有几艘船看见它笼罩在蒸汽里的样子，还以为这艘船着火了。当它抵达利物浦的时候，数千人蜂拥而至，赶来看这个稀奇的新玩意儿。英国媒体则沮丧地报道称：“美国人已经在我们的天地里击败了我们……伟大的老英格兰，再见了。”不过，乘客还未准备好接受长途的汽船旅行，“萨瓦纳号”也就没卖出去。从那时起，主要推动远洋汽船发展的国家变成了英国，而非美国。

到1825年，仅苏格兰克莱德河一条河上，就行驶着53艘汽船——在欧洲其他的海岸、河口与河流中，还有更多汽船，但还是没有跨越大西洋的载客船只。在英国大西铁路开建的时候，年轻的顾问工程师伊桑巴德·金德姆·布鲁内尔（Isambard Kingdom Brunel）在1835年半开玩笑地提出建议：这条从伦敦到布里斯托的客运线可以向西延伸，用汽船一直通到纽约。铁路公司的董事们采用了他的想法，在布里斯托订购了一条72米长的桨轮汽船，将其命名为“大西号”。其他地方则抱着怀疑

1 SS指的是蒸汽船（Steamship）。——译者注

**机舱车钟**

依靠两部有线电报机，舰桥上的船员向轮机舱下达加速、减速或停车等指令

的态度：爱尔兰的科学作家狄奥尼修斯·拉德纳博士，此人曾在不止一个场合驳斥布鲁内尔，声称，“他们或许还说要把路从纽约通到月亮上”。“大西号”在1837年下水，被带到伦敦泰晤士河试航。不过当它准备返回布里斯托的时候，灾难发生了，轮机长乔治·皮尔涅记下了事故发生的一幕：

> 烟囱区域喷出了火，火苗顺着油点燃了蒸汽柜，整条船可能毁于一旦……在猛吸了一口新鲜空气后，我爬到机器旁边，塞上了进水阀并打开了所有锅炉的龙头……过了一会儿，我们让蒸汽机恢复了工作并开动了手泵，所有人又盖又泵，把火扑灭了。

“大西号”躲过一劫，不过这并不是皮尔涅最后一次应对船上的问题。与此同时，蒸汽船跨洋航行业务还迎来了一名竞争对手。一家财团包下了“天狼星号”汽船，希望这艘原本想要在伦敦和爱尔兰科克之间运营的汽船能在布鲁内尔自己的地盘上击败他。“天狼星号”只有63米长——比“大西号”小很多，而且也慢很多，不过它在1837年3月28日从科克起航，那时布鲁内尔的船还没准备好前往纽约。

听说火灾事故后，40多名“大西号”的乘客取消了预订的船票，到1837年4月7日下午起航时，只有七人登船，其中一人是来自费城的福斯特先生。福斯特注意到，船上的一切都乱七八糟：“……船桁、木板、箱子、木桶、船帆、绳索，都杂乱地堆在一起，分辨不出数目。燃煤需要打扫，行李七零八落；船长的责问声、船副的叫骂声、船员的嚷嚷声混在一起，包围着乘客。所有的人和事都不顺。”第二天上午8点，乘客们

**伊桑巴德·金德姆·布鲁内尔**

布鲁内尔戴着他那标志性的大礼帽。此人是跨大西洋航运的先驱之一，是他设计了“大西号”和“大不列颠号”汽船

**“大西号”**

“大西号”是第一艘专门用来穿越大西洋的汽船。
它使用木质桨轮，船长达到了72米，
但和大西洋上的波涛相比还是相形见绌

就听到了烧锅炉的噪声，但蒸汽过了一个小时才升起来，把长长的锚链拖起来更是两个小时之后的事情了。到了正午，他们终于出发了，福斯特写道：“不管此前如何想象航行的凶险，我想在此时此刻，所有人心中都没有一丝犹豫。”

不过，当船在三天后遇上顶头风时，好心情便无影无踪了。“晕船如影随形，给我们带来了令人窒息的恐惧，”福斯特写道，“‘乘务员’可怕的叫声从数个角落里迸出来，带着最后的一丝绝望……”第二天，也就是4月11日，乘客们惊讶地发现，自己船舱的桌子上出现了一束花。福斯特怀着钦佩之意写道：“没经历过的人很难想象船员们事事热心的程度，虽然这些小事本身可能是微不足道的。”可惜这种愉悦之情没有持续太久。他第二天又写道：“昨夜简直就是在毯子里晃了一晚。挂着的壶子和煎锅叮叮当当，伴着所有可移动的东西舞来跳去，无休无止。”

在甲板下面，轮机舱里的情况并不乐观。司炉工的工作本身非常折腾人，所以他们一般是三班倒工作，但要保证源源不断地产生蒸汽，轮机舱就需要更多人手。4月12日，轮机长把司炉工排成了两班倒，每班八个人。工人并不乐意，但船长让他们“遵守规定，因为这项工种就要求这样”。皮尔涅此前是在伦敦蒸汽机生产商莫兹利公司接受培训的，大概根本没有出海的经验。很快他就患上了“心理抑郁”，而且“急着想要

# 早期汽船

法国物理学家丹尼斯·帕潘（Denis Papin）在1690年率先提出蒸汽动力船只的概念，但直到苏格兰发明家詹姆斯·瓦特的蒸汽机在1763—1765年发展成熟，这一概念才成为现实。在罗伯特·富尔顿的实践下，以蒸汽为驱动力的海运给航海带来了革命：到1807年，一家内河蒸汽船服务企业开始运营。到1838年，跨洋航行可以完全依靠蒸汽动力完成了。

## 汽船的桨轮

**浆轮靠一套由数个活塞杆、连杆、曲轴以及飞轮组成的系统驱动，进行转动，动力完全依靠一台蒸汽机提供**

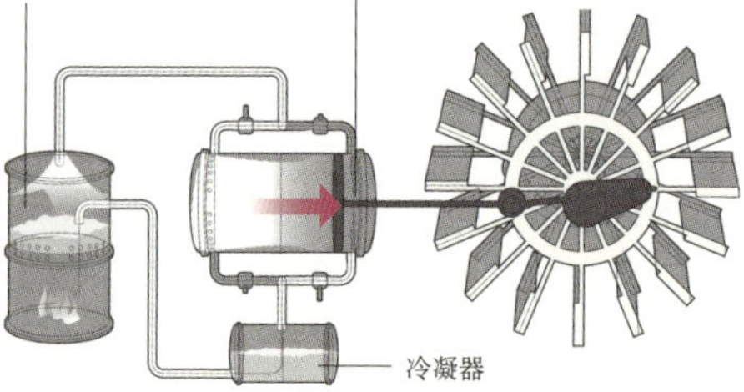


**前进冲程**

蒸汽被吸入气缸，向前推动活塞，把废蒸汽从气缸中推进冷凝器

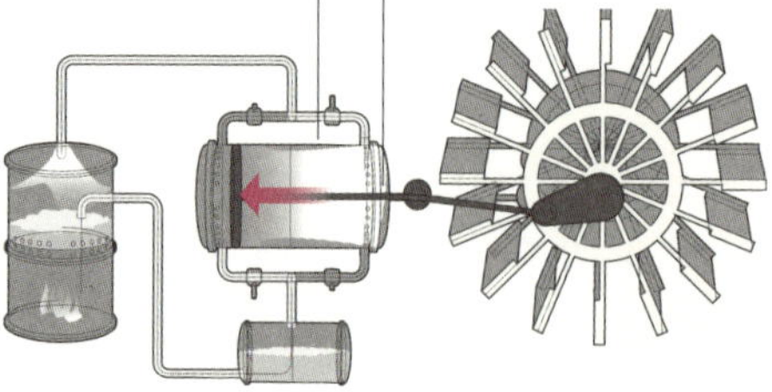


**返回冲程**

蒸汽进入气缸的另一端，向后推动活塞。冷凝器把废蒸汽转化为水，送回锅炉

## 埃里克松的螺旋桨

瑞典出生的工程师约翰·埃里克松（John Ericsson）发明了一种螺旋推进器，这最终取代了桨轮，成了汽船的主要推进方式。他在1837年建造了“弗朗西斯·奥格登号”进行测试，并在两年后用这艘船穿越了大西洋

约翰·埃里克松（1803—1889）

### SS“萨瓦纳号”

美国，1818年下水

由帆船改装的“萨瓦纳号”1819年5月22日从纽约港起航。它是第一艘横渡大西洋的汽船。直到快20年后，蒸汽机的设计进行了改良，定期跨洋航行才成了可能

让引擎和所有人都卖力干活”——虽然在大多数时候他都认为他们“工作得相当完美”。4月17日，为了紧一紧桨轮的螺丝，船停了下来。铅锤被投入水中，测得的水深是25寻，位置在加拿大纽芬兰海岸外的大浅滩。这趟航程即将结束。到这个时候，船中央所有的煤都用尽了，船员们被要求把更多的煤搬到轮机舱。当天晚上，“司炉工又发了一大通牢骚，称他们自己累得要干不动了”，皮尔涅也“没法让他们继续工作”。

现在，福斯特先生开始享受起这趟新奇的航行了。“昨天一昼夜让我们多少有机会能测试下蒸汽动力对抗恶劣天气的能耐了。大风迎面吹来……我们的船毫不畏缩。虽然起伏摇摆……但它还是能轻松移动，而且能不受影响地前进。”第二天，有群鼠海豚向船游过来，但它们一靠近桨轮就被乱溅的水花吓跑了。天气还是变幻无常。4月21日，一场暴风雪刮来，给船上带来了5厘米厚的积雪。为了打发烦闷的航行时间，乘客们打起了雪仗。

尽管有帆协助航行，甲板下面的皮尔涅还是担心燃料短缺。他让前锅炉和后锅炉轮流运行，好节省燃煤。4月22日，他们抵达了纽约。船员们放下了锚。第二天早上，一艘多桅纵帆船（schooner）靠了过来，上面的领航员登上了汽船。中午的时候，“陆地上的喊声传到了船上，人们纷纷冲到艉楼、帆装、艏楼这些船只的最高点上”。到下午3点，船通过了纽约港入口的狭窄航道，一座要塞鸣炮致意；不过等待他们的是深深的失望。福斯特写道：“在靠近这座城市时，引起我们注意的第一件东西就是‘天狼星号’。它停在北河上，和来往的汽船愉快地待在一起。它的甲板上、桨轮壳上、帆装上、高高的桅顶上，挤满了好奇的旁观者。”

“天狼星号”提前一天到达，夺走了汽船首次横越大西洋的桂冠。

“大西号”往返大西洋的次数

**45次**

“天狼星号”往返大西洋的次数

**2次**

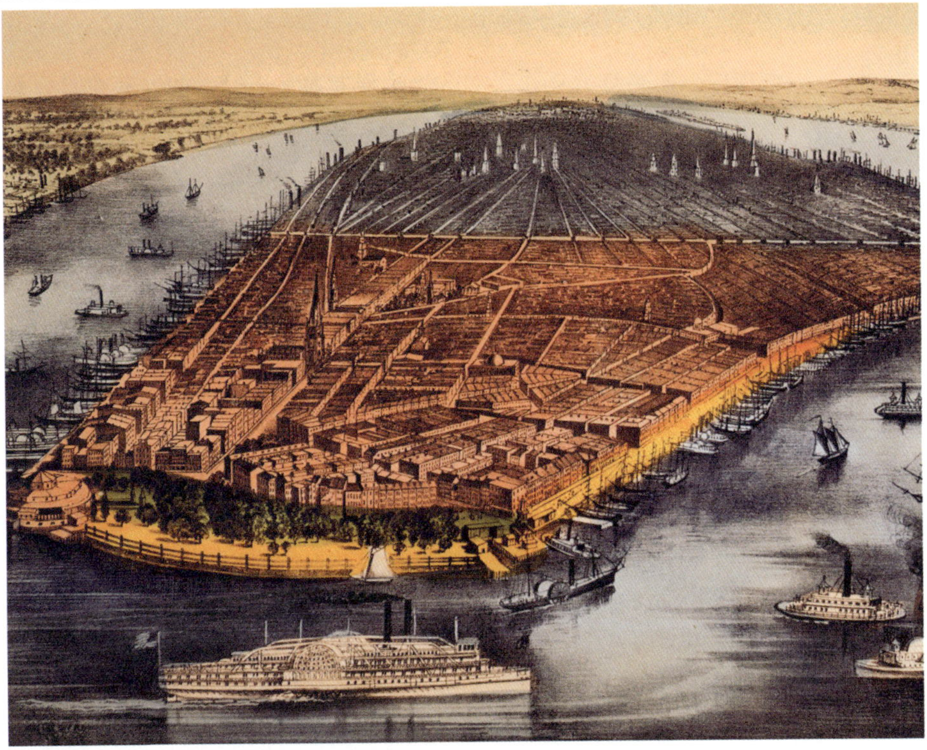

**纽约港**

在技术成熟的年代，纽约港中满是往来穿梭的汽船。
下曼哈顿区的河畔几乎全被配套的码头占据

这对“大西号”来说还不是最糟的。轮机长乔治·皮尔涅，这次航行的幕后英雄，在监督锅炉排气时被严重烫伤。虽然叫来了医生，但皮尔涅还是没能撑上多长时间，或许是压力和“热烘烘”的轮机舱已经让他耗尽了精力。尽管在这次比赛中屈居第二，但也可以说“大西号”完成了一次成功的航行。它开得更快——用了14天而不是18天半——而且虽然皮尔涅担心不已，但它的煤仓里还剩下了155吨煤，而且整艘船状态良好。它是专门为这次航行设计的，而不像“天狼星号”，是为了这次航行改装的。另外，它往返大西洋两岸的次数是对手的20倍。预订了“大西号”返程船票的韦伯上校就说，“天狼星号”这艘船“被绝大多数人看作搅局者，它被包下的目的就是要从正人君子那里攫取荣誉”。真正指明未来汽船发展方向的还是“大西号”。

布鲁内尔与合作伙伴已经在为今后做打算了。1843年，“大不列颠号”亮相了。这艘船要大得多——之前从未有更大的船——而且以铁为建造材料，配置了新开发出来的螺旋桨，而不是桨轮。不过，由于担心会沉没，乘客并不信任用铁做的远洋船只。“大不列颠号”没有拉到多少到纽约的乘客。这一切直到它的第五次航行才有所改观，当时有180名乘客搭乘这艘船。不过在1846年的这次航行中，它由于“判断严重失误”，在爱尔兰海岸触礁了。这让乘客们极度惊慌，其中一人后来回忆起甲板上的混乱场面：“男人和女人一哄而出，女人们刚才还躺在船铺上，更有女人扑在陌生人的怀抱里。我们都站不住脚。嗨，我说不出那晚有多遭罪。”虽然乘客们全部获救，但这艘船被卖掉了，在维修过后承担了新任务——向澳大利亚运送移民。

在“大西号”证明了用汽船跨洋航行完全可行后，新斯科舍出生的航运大亨塞缪尔·肯纳德（Samuel Cunard）开辟了另一种业务。他搬到了英国，没有把钱投在一艘大船上，而是用四艘中等大小的船只，在英国和北美之间开设了跨洋邮政服务。四艘船中的第一艘“不列颠尼亚号”，标志着定期跨洋客运与货运服务的开端。尽管提供了餐厅，票价中也包含了葡萄酒、烈酒以及食物的费用，这条早期跨洋航线也远称

**桨轮机舱**

随着汽船的体积越来越大，它们的轮机舱也占据了相当大的比例。这张1859年的图片表现了轮机舱的庞大，图中左面的两人可以作为对比

**“不列颠尼亚号”**
图中是塞缪尔·肯纳德的“不列颠尼亚号”。它是四艘跨大西洋邮轮中的头一艘。它首次横渡大西洋时花了12天10小时

不上舒适——正如1842年坐船前往美国的查尔斯·狄更斯所发现的那样：“……巨浪冲击着它，噪声就像百门大炮齐鸣……它停下来，晃动两下，发起抖来，就好像是被敲晕了一般……每条船板都在呻吟，每颗钉子都在尖叫，大洋中的每一颗水滴都在咆哮。”不管怎么说，在技术上持保守态度的肯纳德，在商业领域要比布鲁内尔成功得多。他的汽船逐渐让世界各处的航海客运改变了模样。

# 到美国去

到了19世纪，虽然走海路移民已不再是什么新概念，但此前欧洲向美国移民的规模从没有这个时期这样庞大。19世纪50年代是英国与爱尔兰向外移民的高峰10年，有近170万人出走，其中100万人前往美国，大约50万人去往加拿大，剩下的则主要奔向澳大利亚。欧洲其他国家的移民潮接踵而至。在1871—1905年，250万德国人和超过50万意大利人移民美国；从1892年起，许多移民都是经由纽约爱丽丝岛上那个知名的移民检查站进入美国的。

数量庞大的普通人之所以能忍受漫长而疲劳的旅行，其原因多种多样——有人是出于好奇，有人是想干番事业，有的则仅仅是因为极度贫困。很多人是想开始一段新生活。有些人几乎负担不起旅途费用，一路上只能待在最恶劣的环境中，在1845—1852年的爱尔兰大饥荒时期更是如此。在马铃薯晚疫病暴发后，饥荒与疾病在爱尔兰肆虐：据信有100万人死亡，同样数目的人移民海外。有些人的移民费用由地主支付，而其他人只能东拼西凑，自行缴纳旅费。有的时候，登上船的旅客会发现，自己的处境比留下的人更糟糕。

爱尔兰移民罗伯特·怀特很幸运，他有足够的钱在去美国的船上买下一张带舱位的船票。大多数移民要忍受"统舱"里恶劣的环境（那是最便宜的舱位，之所以这么叫，是因为它早先位于靠近船舵的位置）——但就算是怀特的行程，也很难称得上豪华。和其他人一样，他也要忍受艰苦的条件。1847年5月30日，怀特提到，他"最后一次踏在"故乡的土地上，一条小船把他带上一艘双桅横帆船（brig），由这艘船把他载过宽阔的大西洋。他被带到舱室中，与高级船员们共同起居："那里有大约10平方英尺，舱顶很低，船长只有站到天窗下面才能直起腰来……天花板上贴着许多海图……一只郁郁寡欢的金丝雀待在生锈的鸟笼里，鸟笼被吊在天窗中央充当装饰。"在见到船长时——一个头发斑白、不善交际的男人——怀特感到"不得不对这位粗鄙水

爱尔兰裔美国人的移民路线

手身上散发出的男子汉气概肃然起敬”。他还见过了船长的妻子，就是众人口中的“女主人”——她有一张“和善”的面庞，戴着一副银框眼镜，还有一副好心肠，正好与她那粗暴的丈夫搭配在一起。水手们拉起了锚，解开中帆。船开始缓缓滑出都柏林湾，乘着南风进入北海峡。当天晚上，当船驶在靠近贝尔法斯特南边莫恩山脉的水域时，在甲板上靠着麻布袋歇息的怀特突然听到一声呻吟。

他记录道：“我跳起身来，迷惑地寻找这通怪声的来源……啊！角落里蜷缩着一个人……”按照怀特的记载，这个人不是乘客，“船副立刻认

### 前往爱丽丝岛的移民

1906年，前往美国的移民挤在SS“帕特里夏号”的甲板上。这原本是一条往来于汉堡和美国之间的客船。第二年，爱丽丝岛上的检查站迎来了超过100万移民。4月17日，检查站创下了单日接待人数的最高纪录——11 747人

出，他是个‘偷渡客’，抓住他摇晃了一番，让他站直身子。船副命令他爬上梯子，还往这个可怜的人身上踹了一脚，让他赶紧向上爬”。这个衣衫褴褛的人承认，自己已经藏了三天。他被带到狂怒的船长面前，由船长来决定他的命运：“……船长没怎么考虑，便做出决定，要把此人扔下大海。这个倒霉蛋在盛怒的船长面前显得格外狼狈，拼命祈求宽恕。”最后船长心软下来，决定把这名偷渡客放到他们接下来将经过的第一片陆地上。大概是出于两害相权取其轻的心理，这个不幸的偷渡者对这个判决表示满意。为了搜索更多的偷渡者，船员们把乘客们集中到甲板上点名。这时候，怀特被这些人的境遇吓到了：“我从未见过这番景象，五花八门的乘客挤在一起，各个年龄段的都有，从婴孩到孱弱的老翁和羸弱的老妪……一个老头已经衰弱得不行了，在我看来也就是还剩一口气。”

对110名乘客加船员来说，食物的供应是件大事。最初，人们可以一次拿到一周的口粮，有“肉或面包”，可是极度饥饿的移民把到手的食品“挥霍一空，不为后来做准备”。于是船长决定改为每天发放食物。乘客们必须自己在甲板上烹饪，用的都是最简陋的工具：

> 在乘客用的火炉前，就在前甲板两侧，排着一望无际的队伍。有时队伍里会传出嬉闹的噪声，其他时候则是争吵……从早到晚，炉子旁都围着一组组的男人、女人和孩子；一些人用各式各样的容器煮燕麦粥，其他人则用不知从哪找来的煎锅烤蛋糕。这些蛋糕一般有2英寸厚，烤的时候外面结成烧糊冒烟的硬壳，里面实际上还是生的。

船员们的伙食倒是非常好：“每天保证供应1—2磅的牛肉或猪肉，还有咖啡，饼干管够。不过这是条禁酒的船，没有烈酒，他们喝的是酸橙汁。”

一名乘客被任命为“代表”，职责就是“监督船舱保持整洁，禁止人们在甲板下吸烟，调解纠纷，等等”。这位代表很快汇报称有两名女子染上了斑疹伤寒。这是一种由虱子传播的疾病，患者会出现高烧症状，可以致命。由于船上没有医生，只好由船长妻子这个外行护士上阵，照料染病的女子；她给出的药方就是面糊加上几滴鸦片酊。怀特

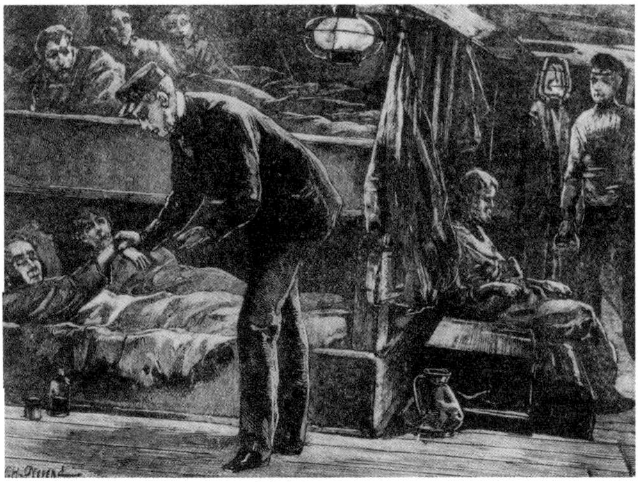

**斑疹伤寒患者**

许多船只能提供非常有限的食物、净水与起居空间，这导致疾病传染得很快。1847年的斑疹伤寒疫情就是由大规模移民引起的。移民们乘坐着拥挤、不干净的船只，也就是所谓的“棺材船”

很担心这种“传染性的发烧……没有药，没有医疗技术，甚至没有干净的水来缓解患者的极度口渴，这怎么能控制住疫情呢？我们的前景真是非常糟糕，除了祈求上帝的怜悯，我们真是毫无办法”。当看到有条鲨鱼尾随船只，明显是希望船上能抛下死者的尸体时，他更加沮丧了。这条鲨鱼并没有等太长时间。“早餐的时候，我向船副追问昨天那位病重的年轻女子的情况。当得知她已经病故且当我说到她的葬礼可能引起恐慌时，我发现这令人悲痛的不幸事件已经结束了。在咽气后不到一小时，她那被鲨鱼啃噬过的残肢就已经被交付给了深深的大海。”

没过多久，船上就出现了总共20例斑疹伤寒病患，也有船员被传染，而且患者的数量逐日增加：“一个小孩正在和同伴嬉闹，突然就倒了下去，昏迷了一段时间，像死了一样。她醒过来后开始号啕大哭，一边抽搐一边打滚。一个可怜的女人，就在替丈夫烧水的时候也摔倒下去，不省人事，被抬回了自己的铺位。”

怀特描述了这种疾病的可怕症状：

……最初的症状一般是头晕，然后是胀痛，就好像脑袋要炸开一般。接下来骨头会出现难以忍受的疼痛，跟着从脚开始出现四肢肿胀。在某些病人身上，肿胀会遍及全身，然后在肿到脖子部位的时候消退。病症各个时期的持续时间因人而异，有些人会全身起满黄色的水疙瘩，其他人则是先出现红紫色的斑点，然后变成溃烂的疮疡。

由于疫病肆虐，美国发布了一道禁止入境令，不许任何移民船只停靠美国海岸。这艘已经抵达了美国的帆船只好开往加拿大。到能看见诺尔斯角的时候，船上已经有50人病倒了——几乎是船上乘员的一半。尽管如此，怀特记录道，乘客们“在看到陆地时表现得非常喜悦，认为他们抵达了目的地，丝毫不知道还有广阔的海湾与漫长的河道要走”。7月15日，一个婴儿降生在甲板上，就连硬汉船长都体现出温柔的一面：“……浮现在这个小生命脸上的笑容软化了他的心。他温柔地抚摸着这个婴儿，就像对待自己那只金丝雀一般。”虽然陆地近在眼前，但乘客们的苦难还未结束。这艘船经常因为无风而停船，或者被逆风往回吹去。7月17日，一场可怕的风暴袭来：

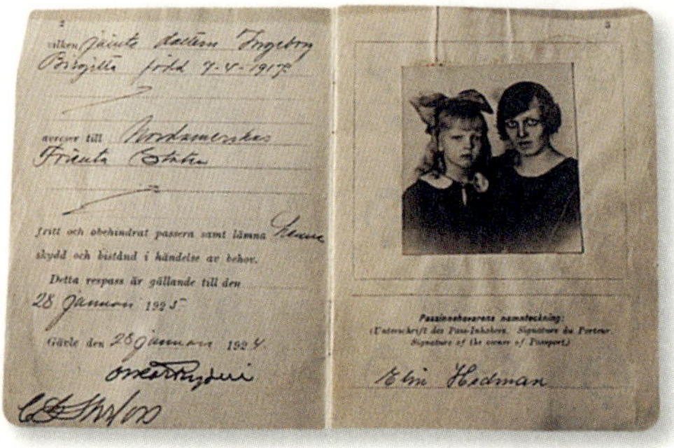


**入境签证**

图片右侧是一名瑞典女孩和她的母亲。这样的乘客在进入美国时会获得一张签证，批准他们在此地不受限制地停留一年

> ……刮起了一阵猛烈的大风，水面掀起巨浪，无情地将我们抛来抛去……怒吼的风和着无休止的巨大雷鸣，闪电在天空中擦出一道道亮痕，大雨滂沱而至……在风雨雷电的强烈冲击下，病人们无法得到照料。在一切都平静下来之后，人们发现一名女子死在了自己的铺位上……

7月18日，当地一名引水员[1]登上船。筋疲力尽的乘客看到了自己新家园的第一个人，“一个呆头呆脑的大个子，加拿大人，说一口吓人

1 船长在遇到不熟悉的海港、河口、峡湾时，会寻找熟悉当地地形的人帮助领航。——译者注

的土话和糟糕的英语”。7月27日，在航行了9个多星期之后，这艘船终于泊在了魁北克格罗斯岛外，在忙碌的检疫站旁下了锚。不过那里还停着许多别的船，复杂的检疫手续延长了下船的时间，而病患和奄奄一息的人也没有得到治疗。怀特写道：“这些可怜的乘客还盼着能得到全面审查，他们穿上了自己最好的衣服，打扮得干干净净，虽然身体又憔悴又虚弱。可是结果令他们大失所望……”

7月29日，两名加拿大牧师上到船上，为两名将死的乘客做了临终祈祷，给新生婴儿做了施洗。虽然乘客们的确遭了罪，但这艘船相对其他船只的清洁程度还是让两名牧师感到满意：“有的船的船舱……秽物堆得可以淹到脚踝。悲惨的移民像牲口一样挤在一起，尸体也长时间没人去管。”本来现在可以从河中取水，补充他们缺乏的淡水了，然而河水又被其他船上的“废弃物”污染了。7月30日，船长向移民们保证，他们明天就会被带下船，于是人们开始拆掉自己的木头床铺——可是汽船没有出现，乘客们只好挤在一起过夜。最后，到了8月1日，幸存下来的移民可以下船了。一个人在临走的时候说，船长是个“恶魔……但也是名绅士”。

到19世纪70年代，移民们在航行时一般乘坐汽船，这种船虽然还称不上舒适，但至少相对安全了一些，即便是对统舱的乘客来说也是如此。1879年，小说家罗伯特·刘易斯·斯蒂文森就乘坐了汽船。他用有些夸张的口吻描述了船的样子：“一堵舷墙，一条甲板舱室组成的街道，一片由桅杆帆桁组成的森林高高耸立，比教堂还大，而且很快就变成了人口众多的地方市镇。”在1820—1905年，这种船把2 300多万人从英国和欧洲各地运往美国。这是史上规模最大的移民潮。

1840年前移民美国的人口

599 000

1850年前移民美国的人口

1 713 000

# 中国、日本与佩里的探险

19世纪初的日本与中国都是封闭的国家，不与世界其他地方接触，在很大程度上实现自给自足。然而在1839—1860年，与技术更先进的西方海洋大国发生的数次激烈冲突，导致这两个国家被迫开放国际贸易，并与他国建立外交关系。在中国，商人们伙同英国东印度公司——从1600年起，这家公司就获得了王室特许权，垄断了所有英国到远东地区的贸易——开始利用中国人对印度鸦片的需求。随着这种高利润贸易的兴起，对鸦片上瘾的中国人越来越多——英国人是乐于促进贸易量增加的——中国政府试图杜绝这种贸易，先是通过禁止进口，后又查抄并销毁了商人们继续走私进该国的鸦片。英国人提出了抗议，而且以严厉的军事方式进行回应：英国要么攻击中国的港口，要么将其封锁。这就是后来人们所知的第一次鸦片战争。

中国政府最开始并不畏惧英国海军的火炮。拿兼署两江总督的江苏巡抚裕谦的话来说就是，虽然英国船“驰逐于汪洋大海之中，是其所长”，但它们也“笨大，吃水甚深”，这样它们在浅水处就会露出破绽。而且他还认为这些船太依赖重炮。不过，中国人对己方船只优越性的自信却没有得到验证。1841年1月，一支由炮艇和汽船组成的英国部队在珠江穿鼻登陆，并成功占领炮台，杀死清军600人，俘虏100人，自己仅有30人负伤。一名中国巡抚郁郁地汇报道，“夷船厚有尺余，其炮洞安于舱底”，而且“彼之船布篷铁锚，机关便利，行止甚速”。中国的传统木船无法与英国的现代化舰队抗衡，何况后者还有蒸汽动力的炮艇。中国人在海陆都吃了败仗，被迫接受鸦片进口，并将香港割让给英国人。在1856—1860年的第二次鸦片战争中，这种失败再次上演。这给他们那更为避世的邻居日本人敲响了警钟，提醒日本人要提防欧洲海军技术带来的威胁。

在日本，幕府实行了200多年的锁国政策，禁止基督教传教并驱逐了所有外国商人，只剩下荷兰人，幕府允许他们在长崎装卸货物。和中国一样，日本也有悠久的航海传统——使用与中国船类似的船只——但这个国家在科技层面落后西方太多，而且没有能保卫自己的海军。不过它确实颁布了一条法令，表示会炮击任何未经许可就靠近的外国船只。在19世纪30年代，美国对日本产生了兴趣，认为这里可以成为他们捕鲸船的基地，至少也能向遭遇海难的水兵提供避难。更重要的是，这里可以成为对抗英国在中国与新加坡利益的落脚点，尤其是，中国的茶叶贸易对美国船只很有吸引力。因此美国决定派出一支远征队，以外交、海军以及考察等手段接触日本，主要的目的是要求其签订条约，从而获得在日本的贸易许可并实现日本对美国商船开埠的要求。

马修·佩里准将是美国海军中经验最丰富的军官之一，他受命负责此次远征。佩里年近60岁，是名杰出、勤勉的军人，而且具备高超的外交素质。佩里在一开始并不想接受与日本谈判这种具有挑战性的任务，不过他很快便投入进去了。他仔细考量了自己的这项使命，对日本及其等级文化做了大量研究，翻尽了纽约公共图书馆的资料。他发现，在与这个“封闭国度”有关的书籍中，最为中肯的作品出自荷兰人之手，他们通过贸易联系对当地有所了解。由于对日本及其地理环境一无所知，美国政府为佩里买了一些粗略的地图，被荷兰人敲了一笔竹杠，花了3万美元。在前往远东的路上，佩里还是心存疑虑，认为“想让这个奇怪的政府进行有实质内容的谈判，短期内成功的概率很低”。

佩里舰队的四艘船在美国东海岸的港口集结，并于1852年出发。在当时，从风帆到蒸汽这种新老技术的转变还远未完成，因此舰队里既有USS“萨斯奎哈纳号”和USS“密西西比号”这样的桨轮蒸汽船，也有USS“萨拉托加号”和USS“普利茅斯号”这样的帆船。航行的目的是展示强大的武力，让日本人觉得最好是与佩里谈判，而不是拒绝他的要求。舰队取道好望角，中途还停靠了几个地方，其中包括马德拉、毛里求斯、新加坡、中国香港、中国上海以及日本的琉球（冲绳）群岛。在每一处停泊的港口，佩里和他手下的军官都记录下了当地的风土习俗以及贸易内容。按照佩里的要求，“每艘船上的每个军官都应当从日

## 鸦片与冲突

在第一次鸦片战争中，一艘中国船被蒸汽动力的英国船击中，起火爆炸。由于鸦片泛滥，中国想要禁止英国东印度公司向其出售鸦片

常工作与休息中挤出时间，收集整理大量所需的信息”。他们于1853年5月26日抵达了琉球群岛。佩里在那里颁布了船上的特别军纪，并要求与当地居民保持良好的关系。他接待了当地的重要人物，领着他们参观了舰队——这些人开始还显得“泰然自若”，当看到蒸汽机时，“他们就再也淡定不了了……”这是日本人第一次见到蒸汽机，而正是这种机械产生的力量让美国人与欧洲人得以统治世界。

1853年7月，美国舰队在东京湾集结。由于这些船会喷出黑烟，所以日本人管佩里他们的船叫作“黑船”。一名船员报告说：“……准将有令，立即腾出甲板准备作战，火炮就位装填炮弹，准备弹药，小型武器就绪……简而言之，做好一切准备，就和遭遇敌军一样。”汽船拖着帆船，舰队沿河逆流而上。日本人没见过“汽船能够逆风快速前进，被搞懵了”。下午5点，四艘船在浦贺外下锚。岸上开了一炮，有小船驶出，日本武官想登上“萨拉托加号”：“他们想从锚链爬上船，但船员们得到命令拦截，亮出长矛、弯刀和手枪阻止他们。当发现我方的军官与士兵态度非常坚决后，他们便放弃了登船。”

7月14日，美国船只准备登陆。“甲板上的所有人在第一时间待命，做了必要的准备。蒸汽冒了起来，锚也被拉上了船，以便让船只可以移动到适当的地方，做好火力覆盖的准备。”一些军官和士兵被挑选出来，他们平时在船上的职务被解除了，好陪同准将上岸。旗舰上打出了信号，来自不同舰船的15条小艇开始集结。在两艘日本船的引领下，他们登上了岸。美国人注意到了日本船夫的技术，因为“我们那些强壮的桨手要拼尽全力才能赶上前面的向导”。在下锚之后，旗舰鸣一响礼炮致意，炮声在山间回荡。接着准将踏进他的小艇，被送到陆地上。在上岸时，两名高大的水手作为保镖，站在准将身旁。佩

**马修·佩里**

准将佩里是名经历过1812年战争和美墨战争的老兵，他在19世纪中叶日本开国一事中扮演了重要角色

19世纪30年代中国吸鸦片的人数

中方估计：

4 000 000

英方估计：

12 000 000

里后来写道：

> 水兵打头阵，水手在最后，把准将护送上了河岸。两名体格健壮的水手扛着美国国旗和三角旗。这两人是专门挑选出来的……依据就是他们的忠诚程度。两名小童经过精心打扮，走在准将前面，捧着一个包着红布的匣子，里面装着国书与总统的亲笔信。

# 东亚近海

日本海、东海与南海大部分较浅。南海除了是全球第二繁忙的航运线路外，其渔业产量占全球渔业产量的比例超过8%。日本海几乎完全被太平洋包围，得益于低盐度和高含氧量，这片海里的物种非常丰富。近年来，东海不断有油气资源被发现。

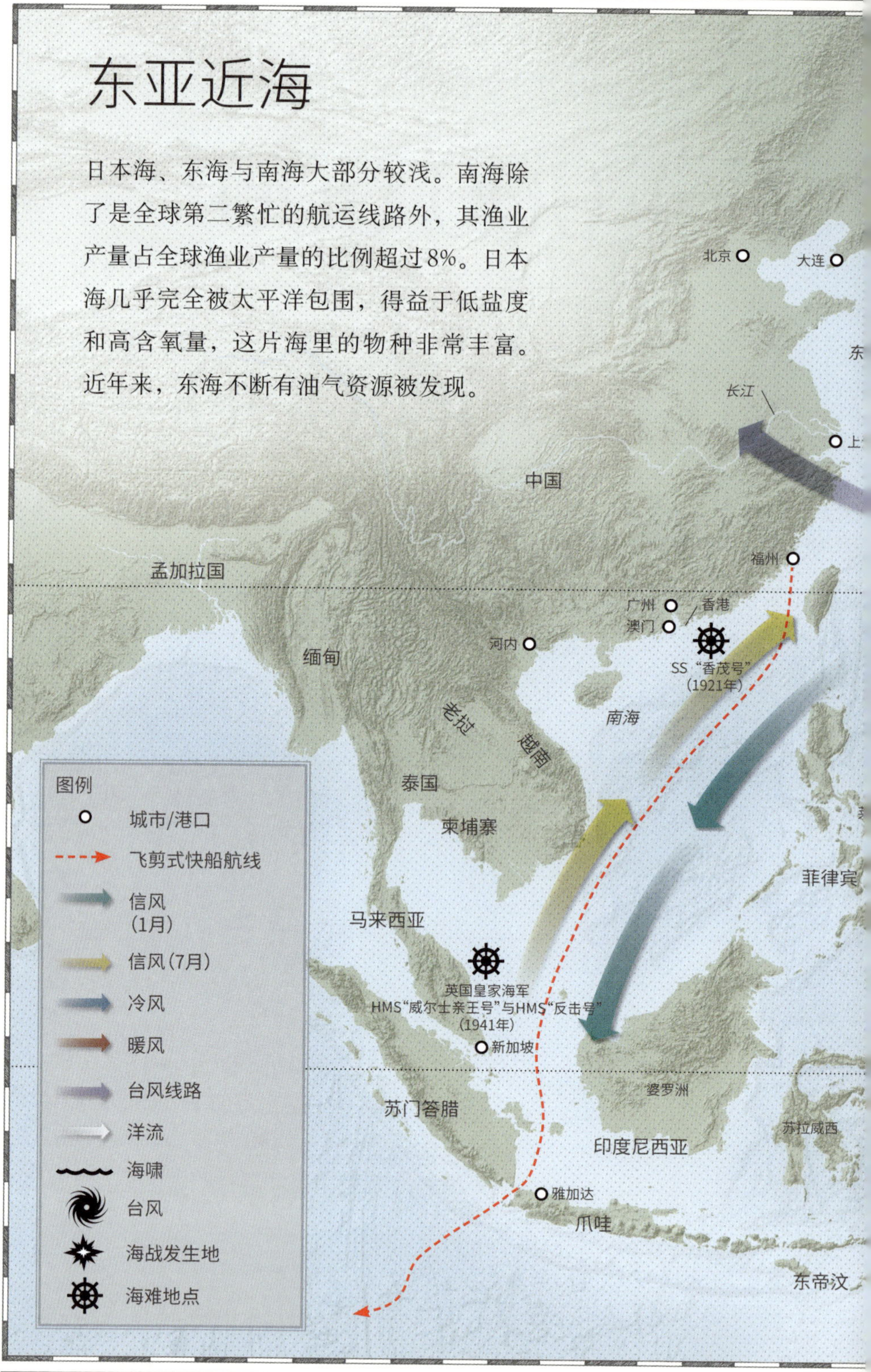

## 从海洋中收获

在日本海、东海和南海，捕鱼业是主要的经济活动。在这片海洋中生活着3 000多种各式各样的海洋生物，其中有150多种存在商业捕捞价值。在过去，几乎所有捕捞上来的海产品都在当地沿海交易。随着国际出口的增加，以及对渔业资源枯竭的担忧，邻近国家之间出现了捕鱼权纠纷

**佩里准将的访日舰队**

这幅当时的木刻画描绘了佩里准将的炮艇在1853年挺进日本的情景。这幅画夸大了远征队的规模：事实上只有4艘船出发，总共约1 600人，船上有144门炮

伊豆守[1]接见了佩里，并收下了美国总统菲尔莫尔的书信。双方在大型庆典上交换了礼物，之后便达成一致意见，即佩里应在来年春返航，听取天皇的回复。如此一来，佩里便利用数月的空闲时间，考察了日本沿岸并前往中国。当时，中国与西方的贸易正处在蓬勃发展阶段。虽然身在中国，但佩里还是收到消息称，俄国人也有意与日本人协商，因此他从美国申请了更多船只加入他的队伍。当增援抵达后，这支扩大了的舰队——4艘帆船、3艘汽船——总共1 600人便再次前往日本。

不过，新船上的一些船员非常疯狂。18门炮战船USS“万达利亚号”上的服侍小童威廉·艾伦就仔细地描述了他船上的问题。当“万达利亚号”刚从费城出发时，一名船员就砍断了自己的手腕，想逃避出海。当这个人被允许在新加坡上岸时，艾伦写道：“最荒唐的事情天天都在发生，船上的人因为积怨打架，打得头破血流、鼻青脸肿……”等

1 当时的伊豆守即户田氏荣，令制国伊豆的官员。——译者注

8月份到了中国澳门的时候，两名海员又打了起来，其中一人后来伤重身亡。一名海员和一个小童因为“谈论并从事叛乱”被判戴镣一个月。在中国黄埔的时候，一个喝醉了的海员掉进了海里，没被救上来。11月时又有一人落水，不过被救了起来，这个人“没受什么伤，但吓得不轻”。史蒂芬·莫里就没那么幸运了。在12月末，他从后帆装上摔了下来，“撞在了艉楼旁边的铜栏杆上，把栏杆都砸弯了，最后掉在后甲板上摔断了大腿”。同一天的另一起事故则让约翰·伯恩斯丧了命。

虽然出现了这些问题，但佩里最后还是在1854年2月13日到了横滨湾。那里距日本当时的首都江户只有42千米。他从汽船巡防舰USS“波瓦坦号”上下船上岸，岸上又是一番盛大的庆典。他和手下——甚至包括军乐队——全副武装，配备了最新式的武器。日本武官在岸上等着他们：

> 准将现在从“波瓦坦号”上走进他的小船，“马其顿号”鸣礼炮17响。准将上岸的时候受到了一组武官的迎接。这些人排成一线，走在他的后面。乐队奏出了欢快的曲子，水兵们……和准将一起举枪致意。准将身后是一队随行人员，有模样俊朗的水手保镖，以及大量下属军官，他们依次上岸。一组盛装打扮的日本保镖，也就是家臣，打着彩条、旗帜和横幅，集合在签署条约的房子的入口处。当准将和他的队伍从这些人身边走过时，一大群日本官员出来迎接，脱帽，带领他们走进建筑内部。在他们进去的时候，按照事先商定好的，装在小艇艇首的榴弹炮……鸣21响礼炮，向天皇致敬，然后再鸣17响……向最高指挥官致敬。在湾里停着的汽船“波瓦坦号”将日本条纹旗升上了桅顶。

征夷大将军给出了答复：他同意美国人的要求，但只同意一部分。佩里尝试用中美都从贸易中获利的例子说服日本人。美国人谈判了很长时间，并进一步显示了军事实力，想让日本人同意条约上的所有条款。不过，最后美国人让步了，并在1854年3月31日签署了《神奈川条约》。佩里的目的基本达到了：日本人同意向美国船只开放下田、函

首次登陆

1853年7月8日，佩里准将抵达日本。美日两国在第二年签署了《神奈川条约》，结束了日本长达数个世纪的闭关锁国历史

馆两港；如果美国船只遇难，日本要为上面的人员提供帮助，而不是把他们监禁起来。这只是个开始。但这次谈判让日本人知道，参与现代世界的贸易，自己能够获得什么样的好处。事实上，与美国的接触刺激了日本，使日本开启了一段现代化的进程，这又让它很快可以与西方大国竞争，甚至超越它们。日本不会忘记，自己是在逼迫之下签署《神奈川条约》的——所以对日本人来说，在西方自己的游戏里击败它们，最终洗刷这种耻辱，是件关乎荣誉的事情。

在一次内战之后，日本人于1872年建立了现代海军。他们从英国采购船只，学习了所有欧洲海军的战法，并融合了自身的武士道传统。新军在1894年迎来了首次大考。当时，12艘日本军舰在朝鲜北部的鸭绿江外遭遇了实力相近的中国舰队；仅仅5个小时，5艘中国军舰即被击沉，剩余舰船成为待宰羔羊，而日方一舰未沉。同样具有戏剧性的场

面发生在1905年5月27日，当时，俄国舰队与日本海军在对马岛外相遇。在这场蒸汽时代最具决定性意义的海战中，俄国舰队几乎被全歼。正如后来人们熟知的那样，对马海战是第一场真正意义的现代海战，发生在配有大型线膛炮的现代装甲船之间，因此全球各大海军也对此役展开了仔细的研究。这场海战证明，战斗可以在更远的距离上打响，远超过之前的范围，而且欧洲人也可能被一支现代化的亚洲军队击败。佩里远征唤醒的力量远非美国所能控制——等到日本在1941年成功偷袭美国珍珠港时，西方世界终于意识到了这一点。

# 海洋学的诞生

1839年10月17日夜晚，一辆驿站马车从美国俄亥俄州兰开斯特出发。虽然马车已经非常拥挤，但车夫还是破例让三名乘客坐到了车顶上，因为其中就有33岁的南方绅士、海军军官马修·莫里上尉。莫里之所以这样做，是考虑到自己有义务给一名女士让座。当晚是一片漆黑，马车在途中翻倒了，把莫里甩到了地上。他感到右腿一阵剧痛，跟着便知道自己的航海生涯结束了。对一个正值黄金年华的海员来说，这无疑是灾难性的一刻。不过，正是由于莫里改坐办公桌，他从事的工作才改变了世人对海洋的看法。在当时人们的眼里，海洋就与虚空无异，只是从一处到另一处不得不途经穿越的地方——就连自然学家达尔文在19世纪30年代初环绕地球航行时，也把海洋称作“毫无意义的废物，一片水的荒漠”。然而莫里却认为，海洋是个值得研究的动态系统。正是在他的努力下，海洋科学这个全新的学术分支诞生了。

在度过了漫长的康复期后，莫里被任命为华盛顿特区海图与仪器站的负责人，这时他开始了自己的研究。刚起步的时候，他从各个船长那里收集信息，表示“如果人人都能参与一项观测海洋的总体规划，并在每次航行结束后，向华盛顿的国家天文台定期发送航海日志的摘要，那么他肯定能基于这些观测，在不花什么经费的情况下，拿出一套标有航行方向的海图”。他与军械与水文测量局的局长威廉·克兰准将探讨了此事，后者“立刻认识到了这项工作的重要性，并……全心全意地鼓励这项工作”。莫里向美国的船长们发送了一封通函，“要求他们向这间办公室提供与航海有关的所有信息，不限制形式”。起初无人理睬这项规划，莫里“只好去翻海军部的旧日志，并获得批准，从这些材料中总结一套‘风向与洋流海图’”。不过，真正有用的日志并不多，而且对莫里来说，这也是一项艰巨的任务：

**微型六分仪**

这种便携式的六分仪由爱德华·特劳顿（Edward Troughton）在1800年前后发明，在进行海上考察的科学家中获得了广泛使用。图中这件微型六分仪的所有者是自然学家查尔斯·达尔文

然后我把这一课题呈给这个国家的科学家，想让他们支持这项工作；在提交给国家研究所、美国地质学家与自然学家协会（即现在的美国科学促进会）的洋流图表中，我解释了我们在洋流方面信息匮乏的状况，强调了那些锁在航海家旧储物箱中的资料的价值，申述了航海家可能就海洋现象提供的信息对科学、商贸以及航海的重要性。

数据开始汇集起来，虽然就涵盖的地理范围来说参差不齐：

在有些地区，仅仅一个月我就收到了多达1800份观测报告；而在另一个月，另一个相邻的地区，连一份报告也没有；只要海洋某些区域的航运活动频度高于其他区域，就会出现这种情况。而航运活动一定是不均衡的，因为每年不同时期在市场上出售的作物就不同，商业也有自己的季节性因素……

对有大量航海记录可查询的区域来说，他会随机从中选择，并且想知道：

这些观测样本是否大到可以得出一个合理的平均值？像这样的问题，答案取决于回答者的意见；但是，如果一定有误差的话，我要确保误差范围不能离谱。我的目标是，平均每个地区每月至少要收集100份观测样本。但实际上，我发现很难达到这一标准……

通过研究，他很快发现，在从美国东海岸向南至巴西里约热内卢的航线上，有一处大失误。航海家们长久以来一直以为，有必要向东绕一大圈，避开巴西海岸外危险的海域。这样就会驶进赤道无风带，会浪费数周时间。莫里证明，在圣罗克角外接近近海的地方有适合航行的洋流。他告诉读者："大胆坚持下去，如果有必要的话，就贴着陆地寻路前进。"1848年，巴尔的摩的船长杰克逊证明，的确存在这样一条航线，走这条航线可以比预期提前35天返回。

1847年，莫里发表了《风向与洋流图》的第一部分，即"北大西洋图表1"。他对这片海洋的调查到1849年才完成。在之后的7年里，他先后绘制了南大西洋、印度洋与太平洋的图表。在他的标准海图上，箭头用来表示特定月份风的方向，箭头的宽度则表示风力大小。其他海图则被分割成13平方厘米的小块，里面用圆圈表示当月每个方向上刮了多少风。还有显示海洋温度的海图，这对发现墨西哥湾流起到了重要作用。莫里称这些海图极为有用，他解释道："或许有位年轻的领航员首次出航……如果是这样，那么这张风向与洋流海图就派上了用场。这位领航员可以看到他之前1 000条船只走过的路线……这样一张海图……可以向他指明……前人的经验，还有风向和洋流、海洋温度，以及指南针的偏差。"

据称使用这些海图和方位，从纽约到加利福尼亚的航程可以从183天缩短到135天。从英国出发前往澳大利亚的旅途可以从124天缩短到97天，而返程的时间可以从124天减少为67天。1853年，在新的合作精神的感召下，主要的海事大国召开了一次会议。会

**马修·莫里**

马修·方丹·莫里是世界上首个海洋学家，被人们称为"诸海的探路者"

> 除了水手，
> 再没有其他人有动力为哲学
> 做更多贡献了。
>
> ——马修·莫里

议决定用莫里的方法记录更多数据。

在19世纪40年代之前，人类一直没有兴趣测量海洋的深度。对海员来说，他们无疑需要知道是不是会在浅水搁浅。在驶近欧洲时，他们通常会放下铅锤（用系着铅锤的线来测量水深），来判断他们是处在“可游区”（浅水区）还是处在大陆架上。在其他情况下，他们不需要知道船下的水到底有多深。随着电报的发明，这种情况发生了改变。在陆地上，由于电力的发展，大西洋两岸在1837年均铺设了电报线。起初电报线主要用在铁路网上，依靠塞缪尔·莫尔斯发明的电码进行交流。首条水下电缆在1851年铺进了英吉利海峡，而在美国，赛勒斯·菲尔德正在大力推广，要铺设一条长得多的电缆——完全穿过大西洋。这引起了莫里的注意，他在1854年提及了纽芬兰到爱尔兰之间的区域：

> ……海底……是一片平地，就好像是专门为了铺设水下电报线而摆在那里一样，而且会保护它们不被损坏。海底既不深也不浅，不过那里的深度足以保证电缆在沉到底部后，不会被船锚、冰山或任何漂浮物碰到。

首条大西洋电缆于1858年铺设完成，但由于绝缘不好很快便损毁了。1866年，布鲁内尔的“大东号”进行了改装，可以装载一条长度能越过大洋的电缆。铺设电缆的第二次尝试成功了。从当年7月开始，跨洋的沟通就只需要数秒钟时间了，而不是之前的数周。

《风向与洋流图》的成功让莫里有信心策划一个规模大得多的项目。关于不同港口与海域的航行方向，这方面已经有不少航海手册了，

### 在海上维修电缆

图为“大东号”上的人在1866年尝试修理一条损坏的跨大西洋电缆。从1865年到1872年，这艘船铺设了四条跨大西洋电缆（其中包括失败的第一条），还铺设了一条连接亚丁和孟买的电缆

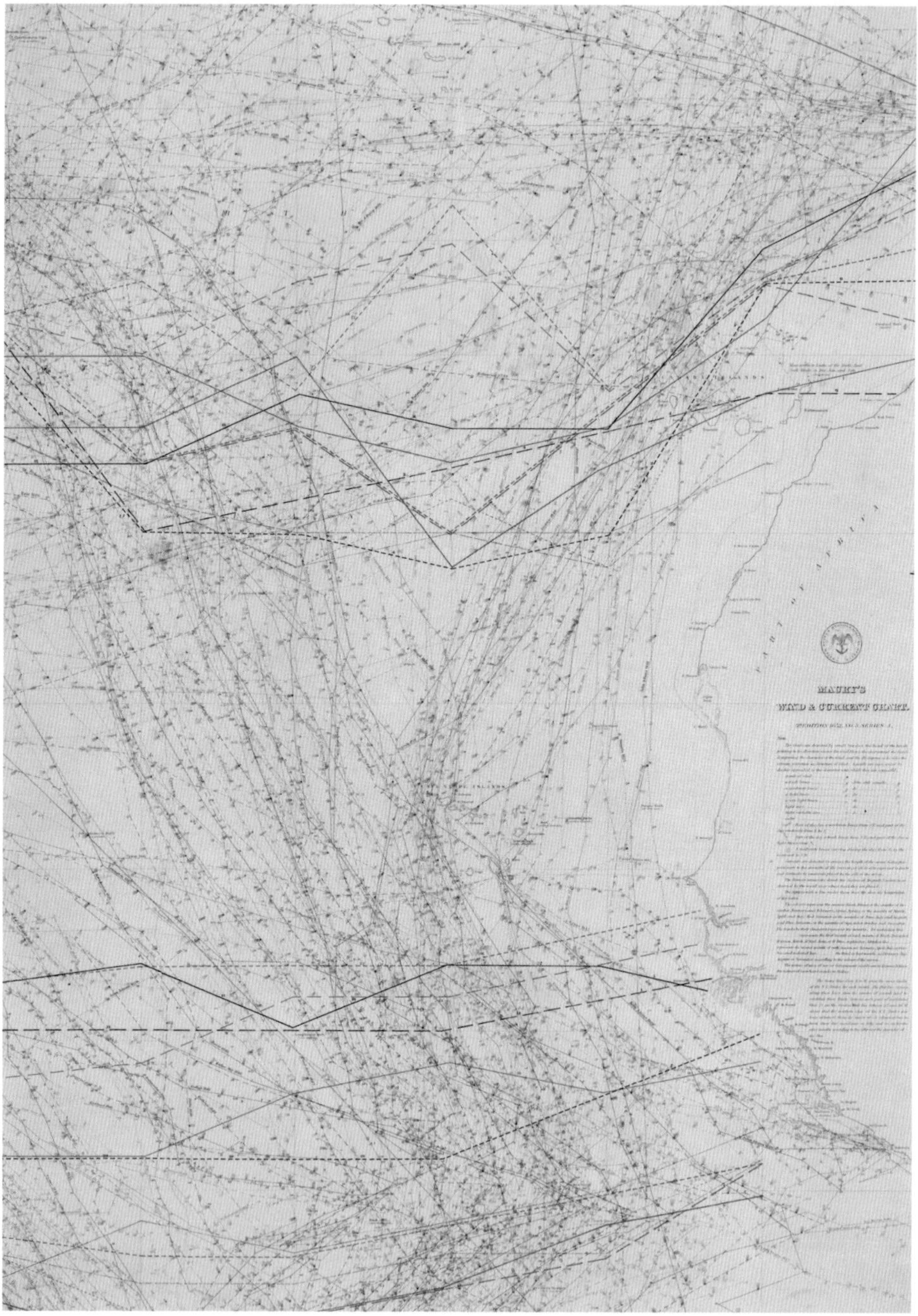


**马修·莫里的风向与洋流海图**

这幅海图复杂得惊人，它的绘制基于大量收集到的数据。人们掌握的海洋科学知识，以及船长们的领航能力都因为它发生了革命

**HMS“挑战者号”**

这是取自HMS“挑战者号”号日志中的插画。这艘船被派出进行一次专门的海事考察与探索航行，这在历史上是头一遭

而且这些手册有时会谈及相关区域的历史、文化、地貌与物种，但莫里是头一个把各大洋作为一个整体来处理的人。在《海洋自然地理学》一书中，他比别人更进一步，尝试将各大洋一视同仁，并对此加以理论化。在这些工作的第一部分，他取得了一定成功，但第二部分工作却没有什么建树。他的书在1855年首次出版，很快被翻译成多国文字，但书中包含了一些严重的错误。莫里不相信海洋的表层流是由风引起的。他对墨西哥湾流非常痴迷，列出了关于其成因的一些理论。不幸的是这些理论都是错误的——墨西哥湾流实际上是从墨西哥湾流出来的温水。

在大西洋另一侧，欧洲科学家对莫里的劳动成果一直有很浓厚的兴趣。工程师们计划在全球大部分海洋里铺设电缆，而人们一直以来坚信的、所谓水深超过300寻的地方不可能存在生物的说法遭到了挑战。爱丁堡大学与伦敦皇家学会联合发起了一次环球航行，这让英国成了探索海洋的先锋。此次探险从海军部借调了蒸汽巡防舰HMS“挑战者号”。船上的18门炮被拆得只剩两门，腾出来的空间被改装成实验室，搭载最新的科学仪器。知名的航海技术作家、船长乔治·内尔斯负责整艘船，而教授查尔斯·威维尔·汤姆森负责由六人组成的科学部门。1872年12月，他们在严酷的天气下起航。在接下来的四年时间里，这艘船绕遍了大西洋与太平洋，还到过南极洲，不过没去印度洋。

这次航行之后，科学家们出版了50卷的报告。这些报告证明海底有生命存在，揭示了大西洋外海盆的形状，并在水文学、气象学、地质学以及植物学与动物学等许多领域做出了贡献。这是海洋学的真正开端，而“海洋学”这个词正是为了描述这些科学家从事的工作而被发明出来的。

# 海上救援

做一名水手在19世纪中叶还是件危险的事情。在所有职业中，海上航行的死亡率最高，平均每5名水手中就有1名死在海上；商船常常毫无顾忌地超载，或者本身情况极差，并不适合出海。有人说黑心的船主会为自己的船投高额保险，这样一来沉船其实比正常运营更有利可图——在某些场合，给人的感觉就是船主根本不在乎船员的死活。这个行业需要一套国际通行的约束性规范来保证水手的权利，并限制船只的载货量——在为海员争取权利这件事上，没人比英国政客、社会改革者塞缪尔·普里姆索尔（Samuel Plimsoll）更努力了。

普里姆索尔对1871年的《商船航运法》持严厉批判态度。这条法案将拒绝登船的海员视为罪犯——哪怕是他明知这条船不适宜航行。他提出了一项新的商船航运法案，想纠正这种情况。然而在1875年7月22日，英国首相本杰明·迪斯雷利在下议院演讲时表示，由于改革计划排得太满，必须放弃这条提案。在强压怒火数个小时之后，普里姆索尔向下议院恳求道："我真心请求这位大人，女王陛下政府的主管先生，不要让数千名活生生的人悲惨地枉死。"他责骂了"议院外那些残忍的船主，以及议院内那些正襟危坐的人……"，并提醒议院，"每年冬天都有成千上万勇敢的人被派去送死。他们的妻子成了寡妇，孩子成了孤儿。而这一切只是为了满足少数投机恶棍的肮脏利益。这些人既不敬爱上帝，对上帝也毫无畏惧之心"。当有议员叫他点出名字的时候，普里姆索尔指向了普利茅斯的议员爱德华·贝茨（Edward Bates），并表示："我决心要揭开这个恶棍的面具，正是他给人们带来了死亡和毁灭……"话音未落，议院里便炸开了锅，要求"秩序！"的喊声反复出现。议长打断了发言，问他是不是用了"恶棍"这个词来形容议员，普里姆索尔答道："的确如此，阁下，而且我不打算收回我的话。"普里姆索尔的这一行为被视作"对议会的大不敬"，但他拒绝道歉，于是被请出了会议室。《泰晤士报》隔天评论道："……当我们想到普里姆索尔先生这些年就这一议题付出的努力，以及他因为又白白浪费一年时间

**塞缪尔·普里姆索尔**

英国政治家塞缪尔·普里姆索尔为改善海员生活做出了不懈的努力，直到相关法律得到通过，减少了对不适合航海的船只的使用

所感受到的郁愤，我们当然可以原谅他的口无遮拦，只要他对自己的缺少自制表示歉意。”

和普里姆索尔唱反调的人表示，在过去60年间，为了让海上航行更加安全，已经采取了很多措施，并取得了不小的进展——的确，新的灯塔被建立了起来（这里面包括1810年在苏格兰东海岸外搭建的贝尔礁灯塔，以及1844年在西面搭建的斯凯里沃尔灯塔），而且在1822年的时候，法国物理学家奥古斯丁-让·菲涅耳（Augustin-Jean Fresnel）发明了新式透镜，其功能更为强大，这些灯塔也因此得到了改进。此外，亨利·格雷特黑德与其他人设计出了内置可漂浮软木的救生艇，而且英国在1824年还建立了英国国家沉船救生协会（即皇家救生艇协会的前身）。美国救生队于1848年成立，法国则在1865年创办了海难救援中心。想应聘商船工作也需要考试。小说家约瑟夫·康拉德这样描述自己参加的大副考试：“……我所接受的考试……即便是我最痛恨的敌人，我也不愿意他遇到这种难度的测验。考试里

……每年冬天，都有成千上万勇敢的人被派去送死。他们的妻子成了寡妇，孩子成了孤儿。

——塞缪尔·普里姆索尔

那艘想象出来的船只，就好像是航行在各种各样的困境中。”

尽管按照上面的说法，情况出现了好转，但海上安全从未获得法律的适当关注。看起来必须要有一场大灾难，而且要牵扯一条高级别的船，这件事才会得到重视。1838年，“福法尔郡号”在英国东北部遇难。格蕾丝·达达，一位灯塔管理员的女儿，靠着一条小划子救出了上面的乘客，公众这才开始关注此类事件。不过，和其他事故相比，让公众最为震惊的还是1859年的一次沉船事件。也正是此事，让普里姆索尔这些改革者更加努力地为自己的目标奋斗。

“皇家宪章号”不是一般的船，它有着铁做的船壳和飞剪式快船的身形，以及支持静风航行的200马力蒸汽引擎。它和“大不列颠号”都出自同一个人的手笔——威廉·帕特森。他这次的主顾是吉布斯布莱特公司。虽然身形稍小，但“皇家宪章号”建造的本意是让它在大洋洲航线上延续“大不列颠号”的成功。“皇家宪章号”于1855年正式运营。这时候淘金热的疯狂已经淡去了，不过它很快找到了新的赢利点，那就是把采矿人和他们的财富一起运回来。1859年8月，这艘船驶离了墨尔本，船上载着511名乘客与船员。它这一路开得很快。58天后的10月24日，这艘船就在爱尔兰的昆士敦下锚了，用领航小艇送走了一小部分乘客。见习生弗里德里克·福斯特抓住机会，给父母写了封简短的信：“周二或者周三晚上，我会带一两个朋友回家做客，请做好准备。爱丽丝怎么样？代我向她和全家人问好。”

这艘船继续在爱尔兰海上行驶，开向利物浦。不过，乘客与船员不知道的是，在大约960千米远的地方，也就是法国的菲尼斯特雷角外，当地的水手已经注意到有强风出现。强风很快演变成一场大风暴，刮向东北偏北方向，丝毫没有停止的迹象。在刮到英吉利海峡的时候，风速达到了每小时80千米—160千米。与此同时，对此一无所知的船长托马斯·泰勒正驾驶着“皇家宪章号”，以最大航速赶向整个航程的终点——直直地冲向酝酿中的风暴。25日下午，乘客与船员挤到甲板上看当时最大的船——“大不列颠号”。它正停在安格尔西岛上的霍利黑德港外。在“皇家宪章号”上，一名《泰晤士报》的通讯员描述了风暴袭来的那一刻：

> 风在下午渐渐增强，虽然还不是非常大，但从山那边飘过来一片黑云。这片云疾速爬高，看起来有些不大对劲儿，而且在天空中散布开来。刹那间波涛翻滚海风呼啸，而且在不到8点的时候，东方刮来了怒号的烈风，夹杂着猛烈的暴风雨。夜色渐深，风也越来越大，变成了骇人的狂风，撕扯着帆桁与支索，那种声嘶力竭的咆哮让人不寒而栗……

泰勒船长急着结束航行，或许也是对铁船的强度多少感到放心，他还在威尔士海域继续前进，驶过了安格尔西岛西北角外的斯克列。到这个时候，船上的部分乘客已经开始害怕起来。在晚上9点左右，这艘船迎面撞上了暴风；泰勒调整航向，避开北岸驶向近海，不过风向也转为东北偏东，而且船在大风的袭击下已经出现了损坏。锚被放了下去，但即便是长达100寻的锚链拖在崎岖不平的海床上，产生的摩擦力加上引擎的动力也不能阻止这条船缓缓地漂回海岸。次日凌晨1点30分，

**“皇家宪章号”的沉没**

很多船只在1859年的大风暴中沉没，“皇家宪章号”就是其中之一。为了纪念这次灾难，这场风暴后来被以这条船的名字命名。数百名乘客与船员在此次事故中丧生

左舷的锚链在锚链孔处折断，掉下了船。单单一条右舷锚链不足以稳住船，每一阵风都将它无情地刮向海岸。船员们砍倒了桅杆和支索，想要阻止漂流，但无济于事。随着一阵恐怖的金属刮擦声，这艘船撞上了安格尔西岛莫伊尔弗雷的礁石，时间是早上7点左右。

吓坏了的乘客们集结在甲板上。一些采矿人兜里装满了金子，整个人都被压得直不起腰来。很多女人“在慌乱中匆忙穿起衣服，各种衣服混搭在一起”。由于担心发生最糟的情况，人群中出现了骚乱：“甲板上乱成一锅粥，前舱、后舱的乘客，餐厅、客舱与统舱里的人通通混在一起，父亲和母亲死死抱住孩子，妻子紧紧贴在丈夫身边，尖叫声与哭喊声此起彼伏，到处是‘救救我’‘别丢下我’的声音。”泰勒船长顶着风声大喊，想让人们平静下来：“女士们，你们无须害怕。”他喊道：“我们现在就在沙滩上，就陷在沙子堆里。我们离岸边不过10步距离，潮水也打不到我们，10分钟之后我们就都安全了。”可是，两个月的海上航行让他对潮水的估计出现了错误：实际上现在正在涨潮，潮水正在淹没这艘倾斜的船。在这种情况下，救生艇没什么用处：“海浪太大，小艇连5分钟都坚持不了。”“皇家宪章号”的船员们想出了更大胆的办法。海员约瑟夫·罗杰斯挺身而出。后来他被描述成了一位“肤色很深的矮个子男人，须发乌黑但绝对是典型的‘英国水手’”——但实际上他是马耳他人，而且他的真名叫茹瓦·罗德里格斯。与大多数英国水手不同，他是个游泳高手。他把绳子一端系在自己腰上，从船上下到汹涌的波涛之中。后来他在回忆这件事时谦虚地说：“船与礁石之间的海浪非常大。我想向着岸边游去，但多少是被冲上岸的。有三次我都被冲回了船。”在海浪的拍击下，他受了很重的伤，但成功地到了岸边，被当地的村民拽上了陆地。之后村民们在船和海岸间拉起了一条粗缆绳，把工作吊

**约瑟夫·罗杰斯**

“皇家宪章号”海难中的马耳他英雄。他的勇敢获得了全国报纸的赞扬。正是他的挺身而出，31个人的性命得以保全

台——水手用来上下桅杆的套具——挂在下面，小心翼翼地把浑身湿透的乘客一个个推上海岸。有人想游上岸，一些采矿人则被兜里的黄金坠到了水底。在风浪的袭击下，这条船再也挺不住了，“像烟蒂一样被摁断了”。大浪涌上船骸，把上面剩下的乘客与船员全部卷下了水。

数百名乘客中仅有18人生还，11名索具升降工有5人幸免于难，100人的船员队伍则幸存下来18人。高级船员无一幸免，也没有任何孩子或女人活下来。狄更斯在两个月后来到了事故地点，与当地教区牧师斯蒂芬·休斯会面。这位教区牧师掩埋了145具尸体，“在尸体无法分辨的时候，就把四个人埋在一个墓里……有亲戚从远方来查找时，有些尸体就被从四人墓中掘了出来；确认身份后，这些尸体就被单独埋了起来”。为了保证有足够数量的棺材，当地的工匠日夜赶工，星期天也不休息。居民们甚至担心，墓园中已经没地方安葬自己了。

鲜有风暴有自己的名字。或许最知名的当属特拉法尔加风暴，那场风暴在战后摧毁了许多被纳尔逊俘虏的船。正如后来人们知道的那样，“皇家宪章”风暴也属于这种知名的风暴：在这场风暴中，另有200多艘船只沉没或损坏，大约800人葬身大海，其中一多半都来自“皇家宪章号”。在拥有铁路、电报以及新闻业的年代，这次灾难很快被传成了新闻，并成了国殇事件。英国气象办公室在当时还是一个只有四个人的小团队，由罗伯特·菲茨罗伊负责。此人还是英国贸易部的气象统计学者。由于此次海难，菲茨罗伊在各个渔港安装了气压计，并安排海岬在风暴袭来时竖起信号旗。他使用沿岸电报线发送数据，做出了天气“概览图”，并建立了世界首个大风预警系统。

这就是塞缪尔·普里姆索尔努力用立法保证船只安全时，世界航运行业的状况。他的提案在1875年被迪斯雷利否决，但后者在第二年发现，自己严重误判了形势。的确，普里姆索尔太过情绪化，他那本书《我们的海员》也不准确，在很多地方有误导之嫌——而且他根本无法证明自己那套保险公司与船主共谋，为了彼此的利益弄出“棺材船”的理论，但他成了一名大众英雄——被人称为“海员之友”——而且正是由于他的争论，新的《商船航运法》才在1876年得以通过。这项

**菲涅耳透镜**

即阶梯式菲涅耳透镜。这套光学系统可以让灯塔投射出大面积覆盖的平行光线，从而警示过往船只危险的存在——每座灯塔的光照模式各不相同新的法案强制要求英国船主在船上画出一系列线条，统称为普里姆索尔载重线，表明这些船在不同地区的最大吃水深度。1906年，这项法案的适用范围扩大到了所有到访英国港口的外国船只。1930年，54个国家签署了《国际载重线公约》，最终就载重线规则的应用达成了一致意见。1876年法案也承认了海员的各项权利，1877年的修正案则对他们与船主签订的合同，以及他们在船上的生活条件确立了规范。

但是，永远也不会存在绝对安全的海洋，而且这些规范中也有很多空白。事实证明，其中最严重的一项失误，就是船上救生艇的数量与吨位而不是与乘客数量挂钩。1912年，“泰坦尼克号”的沉没造成了重大人员伤亡，这条过时的规定就负有不可推卸的责任。那起事故比“皇家宪章号”事故还要严重，是历史上最知名的海难。

**普里姆索尔载重线**

塞缪尔·普里姆索尔开创的安全规范直到今天还在被沿用，它可以防止船只过载。这些横线标记标出了不同水域的载重限制，从上至下分别代表热带淡水、淡水、热带海水、夏季海水和冬季海水

## RMS“泰坦尼克号”

“泰坦尼克号”在撞击冰山后渐渐沉没，这是古往今来最知名的一次海难。这艘船装备的救生艇数量严重不足，但这不违背当时的规定，结果导致1 502人丧生

# “亚拉巴马号”与海上的美国

“290号船”没有名字，它那精巧的船体经常引发人们的怀疑。正在建造这艘船的是英国的莱尔德兄弟造船厂。这家船厂位于默西河河畔，正对着利物浦。以民用船的角度看，它线条流畅，有一套帆装，一台强劲的600马力蒸汽引擎，还有一支可升降的螺旋桨，升起来时可以靠帆航行，降下到水中则使用蒸汽动力，但丝毫看不出它有载货或载客的舱室。如果有人肯想一下，显然有位客户需要这样一条流线型的快船——那就是美国南方的蓄奴州，即美利坚邦联。邦联在1861年宣布脱离联邦，发动叛乱并与美利坚合众国为敌。英国当局不能允许有人为叛军政府公开建造一艘战舰，但这条船看不出任何装配武器的迹象，所以也没有充分的理由叫停它的建造。

1862年7月29日，这艘船驶离默西河，表面上是进行试航，参加试航的一组男女原以为到了晚上就能和它一起返回。但是，精心安排了这条神秘船建造工作的邦联密探、商人詹姆斯·布洛克另有打算。该船小心翼翼地靠上了一条拖船，悄无声息地将乘客转移走了。这艘很快被命名为CSS“亚拉巴马号”的船开始驶向亚速尔群岛。在那里它与邦联船只CSS“巴哈马号”会合，后者载着它需要的高级船员、炮和军需品，还有一队工程师。

在接下来的几天里，船员们起劲儿地干了起来，改造这条船。上尉亚瑟·辛克莱记录道：“在工程师的协助下，木匠和船员在丈量过后为两门旋轴炮安装了‘底座’。水手长和船员们给舷炮装上了炮车和侧拉索。炮手们整理弹夹、炮弹和弹箱。修帆工照看未使用的帆，确保它们都完好地放在帆具室中。”8月24日，这艘船终于成型了——一艘火力强大的邦联战舰，主武器是一门令人生畏的110磅线膛炮。船长拉斐尔·塞姆斯（Raphael Semmes）在船尾就位，身边簇拥着高级船员，身上穿的是灰色的、“带多余金边”的邦联制服。

53岁的塞姆斯是马里兰州人，性格暴躁，做事果断，有丰富学识。他曾在美国海军服役，后来从事国际法工作——一般船长很少会从事这种工作，但他认为这有助于帮他判断哪些船可以俘虏或摧毁。和他的邦联同胞马修·莫里一样，塞姆斯也详细研究了地理学与远洋贸易航线，这让他可以轻松追击敌人，也让他能够轻易避开危险。在“北方破坏者”入侵他的家园时，他进行了艰苦的抗争，决心要用新船狠狠打击联邦的航运业。他宣读了戴维斯总统颁发给他的委任状，升起了邦联旗，并尝试说服“亚拉巴马号”上的英国船员加入邦联军。除了振奋人心的演讲外，他还提出了更诱人的待遇，把津贴提高到皇家海军的两倍（以黄金支付），还定量向船员发放酒水。有85名水手表示同意，“亚拉巴马号”便以邦联战舰身份正式入列。塞姆斯已经做好准备，攻击“公海上的北方货船，要无休止地发动毁灭性的攻击……”

**拉斐尔·塞姆斯船长在CSS“亚拉巴马号”上**

塞姆斯在船上有一套严格的纪律，他的高级船员们（图中后面是他的甲板官约翰·凯尔）素质也很高

面对北方各州在海上的优势，邦联设计出了“亚拉巴马号”这样的船只，专门打击其贸易航线。在战前，美国拥有全球第二大的商船队伍，吨位达600万，仅次于英国。南方人想狠狠打击北方佬的商船队伍，以这种方式延缓北方佬对叛乱各州的收复。“亚拉巴马号”很快进入了状态。宣誓就任之后，塞姆斯仍留在亚速尔群岛。他马上找到了第一个猎物——来自马萨诸塞州的美国捕鲸船“奥克马尔吉号”。这条

> 水手就和孩子一样，谈不上有什么远见，也管不住自己。
>
> ——船长拉斐尔·塞姆斯

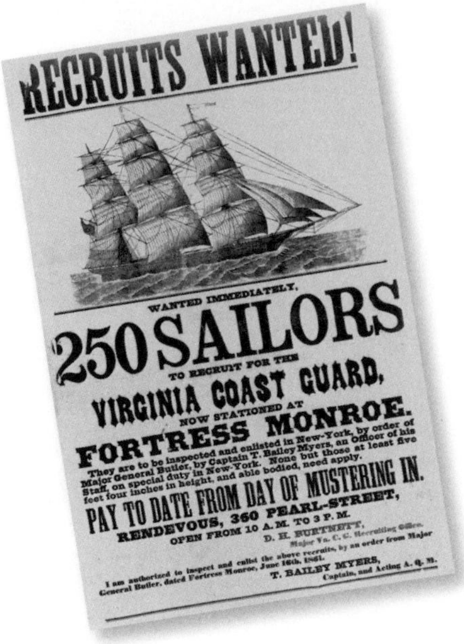


**南北战争期间的征兵海报**

在南北战争期间，弗吉尼亚海岸卫队需要水手来操作舰船。这些船的任务包括向联邦要塞运送补给和军队

船的船长误把“亚拉巴马号”当成了一艘联邦炮艇。当塞姆斯占领“奥克马尔吉号”并俘虏它的船员后，天色已经很黑了，放火烧船难免会引起他人的注意。等到第二天早上，他将这条可怜的捕鲸船付之一炬，然后便开拔上路。一开始，他下令将俘虏铐起来，这引发了被俘船长们的愤慨；不过后来他仁慈起来，并因为优待俘虏的骑士风度获得了称赞。在俘虏多条船只后，他向西驶过大洋，朝纽约进发，一路上让敌人闻风丧胆。

北方报纸大肆渲染他们的抢掠行径。“亚拉巴马号”上的高级船员对此只是付之一笑，但他们的主要补给的确是来自俘获的船只（即所谓的“战利品”）。其他人甚至会委托登船的人去搜刮一些东西：“人们可能会要一把小折刀，再来支烟斗，一些消遣的书籍……”塞姆斯手下的高级船员素质很高，但普通船员则来自各个国家，其中还有“零零散散的北方佬水手”——他会从俘虏的船上找人，来补充原有的船员。由于喝得太多，一帮粗人甚至还发动了一次“叛乱”，而且这些人在得到许可上岸后经常会逃走。塞姆斯是个非常讲究纪律的人，他写道：“再没有比经常上岸更能让水手道德败坏的事情了。水手就和孩子一样，谈不上有什么远见，也管不住自己。”部分敌舰上的船员也加入了“亚拉巴马号”。一个奴隶男孩就在军官室里当上了仆人。据塞姆斯说：“主人和仆人之间的相互关心是北方那些粗人不能理解的。”

“亚拉巴马号”在10月遇上了一次飓风。塞姆斯详细记录了这次经历。在1863年年初，这艘船与联邦汽船USS“哈特勒斯号”在得克萨斯海岸外相遇。联邦军指挥官布雷克记录了战斗的经过：

……我开到离它只有30码远的地方。到了这个时候，双方都在用火枪和手枪互射。激烈的交火持续了一段时间。最后，一发炮弹打在船舱中部，火燃了起来。就在同一时刻……一发炮弹打穿了医务室，在隔壁房间爆炸了，也引起了火。另一发炮弹打进了气缸，轮机舱与甲板上全是整齐，我也没法再开船了……

“哈特勒斯号”变成了“一堆无法挽救的残骸，瘫在水上”，很快便沉没了。到了1864年年中，“亚拉巴马号”已经在大西洋、印度洋、好望角附近海域以及巴西海岸外航行劫掠了近两年时间，它开始显露出疲劳的迹象。塞姆斯说：“它的锅炉被烧漏了，机械设备亟待修理……因此我们开往欧洲。1864年6月11日，我们进入了瑟堡港，申请了驶入船坞的许可。”

正在荷兰外追赶“亚拉巴马号”的小型螺旋桨风帆战船USS“奇尔沙治号”收到了目标的位置信息。船长约翰·温斯洛立刻起航，在一天内赶到了瑟堡外。从防浪堤外人们就可以看到塞姆斯船上挂着的邦联旗帜。在一番外交斡旋之后，“亚拉巴马号”出港迎战。战斗打响了，

**旋轴炮**

“亚拉巴马号”和那个时代的许多战舰一样，都把重炮装在可旋转的炮台上，这样就可以朝不同方向开炮

**攻击“亚拉巴马号”**

联邦的小型风帆战船“奇尔沙治号”终结了“亚拉巴马号”对航运线路的控制。凭借压倒性的火力，它很快结束了这场发生在法国瑟堡外的战斗

两艘船互相绕圈，都想要用炮火从正面击中对方，而潮水则一直把它们推向西面。“奇尔沙治号”上的医生描述了这场战斗：

> “亚拉巴马号”飞快地、胡乱地开着炮，直到最后才好了一些；而“奇尔沙治号”的炮火从容不迫、准确，几乎从一开始就给敌人带去了惊慌、毁灭和死亡。“奇尔沙治号”上的炮手一直被告诫，不要还没有直接瞄准目标就开火，而且被建议把重炮对准水线以下的位置，而不是瞄准水线上方，并用轻炮清理对面甲板上的敌人。

在“奇尔沙治号”的猛攻之下，“亚拉巴马号”开始下沉。它射击的次数几乎是敌人的两倍，但笑到最后的还是准头更胜一筹的联邦船。在船下沉的时候，负伤的塞姆斯把佩剑扔下了海，不让联邦船长拿到这件战利品。“亚拉巴马号”上的大多数船员都被“奇尔沙治号”救了起来，而包括塞姆斯在内的一些水手上了一艘过路的英国帆船——“猎鹿犬号”，被安全地带往英国。

在“亚拉巴马号”的服役生涯中，它俘虏了66艘联邦船只，数量惊人，而被它吓坏的船则更多。但她的努力不足以赢得战争，邦联军队于1865年4月投降。不过，美国的商船队的确因为它而遭受了不可挽回的损失，直到1861年才恢复元气。美英两国政府间也就“亚拉巴马号”展开了拉锯式的官司，因为这艘船是在英国人的许可下建造的。后来英国向美国政府支付了1550万美元，平息了这一事件。在经过大量法律与政治的角力后，塞姆斯本人在战后被释放了。虽然人们对他军旅生涯的看法好坏不一，但他还是继续在美国工作，先后担任过大学教授、报社编辑与郡法官。

南北战争之后的数年里，美国海军的实力和声望都在下滑。一名议员在1883年将其称为“一摞编了号的衣盆”。美国海军在19世纪90年代逐渐复苏，这部分是受到马汉的影响。这是个崇拜英国海军力量的美国人，他的作品《海权对历史的影响，1660—1783》使他世界闻名。他在书中说明，英国之所以能从欧洲边缘一个未实现统一的小岛，摇身一变成为世界强国，海军力量发挥了至关重要的作用，他主张美国采取类似的政策。到1898年，美国拥有了一支比较强大的舰队，由12艘现代战舰组成，而且规模还在渐渐扩大。1907年，总统西奥多·罗斯福派出由16艘战舰组成的舰队，进行了一次高调的环球航行。这支“白色舰队”最重要的目的就是向世人宣告，美国海军现在是一支全球性的武装力量。

**USS“奇尔沙治号”的船员**

联邦船长约翰·温斯洛手下的船员就和“亚拉巴马号”上的人一样粗野，一样好叛乱。不管怎样，因为在这两艘船的对战中表现勇武，“奇尔沙治号”上有17人获得了荣誉勋章

# 茶运大赛

1866年9月，在驶出中国福州99天后，飞剪式帆船“爱丽儿号”就载着一船茶叶抵达了英吉利海峡，以惊人的速度完成了这段长达24 000千米的航程。这艘船的船长约翰·凯伊曾骄傲地说：“她在任何海员眼里都是一个标致的美人。船体、帆桁、索具与船尾的比例都是那么匀称优雅。”不过，建造这艘船的本意并不是要追求外形，而是为了速度，另外凯伊本人也急着要把昂贵的茶叶卸到码头。

“爱丽儿号”正在参加一场史上竞争最为激烈的帆船赛，此时她正冲向终点，对手们则紧随其后。飞剪式帆船是一类非常快的商船，拥有狭长的船体、流线的外形，以及醒目的横帆。而这里的一干飞剪船正在竞争，看谁能第一个把今年的茶叶从中国运到伦敦。对冠军来说，不光是自己船的茶叶能拿到好价格，还可以获得一笔奖金，扬名立万。茶运大赛，正像人们知道的那样，源自市场对中国新鲜茶叶的需求。这项跨越多个大洋的史诗赛事，就在速度飞快、外形优雅的飞剪船中展开。在30年左右的时间里，这项赛事每年都能获得英国人的关注。在伦敦，赌徒会为比赛结果押上重注，全国性的报纸会急切地等待报道结果，激动的人群也会聚集在码头上，为获胜的船庆祝呐喊。

1866年的茶运大赛格外激烈。因为有了前25年积累下来经验，运茶飞剪船的设计日臻完美。飞剪式帆船的起源可以追溯到1817年，当时的船主们用帆船开展了一项“快件服务”——即黑球航线——在纽约和利物浦之间快速运送邮件。在美国，19世纪40年代在东海岸建造的高速商用帆船被叫作“巴尔的摩剪刀”，因为它们可以把航行的时间大幅缩“剪”。巧合的是，在同一时期，苏格兰也在建造早期的飞剪式帆船。飞剪船拥有狭窄、流线型的船壳，帆则是横着装的，可以乘着身后刮来的信风航行，而不是迎风换舷行驶。在“爱丽儿号”上，天气好时最多可以挂起30面帆——帆布摊开的总面积超过2 400平方米。飞剪船的甲板造得尽可能低，因为上面并不加装火炮，乘客航行中的舒适

**航行在黑球航线上的船只**

在19世纪上半叶，飞剪式帆船尚未出现前，这些快船便穿越大西洋运送邮件。它们航行的航线就是黑球航线

程度通常也要为速度让步。

茶叶在18世纪的英国曾是奢侈品，不过到了19世纪的这个时候，它已经成了各个阶层都可以饮用的饮料。1817—1851年，进口茶叶的价格涨了7倍，这些茶叶大多来自对外开放了贸易港口的中国。颇有势力的英国东印度公司此前一直垄断茶叶贸易，用的是笨重缓慢的东印度商船。由于当时并不存在竞争，他们沿着贸易航线缓慢地运着茶叶，往返大约要花一年时间。不过在1834年，这家公司失去了贸易垄断权，茶叶生意也不例外。美国船主很快意识到，提高船速可以改善贸易——新鲜的茶叶可以卖出最高的价格。1845年，美国的早期飞剪式帆船“彩虹号”从广州驶到纽约，一路只花了88天，打破了纪录。和东印度商船的航行时间相比，这点儿时间根本微不足道。这激起了英国人的斗志，两个国家很快在福州、广州、黄埔、上海以及香港这些中国港口展开竞争，抢着把茶叶装船。美国人在19世纪60年代退出了这门生意，但茶运竞赛在英国又掀起了一轮建造飞剪式帆船的热潮。没过多

**上工的装卸工人**

1877年，中国的装卸工人向英国船“劳登城堡号”装了4万包茶叶。想要在长时间航行中保证货物完好无损，娴熟的包装工作必不可少

久，就剩下英国人自己抢着递送他们那昂贵的货物了。

在1866年5月茶运大赛开始的时候，“爱丽儿号”就已经跻身它那个年代最快船只的行列了。因此它获得了一项优待，可以在福州先装货，而另外9艘同台竞争的船只则要排在后面。江上来了数十条装着各种茶叶的舢板，中国的搬运工则纯熟地把这些货物搬上飞剪船，把茶叶箱尽可能地码齐摆满。这是一门讲究技术的工作，船上的货物必须被紧紧地码在一起，不能因为颠簸的海况出现异动；同样重要的是保证茶叶干燥，水，甚至是舱底污水的臭味，都有可能让茶叶作废。“爱丽儿号”装了56 200千克茶叶，比它最大的对手“太平号”稍微多装了一点儿。与“爱丽儿号”竞争的还有在19世纪60年代初数次赢得茶运冠军的“火红十字号”，以及更新式、更轻快的“赛里斯号”——曾在1864年击败“爱丽儿号”。

5月28日，在拖船的牵引下，“爱丽儿号”开始顺着闽江前进，而它的对手此时还在装货。不过之后“爱丽儿号”却因为拖船失控而下锚停船，其他船赶了上来，导致它失去了领先的优势。第二天的天气很糟，这些飞剪船都没有出发，不过凯伊船长抓住这段时间，让人来回搬动货物和装备，进行平舱——修正船在水中的平衡姿态。他非常看重这一点，而这本身对顺利航行来说也至关重要。5月30日一大早，“爱丽儿号”扬帆航行，绕过了牛山岛；这时“火红十字号”已经赶在了它的前面。比赛正式开始了。

凯伊还是在担心平舱工作——他想让船尾吃水深一点儿，比船头

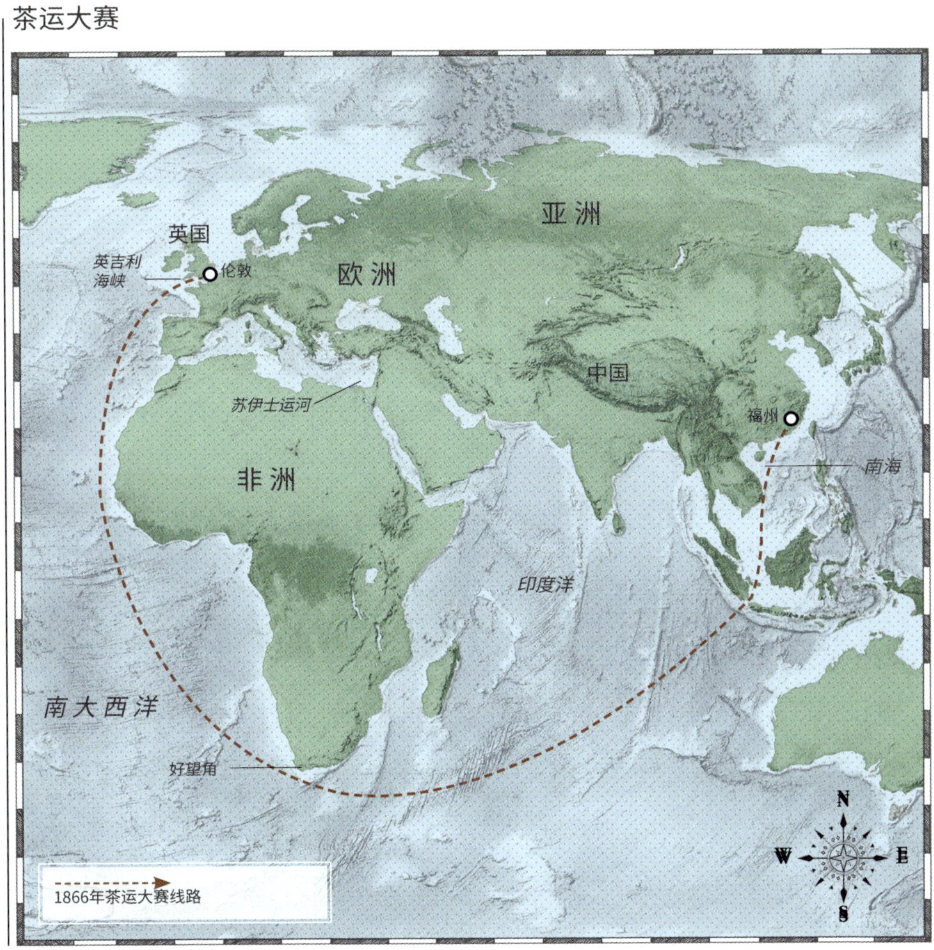


低6英寸。他甚至让船员把沉重的缆绳搬到他的船舱，好增加尾部的重量。运茶船纷纷向南海驶去，那里的海域比较危险——“爱丽儿号”去年的首航就遇到过惊险的一幕。当时凯伊正在睡觉，旁边一条舢板上传来的“喊叫声”把他吵醒，原来是有海盗登上了那条船。后来，在临近几艘船的帮助下，海盗被打跑了。到6月5日，南海上的风很小，而且风向也不顺，“爱丽儿号”上的船员只好“尽可能多地换舷行驶”。此外他们还让船靠岸行驶，以便到能赶上夜晚从陆地刮来的微风。这时的“爱丽儿号”还处在领先位置，但到了6月9日，“太平号”离它就只有5 000米远了，而且差距还在不断缩短。风向不断改变，“爱丽儿号”的船员也不辞辛苦地跟着调整船帆：“张开所有支索帆。凌晨2点，和风，收起上桅帆，撤下艏三角帆；再次挂上所有的帆。”这艘船在16日穿过了赤道。4天后，尽管“风小得让人沮丧”，它还是驶过了位于苏门答腊与爪哇之间海峡上的安亚，那里有时会被运茶船当作临时停靠点。船员们选出了一条航线，进入宽阔的印度洋。

对飞剪船比赛来说，最重要的人为因素是船长的态度。在人们心目中，“爱丽儿号”的船长凯伊是名大胆的航海家。这种比赛需要他具备强健的身体，尤其是在航行初期。按照他的说法：“在这几周里，除了早上洗澡，我的习惯是不脱衣服，睡觉时也不例外。我只是打个小盹，一般也都在甲板上。”和所有优秀的飞剪船船长一样，凯伊知道何时该承担必要的风险：“他是个有胆量的海员……船上没有一个水手不佩服

他。”他非常在意重量分配，因此准备了一个装满金属的大箱子，让水手们把它在甲板上拖来拖去，直到他对平舱工作感到满意。在其他的船长中，“太平号”的唐纳德·麦金农被认为是那个时代最好的海员之一，而“赛里斯号”的乔治·英尼斯船长则是个脾气火爆、异常坚韧的人。

飞剪式帆船上的船员数量相对较少，这是为了在与蒸汽船竞争时减少人力成本。不过，这些水手的技术水平都很高，而且他们瞧不起其他船上的人，尤其看不上在汽船上工作的人。在波兰小说家约瑟夫·康拉德的作品中，就有一个人物表示更愿意“永远放弃大海，改乘汽船”，还有一名飞剪船水手把汽船上的船员称为“那些可悲的小贼”。在航行不那么紧张的时候，“爱丽儿号”的船员也会按要求调整船帆，并进行日常维护工作。在1866年6月，凯伊记录道：“监督人们将高中桅帆的下端系到低中桅帆帆桁的撑竿上。清洁艏锚和外面的锚链，上油减少

**驶过利泽德**

图为1866年，“爱丽儿号”与“太平号”驶过英国西南端的利泽德（Lizard）。即便一路上途经各大洋，它们之间的差距依然十分微小

腐蚀；赶上好天气时打开后甲板舱口通风。”

在驶过安亚进入印度洋后没多久，“爱丽儿号”就赶上了强劲的信风。6月26日一天，它就行驶了惊人的530千米，而且在接下来的一周内，船每天至少能走320千米。7月14日，在接近好望角的时候，风向发生了改变，强大的洋流裹挟着他们，船只“几乎无法操控”；一度出现了船绕着舵打反转的情况，而且开始后退。在好望角外，他们轻松超过了从孟买出发的英国船“坦特仑城堡号”。不过即便如此，他们的速度也慢了下来。风现在变得很小，洋流还在作对，他们每天只能开132千米——早先那些每天能走480千米的好日子已经一去不复返了。绕过好望角后，船向西北方向航行。凯伊注意到，船又需要平舱了，因为船员已经喝掉了很多淡水，船尾变轻了；他让人们往船尾搬了两吨煤，抵消了饮用水减少带来的影响。没过多久，风又大了起来，他们以每天350千米左右的速度走了一段距离。到7月30日时，食物开始短缺：船上的两头猪已经被宰了。一艘多桅纵帆船开过来，想向他们要点儿储粮，答案是一声干脆的“没了”。“爱丽儿号”在8月4日穿过赤道，没发现“太平号”和“火红十字号”此时已经赶上了他们。

9月1日时，他们终于靠近了本土海域。9月5日一大早，他们看见了康沃尔郡海岸外的主教岩灯塔。他们沿着英国南部海岸线向东行驶——先是到了利泽德，然后是波特兰岛，晚上的时候到了怀特岛——整整一天都能看到航标不断在船边掠过。在接近英吉利海峡东端的邓杰内斯时，“爱丽儿号”的最大对手“太平号”仍然紧紧追在后面。一条

现代的飞剪式帆船，
在没有辅助动力的条件下，
一天能航行的距离要比任何汽船
都要远。

——马修·莫里

引水船靠上来打招呼，上面的船员告诉“爱丽儿号”的船员，说他们是这赛季第一条从中国来的船。凯伊船长回复道：“是的，不过你看后面是谁？我们还不能吹嘘。”正如他后来写到的那样：“直觉告诉我，那是‘太平号’。”在仅凭风力绕了近半个地球后，当抵达泰晤士河入口附近的迪尔时，这两艘船之间的差距还不到1英里。

“爱丽儿号”和“太平号”在迪尔外都雇了拖船，好把它们沿着泰晤士河拖到伦敦——对这些优秀的帆船来说，一个不幸的地方就在于：在每次航行的开头和结尾，它们的航行要完全依靠采用蒸汽动力的拖船。或许是那个时代最盛大的帆船比赛就这样以一种滑稽的方式收场了。“太平号”的拖船更快，因此它比“爱丽儿号”提前20分钟入港。“赛里斯号”仅落后数小时，“火红十字号”则在那之后36小时抵达——对这样一段超长的距离来说，参赛船只间的差距可以说是非常小了。

本着纯粹的体育精神，“爱丽儿号”与“太平号”两艘船的船长达成一致，第一名每吨茶叶可以多收10先令（50便士）的优惠由双方共享，而奖给船长的100英镑奖金也由两人平分。这次茶运大赛——也是史上结果最接近的一次——让公众非常着迷。《英国电讯报》和《每日邮报》这些全国性的报纸对比赛结果做了详尽报道。

1866年的比赛又掀起了一轮建造飞剪式帆船的热潮。不过，在1869年，苏伊士运河通航了。这条运河开辟了一条从印度洋起程、途经红海、最后抵达地中海的航线，为往返于欧洲与远东之间的船只提供了捷径。由于帆船的前进方向取决于风向，所以这条线路并不适合帆船，但汽船却可以在这里开得更快，不用再走那条绕过好望角、险象环生且漫长的航线了。加上取道俄国前往欧洲的“茶叶之路”也发展了起来，大帆船的时代就要结束了。

# 飞剪式帆船

飞剪式帆船在设计时就考虑了快速货运的要求。它每天可以航行250海里，比同时期的帆船快了大约1/3。之所以能达到这种速度，是因为它们增大了帆的面积，采用了狭长的船体构造。在1854年，一艘飞剪船创下了帆船航行的速度纪录，开到了22节。

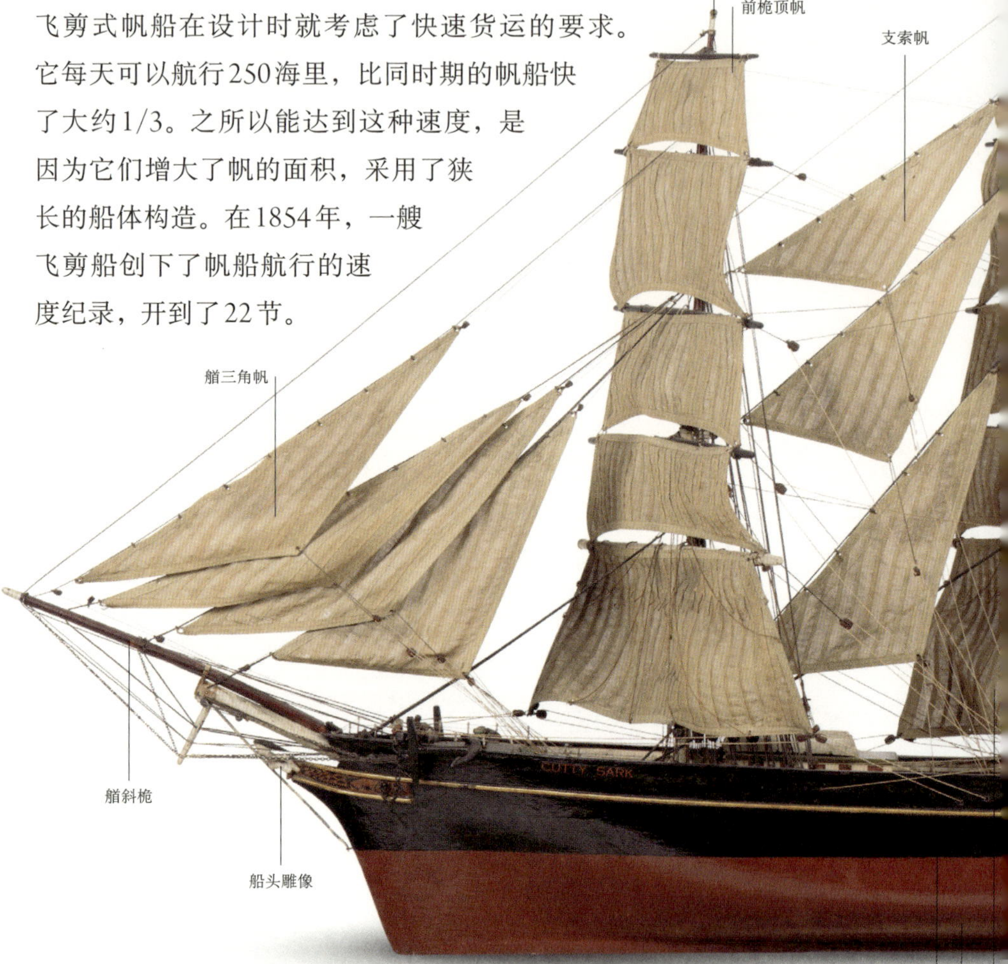


## 淘金热时期的飞剪船

1848年，加利福尼亚发现了黄金，大批采矿人怀揣发家致富的梦想，穿过旧金山前往美国西部。在没有铁路的时候，从纽约出发的最佳线路是选择坐船绕过合恩角。于是飞剪船船长找到了工作，用船载着矿工往返于采金区域

一张宣传飞剪船载客服务的广告卡片

**“卡蒂萨克号”**

1869年，登巴顿下水

“卡蒂萨克号”是艘最新式的大型运茶飞剪船。它的动力来自2 790平方米的船帆。在飞剪船出现之前，东印度商船的船帆面积为1 200平方米

## 帆装

多数飞剪船为三桅横帆船（见下图）。不过随着这种船的逐渐流行，它们也可以搭配各式各样的帆装

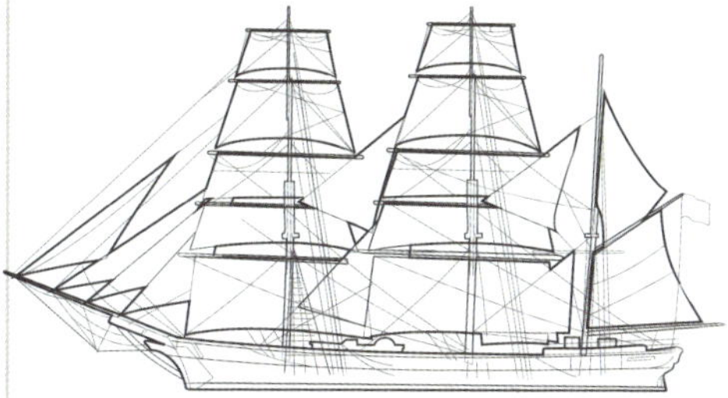

**三桅帆船，1864年前后**

三桅帆船使用横帆，位于船尾的后桅还有一面艉斜帆。人们也建造了四桅帆船

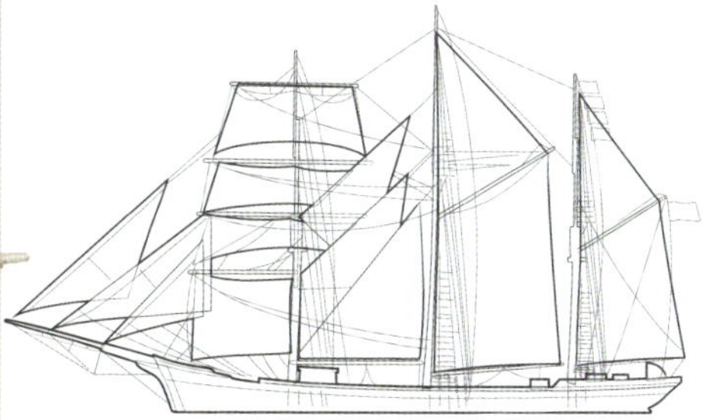

**前桅横帆三桅船，1871年前后**

这种船前桅挂着横帆，主桅和后桅上则挂着容易操控的纵帆

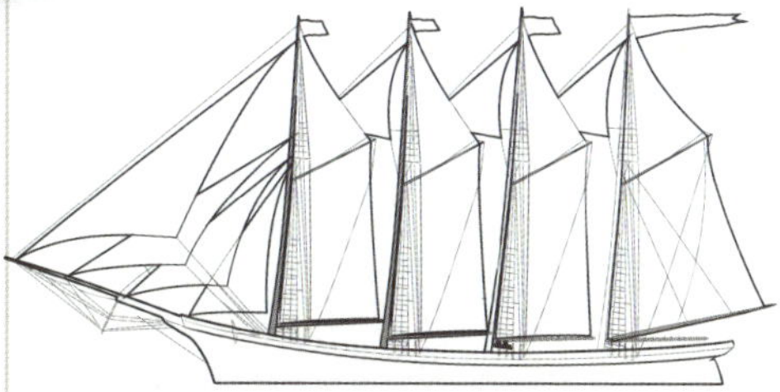

**四桅纵帆船，19世纪90年代左右**

纵帆船上挂着的全是纵帆，它的航行方向可以与风向非常贴近。美式纵帆船的桅杆可多达四根或五根

# 约翰·霍兰与第一艘潜艇

1881年，一小撮人等在纽约港好奇地看着一个戴着眼镜的矮个子爱尔兰人钻进水面上一艘奇怪的、雪茄形状的船型物。他盖上了头顶上的舱盖，然后这条艇便在众人的注视下缓缓下沉，逐渐消失在水中。在艇内部，它的发明者、学究派头的中学教师约翰·霍兰（John Holland）和他的同事一起操纵着这艘实验型潜艇：

> ……艇一开始下沉，就给人电梯缓缓下降的感觉……一两秒后，四周开始暗下来，我们完全没入水中，舷窗外什么都看不见了，只剩下一片模糊的深绿色。之后我们感到一阵轻微震动，那是触底了。

这艘艇在水深约2寻的地方停住了。霍兰打开一个阀门，把水排出舱外。艇开始向水面上浮，他也松了一口气。

> 指挥塔舷窗中的模糊绿色开始变淡……突然，大白天的阳光射进来，几乎照得我花了眼……码头的人群中爆发出一阵欢呼，之前这里面还有一半人以为我们再也浮不上来了。

霍兰的“芬尼亚公羊号”潜艇通过了测试。它是第一艘可以维持正浮力的潜艇，而不是单纯地装上压舱物就下沉。虽然这艘艇没有入列服役，

**约翰·霍兰**

1898年4月，在新泽西的珀斯安波易，这位爱尔兰发明家站在自己潜艇“霍兰六号”的指挥塔里

但它给海洋战事带来的革命，其程度是这位发明者根本没有料到的。

在霍兰取得突破性进展前，绝大多数水手对海下有什么都不感兴趣，除非自己的船有可能沉底。自古代起，印度和波斯湾就有潜水采珠工人；潜水钟则从1535年被投入使用。当时，弗朗切斯科·迪·马尔基（Francesco di Marchi）潜入了罗马附近的内米湖。潜水者感到了空气压缩带来的痛苦："当我进到水下……就好像有把钢制匕首扎中了我，从一只耳朵穿到另外一只，我感到了一股巨大的疼痛感。"19世纪，在开掘河道以及建设桥梁时，伊桑巴德·金德姆·布鲁内尔这样的土木工程师还在继续使用潜水钟，纽约的布鲁克林大桥就是个例子。16世纪以后，建造可自行推进的潜艇仍然是白日梦。直到美国独立战争时，"芬尼亚公羊号"的前身才被制造了出来。美国爱国者戴维·布什内尔（David Bushnell）设计的"海龟号"，就是个只能装下一个人的小舱，目的是在纽约港的英国战舰船体上钻孔。虽然它的数次尝试均以失败告终（其中包括1776年9月6日那次知名的、针对英国战舰HMS"鹰号"的攻击），但敌人从未发觉它的存在，这说明潜艇的主要价值在于隐形。

30年后，美国工程师罗伯特·富尔顿劝说法国人，想让他们建造另一艘潜艇"鹦鹉螺号"。不过事实证明，即便是对法国的革命者来说，这个想法也太过激进了。结果富尔顿立刻投敌，把自己的发明献给了英国人，而英国人对这个想法同样持怀疑态度。元帅圣文森特勋爵骂道，"推崇一种作战模式，而这种模式在支配海洋的人那里不受待见；若是它奏效了，又把支配海洋的人排除在外"，这种做法太蠢了。在美国南北战争时期，南方的美利坚邦联就热衷于用潜艇挑战联邦的海军力量。1863年，邦联的航海工程师霍勒斯·L.汉利（Horace L. Hunley）就在亚拉巴马州的莫比尔建造了自己的潜艇。和前任一样，这艘名叫"H.L.汉利号"的潜艇也使用人力驱动，用8个人摇动曲柄，驱动船尾一个装在旧锅炉里的螺旋桨。可悲的是，它的行动更多证明的是邦联水手的决心，而不是它本身的设计质量。这艘艇沉没过两次，大部分船员都被淹死了。不过，在1864年2月执行最后一次任务时，依靠竿式鱼雷，它在查尔斯顿港用冲击的方式成功击沉了USS"豪萨通尼克号"。不幸的是，在成了第一艘击沉其他船只的潜艇后，它在返程途中消失在

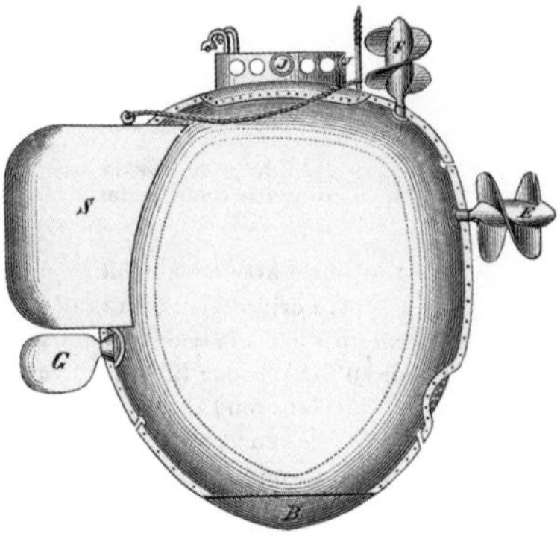

**“海龟号”潜艇**

戴维·布什内尔的这艘早期潜艇靠一名乘员手动驱动。虽然“海龟号”在美国独立战争中没能立下战功，但它为后来的水下船只打下了基础

了茫茫大海里。

“芬尼亚公羊号”就是在这种背景下首次出现在公众面前的。它的发明者、爱尔兰裔的中学教师约翰·霍兰这时已经搬到了美国。他一直相信，潜艇是推翻英国海洋力量的关键，而且可以进一步推进爱尔兰的独立事业。“芬尼亚公羊”这个名字本身就清晰地表达了他对爱尔兰独立的支持，以及他对英国舰队的想法。在纽约港的试航中，这艘艇证明了它自己的下潜能力——更重要的是证明了它的上浮能力。此后，霍兰与工程师乔治·理查兹一起，继续测试它的动力。这艘艇装有一部汽油引擎，其体积比蒸汽引擎更小，但这也使得它的航行需要更多氧气。

> 我和理查兹进到艇中……他发着牢骚，轻轻给了引擎一脚，这才把艇发动起来。之后我们推离合入挡，艇开始前进。驶到海盆边缘时，我把它调了个头，松开了离合，艇开始减速，停了下来。

他关闭舱盖，开始在水下航行：

> 之后我们贴着海面行驶，也就是只把指挥塔露出水面……接下来我把座位右边的操纵杆推向前面（控制艇尾潜水舵），艇的噪声

> 立刻变小了。等到仪表显示深度为10英尺时，我又将操纵杆复位，艇在水中又平了过来……在水下前进了大约100码后，我把潜水舵调到上浮位置……接着打开阀门，排出压舱水，让艇上升，回到正常深度。

后来建造的所有潜艇都采用了霍兰首创的操控系统。他还测试了一门能在水下发射的火炮，取得了一些进展。不过，由于没有潜望镜，指南针也帮不上忙，这艘潜艇非常不好导航。此外，还有更大的挫折在等着霍兰：他与“芬尼亚公羊号”的资金提供者产生了分歧，结果后者从他那夺走了这条艇。但霍兰并未因此气馁，也没有因为其他海洋大国支持别人开发潜艇而灰心丧气。他继续自己的设计，并成功地获得了另外的资助。他的第五艘艇——“潜水者号”，长26米，是他当时建造的最长的潜艇，还配备了两枚鱼雷。这艘潜艇的建造得到了美国政府的支持，但建造工作也因此受到了政府的干扰，加上锅炉间过热的问题，这艘艇从未驶出港口。

霍兰的第六艘潜艇——“霍兰六号”，于1897年在新泽西下水。这艘艇长16米，比“潜水者号”短很多。它并非第一艘采用电动马达的潜艇——电动马达的运转不需要空气，所以很适合水下航行，但它的创新在于采用了45马力的汽油引擎。该引擎在水面航行时启动，可以同时给电动马达充电。这艘潜艇配备了“霍兰气动火药炮”，使用空气与火药发射炮弹，炮弹射程在空中可达900米，水下射程在27米左右。它还装配了一支鱼雷管，可携带另外两枚鱼雷。按照霍兰的说法，这艘艇还有“液体罗盘；可以指示潜艇确切深度的压力计；提示开车

| 1914年前在潜艇中丧生的人数 | |
|---|---|
| 美国：2 | 法国：57 |
| 德国：3 | 俄国：70 |
| 日本：14 | 英国：79 |

停车的拉铃；两支传声筒；汽笛；显示两个船舵位角度的仪表；另外还有两支引擎的操纵杆”。艇员配置包括一名艇长、一名副艇长、一名电工、一名工程师、一名炮手、一名兼作副炮手的修理工。霍兰表示，这艘艇的航程为1 300海里，速度为6—10节，艇内还配备电灯和马桶，可以让船员“舒适地在艇上度过40小时”。通过该型号潜艇，霍兰终于证明了潜艇的实用性。

霍兰在1900年将自己的专利出售给了电船公司。在之后的一个多世纪里，这家公司承包了美国海军的潜艇建造工作。该公司将潜艇设计授权给了其他大国。讽刺的是，英国皇家海军获得授权建造自己的潜艇，而它的第一艘潜艇就被冠以爱尔兰民族主义者的名字，叫“霍兰一号”。不管怎么说，皇家海军的费舍尔上将高兴地说：“即便再大胆的人也不敢发动侵略了！想想吧，10万人的军队无助地挤在运输舰上，心惊胆战，因为他们知道这些隐形的恶魔就在附近出没。”世界其他大国

**停在旱坞中的USS“霍兰号”**

美国海军的第一艘潜艇被冠以它发明者的名字。约翰·霍兰的设计让潜艇海战在20世纪初成了现实

对现代潜艇也很感兴趣，日本帝国海军、俄国海军以及荷兰海军都是采购客户。不过在潜艇上的起居远不如霍兰所描绘的那样“舒适”，艇上的条件在1910年时还非常艰苦。船长悉尼·霍尔回忆了英国早期潜艇上的生活状态：

> 衣服潮乎乎的，又不能生火，冷天很难暖和起来，淡水的供应量不允许进行任何个人清洁，艇中充斥着引擎的轰鸣声……对很多人来说，只要潜艇在海上待很短的一段时间，里面的气味就让人恶心。这种气味只有在潜艇里才能闻到。所有的食物吃起来都是这个味儿，所有衣服也都散发着这个味儿。人们在潜艇里穿过的衣服，以后是绝对不能再穿了。

还有更糟的事情，有几艘早期的潜艇沉没了。甚至有传言称，霍兰是在用这种设计打击他的老敌人——英国，不过这种说法并没有可靠的证据证实。事实上，当德国海军在1906年开始建造潜艇时，霍兰可能还尝试警告英国德国人的威胁。不管如何，潜艇证明了自己在统治海洋过程中的重要作用。而且在接下来的一个多世纪里，它在全球性的战争与政治交锋中继续扮演着关键角色——在两次世界大战中的各种海上战役里，在“冷战”期间的核武器巡航以及更多行动中，都有它的身影出现。

# 早期潜艇

大约在18世纪之前，人们就开始建造可潜航的船只。不过，直到20世纪前后，随着柴油引擎和电动马达的使用，潜艇才真正可以载人行驶。在接下来的数十年里，潜艇的发明开创了全新的海战形式，在全球范围内对海战策略产生了深远的影响。

## 科幻小说中的早期潜艇

儒勒·凡尔纳的经典科幻小说《海底两万里》在1870年出版，讲述了尼莫船长与他的潜艇“鹦鹉螺号”的故事。虽然此书的内容完全是虚构的，但它引发了人们对水下航行以及水下船只作战潜力的广泛兴趣。这本书的标题说的是航行的距离——而不是下潜的深度。

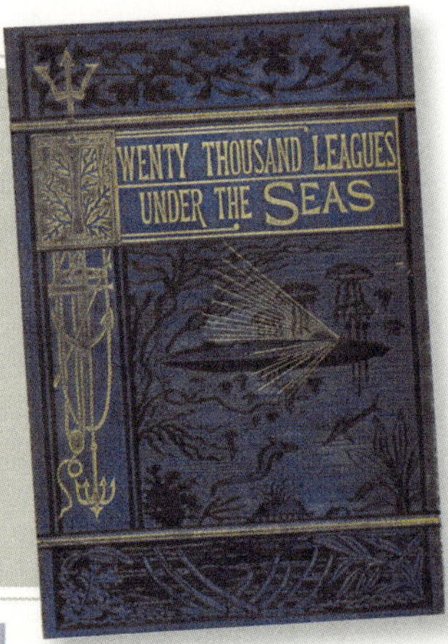


凡尔纳的流行小说，1870年出版

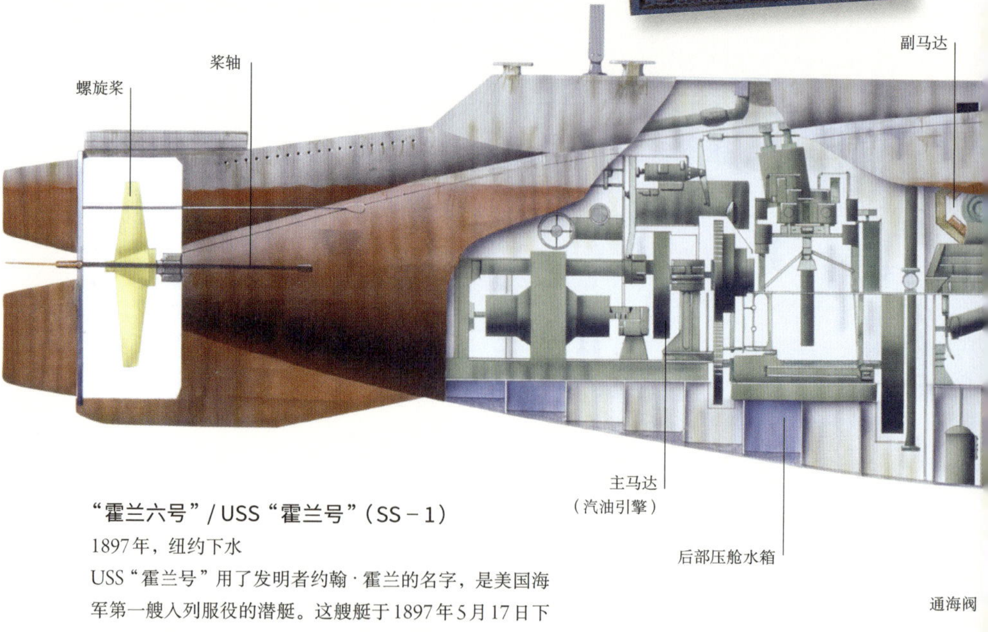


“霍兰六号”/USS“霍兰号”（SS－1）

1897年，纽约下水

USS“霍兰号”用了发明者约翰·霍兰的名字，是美国海军第一艘入列服役的潜艇。这艘艇于1897年5月17日下水，它的设计与功能为20世纪初的潜艇奠定了基础

## 潜艇下潜原理

想让潜艇下潜，需要打开外层船体顶部和底部的开孔，让水进入压舱水箱——即内部船体与外部船体之间的水箱，直到其失去浮力。之后开动引擎驱动潜艇前进，水平舵设定到让潜艇下潜的位置，直到压舱水箱完全充满，潜艇获得中性浮力——即潜艇密度与四周的水密度相等，这样它既不会上浮也不会下沉。之后再关闭开孔。

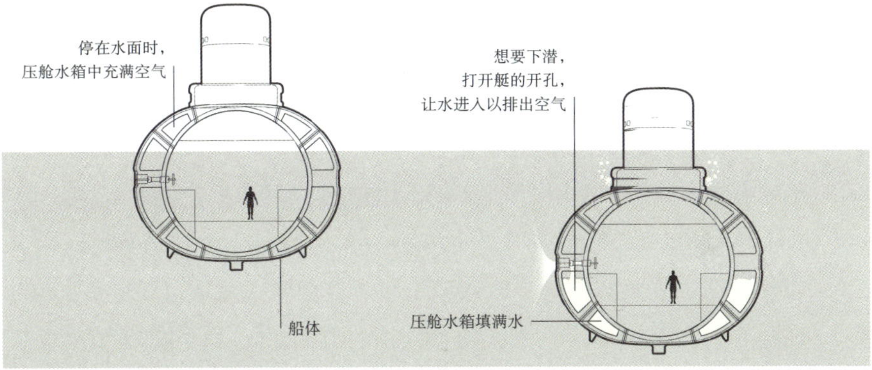


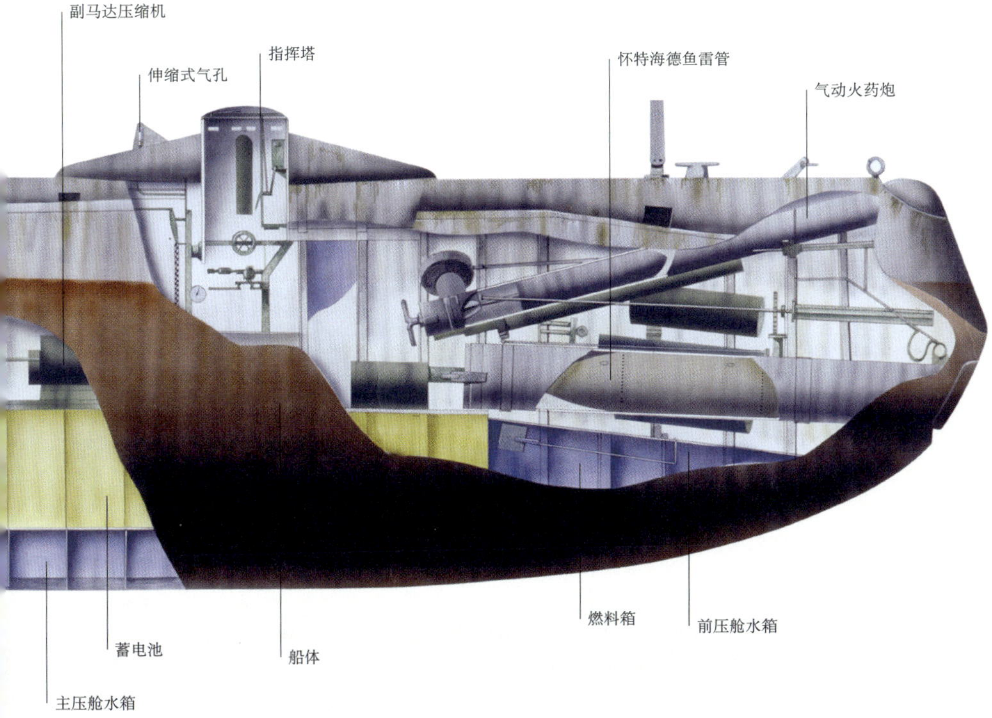

# 前往世界另一边

前往澳大利亚与新西兰——英国在地球另一面的两个殖民地——要走的距离比横穿大西洋的航程远得多。虽然在19世纪80年代，汽船变得越来越普及，但还是有许多移民乘帆船出行。1884年年初，在苏格兰的克莱德河上，361名这样的移民登上帆船“奥塔哥号”，准备前往昆士兰。这艘船1869年建于克莱德，和知名的飞剪船“卡蒂萨克号”建于同一年。不过和大多数飞剪船不一样，“奥塔哥号”不是一艘快船——甚至连其姊妹船“詹姆斯·尼科尔·弗莱明号”都比它快得多。

“奥塔哥号”上只有3名头等舱乘客，他们住在船尾的高级船员舱室中；剩下的乘客都住在“统舱”里（最便宜的舱室）。统舱乘客是船上最大的一个群体，一家人或一对夫妇结伴出行的男男女女加上孩子总共有180人。亨特一家有两个大人和三个小孩，小孩子买的是半票，一家人总共要买三张半船票。他们要一起住在逼仄的空间里，有张“贴得很紧的上下铺，6英尺长，3英尺宽”。上铺更受欢迎，因为那里靠近舷窗，空气和光线更好。此外还有一处小空间供一家人就座，船上也提

**新西兰的查尔莫斯港**

在19世纪，这个小港口是欧洲移民进入新西兰的主要入口之一。它现在仍是个在用的港口

供桌子，以及一条可以摆放餐具的小长凳。“我们一家要住的‘房子’真小，环境也真是奇怪！”亨特先生评论道。

船上还有158名单身男子。这群人吵吵闹闹，很不安分。他们住在船前部一个25米长的空间里，那里“毫无隐私可言”。上船的还有20名单身女子。她们被仔细地看护起来，因为这些人在船上这种封闭环境中被视作最易受侵犯的群体。单身女性在头等舱有一席之地，那里还为她们的看护留下了一个舱室。

2月2日上午，“奥塔哥号”起锚前进。拖船把它拖出了克莱德湾。大多数乘客此前从未出过海。亨特发现：“今天几乎所有人都晕船了。我吃过早饭后来到甲板上，立刻就吐了。有的乘客难受得要命。”2月6日，爱尔兰从乘客们的视线中消失了。除了偶尔能看到一些孤立的小岛外，再见到陆地就要等到抵达澳大利亚了，这期间要在海上度过好几个月。14岁的凯蒂·卡欣与故乡告别，这可能是她最后一次见到故土。她用一首诗来纪念这个场合：

> 别了，别了，爱琳之岛，[1]
> 生养我的地方；
> 噢！凝望着你渐渐消失，
> 心也凄怆。

乘客们很快认识了高级船员和普通船员。船长休·福尔克纳就待在发号施令的地方，不怎么理人。随船医生托马斯·麦克唐纳是个合格的外科医生，不过他的职责不只是给人看病。按照船上的规定，他一人要负责乘客的生活福利、品行以及纪律，还有他们的健康——“除了与开船有关的事务，在一切事情上他都拥有……最高决定权”。厨师詹姆斯·塞尔扣克是个专业演员，在演唱会上是名非常受欢迎的歌手兼喜剧演员。不过在厨房里，他可不怎么讨人喜欢。乘客们抱怨道：“我们永

1 爱琳（Erin）之岛指爱尔兰。爱琳是对爱尔兰的一种拟人化描述，表达思念、忠诚的感情。——译者注

远不知道食物到底做得怎么样，除非是我们发现厨师在做饭的时候被叫出去干别的事情。”更糟的是，他会欺负那些被派去给他打下手的统舱乘客。来自伯明翰的传教士查尔斯·克拉克就埋怨道，厨师让他感到“自己不再是个人，而是个苦力，随时听从这位厨房‘国王’的使唤”。

出发没多久，乘客们就体会到了生死一线的感觉。在2月8日晚上，托马斯·威廉森写道：

> 风大了起来，海面上涌起山一样的波浪。大家很早就缩到了床上，但都没睡着。我们能听到货舱里的箱子从一边滚到另一边，都以为这会把船舷砸个洞。伴随着这些噪声的是大海与狂风的怒号，其间还能听到大副高声喊道：“全员集合。”一面船帆被刮跑了。我想，这晚的折腾永远完不了了。

两天后的天气依然糟糕，据说“就连水手在甲板上都站不稳了”。不管怎样，统舱的乘客要通过给厨房干活，或者搬煤，为航行出把力；如果不干的话，他们就喝不到茶。2月23日，当他们驶向葡萄牙西面海域的时候，一名名叫基思·卡梅伦的人发表了第一版船报《鸥》，目的是“真心地盼望能给移民们……单调的生活带来些小小的变化……”这份船报被抄写了两份，乘客们纷纷传阅，周六下午还举办了一场读报会。

别的乘客则聚到一处演唱或演奏。3月6日，这艘船在非洲海岸外赶上了晴和的天气，而且离赤道无风带也不远了，于是人们进行了首场演出。风暴带来的不快被暂时抛到脑后，乘客们也不晕船了。包括水手长在内的几名船员，加上许多乘客，组成了演出团队“奥塔哥乐

我们永远不知道食物到底做得怎么样，
除非是我们发现厨师在做饭的时候
被叫出去干别的事情。

——一位匿名乘客

**“康斯特布尔·哈格蒂的午夜一浴”**

“奥塔哥号”上的日常生活，成了手抄小报《鸥》里面戏谑的素材

人”。在剩下的航行时间里，几乎每周都会举办一次音乐会；塞尔扣克和年轻的凯蒂·卡欣都颇受欢迎。卡欣“在船上的数次朗诵，每次都让人耳目一新”。

有的乘客和船员更喜欢富有家庭气息的消遣，例如烘焙或缝纫。干练水手约翰·舍尔对做模型有些研究，他做出了飞剪船“莫尔斯登号”的模型，那是跑在澳大利亚航线上最快的一艘帆船。其他人的消遣则不是那么健康。乘客查尔斯·加德纳不停地抽烟，音乐会时也不例外。有的人则一直在甲板下抽烟斗，制造火灾隐患。据《鸥》的报道：“已婚和单身男子，还有一些水手，想出了一种在夜晚进行的、新奇的、陶冶情操的游戏——偷走他人的帽子和礼帽；他们也会改换口味，当有小姑娘挡在路上时，去踩这些不幸的女孩的脚指头。”3月末，一组单身男人经常赌博，一大早在自己的舱室里玩一种叫“拿破仑”的扑克牌游戏，或是赌扔硬币，也有已婚男人参与；有两兄弟输了5英镑，厨师的副手也输了这么多。船上有帮人非常有节制（指禁酒）。例如乘客塞缪尔·亨特，他在晕船后只想要姜汁啤酒[1]，但有的人更喜欢更带劲儿的东西。理论上说，除医用外，船上是没有酒精的，但基思·卡梅伦注意到：“一路上经常有威士忌、朗姆酒和杜松子酒出售，绝不是用在医疗上；船长福尔克纳会从中抽点儿小头。卖威士忌他抽走20多英镑，杜松子酒拿19英镑，朗姆酒12英镑……”严于律己的亨特也注意到，

1 姜汁啤酒酒精度很低，通常只被视作软饮料。——译者注

有的男人“夜间会在舱室门口闲逛，就像陆地上的懒汉在酒吧门口晃荡一样”。

4月10日，在船开到好望角以南的时候，麻烦又找上门来。有的男人声称自己累得搬不动煤，于是船上便不再供给他们饮食。之后矛头又对准了医生。“有时候要他去瞧病，得叫两三次才能请得动”，而“船尾那些单身女孩要求他必须‘无微不至’，她们居然如愿以偿”。塞缪尔·亨特抱怨的有糟糕的食物、医生和厨师的行为、没有图书馆，以及很多其他事情。《鸥》支持有意见的人，但被船长福尔克纳“镇压”了。

5月11日下午4点，干练的水手威廉·布朗从桅顶喊道，他看见陆地就在前方。有点儿能耐的乘客都爬到了帆装上，看到墨尔本附近的奥特威角就在大约65千米外。两个小时后，从甲板上就能看到国王岛上的灯光了。国王岛就位于巴斯海峡入口，海峡则处在澳大利亚和塔斯马尼亚之间。一名女子晃晃悠悠地爬到了舱门顶上，要看灯光。在成功看到

**好望角**

在前往澳大利亚的途中，移民们要经过非洲南端的好望角。不过，他们很少亲眼看到这个地方，因为大多数船为了赶上合适的风，开得都更靠南边

灯光后，她发出了一声欢喜的尖叫，给人留下了深刻印象。在一股西南风的推动下，船开得很快，当天走了390千米。到移民们上床睡觉的时候，那座岛上的灯光已经被抛在船后面了。第二天早上醒来时，移民们发现自己已经处在海峡之中了。在三个多月后首次看到了树和房子，人们非常高兴。一艘运煤汽船从旁边驶过，大家互相打听消息。这是在两个月前看到“贝尔法斯特号”后，乘客们看到的第一艘船。一份未发行的《鸥》写道：“移民心中充满了喜悦之情，真真切切。”在航行将近结束时，一场悲剧发生了。4岁大的丹尼尔·罗伯逊“有一副甜嗓子，很乖巧”，在船上很招人喜欢。他之前一直说“脑袋疼”。在5月12日晚上，也就是在他母亲的生日那天，他因为“脑出血”死去了。木匠做了一口小棺材，乘客和船员集合在一起参加了海葬：

> 6点30分的时候，当看到丹尼尔·罗伯逊的丧事筹备工作时，众人刚刚还挂着喜悦笑容的脸……变得愁苦悲哀起来。在我们的注视下，那具小小的尸体沉入了美丽的海洋，在那里永远安息了。女人们聚在一起，呜咽着，脸上满是泪水，小姑娘们则伤心地抽泣着。

5月19日上午，船员们在布里斯班附近的莫顿角灯塔下锚。单身汉们觉得自己就要解放了，于是做了一座雕像，称它“激起民愤，恶贯满盈，犯下了残忍的罪行”，其中包括造成了食物短缺。他们在横桁臂上“处死”了它，将“尸首”扔进了大海。领航员来到甲板上，将船领入港口，人群大声欢呼。24日，拖船出现了，这艘船终于被拴在了布里斯班的码头上。整个航程花费了120天，让人筋疲力尽。“奥塔哥号”的姊妹船“詹姆斯·尼科尔·弗莱明号”的航程稍远，终点是新西兰的但尼丁，但只花了69天；而汽船只需要不到60天的时间。

# 豪华游轮的诞生

19世纪下半叶，跨洋旅行迎来了自己的黄金年代。船用蒸汽引擎的发明缩短了长途跋涉的时间，使得人们对境外旅行的兴趣倍增。这种趋势，以及欧洲数百万被迫迁往新大陆的穷人，成了航运业财富积累的基础。

1885年，28岁的艾伯特·巴林当上了德国汉堡—美洲航运公司客运业务部的主管。两年之后，他加入了公司董事会。巴林出生在汉堡的一个犹太人家庭，父母是来自丹麦的移民。在杂志《世界舞台》的描述中，他在“观察时是理想主义者，行动时又是现实主义者”，而且据说拥有“一种奇异的特质，能将钢铁般的意志与机会主义的世俗智慧结合在一起，能把五花八门的想象和对事实的冷静计算评估融合到一处”。他还是个易怒敏感的人，而且有很大的野心。很快，他对这家航运公司的忠诚就变得无人能及，超过了其他任何董事、股东和雇员。汉堡—美洲航运公司（在德国被称为“赫伯”）在当时拥有22条远洋汽船，吨数达60 500吨。这家成立于1847年的公司采用了汉萨同盟（一个中世纪的行会组织）的格言——“世界我天地”。巴林决心将这个说法变成现实，而他的愿景对世界航运产生了深远的影响。

谈到航运业务的现状，巴林看到的是海洋被英国商船统治。他在自己事业刚起步的时候，也就是给父亲的公司打工时，就意识到了这个事实。那时候，无数前往美国的移民都被他安排到了英国船只上。由于“亚拉巴马号”与其他邦联战舰在南北战争时期攻击商船，美国在很大程度上放弃了海上贸易。到1890年，在美

**艾伯特·巴林**

身为一名雄心勃勃的商人和创新者，巴林首创了一种新型客运业务

国的海上贸易中，只有9%是由它自己的船只完成的。其他国家的情况也不乐观，法国尚未从失利的普法战争中完全恢复，德国（1871年统一）则还是一个正处在工业化进程之中的新国家。

而英国的情况正相反。它拥有全球规模最大、最高效的舰队。它充分利用了铁行轮船公司的亚瑟·安德森和塞缪尔·肯纳德这些精明的商人，而且在技术上一路领先——不仅建造了第一艘铁船和钢船，拿到了复合式引擎与三段膨胀式引擎的专利（这些引擎极大地提高了燃料效率），还建造了冷藏船和油轮这样的特种船只。到了19世纪90年代，英国船在全球船只吨位中的比例差不多占到了80%，而且拥有英爱两国血统的工程师查尔斯·帕森斯即将开发出蒸汽涡轮，这将把远洋班轮的速度提升到新的高度。

“远洋班轮”这个词出自商船运输行业。到19世纪末，商船分成了两大类：不定期货轮和班轮。不定期货轮是全球经济的一个组成部分，用来运送单一一种货物——通常是煤或粮食——或者是在繁忙时段做班轮的补充，而没有固定的航线。虽然名叫不定期，但这并不代表这类船就是运营不佳或是破破烂烂。从另一方面来说，班轮只是代表这种船运营在固定线路，也就是“航线”上。这些船比不上今天那些令人神往的豪华船只，不过它们也会从事客运业务，甲板上通常挤满了前往美国或澳大利亚开始新生活的移民。

对跨大西洋的乘客来说，多风的冬季航行是段不堪的经历。巴林也意识到，这条航线上的班轮未得到充分利用。他考虑用这些船在南部海域开发休闲娱乐航线。在1891年，他用公司最大的轮船“奥古斯塔·维多利亚号”开展了一次地中海巡游。因为冬天的缘故，这艘船此前就闲置在码头上。这次航行的配套设施与以往大多数客船的基本生活条件有所区别，商业上的卖点主要强调休闲度假。

> 在为期两个月的航行中，乘客们将不受任何干扰，摆脱平日的束缚，告别繁忙公务的负担……人人都能随心所欲，从事社交或是独处……各位的健康将得到最悉心的呵护，同时也有音乐与体育活

动，让您不知不觉地度过一段惬意的时光。

这并不是什么新颖的概念，不过巴林推出的豪华游轮旅行获得了乘客们的青睐。作为一名永远追求完美的人，他将自己的全球化视野与对细节的关注结合在一起，多次乘坐自己公司与其他公司的船只出游，对乘客在豪华游轮上的体验做了细致入微的记录：

> 摩泽尔葡萄酒的供应商名单要调整——要严格限制船上通知的数量，那些必须要有的通知要裱得有品位——航行时间表和一般规定要写在乘客拿到的单子上——“腓特烈皇帝号”上的特等舱：钥匙、门闩、抽屉；没地方放大包和旅行箱；毛巾太小——“德意志号”：装脏衣服的橱柜太小——“大洋号”厨师的白夹克——西芹杯——黄油碟太小——大枕头——肉汤碗——玩牌——要用餐巾上吐司（热的）。

1901年，巴林来了一次环球航行。此次航行的部分目的是考察开设到中国青岛的客运服务有没有前景——德国刚刚从中国取得了这处殖民地。他还仔细记下了自己在各个港口的见闻。在埃及的塞德港，他在要歇息的时候正好赶上运煤，让他迟迟不能安睡：

> 轮船刚系泊，数百名当地黑人就来到船上装煤。他们野蛮地大叫着、比画着，噪声要撕破天空……想象一下，一群原住民用最大声尖叫，再加上直接把煤扔进煤仓带来的噪声会是什么样子。

在进入新加坡时，他用“美极了”这个词来形容这里的异域情调：“轮船缓缓驶过小岛间的水道。那里有无数个小岛，上面覆盖着郁郁葱葱的植物，我们花了两个小时才真正抵达港口。”他对这里非常感兴趣——虽然中国的上海才是被称作“远东纽约”的地方。至于生意方面，他在中国香港建立了一家分公司，在中国上海开设了办公室，收购了两家航运公司，并且和日本人展开了谈判。

**大西洋班轮装载的货物**

在20世纪初，带着移民前往美国的轮船需要装载大量食物

北大西洋还是当时最知名的班轮业务区域，德国人希望在那里有出色表现。1897年，德国公司北德意志劳埃德建造了“威廉大帝号”，挑战英国在航运业上的统治地位。这艘船吨位超过14 000吨，是当时最大的班轮。它也是第一艘赢得“蓝丝带奖”的德国船。该奖项颁给那些以最快速度横渡大西洋的船只，虽然这并不是什么官方奖项，但争夺却非常激烈。1898年，这家公司包揽了近1/4前往纽约的乘客，其中头等舱和二等舱的乘客数量都超过了英国的冠达公司。汉堡—美洲航运公司在1900年拿出了16 500吨的“德意志号”作为回应。这艘船也赢得了“蓝丝带奖”（1902年），用了5天15小时又45分钟的时间，从英国西南海岸外的埃迪斯通灯塔，开到了纽约的桑迪岬。不过，这次航行并非一帆风顺——机械故障与振动全程伴随着这艘船。它在大西洋中间丢掉了船舵，只能靠引擎调整方向。巴林本来就不喜欢进行费钱又没用的比赛，他后来再也没想获得“蓝丝带奖”。相反，汉堡—美洲航运公司为它的大西洋业务起了一个标语，叫“奢华取代速度”，劝说乘客不要着急结束5天或6天的舒适旅程。

事实上，让船只的内饰变得有品位，这正在变成业界标准，其中最早的一个例子就是“亚美利加号”。按照美国作家理查德·H.达纳（Richard H. Dana）在1856年的描述，这艘轮船的女士客舱是“一间非常舒适的房间，装潢得尽可能像岸上的房间。贴上了墙纸，有一处大理石壁炉，还配上了炉栅和壁炉架。一切陈设都富有家庭气息，让人感到舒适”。1913年，汉堡—美洲航运公司启用了夸张的“元首号”。英国作家亚当·柯卡尔迪（Adam Kirkaldy）被这艘船展现出来的宏大震撼了：

**午宴时间，在铁行轮船公司的一艘印度地区班轮上**

1891年，在铁行轮船公司班轮“喜马拉雅号”上，参加午宴的乘客既享受到了奢华的环境，也体会到了恶劣海况下的不适

SS“元首号”

1913年的一幅广告将“元首号”称为“世界上最大的船”。这艘汉堡—美洲航运公司的船是当时最豪华的班轮之一。

# 这些壮丽的大船……也许可以视为……自信与希望的表达。

威廉·贝特朗（William Bertrand）
法国海洋部部长

“甲板不少于11层……船上有常青花园、里兹餐厅、剧院、罗马式的室内泳池、球室、健身房……奢华无边。”

大西洋上的豪华班轮只是汉堡—美洲航运公司全球业务中的一部分。和许多航运公司一样，这家公司的大部分利润也是来自货运。到1914年，它成了全球最大的航运公司，拥有442艘船（近半数是海船），总吨位超过140万吨，开展74项不同的业务，穿梭在350多个港口之间。和这家公司一同发展的是德国航运行业，其运量已经增长到1885年时的8倍。

然而，也就是在那一年，由于战争阴云笼罩欧洲，德国公司的成功受到了威胁。巴林非常害怕发生欧洲大战。他向德皇报告，称自己“成功推动德国人、英国人、法国人、意大利人、奥地利人以及所有小国家在可能影响到各自航运利益的重大问题上达成了一致，而且用友好的协议取代了恣意的、耗损极大的竞争”。他觉得自己在外交关系上也能做出同样的贡献，并试图通过德国在出生的英国商人欧内斯特·卡塞尔爵士，以调停者的身份与英国商定一份和平协议。但是在1914年，战争还是爆发了。死亡与毁灭席卷欧洲，汉堡—美洲航运公司的大多数船只被封在港里。1918年，就在“一战”结束前两天，巴林自杀身亡，但他的公司撑了过来。公司船队挺过了第二次世界大战，最后在1970年与北德意志劳埃德公司合并，成立了赫伯罗特航运公司。新公司一直运营至今。

# 军备大赛

19世纪下半叶，战舰的设计层出不穷，新改动一个接一个地出现。铁制船体与钢制船体加装上了更坚固的装甲。舰炮（已改为线膛炮，后部装填）可以从更远的距离上发射爆炸性的炮弹，而不再是实心球。蒸汽成了通用动力，多数战舰不再用帆，甚至都不用帆做后备动力。不过在1890年，一种新式战列舰的出现让这种局面稳定了下来。这种战舰的船体很高，可以迎浪前进，有冲角艏，通常配备两座炮塔，共四门主炮。英国皇家海军仍然是当时世界最强大的海军，拥有各种配备12英寸炮、6英寸炮、12磅炮和3磅炮的船只，但它的地位受到了起步中的俄国、美国以及意大利海军的挑战。1897年，德国海军上将阿尔弗雷德·弗里德里希·冯·铁毕子（Alfred Friedrich von Tirpitz）出任德意志帝国海军办公室国务大臣，对英国皇家海军的又一个新挑战由此出现。此人明白自己无望建造一支像英国皇家海军那样庞大的舰队，所以他采纳了“冒险理论”：如果德国海军规模足够大——即使还是比不上庞大的英国舰队——英国在一场对德战争中就有损失很多船只的危险，以至于无法再面对第二个敌人。这是个危险的方案，因为英国可能会在德国积攒足够实力前发动进攻，但他还是继续了自己的方案，到1904年，德国拥有了一支由20艘战列舰组成的舰队。

**海军上将阿尔弗雷德·弗里德里希·冯·铁毕子**

冯·铁毕子是个有本事的改革者。他刚开始只是在鱼雷艇上服役，后来则建成了全球第二大的海军同年，英国皇家海军元老、人称“杰基”的海军上将约翰·费舍尔当上了英国第一海务大臣。费舍尔热情固执，了解海军现代化的需求，但在一支看重克制与服从的军队里，他最开始的任务是削减不断增长的海军军费。他做到了这一点，办法就是从殖民地撤回军舰，另外还拆除了大量老式炮艇，这些船在面对现代敌人时毫无用处。1905年，这样一个现代的敌人出现了——俄国当时与新兴大国日本打了一仗。两国的舰队遭遇，对马海战爆发。日本人虽然在数量上略逊一筹，但他们俘虏或击毁了9艘俄国战列舰中的8艘，以及3艘铁甲舰和8艘巡洋舰。这次海战最惊人的一个特点就是，双方交战时相隔的距离很远，这是史无前例的。两支舰队在6 400米的距离上开火——远超过当时传统海战的射程——而且日本人在20分钟内就重创了敌舰。在伦敦，费舍尔意识到远距离射击是取胜的关键。舰炮要尽可能往大里造，而且都应当采用统一的口径，这样才方便修正误差。为了把这些想法变成现实，他把自己的资源用来建造第一艘全重型火炮战列舰——HMS“无畏号”。这艘舰在朴次茅斯军港建造。从1905年开建到1906完工，整个建造工作只花了一年多时间，而不是正常的两年半工期。

“无畏号”没有采用传统的混合口径主炮，而是安装了10门12英寸炮。它的副炮是12磅轻型炮，用来击退鱼雷艇。这艘舰还配备了最新式的涡轮引擎，从而成了世界上最快的战列舰。一下子，“无畏号”改变了海战方式；还让英国现有的50艘战列舰组成的舰队变成了无用的废物。费舍尔因此遭受了广泛的批评。他的对头海军上将查尔斯·贝雷斯福德爵士评论道，此举是“把海军的所有鸡蛋放在了一或两个又大又贵又威武，但脆弱的篮子里”。“无畏号”的首任舰长雷金纳德·培根（Reginald Bacon）对此回应道：“我们确信‘无畏号’是能建造的最好战舰，难道我们还要故意去造差一等的战舰？”

冯·铁毕子被打了个措手不及。他的方案没有更改的余地，而且基尔运河的宽度限制了他那方军舰的大小。基尔运河是一条具有战略意义的水道，连接着德国海军的训练场波罗的海与实战战场北海。它太过狭窄，无畏舰大小的船是无法通过的。这样就只剩下一个解决方案——掘宽这条运河并开始建造德国自己的无畏舰。在1907年到1914

# 无畏舰

在1904—1905年的对俄作战中，日本舰队大获全胜（见下图），由此揭开了海军技术的新时代。英国皇家海军因此建造了HMS“无畏号”。这艘战舰首次采用了全重型火炮，还配以速度更快的蒸汽涡轮引擎。它的火力胜过当时所有战舰，一个新的军舰舰级诞生了。

## 日本海军力量

日本帝国海军在19世纪70年代才成立，但它的军舰技术发展很快。在1904—1905年，日本战列舰在对马海峡海战中击败了俄国舰队。参战的日本战列舰“三笠号”建于1902年，是当时最先进的船只之一，而且对无畏舰产生了影响

日本战列舰
逼近旅顺口

## 炮塔

无畏舰的一个标志性特点就是配备了重型远距离火炮，从而可以避免传统的近距离作战。为了将冲击力最大化，早期的设计实验了炮塔的位置，不过各国炮塔的位置均不相同

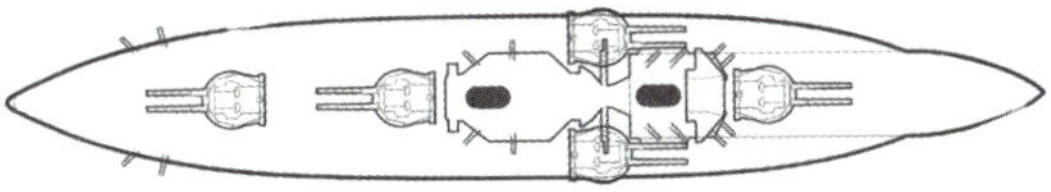

英国无畏舰，1906年

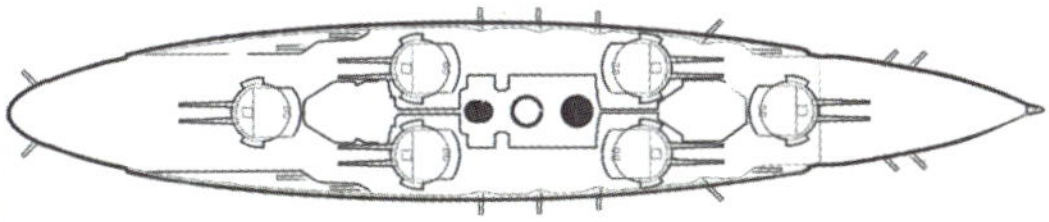

德国无畏舰，1908年

### 炮塔位置

在英国第一艘无畏舰上，三座炮塔安装在中线上，两座安装在舷侧。德国的军舰尝试了四座舷侧炮塔，另外两座一座在船前部，一座在后部，所有炮塔都有两门炮

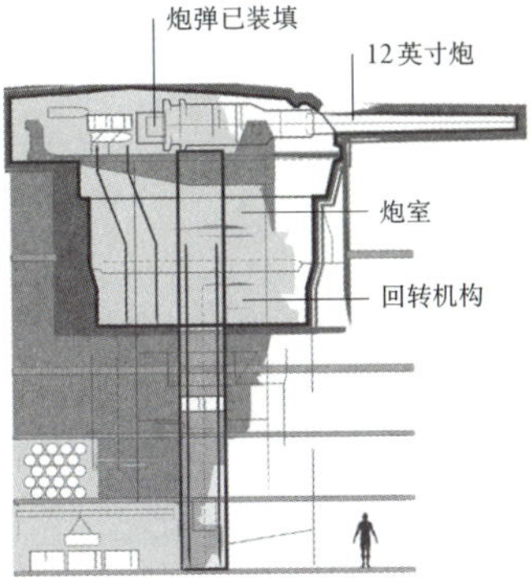


### 炮塔设计

无畏舰的炮塔有装甲炮垛保护，下面有一排辊子支撑，让舰炮可以转动。这种炮塔需要大约30个人操作。炮弹和发射药都非常重，必须要用升降机装填

### HMS“无畏号”

大不列颠，1906年下水

“无畏号”长106米，有10门12英寸炮，航速可达21节。它是第一艘全重型火炮战舰，也是这一舰级中的首舰。在第一次世界大战中，它的表现有限。原因是在主要海战，也就是1916年日德兰海战爆发时，这艘船正在改装

对马海战

对马海战不仅体现了日本海军在经历工业化后所发挥的作用，还证明了现代火炮的毁灭性威力年间，这条运河被按要求掘宽了，而第一艘德国无畏舰SMS“拿骚号”在1910年下水。从表面上看，“拿骚号”比不上英国的无畏舰。它只有11英寸炮，而且采用了以前的往复式引擎，但它拥有所有德国工艺的优点。冯·铁毕子加快了造船的速度。当年还有另外三艘战列舰入列，1911年又是三艘，1912年两艘，1913年四艘。

讽刺的是，无畏舰并不是费舍尔最钟爱的舰型。1905年，由于与德国开战的可能性减小，他指派了一艘大型快速巡洋舰去对付可能出现的法国商船海盗。这种船配备了无畏舰上的同型舰炮，但航行速度提高了很多。随着与德国开战的可能逐渐增大，这些新的“战列巡洋舰”被看成是主力舰队中的快速机动部队，但较薄的装甲使其更为脆弱。费舍尔把它们称为“用大锤武装起来的蛋壳”。就在同一时期，后无畏舰时代的最新战列舰出现了。这些“超级无畏舰”装备了13英寸半的舰炮，其炮弹破坏力比传统无畏舰高出近40%。

普通公众对英国与德国的这些新式战舰产生了很大兴趣。在英国，海军社盟（一个支持皇家海军的慈善团体）的成员从1.4万人猛增至10万人；德国的类似团体，成立于1898年的“战舰协会”，到1906年拥有了近百万会员。军备竞赛在1909年达到顶峰，当时英国海军社盟要求建造更多无畏舰——“我们要8艘而且现在就要！”——这个要求被实现了，英国海军军费升至更高水平。尚未敲定的是这些军舰到底要停在什么地方。当时英国皇家海军还是主要依靠普利茅斯、朴次茅斯和查塔姆的三座南部军港进行活动。1903年，英国从苏格兰买下土地，准备在罗塞斯建新军港，但费舍尔表示反对。他害怕有人会破坏福斯桥，这样军舰就会被困在港中出不来。他看好了更北面的一些地方，但迟迟没有下手。德国此时在自家狭小的北海海岸建设了威廉港，当作军舰的主基地。据《大英百科全书》记载：“通往新旧港口的三个入口都建起了又长又大的防波堤；整个港口地区、工程船、车间……组成了政府的造船厂，四周围着高墙，墙上有14扇铁门。”

费舍尔于1910年退休。他在任时功绩颇丰，但也在军队内外树起了不少敌人。几个月后，德国便以夸张的方式展示了自己的军力。1911年7月1日，德皇威廉以保护德裔居民为借口，宣布摩洛哥为德国的保护国，并派出炮艇SMS“豹号”前往大西洋海港城市阿加迪尔。这一举动激怒了想把摩洛哥归为己有的法国，也激怒了害怕德国拥有大西洋良港的英国。这导致了英国军队高层变动，37岁的温斯顿·丘吉尔上位，当上了海军大臣。在费舍尔那个年代，海军大臣只是虚职，主要职责是向国会解释海军的政策。丘吉尔不一样，他全权控制海军，开除了那些与他意见相左的将军。他全身心地投入到这份工作中，在费舍尔失败的地方进行了改革，设立了海军参谋部来策划战役，建立了海军航空部，改善了下层甲板海员的工作条件，把燃料从煤换成油，并建造了更多令人生畏的新式战列舰。其中包括女王伊丽莎白级战列舰。该级战列舰装备15英寸舰炮，是当时最强大的战列舰。

SMS“豹号”

SMS“豹号”被派往摩洛哥港口城市阿加迪尔保护德国的利益。这艘小小的炮艇引发了一场国际危机

到1914年，英国拥有了一支全新的舰队，有22艘无畏级战列舰以及10艘战列巡洋舰。而德国仅有16艘无畏舰和6艘巡洋舰。冯·铁毕子的舰队没能成为一种有效的遏制武器，而英国现在则更愿意采取更激进的对德政策。1914年6月，两国开战的机会来了。奥地利的弗朗茨·斐迪南大公在萨拉热窝遭刺杀。盟国间的火药桶被点燃，德国与法国开战，英国为保卫比利时参战。人们原以为这场战争会在当年圣诞节前结束，但陆上与海上的战事僵局将战争一直拖到1918年。

英国皇家海军与德国公海舰队之间从未发生过一场孤注一掷的战斗——不过1916年的日德兰海战比较接近这样一场战斗。后来，英国战舰在一种更致命的新式舰船面前露出了破绽。这种新式舰船最终取代了战列舰，成了海军力量的象征——它就是潜艇。

**温斯顿·丘吉尔，1912年**

在担任海军大臣期间，丘吉尔加强了英国皇家海军的实力，以此来反制德国日益增长的威胁

# 海战

## 1914—1945

1914年第一次世界大战爆发伊始，英德两国的极端民族主义者期盼着两国的钢铁战舰来一场大战，但海上的战事辜负了这种期望。英德双方只有一次令人失望的交战，也就是1916年那场不具有决定性意义的日德兰海战。除此之外，两个国家的主力舰队再也没有正面对决。相反，给英国带来最大威胁的是德国潜艇。它们击沉了数千艘商船，其中包括客轮RMS“卢西塔尼亚号”，几乎切断了英国至关重要的海上供给线。

“一战”后，战败的德国被迫裁军，其他大国则协商限制各国海军的规模。到20世纪20年代，欧洲大移民的时代已经结束，豪华客轮旅行业务则兴旺起来。在20世纪30年代中期，英国邮轮RMS“玛丽王后号”和法国班轮SS“诺曼底号”相继运营，让这个行业发展到了顶峰。随着航空母舰被有针对性地建造起来并入列服役，海军航空兵日臻成熟，但痴迷于大型战列舰的海军将领还有很多。

1939年，二战爆发。人们震惊地发现，即便是最大的战舰，在面对空袭时也显得孱弱无力。1941年12月，美国与日本在太平洋上展开了一场惊心动魄的海战，航母在其中扮演了主要角色。在大西洋上，面对德国U型潜艇的攻击，盟军为了保证航线畅通竭尽全力。美国与英国在海军军力上的优势是盟军取得最终军事胜利的关键因素。凭借这种优势，盟军得以在日本占领的群岛以及德军占领的欧洲海岸成功登陆。1944年6月，庞大的舰队被召集起来，由此展开的诺曼底“D日”战役成了这种两栖登陆作战的高潮。

# 日德兰海战

1914年夏天有个和平的6月。在德国基尔港一年一度的赛舟会上，一支由无畏舰和巡洋舰组成的英国舰队礼节性地拜访了那里。虽然双方表面上一团和气，但德国战列巡洋舰“德弗林格尔号”上的枪炮官格奥尔格·冯·黑泽中校对英国船员则是冷眼相待。“我们这边的高个日耳曼人可多多了，”他后来评论道，“实际上，我看到他们很多人像极了犹太人。这让我非常震惊，因为据我所知，犹太人天生讨厌航海。”英国皇家海军的中尉斯蒂芬·金-霍尔则表示：“如果我们拔剑相迎，那就会遇上个英勇的敌人。”

德国海军上下都将英国人视为主要敌人。战列舰SMS“赫尔戈兰号”建造于战前英德两国的军备竞赛时期，上面有一名海员叫理查德·施通普夫。据此人讲，当1914年8月初德俄开战的消息传来时，士兵们都很失望，因为他们真正想与之作战的对象是英国人。“我们建立自己的海军，是为了打击虚伪奸诈的英国佬！”后来，在英国明显要对德国宣战时，施通普夫在日记里写道：“我们都长吁了一口气。”

英德两国从一开始就决定保留他们那庞大且昂贵的战舰。除非条件有利，否则他们不准备冒险交战。德国公海舰队的战舰大多待在港里，施通普夫和他的战友只能干瞪眼。1914年11月，科罗内尔角海战在南美海域爆发，德国海军的一支力量击败了一支较弱的英国海军力量。施通普夫高呼这是一场“美妙的胜利”。“我们那无可匹敌的巡洋舰‘埃姆登号’的英雄事迹”也让他非常激动——该舰在印度洋攻击了英国商船。同年12月，在马尔维纳斯群岛，德国人被一支规模大得多的英国舰队击败。即便如此，他还是表示：“如果双方实力调换……战斗只会持续短短的5分钟。”

最让施通普夫激动的当属德国U型潜艇的战绩。1914年9月，潜艇U-9击沉了三艘巡洋舰，英国人大为震惊。施通普夫则欢呼雀跃，庆祝这艘潜艇返港。第二年5月，潜艇U-20击沉客轮“卢西塔尼亚号”，造成重大人员伤亡。施通普夫和战友表现出了同样的狂喜。施通普夫

**德国舰船上的生活**

1916年，一艘德国鱼雷艇上的成员正在享受少有的轻松一刻。鱼雷艇的装甲很薄，设计本意是靠鱼雷攻击大得多的敌舰

激动地表示："我们德国潜艇已经颠覆了海战的所有理论。"

他也渴望参战。他在休假时因穿着海军军服而被士兵嘲笑："水手一职让我羞愧难当。因为他们一直让我们待在港里，什么也不做。我们不敢面对英国佬的舰队。我还没告诉人们这居然是真的……"百无聊赖的德国公海舰队停在海港中无所事事。

> ……晚上6点开饭，然后是写信、玩牌或玩乐器，一直到7点半……一般来说8点半船上就安静下来，吊床也挂起来了……人们三三两两地坐在角落里抽烟。因为吸烟是被明令禁止的，这反倒有点儿意思……通常是讲故事讲到11点，或者讲到有人睡着为止。

水手们都讨厌给船装煤——这是一项又重又累的活计，一般来说巡航之后就必须完成。"赫尔戈兰号"上的船员就有一次当着市民的面装煤的经历，事情发生在度假胜地斯维内明德。

> 8点半，我们开始装船……白衬衫上洒着香水的女士们与先生们划艇来到船边，饶有兴致地注视着我们灰头土脸地上工。没过多长时间，这帮人就和刚从煤灰里钻出来的我们一样黑了……为了让他们看清我们的工作，船上还专门打开了探照灯，而我们则继续干活……最后，到了凌晨1点，800吨煤消失了，填进了永不知足的煤仓……水手们都累坏了。整个甲板上覆盖了煤灰，有好几英寸厚。

船员的不满情绪还被阶级冲突放大了。德国海军中有一些不错的军官，但也有许多军官高高在上。至少有一位战前的舰长认同这样一件事情："经验告诉我们，在德国军队中，一般来说素质与领导力是来自教育和传统的。这两样东西在某些阶级的孩子身上更容易被发掘，在其他阶级身上则不行……"在"赫尔戈兰号"上，一名军官相信："教育最薄弱的国家最容易治理！"食物的质量逐年下降，这又加重了不平等。"就在我们只能靠不足量的面包过活的时候，"施通普夫写道，"在军官的食堂里，他们大吃大喝，一顿饭上六七道菜。"

1916年5月下旬，德国公海舰队离开港口，驶进北海，希望能突

SMS"赫尔戈兰号"

"赫尔戈兰号"在日德兰海战中被一发英国的15英寸炮弹击中，但它只受到了轻微程度的损害，坚持了下来

## 第一次世界大战伤亡人数（估算值）

# 35 000 000

袭一支脱离主力部队的英国舰队，并摧毁它。施通普夫在“赫尔戈兰号”上，经过了长时间的无所事事。他和其他普通水手一样，都怀疑是否会真正开展行动。“德弗林格尔号”上的冯·黑泽浪漫地描述了海上的景色：“壮丽的太阳升了起来，金色光线笼罩海面。在日光中我们看到，整个公海舰队正驶向敌人。”舰队核心是16艘无畏舰和6艘前无畏舰时代的战列舰。就和数个世纪以来的战列舰一样，这些船行动时也排成一线。舰队前面打头的是5艘战列巡洋舰。它们的舰炮与无畏舰几乎一样，但装甲更薄、速度更快，它们组成了一支具有强大火力的侦察力量。提供支援的是9艘轻型巡洋舰和60条鱼雷艇。轻型巡洋舰也有侦察任务，鱼雷艇则负责阻拦潜艇，击退敌方鱼雷艇，以及用鱼雷攻击敌方舰船。

冯·黑泽迫切想看到战斗真刀真枪地打响：“如果我一次也没有体会到在公海作战是什么滋味，那我的职业生涯也太不完整、太失败了。”他没有失望。5月31日午后，德国战舰突然遭遇了倾巢而出拦截它们的敌人——英国大舰队（Grand Fleet）。

从表面上看，英国舰队有极大的优势——它每种类型的舰只数量都多于德国，其舰炮尺寸也更大。但英国皇家海军存在几处致命的缺陷。从舰只角度看，尤其是在干劲儿十足的中将戴维·贝蒂爵士（Sir David Beatty）带领下的战列巡洋舰分队，其在火炮射击上的训练远不及对手，而且英国炮弹更容易在击中敌舰后直接爆炸，而不是穿透德国军舰的装甲。同时，英国的战列巡洋舰装甲太薄，不足以防御德国人精准的炮火。英国人的旗令传递流程也很糟糕，次级军官接收不到足够的指令，即便抢到了先机也不能挽救这方面的缺失。

接下来的战斗即是英国人熟知的日德兰海战。但在德国，它被称作斯卡格拉克海峡海战。最初的交火发生在战列巡洋舰之间，冯·黑泽很

**日德兰海战**

规模较小的德国舰队给数量上占优的敌人造成了更大的损失。不管怎样，英国保住了对北海的战略控制权

快陷入了激烈的战斗之中。他待在“德弗林格尔号”的前部操纵位上，指挥着8门12英寸舰炮，将炮火倾泻到最远在20千米外的敌舰上。他的工作对技术装备的依赖性很大，要使用蔡司测距仪和射距钟。这些仪器会计算若干因素，比如距离与方位角、风阻以及己船与两艘目标船的移动等等。熟练的士官射手会在船只摇晃时保持武器平稳。下午6点，英国战列巡洋舰HMS“不倦号”被德军炮火击中爆炸。冯·黑泽中校正全神贯注地指挥对另一艘舰的攻击，没有注意到这惊人的一幕。“德弗林格尔号”一直在与战列巡洋舰HMS“玛丽王后号”交战。下午6点26分，冯·黑泽看到：

> 首先是它的前部升起了一团明亮的火焰，接着是一次爆炸，之后在船中部又是一次更大的爆炸。黑色的碎片飞向空中，紧跟着整艘船发生了一次骇人的爆炸，四分五裂……船只原来所在的地方只剩下了一团浓密的黑烟。

两拨战列巡洋舰都向北开去，贝蒂把德国人引向了英国大舰队的

主力。舰队元帅约翰·杰利科（John Jellicoe）海军上将巧妙地将自己的战列舰排成一线，让航线插过德军的线路。这一经典的机动动作被称为“T字”战法，他所有的炮火都可以集中在对方打头的船只身上。正如冯·黑泽很快发现的那样：“晚上8点15分，我们遭遇了猛烈的炮击。炮火从四面八方袭来。而我们只能模糊地看到敌人的船体，但……敌舰却把我们团团围住……很明显我们面对的是整支英国舰队。”

位于德国舰队中部的“赫尔戈兰号”开始行动。此前一直负责瞭望的施通普夫不情愿地下到自己的战位，来到一座炮塔的弹药室中。在令人窒息的闷热空气中，他听到舰桥通知，“敌舰开火。第一轮齐射，差1 000米命中”。然后“一阵狂乱的气流冲过弹药室，炮塔摇晃起来，‘砰，砰！’我们的第一层舷侧装甲被打掉了”。德军舰队指挥官莱因哈德·舍尔（Reinhard Scheer）上将下令让舰队连续转向，躲避英国人毁灭性的炮火。当他再次转向，准备返回基地时，发现英国大舰队又排成一排拦住了去路。绝望之下，他命令战列巡洋舰展开“死亡冲锋”——一种危险的防御机动——从而保护舰队的其他船只。与此同时，鱼雷艇也展开了一轮攻击。让他吃惊的是，英国战舰掉转了船头，因为杰利

# 现代战舰

HMS“无畏号”于1906年下水，这标志着海战新纪元的开始。在这个新纪元中，世界大国建造了更加强大的战列舰，以及统治今天海洋的核潜艇。

### HMS“征服者号”（1911年）

HMS“征服者号”是英国四艘猎户座级超级无畏舰中的一艘。它参加了1916年的日德兰海战。与“无畏号”不同，它的13.5英寸舰炮都加装在中线

### SMS“德弗林格尔号”（1913年）

在第一次世界大战期间，德国战列巡洋舰“德弗林格尔号”炮击了数座英国海岸城镇，并参加了多格滩海战与日德兰海战

### USS“班布里奇号”（1920年）

美国海军从1919年起建造了156艘克莱姆森级驱逐舰，这是其中的一艘。在第二次世界大战中，该舰执行了三次护航任务，往返于纽芬兰与冰岛之间

### “俾斯麦号”（1936年）

被誉为德意志海军骄傲的“俾斯麦号”只参加过一次战斗。它在1941年击沉了英国战列巡洋舰HMS“胡德号”，自己随后也被击沉

### “维托里奥·维内托号”（1940年）

在两次世界大战间隙，意大利海军建造了三艘快速巡洋舰，“维托里奥·维内托号”是其中之一。它参加了1941年发生在希腊西南海岸外的马塔潘角海战

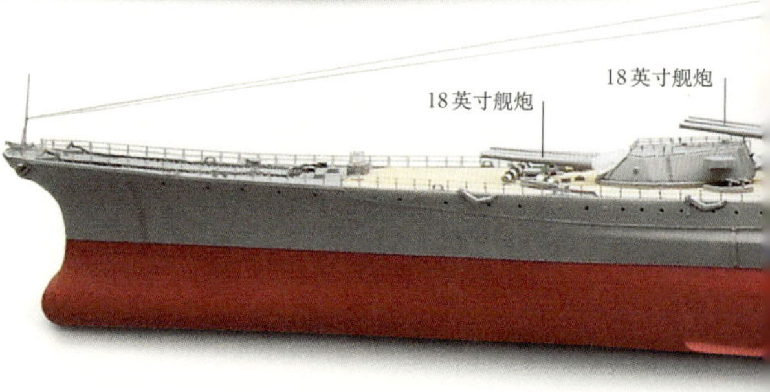


### “大和号”（1941年）

“大和号”与姊妹舰“武藏号”是有史以来体型最大、火力最强的战列舰。在1942年间，“大和号”是日本舰队的旗舰。

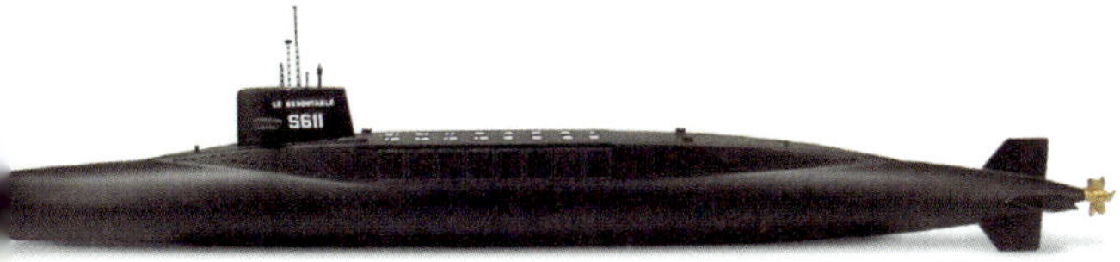

**“可畏号”（1971年）**

法国第一艘弹道导弹潜艇装备了M20导弹。该导弹可以携带百万吨级当量的核弹头，射程超过3 000千米

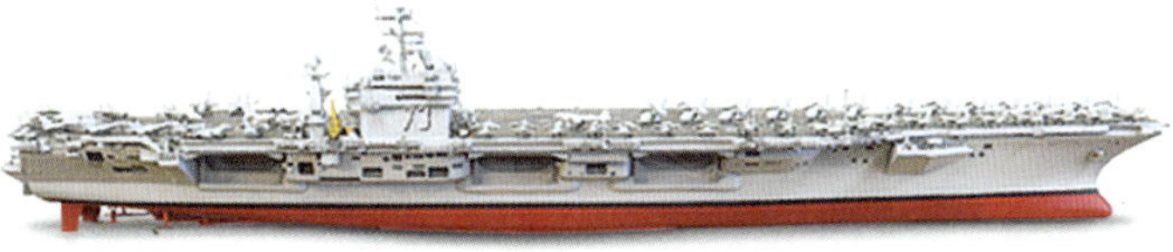

**USS“乔治· 华盛顿号”（1992年）**

这艘美国核动力航母长333米，宽78米，可搭乘80架飞机

**HMS“兰开斯特号”（1992年）**

英国23型巡防舰“兰开斯特号”携带“鱼叉”反舰导弹、“海狼”防空导弹、“黄貂鱼”反潜鱼雷，以及一架韦斯特兰公司的“灰背隼”直升机

**CS“温哥华号”（1993年）**

CS“温哥华号”是加拿大海军哈
克斯级多用途巡防舰中的一艘。
有反潜鱼雷、海空导弹与一架
王”直升机

**HMS“敏捷号”（2010年）**

英国的“敏捷号”是一艘核动力攻击潜艇。它装有传统鱼雷、“剑鱼”制导鱼类以及“战斧”巡航导弹

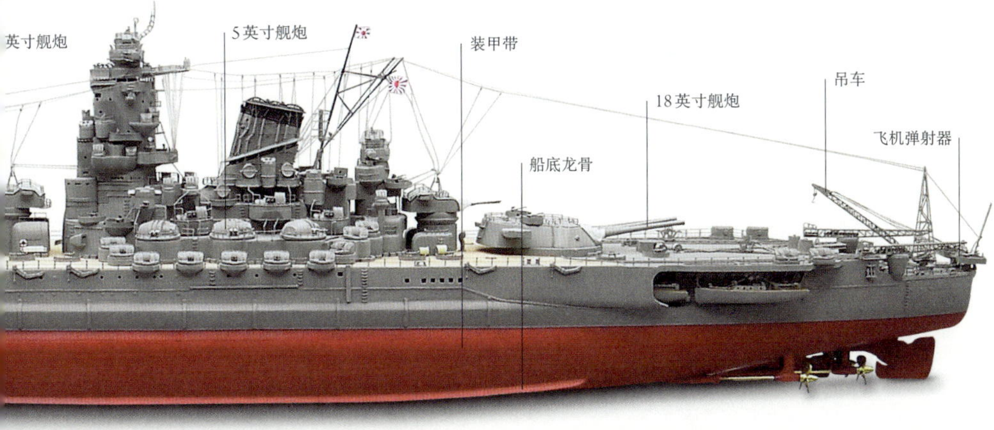

科不打算冒让德国鱼雷击沉他的战列舰的险。

虽然杰利科的做法放了德国公海舰队一马，但在夜晚的时候，德国舰队仍有被英国战舰阻断返回基地退路的危险。午夜过后，水手施通普夫从弹药库中撤了下来，回到舰桥上继续瞭望。英国驱逐舰摸黑搜寻德国舰队，但这一晚只有小规模行动。施通普夫写道："它们在那里！船尾探照灯的光线突然扫到一只灰色的舰影，并死死盯住不放。我们所有的舰炮喷出耀眼的火焰……又击中了船舷！我清楚地看到碎片四散……"第二天早上，德国军舰返回了自己的母港。他们损失了1艘战列巡洋舰、1艘老式战列舰、9艘其他船只，2 500人阵亡。英国人损失了3艘战列巡洋舰和11艘其他船只，死了6 000人。

德国人相信他们打了一场大胜仗，击败了英国皇家海军。施通普夫觉得这是"天赐的一日"。英国人有些失望，郁闷了数十年之久，但赢得战略胜利的是他们。在欢庆过后，德国人承认，他们被迫退出了北海。由于放弃了吃掉一支单独出海的英国舰队的希望，德国公海舰队几乎没有再次出港，转而将精力放在了展开新式潜艇战、袭击商船的策略上。7艘美国商船因此沉没，这最终导致美国在1917年4月对德宣战。德国公海舰队失去了存在的意义，因为最好的人员都已经被转移到了U型潜艇上。

到1918年10月，德军在西线面临溃败，同盟国盟友即将投降。在这种情况下，柏林的海军部下令舰队出海，进行自杀式的决战，但是厌倦了战争的水手们不愿浪费性命，数艘战舰爆发了叛乱。在SMS"图林根号"战列舰上服役的施通普夫看到："……船员们把士官锁了起来，拒绝起锚。士兵们告诉舰长，他们只会在英国舰队出现在德国领海的时候作战。"军官失掉了权威，而海军叛乱引发了全德范

**海军上将莱因哈德·舍尔**

舍尔讲究纪律严明，而且是个卓越的战术家。他在日德兰海战中指挥德国舰队

**英国纪念品**

这条丝质领巾庆祝了英国在日德兰的“胜利”。实际上，这场战斗难分胜负，双方均宣称自己取得了胜利

围内的暴动。国家陷入革命，盟友纷纷缴械，德皇威廉二世见大势已去，便逃亡了。德国新政府被迫接受了苛刻的停战协议。协议条款规定，德国公海舰队的大部分舰只要被扣留在苏格兰斯帕卡湾的英国军港。1919年6月，由于《凡尔赛条约》对德国提出了羞辱性的条款，这支舰队为捍卫荣誉自行凿沉。数年后的1926年，冯·黑泽写道：

> 德意志的年轻一代将在奴役下的德国成长，外国列强会逼迫我们为其劳作……勇敢的德意志人，无论老少都将看到并且一定能看到，在一个孱弱的、奴隶性的、非德意志式的世界与生活观中，我们的民族绝不会失去其与生俱来的品质。

正是这种态度，在接下来的几年中孕育了恶果。纳粹党利用了这种情感，成功掌权。

# 大海中的上流社会

“看看海就知道了，我和桃乐茜真的在开往欧洲的船上……我一直喜欢船，也非常喜欢‘雄伟号’。因为你不知道它是艘船，因为待在上面就像在豪华酒店一样……”就这样，安尼塔·卢斯（Anita Loos）1925年的畅销小说《绅士爱美人》中的女主角洛瑞利开始了她的越洋冒险。与她同行的是20世纪20年代成千上万的美国人。他们跨越大西洋的方式与之前的人们历尽千辛万苦的旅途简直是天壤之别。

大移民的时代已经结束。1921年，美国国会通过了《限额法案》，严格限制移民。过去是来自欧洲的穷苦移民大批涌入美国，现在则是富有的美国人漂洋过海去欧洲旅行。在1920年，大约6万美国人穿过大西洋到欧洲游览；到了1926年，这一数字增长到了36.5万。航运公司在高品质的新客户面前必须改头换面。以英国的冠达公司为例，它的生意曾一度非常依赖统舱中的移民。但到了1927年，它重新将自己打造成了一家豪华邮轮公司。

美英混血编剧兼作家巴兹尔·伍恩（Basil Woon）就是一名往来于大西洋两岸的常客。他将“定期出行”的美国乘客分为四类：“职业男性”，是指作家和其他热衷于“考察欧洲情况”的人；“职业女性”，是指演员、索要离婚后赡养费的女人和借邮轮钓富商的女人；还有就是

**海上的名人**

豪华邮轮有时会吸引电影明星光顾。图中是拉乌尔·沃尔什（Raoul Walsh）、玛丽·璧克馥（Mary Pickford）和道格拉斯·范朋克（Douglas Fairbanks）在“奥林匹克号”上

上流社会人士，包括像洛克菲勒家族成员和范德堡家族成员这样的巨富，也有“从瑞典按摩师摇身一变成为小白脸”的人；第四种则是大型百货商店的采购员，一般是高薪且精力旺盛的女性，她们要购买婴儿装、女帽、女裙、蕾丝、鲜花、女士内衣、手包、灯罩等东西。在伍恩眼中，学生与旅客属于“例外”一类，他们并不是“定期”出行。

乘客也可以选择小船出行。这些船开得更慢，票价更便宜，上面的人也不那么矜持。不过按照伍恩的说法：

> 如果……你要来一次社交游，或者你想让名字见报，或者你是那种视时间为金钱的人，或者你认为大海就是客厅中精致画框中的那幅画，或者如果你……一定要在午餐吃到鱼子酱，晚餐尝尝斑鸠蛋，或者你就是富得想让全世界都知道，你就该乘一艘又大又快的船。

不同国家的班轮风格迥异。在1920—1933年的禁酒令时期，美国客轮的缺点是“干巴巴的”。合众国航运公司就坚决否认船上有贩卖私酒的行为。大西洋邮轮公司则对伍恩有强烈的吸引力：“……这家法国航运公司的船只有法国味。你从船上下来就有离开巴黎的感觉。”意大利船只大多直接开往地中海，其中的明星是32 000吨的“罗马号”。它于1926年下水，是若干新建投入运营的大船中的一艘。荷美航运公司的船“属于大西洋上最好的、管理最有效率的船只”。不过对许多乘客来说，要论大西洋客运业的老前辈，还得是冠达公司那1906年下水的“毛里塔尼亚号”。这艘经典的船在1921年发生了一场火灾，冠达公司借这个机会重新装修了船只内部，并削减了船员数量。在1926年末，它又被重新装修了一次，换上了新地毯，其餐厅内改用了小桌子，花房取代了游廊咖啡吧，好应对来自法国公司的竞争。

由于在“一战”中战败，这个时候的德国航运公司实际上被挤出了市场。按照1919年签订的和平条约，许多德国船只被没收充当赔款。在改名换旗之后，这些船重新出现在了航运市场上。

新成立的合众国航运公司拿到了“利维坦号”（以前德国的“祖国号”），英国白星公司运营着56 000吨的“雄伟号”（前“俾斯麦

GHM.
CUNARD
U.S.A. & CANADA

**冠达公司海报**

在成为一家豪华邮轮公司之后，冠达在该领域迅速崛起。图中这种海报出现在1930年左右，想要表达出富有与尊贵的感觉

号”——并不是那艘参加了第二次世界大战的同名舰）。后者据称是跨大西洋航线上最大的船只。

战争拉大了陆地上的阶级差异，而这种差异在班轮上也有所体现。头等舱仍然是尊贵的象征——夏季乘“毛里塔尼亚号”前往欧洲最少要花285.50美元，二等舱的价格则为152.50美元，不过二等舱的舒适程度和头等舱也差不多。船上仍然有统舱，不过那里的情况已经不像战前那样恐怖了。三等舱现在分为“游客舱”和“统舱”两等。前者挤满了学生，而据伍恩观察，后者现在有了“干净的两人间、三人间和四人间！休息室、吸烟室、甲板空间！盥洗室！”。不过，“统舱”这个概念还是会激起部分富有乘客那与生俱来的同情心。“每艘船上都有热心的绅士或热心一点儿不少的女士，他们趾高气扬地兜着圈子，寻找可以发扬自己慈善精神的对象。每天她都会前往统舱，要是哪天她真发现返乡的斯拉夫移民生下宝宝，那她一定高兴极了！”

伍恩建议，头等舱或二等舱的乘客“一定要带上晚礼服，其重要性对乘客来说就和燕尾服对侍者的重要性一样。没有晚礼服，除非是在刚上船的头两晚或是要下船前的两晚，你有可能没法去用餐。没有晚礼服，你就必须在晚上8点悄悄溜出吸烟室”。至于白天，“虽然可能有些奇怪，但高尔夫球裤……现在无疑被认为是白天在甲板上散步应该穿着的唯一服装”。选择加入船上人群的时机以及合适的着装是非常重要的。“如果你的船在晚上出发得很晚，你是可以穿着晚礼服上船的。如果船在早上开得非常早，有些船也会允许你在头一天晚上登船，这样你就能在开船之前稳稳当当睡一觉。”1927年，纽约的摩天大楼还未像后来那样壮观，经常坐船的人可能在出城后就睡下了。

如果你的船在晚上出发得很晚，
你是可以穿着晚礼服上船的。

——巴兹尔·伍恩

不过，对初次坐船的乘客来说，当船离开纽约的码头时，他们就要开始“人生中的伟大冒险”了。伍恩写道：“不管对新奇事物有多么漠然，在头24个小时的每一分钟里，新人都会非常激动。看着舷梯升起、船与码头间的距离越来越远，听着告别的汽笛声、拖船蒸汽嘶嘶作响，你会意识到你真的‘出发’了！世界上再没有其他地方可以体会到这种感觉。”至少有5天的时间，乘客们处于与世隔绝的状态——除非使用无线电，而无线电发报的价格是非常昂贵的。

第二天过完的时候，船将抵达墨西哥湾流海域。那里的天气更暖和一些，待在甲板上不用穿外套了。在大船上就不容易感受到恶劣的天气，但伍恩建议晕船的人在天气不佳时回到床上，并推荐乘客都这样做。他提议乘客在天气许可的情况下游览船只：“你会看到宠物间、屠宰房、统舱、车库、马圈、二等舱、锅炉舱……如果够幸运，甚至还能到访驾驶台。”这将是“你这辈子最有趣的体验之一”。

社交生活是航行中的一部分，主要是各种兴趣团体——体育、桥牌、扑克、饮酒、舞蹈和锻炼（“最后几种最让人讨厌”）。同时也有“晕船团体、八卦团体”。不过，“独一无二的人士”是不参加这些团体的——这里是指“大使、外交官、杰出的作家、女电影演员、罗马教会的枢机主教，或者是一名奥运冠军。很快会出现崇拜他们的小圈子，这些崇拜者会经常聚会，对他人品头论足”。在大船上很容易见到明星。巴兹尔·伍恩也没忘了赶紧写下这些人的名字，好抬高自己的身价。不过，即便是跻身默片时代的巨星行列，到今天也很少有人记得他们了。这些明星大多有自己青睐的船。“大卫·W.格里菲斯（David W. Griffith）经常搭乘‘奥林匹克号’……梅·马什（Mae Marsh）、艾伯特·华纳（Albert Warner）、托马斯·梅甘（Thomas Meighan）、约翰·赞福特（John Zanft）、早川雪洲（Sessue Hayawakawa）以及夏洛特·格林伍德（Charlotte Greenwood）喜欢‘利维坦号’。道格拉斯·范朋克与玛丽·璧克馥也经常选择这艘船。查理·卓别林不怎么外出，不过被人看到过搭乘‘雄伟号’……”和在陆地上相比，高官显贵们在船上一般更平易近人：

> ……大西洋上的“名人录”成员都是和蔼可亲的人。他们不像在岸上那样，不会动不动就自负地摆出一副矫揉造作的样子。地平线上除了水以外空无一物，在这种环境中自然会有种相形见绌的感觉。船上还有种奇怪的特点，那船只本身的工作程序让一切变得平等……好莱坞的尤物在一生中的大部分时间里，只要挑挑有型的眉毛，就能让自己最小的愿望得到满足。但在船上，她发现就连她，即便是明星的她，在船只的规律晃动导致不能好好消化龙虾酱的时候，也不能让船停下来。

在伍恩看来，风流韵事也是航行的一部分。“在第五大道上你根本不会转头看第二眼的女孩，到了第二天过完的时候，她也变成了‘漂亮的小东西’；到第四天，她就是‘小美女’了；到第六天，她便是‘你见过的最美的甜心’……你会疯狂地、充满激情地、不知所措地迷上她……”不过，这种感情不会持续到航行结束：“……你眼睛里全是伦敦皮卡迪利大街或巴黎林荫大道上那些美女的影子……不过一周后你就想不起她叫什么了。”

在船接近欧洲时，乘客们会打赌，赌什么时候能看见英国海岸外的埃迪斯通灯塔。大多数班轮会在南安普敦和瑟堡停靠，前往伦敦或巴黎的乘客可以选择下船的地方。

1929年的华尔街大崩盘引发了大萧条，跨大西洋贸易受到了冲击。另外，战前的船只在这时也接近报废。冠达公司想用一条更大的新船代替“毛里塔尼亚号”，于是它在1936年拿出了“玛丽王后号”。由于班轮已经成为国家声誉的象征，所以这艘船的下水成了一件盛事。大约就在同一时间，法国人也造出了一条同样令人印象深刻的班轮——“诺曼底号”。这些豪华邮轮的出现，标志着跨洋班轮最鼎盛时期的到来。然而，这个巨轮的黄金时代，以及它们对经济危机的大胆挑战，并没有持续太长时间。1939年，第二次世界大战爆发，全球各处的海洋再度爆发冲突。这些船只要么被圈在港里，要么被改装成运兵舰，大多数都没有被保留到战后。

下船

在1925年的一次跨大西洋航行后，一条小船载着美国乘客和他们的行李离开冠达公司班轮“毛里塔尼亚号”，在英国的普利茅斯上岸

# 大西洋海战

1940年夏，原本计划前往檀香山指挥一艘驱逐舰的美国海军少校约瑟夫·韦林斯拿到了一份意外的调令。这份调令指派在波士顿休假的他前往伦敦，去当助理海军武官。此时正值法国在第二次世界大战中投降，波兰、挪威、荷兰与比利时也都被纳粹占领。在英国南部上空，每天都有空战发生，而且人们都觉得德国随时可能对英国发动入侵。在战争刚开始的时候，美国选择保持中立，并且看不出有立刻参战的意向。不过海军中将赫伯特·利里（Herbert Leary）自信地告诉韦林斯："该死，我们不准备打英国人。告诉他们你知道的所有事情，另外尽力从他们那里获得信息。"这次任命给了韦林斯一个极佳的机会，可以从一场战役中观察英国海军的规程与战术。这场战役就是后来人们所知的大西洋海战。

英国的存亡依赖食品与燃料的进口，因此它非常有必要保护自己的商船，使其免受德国的攻击。对英国人来说幸运的是，当战争在1939年9月爆发时，德国海军的扩军计划才刚刚起步。虽然德军的海面力量也参与了对商船的攻击，但主要的威胁还是来自潜艇。德国潜艇部队指挥官、海军上将卡尔·德尼茨（Karl Dönitz）很清楚这一点："对英作战的焦点，以及击败英国的唯一可行方法，就是攻击它在大西洋上的交通线。"U型潜艇的建造工作加快了。在二战开始时，德军有26艘U型潜艇可在大西洋行动。到了1940年秋季，入列的潜艇达到了64艘。由于击败了法国，德国可以在法国大西洋沿岸建造潜艇基地，从那里攻击跨大西洋的航线。

英国人重新使用了第一次世界大战中的防御反潜战术。他们将商船编成船队——除了那些速度非常快的船只。在接到前往英国的命令后，韦林斯先是被派到了新斯科舍的哈利法克斯。他在那里整备，加入了由42艘商船组成的船队，在海军的护航下穿过大西洋。他在哈利法克斯参加了一次会议，会议成员有护航舰舰长、商船船长以及船队指挥官。船队指挥官是一位退役的海军军官，他的职责是维持商船的秩

## 大西洋海战 1939—1945

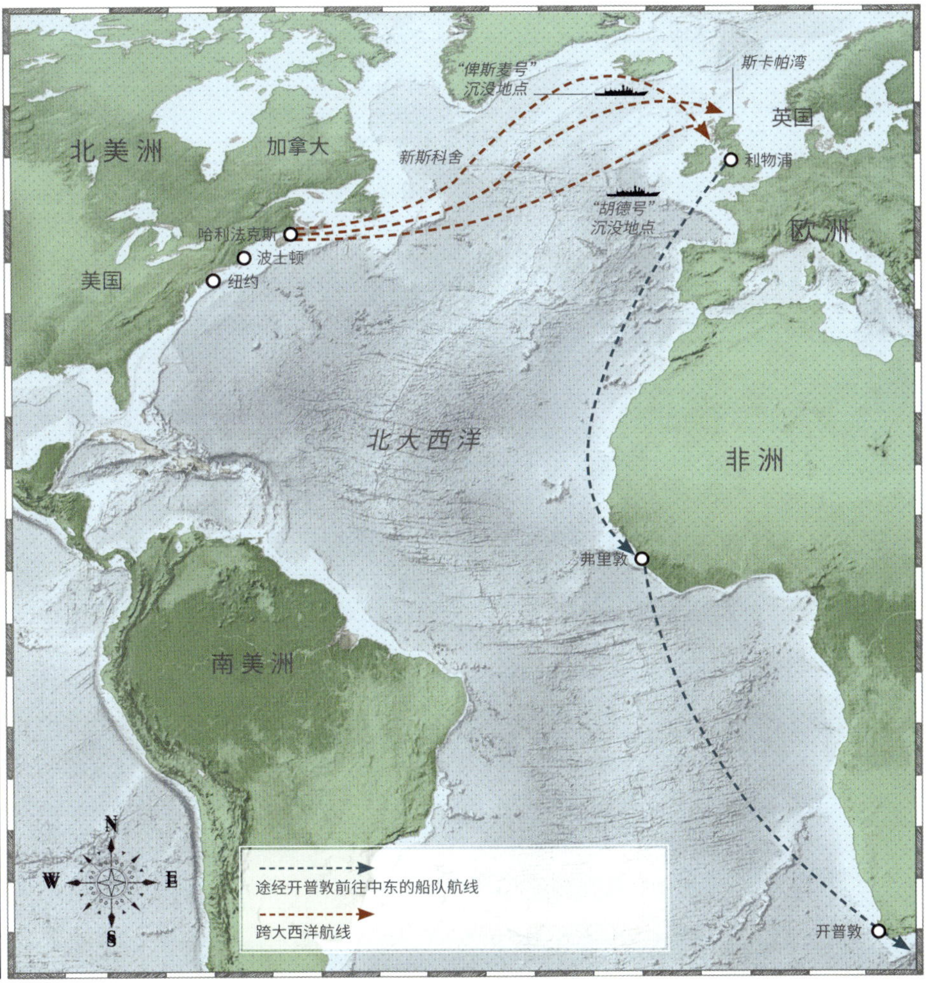


序。每位船长在离开会议室后都拿到了一套指令。一个半小时后，船只起锚出港。在护航舰队中打头阵的是商船改装的HMS“蒙特克莱尔号”，它装备了5.5英寸炮。韦林斯乘的是指挥官的船——HMS“希拉里号”。该舰位于船队中央一列，此前是艘客轮。在航行途中，船队遇上了一场雾。虽然雾号一直在响，但船只还是混乱起来，好在船队其他时候没出什么乱子。“希拉里号”上的船员从无线电中听到，美国总统富兰克林·罗斯福向英国交付了50艘老式驱逐舰，换来了对军港的使用权。船队一路上没有遭遇U型潜艇。在以9节的速度航行了12天后——一路上经常会走“Z字形”的路线——他们在苏格兰西部外海遇到了当地的护航船只。之后船队分头行动，各船前往各自的目的地，“希拉里号”与另外14艘船开到了利物浦。

没过多久，韦林斯对反潜作战就有了更深入的了解。在经历了伦敦轰炸后——德军对当地不间断的空袭才刚刚开始，他被送往北方，加入了停在奥克尼斯帕卡湾的驱逐舰HMS“爱斯基摩号”。这艘舰是知名的部族级驱逐舰中的一员，是英国皇家海军中最受人喜爱的军舰之一。韦林斯发现，驱逐舰“总是在奔波”，其任务包括保护船队不受U型潜艇袭击。在韦林斯参加的一次反潜演习中，这艘舰一直受到机械故障的困扰。很明显皇家海军正在承受过快扩张的副作用，这艘驱逐舰上2/3的军官与船员都是新手。不过韦林斯很佩服该舰的舰长，圣约翰·奥尔德里奇·米克尔思韦特中校，此人已经两次获得杰出服务勋章。韦林斯注意到：

> 凡是在海上进行机动的时候，包括大幅调整航向在内，这位舰长都待在舰桥上。其他时间他则待在自己的应急舱室中，看闲书或是睡觉。他……不能整日整夜都留在舰桥上。这样一来，当紧急情况发生时，无论是从身体上还是精神上，他都可以做好充足准备。

**HMS“爱斯基摩号”上的水手**

在部族级驱逐舰“爱斯基摩号”上，一名水手在打信号灯。约瑟夫·韦林斯1940年在斯卡帕湾加入“爱斯基摩号”，参加了反潜演习到1941年，潜艇战的频率开始增加。英国在2月份损失了100条商船，这一数字在4月份增加到了154，原因是德军采用了“狼群战术”，即若干组潜艇协作，攻击一支船队。英国船队的护航船只装上了潜艇探测器，这是一种声呐特性的水下探测装置，可以非常有效地搜索潜航的U型潜艇。不过，潜艇若在夜晚浮出水面，就无法被探测到。韦林斯汇报了U型潜艇的战术与英国人的反制措施：

> 潜艇在晚上浮上海面，保持指挥塔与水面齐平的高度，从舰首或舰尾方向接近船队。它们一般在1 000码到2 000码的距离上开火，然后沿原路返回，依然待在海面上……哪一侧船舷发现了潜艇，或是哪一侧船舷被鱼雷击中，本地护航船就在该侧发射照明弹。如果分不清楚，就两侧都发射。这样做的目的是把潜艇照出来，迫使它下潜，然后用声呐仔细搜索并展开攻击。

1941年3月，英国首相温斯顿·丘吉尔首次使用了“大西洋海战”这个词。他后来也认同了德尼茨上将对潜艇战的看法，认为这至关重要。丘吉尔写道：“战争中真正让我害怕的就是U型潜艇取得胜利。”

德国海面力量对商船船队也是一种威胁。英国皇家海军中更大一些战舰的工作便是拦截它们。1940—1941年冬天，韦林斯在大型战列巡洋舰HMS“胡德号”上待过一段时间。这艘舰是英国皇家海军的骄傲，基地位于苏格兰的斯卡帕湾，它驻扎在那里是为了防范有德国军舰突然进入北海或大西洋。这艘舰巨大的身形让韦林斯非常震撼，舰上军官的友好态度也给他留下了深刻印象。不过，他觉得这些人的素质不行——强风时要花4小时才能系好浮标。虽然岸上实行配额供应，但韦林斯发现船上的伙食出奇地好。他在圣诞节后告诉自己的妻子：“除了蔓越莓果酱，什么都有。”不过，斯卡帕湾的生活极度沉闷。当这艘舰驶向爱丁堡附近的罗塞斯时，一想到可以进城，军官室里便洋溢着节日的喜庆氛围。

1941年2月，韦林斯被派往巡洋舰HMS“伯明翰号”。有一支由29艘大船组成的船队要经过开普敦向埃及和中东运送军队和军需品，

HMS“罗德尼号”
这艘英国战舰使用16英寸舰炮对战列舰“俾斯麦号”发动毁灭性的进攻。在第二次世界大战之前，“罗德尼号”与姊妹舰“纳尔逊号”被认为是当时火力最强大的战列舰

“伯明翰号”承担护航任务。由于担心会在海面遭到攻击，有一段时间他们和战列巡洋舰HMS“声望号”以及航母HMS“皇家方舟号”开在一起。韦林斯写道：“这艘航母美丽的轮廓显现在西面的地平线上。”预想中的威胁并未出现。韦林斯在4月底回到了英国。

之后，韦林斯高兴地听说，他要加入HMS“罗德尼号”战列舰。这艘船要开往他的老家波士顿进行改装。“罗德尼号”在5月23日离开了克莱德，但韦林斯一家人重逢的愿望很快落空了。德国强大的战列舰“俾斯麦号”在巡洋舰“欧根亲王号”的陪同下，离开港口驶进北海，准备前往大西洋，这对盟军的运输形成了极大威胁。24日上午8点，“罗德尼号”从HMS“威尔士亲王号”处收到了一条简短但令人震惊的电报——“威尔士亲王号”与“胡德号”在格陵兰岛以南的丹麦海峡与“俾斯麦号”交上了火。上面写道：“俾斯麦炮火精度极高——第二轮或第三轮齐射的时候就卡死了胡德的位置。胡德左舷4英寸双联装防空炮后方立刻喷出火焰，火势迅速蔓延至主桅。早上6点，胡德后烟囱与主桅间的部位发生了一次爆炸，它在3到4分钟内沉没了。”“胡德号”上的1 418名船员仅有3人幸存。韦林斯没有记录众多战友牺牲时自己的情绪，不过皇家海军的震惊程度绝对不小。驱逐舰HMS“鞑靼人号”上的卢多维克·肯尼迪中尉写道：“胡德没了——英国最知名、最受人喜爱的战舰，这是那艘代表了英国海军与国家的战舰吗？难以置信……如果这就是俾斯麦在短短6分钟内就能做到的事情，那么美国开来的船队还能有什么好下场呢？”

现在最重要的是阻止“俾斯麦号”。许多军舰加入了追踪它的行列，“罗德尼号”就是其中之一。这艘德国战列舰在大西洋上消失了一段时间，不过随后便被飞机发现了踪影。菲尔利公司的“剑鱼”双翼飞机（昵称是“网兜”）从航母HMS“胜利号”和“皇家方舟号”上起飞，用鱼雷攻击了“俾斯麦号”。韦林斯保留了“胜利号”一些飞行员的报告副本：

> “俾斯麦号”拼命右转规避，它似乎不愿意让右舷遭到攻击。攻击显得相当凌乱而且拖沓。“俾斯麦号”向我们开了几炮，我们退到云彩里，距船尾有10英里，看见至少有5架“剑鱼”在攻击后往回飞去。在这次攻击后，“俾斯麦号”好像有了麻烦，它的航线变得不规律起来，烟囱里升起了白烟。

尽管名字就让人闻风丧胆，但这艘巨大的德国战舰在攻击之下渐渐不支。它的转向设备很快便被一发鱼雷击毁。“罗德尼号”，以及另一艘战列舰HMS“英王乔治五世号”，加上数条巡洋舰和一队驱逐舰围住了它。发现敌人弱点的“罗德尼号”开火了，用的是船上最大

> 第二次世界大战中被德国U型潜艇击沉的盟军船只：
>
> **2 775艘**

“俾斯麦号”上的幸存者

“俾斯麦号”沉没后，一名受伤的德军水兵被搭救起来，并被送上了英国海岸。“俾斯麦号”的舰长恩斯特·林德曼（Ernst Lindemann）与舰同沉。林德曼是“俾斯麦号”整个服役生涯中唯一的舰长口径的16英寸舰炮——这是韦林斯首次参加的英国皇家海军战斗。所有舰炮向一侧同时开火产生了巨大的反冲力。“罗德尼号”上的另一名美籍水兵米勒上士记录道：“铸铁的主水管爆了，很多地方漏水，淹没了舱室……电灯全震脱了，灯泡和灯座都掉了下来……”当然，这和炮弹对“俾斯麦号”造成的毁灭性损害比起来根本不算什么。在遭受猛烈的炮击后，这艘知名的德国战列舰沉没了。2 000多名水兵只活下来了115个。它的覆灭终结了德国战舰对大西洋的侵扰，英国媒体纷纷传递这一喜讯。

1941年6月中旬，在战场上奔波多日的韦林斯终于回到了美国。在进入波士顿港的时候，他写道：“我真的非常想家。自年轻时候的航行开始，我就认识水道里的每一座浮标，熟悉水底几乎所有的礁石……”让他高兴的是，妻子就在岸上等着他，“容光焕发地站在码头上，美丽极了”。当年晚些时候，美国参战，与英国结盟一起抗击德国与日本。

大西洋上的战事还在如火如荼地进行着，这是整场战争中时间最长的一次战役。在“俾斯麦号”沉没之后，大西洋海战的内容几乎完全以U型潜艇为中心——U型潜艇攻击商船，船队进行防御。随着盟军反制措施的改进，U型潜艇乘员遭受了巨大的损失，在参战的所有军种中伤亡最大——大约每三名U型潜艇乘员中就有两人阵亡。盟军方面，平民商船船员的伤亡人数也非常惊人——不算其他盟国，仅英国就有26 000名商船水手遇难。直到1943年春，U型潜艇的威胁才被扫除。盟军启用了更多装有雷达侦测装置的舰船，增加了护航船只的数量，并在大西洋上提供了更多空中支援。这一胜利直接影响着战争的走向，它使得英国商船船队得以继续运进至关重要的补给，还为美国军队和加拿大军队的集结铺平了道路，而这些军队为1944年的诺曼底登陆作战打下了基础。

演习中的英国皇家海军

1939年，英国战列巡洋舰在英吉利海峡演习。图中最后一艘舰是HMS“胡德号”。1941年，“胡德号”在斯卡帕湾外被德军炮弹击中爆炸，在数分钟内沉没

# 中途岛海战

1942年6月3日到4日夜间，“赤城号”、“加贺号”、“飞龙号”与“苍龙号”四艘日本航母上的维修班成员没怎么睡觉。他们一直在为攻击中途岛做准备。中途岛由两座在美国控制之下的小岛构成，在太平洋中部具有战略意义。当日本舰只在恶劣的天气中行驶时，船上的乘员正在甲板下拥挤黑暗的机库里忙碌着，把108架飞机按顺序排好。升降机将这些飞机运上去，维修人员再把它们排在飞行甲板后方。负责维修的大尉铃木宽描述了“赤城号”上的工作情景：“机师在飞行甲板上的工作空间非常狭小。那上面全是飞机，只要一架飞机的移动稍有不慎，遭殃的就是我们。”飞机起飞前要花15分钟加热引擎。在这段时间里，铃木满脑子想的都是那天有个人被飞机螺旋桨打死了。

这四艘航母都有长且低矮的船体和平直的甲板，其上部建筑很小。这都是日本航母的明显特征。“赤城号”在20世纪20年代建造时是艘战列巡洋舰，船体长235米，改装后加上了长长的飞行甲板，航速可达31节。“加贺号”也是20世纪20年代的产物。按照战列舰建造的“加贺号”较短，航速也比较慢，为28节。“飞龙号”和“苍龙号”更小，都是专门建造的航空母舰。34节的航速和较薄的装甲让它们更适合进攻而非防御。6月4日凌晨4点30分，四艘航母转向顺风行驶，好让飞机起飞。分队长打出旗语，飞行员们依次加速引擎，以最大马力向前开去。第一架飞机的起飞距离最短。在飞离甲板后，它会先往下掉一点儿，从人们的视线中消失，然后才会飞到甲板上方。这一幕总让人提心吊胆。剩下的飞机按顺序起飞。在全部起飞并完成编队后，机群便朝着中途岛进发了。

日本海军航空兵的士气很高。1941年12月，他们发动了对夏威夷珍珠港美军基地的突袭，拉开了太平洋战争的序幕。日军为那次攻击做了精心筹备，执行时又非常大胆。日本海军飞机在珍珠港击沉或击伤了美国太平洋舰队的大部分船只，击毁了数百架美军飞机，3 681名美军人员殒命。美国的航空母舰当时正外出演习，躲过了一劫，这对日本海军来说仍然是个威胁。但不管怎么说，自那时起日本便赢得了一些令人难以置信的胜利，它征服了菲律宾，还占领了新加坡，羞辱了大英帝国。执行中途岛任务的飞行员都是充满自信的老兵，他们中大多数人参加过对珍珠港的攻击。“在海军飞行员的世界里，最重要的就是你们的飞行技能，”一位日本飞行员说，“而不是你们的军衔，也不是操行记录本上画着‘优良’的道儿。”与美国和英国军队不同，大多数日本海军航空兵不是军官，甚至不是士官，而只是下层海员。

日本飞行员驾驶三种飞机。爱知公司生产的复座99式俯冲轰炸机（美国称为“瓦尔”）可以从高空直冲下来，进行精准的轰炸；中岛公司生产的三座97式鱼雷轰炸机（“凯特”）可以从较低的高度用鱼雷攻击舰船，不过也可以搭载普通炸弹；负责护航的则是三菱公司知名的零式，这种战斗机的飞行员把自己视为精英，而且非常喜爱自己的飞机。“零式是极佳的战斗机，”一名飞行员说，“我感觉自己是在翱翔，飞机是我身体的一部分。”日本飞行员尚未发觉这种飞机的最大缺陷——为了减轻重量，零式没有配装防护装甲。

日本机群浩浩荡荡地开向中途岛，每种型号的飞机各有36架。为了攻击地面目标，“凯特”搭载的是炸弹而不是鱼雷。在距离目标50千米时，第一轮的攻击开始了。25架驻扎在岛上的美国海军陆战队战斗

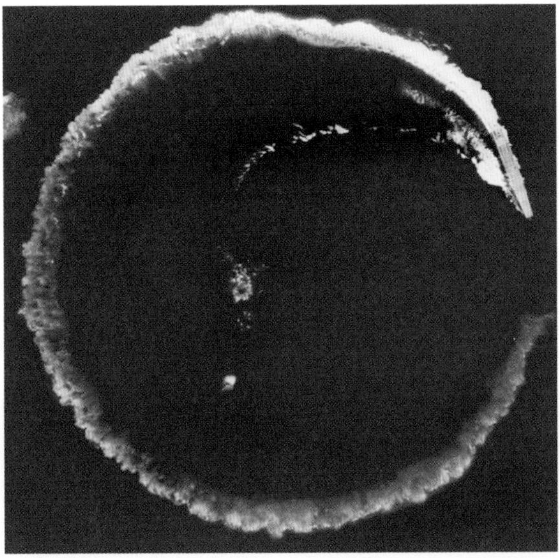

**规避**

这是中途岛海战期间美军一架B-17轰炸机拍摄的照片。为了规避攻击，照片中的航母整整绕了一圈

**突进**

日军一架鱼雷轰炸机低空飞行，逼近目标，勉强躲开美军猛烈的防空炮火

机起飞截击，对零式飞行员技术的考验就此开始。美国方面多是布鲁斯特公司那过时的F2A-3“水牛”战斗机。关于这种飞机的性能，有一位美国军官曾写道：“任何驾驶F2A-3飞机出战的飞行员，在起飞时就应当被指挥官认定为已经阵亡。”双方的战斗机开始缠斗。在这场结局已定的空战中，15架美军飞机被击落。一些“凯特”轰炸机在目标上空遭遇了猛烈的防空炮火。日本轰炸机击中了若干电站、一座机库和若干油箱，一根浓浓的烟柱出现在空中。

日军损失了11架飞机。剩下的飞机返回航母，发现己方母舰正在遭受美军B-17“空中堡垒”轰炸机的攻击。飞机从高空进行轰炸，船只几乎不会受到丝毫损伤，但这些从中途岛起飞的轰炸机迫使航母进行规避。在美军这轮攻击结束前，日方飞机都无法着舰。这之后，日方飞行员还要面对海上着舰的难题：每架飞机必须先飞离航母200米远，并以7度的角度降落，然后用节流阀和副翼减速，同时还要避免失速导致坠机。由于舰只在海面会起伏晃动，舰上的空管官要打出绿灯与红灯，向飞行员提示正确的着舰角度。

指挥日本航母舰队的中将南云忠一下令，飞机重新装弹，准备对中途岛发起第二轮进攻。但日军的方案出现了差错。日军高层此前认为，美国的航母无法参战或是都在别处，所以敌人的空军只能来自中途岛，实力肯定薄弱。但美国已经破译了日本海军的密码，提前知道了中途岛会遭受攻击。美国海军向该海域派遣了三艘航空母舰——USS“企业号”、USS“大黄蜂号”和USS“约克镇号”。其中的“约克镇号”在一个月前的珊瑚海海战中遭受重创，但被以惊人的速度修复，重新投入战斗。当南云被告知发现美军战舰，其中还有一艘航母时，他下令让原本准备对中途岛发动第二轮对地攻击的飞机改换对舰武器。维修士官下山要评论道：“‘赤城号’上一片混乱。让我们的飞机起飞本来是件很容易的事。现在在狭小的机库里，非常不好更换载弹。纵然轮不到我这种低阶士兵说话，但我还是想，这么做真的明智吗？”

与此同时，美军航母上的无畏式俯冲轰炸机、“破坏者”鱼雷轰炸机以及“野猫”战斗机起飞了，向日军航母发动了进攻。可惜美军庞大的机群并没有聚在一起，战斗机并未飞在需要保护的鱼雷轰炸机和俯冲轰炸机附近。“大黄蜂号”上的鱼雷轰炸机中队率先到达目标上空，这15架飞机全被匆匆起飞的零式打了下来。一刻钟之后，“企业号”上的鱼雷轰炸机抵达了，14架损失了10架，而且未能击中航母。看着美军的鱼雷轰炸机在没有护航的情况下从低空发动进攻，士官吉野春夫不禁心中生疑。这位“加贺号”上的飞行员之前被告知美国人都是胆小鬼。

虽然美军发动的空袭毫无章法可言，但就是在这一刻，战局发生了逆转。美方的鱼雷轰炸机没能击中目标，不过它们成功地吸引了日军飞机，将其从高空牵到了低空，并消耗了它们的弹药。在高空飞行的美军俯冲轰炸机抵达了战区，发现日本航母并无保护，于是发动了一轮致命的进攻。“企业号”上的无畏式攻击了“赤城号”与“加贺号”，而“约克镇号”上的飞机直冲“苍龙号”。由于燃料与弹药都放在甲板和机库上，日本的航母处于极度危险的状态中。当时正在“赤城号”指挥中心的铃木大尉见证了毁灭性的一幕：

警报再一次响起，告知我们正被攻击。第一枚炸弹是发近失弹，但我被冲击波击倒在地……虽然没有受伤，但脸摔得乌青。然后有一发炸弹直接击中了我们的航母，引发了一次大爆炸。这颗炸弹正好砸在甲板上的零式战机上。这些飞机引发了大火……我觉得

## 平静之海

太平洋这个名字来自葡萄牙探险家斐迪南·麦哲伦。他在1521年成了穿越这片大洋的首个欧洲人。不过，在他抵达之前，这片海洋中的岛屿就早已被密克罗尼西亚人和波利尼西亚人所“发现”并殖民。这里风平浪静的样子让他想到了“平静之海”（Mar Pacifico）这个名字

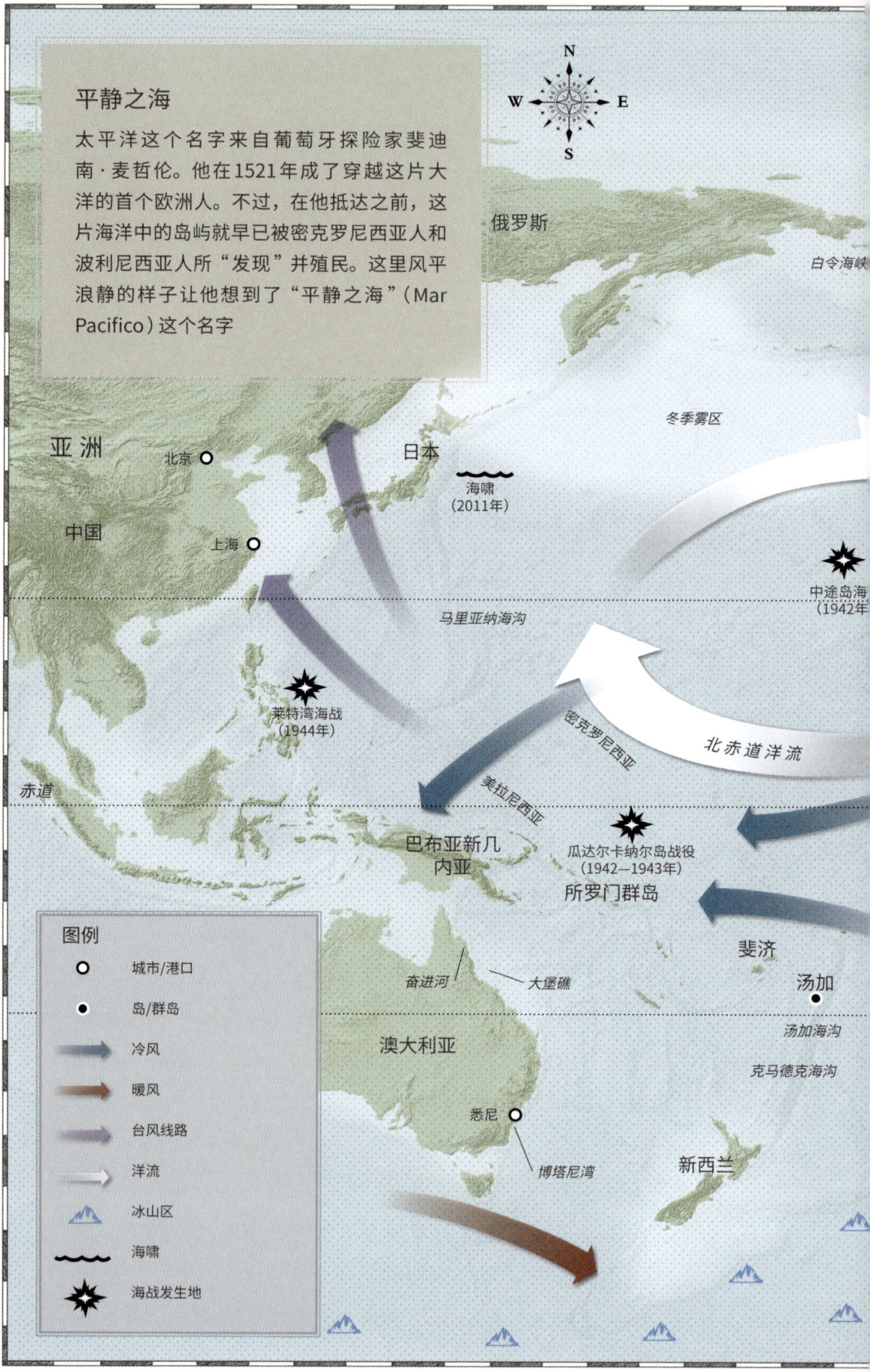

# 太平洋

太平洋表面积为165 250 000平方千米，是地球上最大的海洋，覆盖了地球超过30%的表面区域。它从北极一直延伸到南极，西面是大洋洲与亚洲，东面是则是南北美洲。它还是全球最深的海洋，地球海拔最低处——马里亚纳海沟——就在这里。太平洋边缘有众多山脉，很多是火山。

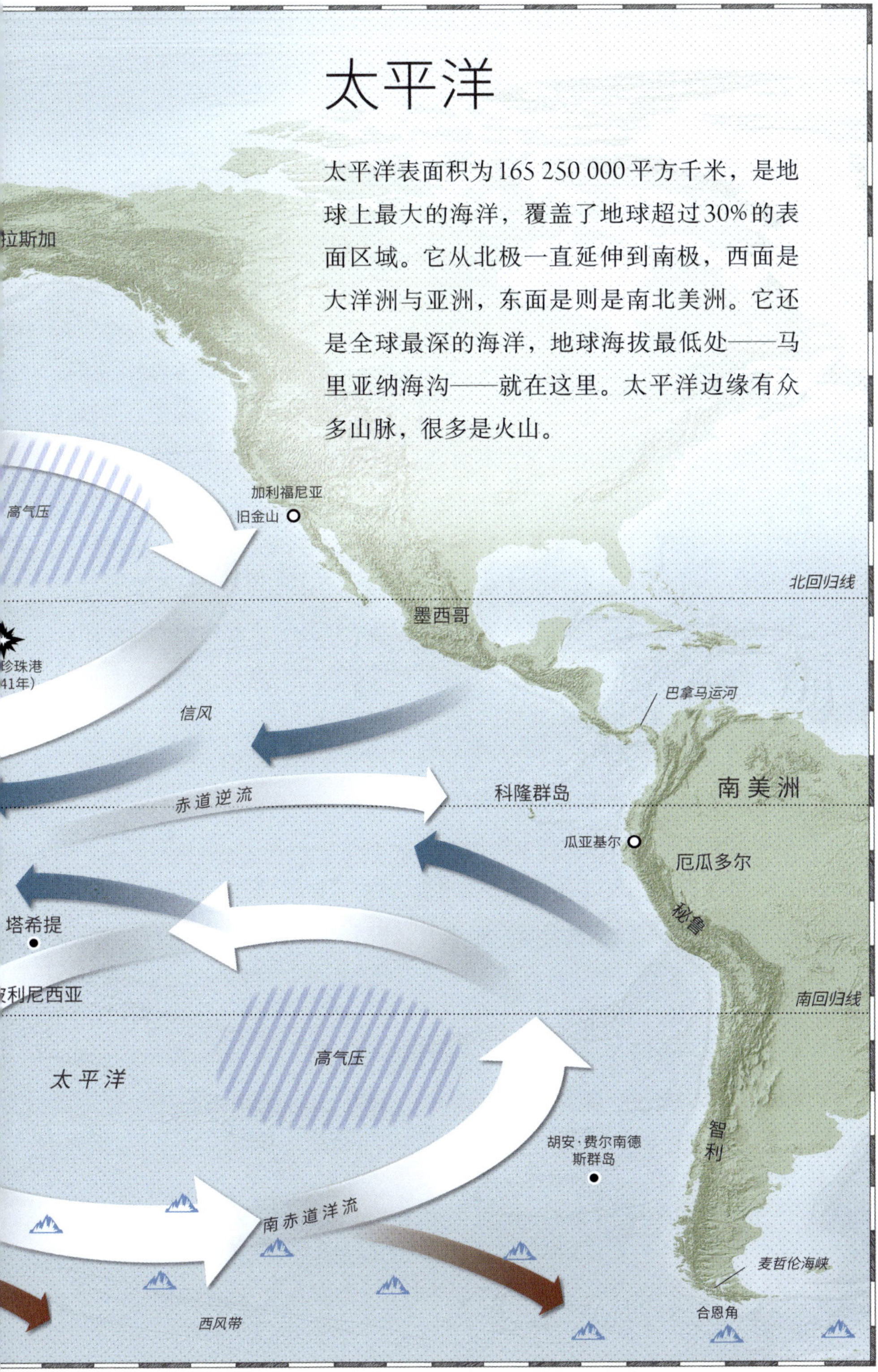

“赤城号”大概会被巨大的爆炸扯成两截……

“飞龙号”是唯一一艘没有遭到攻击的航母。丸山泰介从机库上到它的飞行甲板上，“我简直不敢相信自己的眼睛，我们的舰只被打得残破不堪……我能看到‘加贺号’上的飞机正在爆炸；那上面变成了一片炼狱。在那艘船中部，炸弹引发了殉爆。两枚炸弹击中了‘赤城号’，它的情况也是一样”。四艘航母中的三艘都受到了致命损坏。在短短几分钟里，太平洋上的实力天平就发生了戏剧化的倾斜。日军高层以为美军只有一艘航母参战，而且相信“飞龙号”还可以作战。返航的零式降在了它的甲板上，里面就有“苍龙号”的王牌飞行员原田要（Kaname Harada）。他把自己那架被击伤的飞机丢在一边，直接登上了另一架备好了的战斗机。在这个时候，对美国航母的进攻也开始了。日本人发现有28架战斗机在保护“约克镇号”。开着“凯特”鱼雷轰炸机的丸山泰介遇到了美军的“野猫”：“我们再次遭到攻击，并试图脱离，但由于挂着800公斤重的鱼雷，飞机笨重得要死……机尾被打成了筛子……左油箱漏得也非常厉害。不管如何，没投下鱼雷前我决不能死。”他成功发射了鱼雷。“约克镇号”被两枚鱼雷命中，丸山泰介发射的那枚很可能就是其中之一。这艘航母还被三颗炸弹击中，损坏严重。

再看“飞龙号”这边，原田要的新飞机准备就绪，他被叫到了甲板上。就在他刚刚起飞的时候，美军又发动了一次进攻。他刚飞离甲板730米，这艘航母就被来自“企业号”和“约克镇号”的俯冲轰炸机击中了。“飞龙号”很快便起火燃烧，航母飞行员的噩梦发生在了原田要身上——身处汪洋大海中央而无处降落。他一边绕着圈子飞行，一边后悔自己没有带上手枪，没法像有的同伴那样自杀。最后他发现了一艘驱逐舰，便把飞机扎到了那艘舰旁边的海里。但那艘驱逐舰遭到了

不把日本海军打得无力反抗，
就绝不停止复仇。

——美国海军上将尼米兹

**无畏式俯冲轰炸机**

在美国航空母舰USS“企业号”上空，道格拉斯SBD-3无畏式俯冲轰炸机中队正在编队飞行

美军B-17飞机的攻击，匆忙离开了那片海域。原田要坐在自己进了水的飞机里，无助地漂在太平洋上。到了天黑的时候，另一艘驱逐舰发现了他，将他搭救上船。当他登上甲板时，原本的喜悦之情变成了恐惧。甲板上到处躺着其他船上伤势严重的伤员，他们四肢残缺、严重烧伤，身体支离破碎。他催促舰上的医生先给他人治疗，但被告知他自己才是被优先治疗的对象，因为他还可以重回战场，而其他人则不具备这样的能力了。

想要战胜美国，日本需要一场速战速决的胜仗，但现在看完全是不可能了。日本不仅损失了四艘航空母舰，还失去了许多技术最好的飞行员。随着战争的发展，日方飞行人员的素质急剧下降。美国虽然损失了“约克镇号”，但将士们恢复了信心，而且很快在瓜达尔卡纳尔岛发起了攻势。美国人的工业实力起到了决定性的作用，他们的工厂和造船厂能够以最大效率投入生产。日本军方向民众隐瞒了这次战役失败的真相，而美国则凭借这场战役迎来了整个太平洋战役的最终胜利。

# 诺曼底登陆

1944年6月，一个事关历史进程的决定在等着德怀特·艾森豪威尔将军拿主意。此时盟军正准备登陆德国占领的诺曼底，作为盟军进攻部队的最高指挥官，坐镇朴次茅斯索斯威克宅邸的艾森豪威尔必须要做出选择。主要来自美国、英国以及加拿大的数万名作战人员，以及6 000多艘大小船只已经在6月5日周一这一天整装待发。但由于天气十分恶劣，登陆计划在最后一刻被推迟了。如果现在发动进攻，潮汐与月亮都非常合适——月光可以提供需要的照明；要是再拖延下去，就必须再等一个月才能同时具备这两个条件。士兵与水手也会错过最佳状态，德军则有更多时间准备防御工事，泄密的可能性也非常高。英国皇家空军的气象学家詹姆斯·斯塔格上校发布了一份新的天气预报，给众人浇了一盆凉水。报告说："……会有短暂的晴好天气……至少会持续到周二黎明。"艾森豪威尔当时具体说了什么，在今天仍没有统一的结论，不过一个说法是他说："好，开动。"于是，登陆时间被定在了6月6日早上。

英国包揽了诺曼底登陆的绝大部分海军任务，出动了112 000名皇家海军水手，美国方面则提供了53 000名水手。两个国家都必须快速

**艾森豪威尔与丘吉尔在一起**
美英两国军队的指挥官就1944年战局走势交换意见。图片中间一人是陆军元帅艾伦·布鲁克爵士。他是大英帝国总参谋长，也是丘吉尔的首席军事顾问

掌握与登陆有关的战术，好开展这次人类历史上最为复杂的军事行动。在美国，海军陆战队已经发明了两栖登陆的战术，并在太平洋对日作战时对这种战术进行了检验。然而，在欧洲海岸登陆与在太平洋诸岛登陆并不是一回事。和海浪相比，欧洲战场上的潮汐与风才是问题。在第二次世界大战之前，英国并未重视两栖作战，但是1940年英国陆军在欧洲的失利以及敦刻尔克大撤退，开始让这个国家仔细反思这一决策的正确性。首相温斯顿·丘吉尔下令成立联合作战指挥部，设计合适的战术与装备。1943年与1944年年初，英美联军在西西里和意大利本土登陆，从而使军队与登陆艇乘员获得了一些实战经验。不过，就诺曼底来说，不存在什么十全十美的准备工作，盟军将在那里面对德国陆军强大的滩头防御工事。

美国与英国造出了五花八门的登陆舰船，主要分成三大类。体型最大的一类是登陆舰。它们不是用来直接在海滩上登陆的，而是负责把较小的船只运到海岸附近。较小的登陆船只（即登陆艇）被设计成可搭载一个排的士兵，也就是30多人——排是军官能指挥的最小作战单位。英国的“突击登陆艇”（LCA）两侧覆有装甲，配置双引擎，最大速度在7节左右。美国使用的则是众所周知的“车辆/人员登陆艇”（LCVP），不过大众更愿意用其发明者的名字——安德鲁·希金斯（Andrew Higgins）——来称呼它，管它叫作“希金斯艇”。LCVP的大小与LCA相近，但配置的是更大的单引擎，速度在10节左右。LCVP没有装甲，重量较轻，因此可以越过沙滩。但是多数军队更喜欢英国的LCA，因为其轻装甲可以提供一定保护。作战的时候，这两种登陆艇都是从距离海岸几英里的地方下水，之前则靠登陆舰运输。第三类是稍大一些的登陆船，在登陆舰只中占大多数。它们可以依靠自己的动力从出发的港口一直开到登陆海滩。这里面包括英美联合研发的“坦克登陆艇”（LCT），它可以运载最多9辆战车——为了能提供支援，作战车辆必须在步兵登陆后不久投入战斗。在这三大类登陆舰船中，每一类还可以按照功能再进行细分——哪些船只专门运送步兵，哪些专门运送车辆，哪些执行其他的支援任务。就登陆作战来说，支援任务包括火力支援、为战斗机标定目标、探路，甚至还可以包括提供移动餐饮服务。

# 登陆艇

登陆艇在第一次世界大战期间问世。由于作战需要运送大量兵力与武器，通过舰上小船登陆的传统方法已经过时。不过，两栖作战真正成熟还是在第二次世界大战期间。成千上万的登陆艇被生产出来，样式五花八门，主要是为了满足英美两国海军的需要。

**坦克登陆艇**

英国，1942—1945

英国皇家海军最先开发出了登陆艇（坦克运载型）。1942年之后，美国海军一直在使用这种登陆艇的改进型。作为一种可以将坦克运送至滩头的两栖攻击船，它参加了1944年的诺曼底登陆作战

## 登陆艇设计方案

第二次世界大战期间，各种用途的登陆船只及两栖船只被制造出来。无论它们是被用来运送步兵或坦克，还是被当作两栖攻击车辆来使用，大多数登陆艇的设计特点都雷同，例如艇底部扁平；前部采用平直的设计，有可放下的吊门，而不是呈舰艏状。这些设计保证登陆船只可以冲上海滩，并高效快速地卸船，不过这也让它们难以操控，乘坐也变得很不舒服

“DUKW”两栖卡车，1942年

## 海军进攻与登陆

从1942年起，盟国海军就开始训练部队登陆。1942年末，盟国海军成功护送部队前往北非。此后第二年，英美两国的战舰掩护军队在意大利南部与西西里登陆，并为1944年6月盟军成功登陆诺曼底做出了重要贡献

总共有1 213艘战舰、4 126只登陆艇以及1 600条支援船只参与了诺曼底登陆。

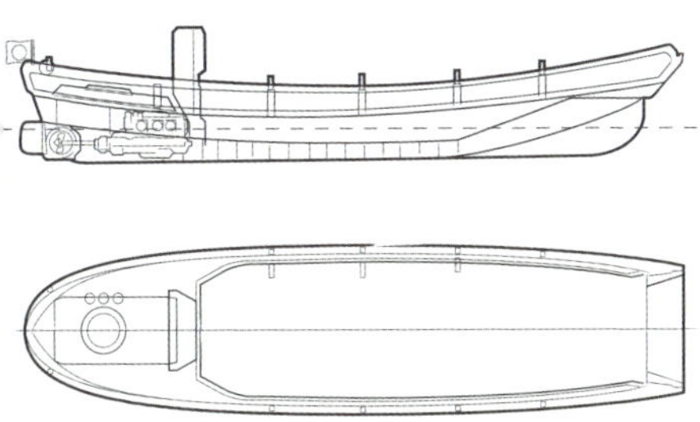

### “大发”登陆艇（DAIHATSU）

这是日本在第二次世界大战中使用的登陆艇。“大发”的设计与LCVP相似但更优秀，更适合在水面前进

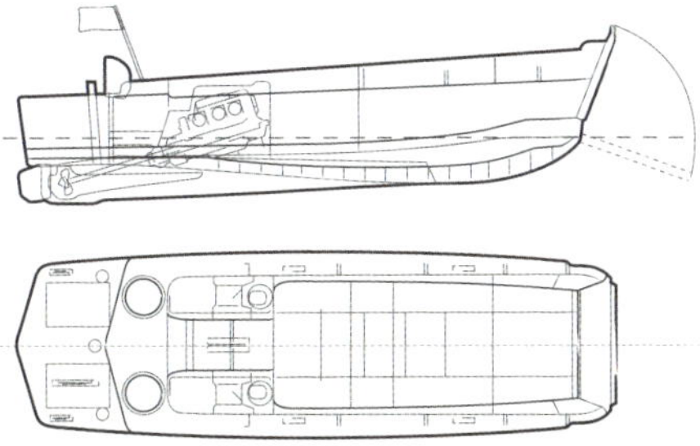

### LCVP“希金斯”登陆艇

第二次世界大战时美国海军的“车辆/人员登陆艇”（LCVP）。它的设计参考了一种在沼泽中使用的船只

盟军把准备登陆的诺曼底海滩划分为五个区域，代号分别是“奥马哈”、“犹他”、“金滩”、“朱诺滩”和“剑滩”。美军负责“奥马哈”和“犹他”，英军登陆“金滩”和“剑滩”，“朱诺滩”则仰仗加拿大军队和英军攻克。德军以为盟军会选择路程短得多的多佛尔海峡进攻，不过诺曼底也不是毫无防御。德国人在那里建起了能抵御炮击的混凝土碉堡，并在海潮的低水位和高水位之间放置了各种滩头障碍物。盟军的主力部队多位于英国南部。在进攻命令下达后，船只便开始向怀特岛南部代号为“皮卡迪利广场”的地点集结。然后各个编队就沿着之前清扫出来的航道，在夜色的掩护下前往目的地。强大的护航部队位于通道两侧，避免船只被德军U型潜艇或鱼雷艇袭击。在这个时期，纳粹空军大多被调往德国本土抵御空袭，因此盟军在这里享有绝对的制空权。当天晚上，伞兵与乘坐滑翔机的部队空降在登陆海滩附近地区。海军与空军也对目标区域展开了炮击和轰炸，意图削弱德军防御力量，为登陆做好准备。

英国皇家海军志愿后备队的吉米·格林中尉负责六条突击登陆艇。这六条艇来自（大型）步兵登陆舰“帝国标枪号”，运送的是美军士兵。“帝国标枪号”在6月4日晚就驶出了英国南部海岸的波特兰港，在听说攻击延迟后又折返回港口。第二晚，它再次出发，一路颠簸着穿过了英吉利海峡，不过好在没有意外发生。格林在凌晨时被叫醒。他负责的突击登陆艇属于登陆“奥马哈”海滩的第一拨部队。由于海况很差，他被告知有必要提前出发，这样才能在预定时间抵达海滩。格林爬上910号突击登陆艇，遇到了美国陆军116团D连的泰勒·菲勒斯上尉和他的31名手下，“一帮待人友善、面带稚气的乡下小伙子，还会害羞”。登陆艇乘员里没几个在战前见过大海。让格林感到幸运的是，他这条船上还有马丁下士，一位来自纽芬兰的专业水手。艇刚被降到海面上，就被跟在后面的911

“D日”当天
登陆的士兵数量：

132 175

**在诺曼底展开的“D日”登陆**

1944年6月6日，即“D日”，美军部队登上“奥马哈”海滩。他们只能顶住重重炮火，涉过齐腰深的海水。超过2 500名美军士兵在登陆时阵亡

号突击登陆艇撞上了，人们只好赶紧从被撞漏的船里往外舀水。

由于美国人担心舰船被敌军炮火击中，所以坚持要求在离岸18千米的地方就放下突击登陆艇，格林他们只好开上一大段路。在前进的途中，他们超过了一条在海浪中不断挣扎的坦克登陆艇。很明显，它上面的坦克是不可能比步兵先上岸了。在他们视线之外，另一支装甲部队的麻烦更大。复合驱动两栖坦克（DD Tank）——加装了漂浮气垫和螺旋桨的“谢尔曼”坦克——本应该自己“游”上岸，率先登陆，但它们几乎全沉进了海底。军方的另一个异想天开的计划是使用登陆艇（火箭型）轰炸海滩。当格林看到一艘这样的艇发射火箭时，不免沮丧地自忖：“海岸线附近是没人敢去了。”更实际一些的是突击登陆艇（火炮型）。有这样一艘艇赶在格林他们之前开到了海岸附近，并击中了德军的一个加固岗哨，不过它很快就开走了。

登陆艇本应该采用首尾衔接的阵型通过水雷区，但为了尽可能突进海岸，改成了齐头并进的阵型。在接近滩头的时候，格林看到911号突击登陆艇沉在了一边。虽然心里很难受，但他得到的命令很明确，就是把人员送上海滩，而且他的艇上也没有空间容纳这些落水的人。盟军的总体方案是在海潮降到低水位，海滩障碍物还暴露在外面时立刻登陆。

格林在正确的时间把士兵送到了正确的地点——可惜其他的船只没能做到这一点，他们全被风和海潮推到了东边更远的地方。船首吊门放下之后，士兵们冲进齐腰深的海水里，然后还要在水里走18—27米才能抵达岸边。这之后，他们必须穿过90米宽的开阔地带。与预想不同的是，海军的支援炮火没有覆盖这一区域。

在格林返回母舰的时候，他身后的海岸上演了一出惨剧。“奥马哈”海滩两侧是奥克角和贝桑港的峭壁，里面则是30米高的断崖。这种地形决定了登陆作战将有极大的难度。那一天，几乎所有事情都不顺利。没有几支部队在正确的地点登陆，很多重型装备则根本没能登上岸。海军的炮击与空军的轰炸没能破坏德军防御工事，而且盟军遇上的对手还不只是预想中的德军716驻防师[1]，还有352师中久经沙场的精英。机枪、步枪以及炮击困住了登陆美军，中士哈里·拜尔就是其中一员：

> 我们的船在离穆兰不远的某个地方放下了吊门，我的中尉第一个冲了出去，被一枪打在脖子上，我再也没见过他。在失去指挥官的情况下，我努力把手下人弄到船外，并坚持着冲到了崖壁下面。我看见有人陷在沙子里，动弹不得。就在3码之外，我的通信兵的脑袋被炸掉了。海滩上到处是尸体，缺胳膊少腿的人——天哪，太惨了。

稍晚些时候，当时还在军队里担任杂志《科利尔》通讯员的美国小说家欧内斯特·海明威从运输舰USS“多萝西娅·迪克斯号”上出发，登上了前往“奥马哈”海滩的第七批登陆艇。指挥他那艘登陆艇的是人称“安迪”的美国海军上尉罗伯特·安德森。战列舰USS“得克萨斯号”当时正在炮击德军阵地，猛烈的炮火让前往海滩的他们震撼不已。海明威写道：“14英寸舰炮炮口一闪，火焰就像从高炉里蹿出来一

1 德军716驻防师的全名应为“第716驻防步兵师”。所谓“驻防师”（Static）是二战时德国陆军的一个特有编制，不同于正规步兵师。这种部队多是在东线被打残后撤至西线，或直接在西线就地组建，装备与士兵素质较差。——译者注

样……然后炮口飘出棕黄色的烟雾……冲击波与轰鸣的炮声传来……把人震得就像被又硬又沉的拳套打中了一样。”一名士兵说：“我猜那里一个人也活不了。”但实际上海军的炮击准头很差，很难精确命中敌军的战略要点。

安德森的地图被风刮下了海。海明威觉得自己记住了方位，试着上去帮忙，但人们还是找不着正确的登陆地点。“那里是科勒维尔教堂。那里是海滩上的房子。那里是右边‘红简易区’的鲁奎特谷地，这肯定就是‘绿狐区’[1]了。”但这只艇还是没有登陆，依然在海上兜圈子。“‘肯定是出大问题了，’我对安迪说，‘看见那些坦克没有？都待在海岸线上，没往内陆走一丁点儿。’话音刚落，一辆坦克便被击中爆炸，冒出了浓浓的黑烟和黄色的火焰。”从某种程度上说，后续登陆部队的遭遇更为不幸，当时已经涨潮，海滩上的障碍物都被水淹没了。而且部队被挤在了一小块沙滩上，暴露在敌军的枪炮之下。安德森最后是从岸上一名拿着扩音喇叭的军官那里得知了登陆地点的正确位置。“你看见那座烧毁了的房子吗？‘绿狐区’在那座房子往右1 135码。”终于，他们找到了艇上陆军军官认为正确的地方，顶着敌人的机枪子弹把人放了下去，安德森大喊：“赶紧把船开走！”

到这时，潮水已经开始涌上“奥马哈”海滩。有小股部队开始清理壕沟，驱逐舰则靠近海岸提供炮火支援。到下午时，局势已经明朗，攻击取得了成功。“犹他”海滩上的部队登陆的地方太靠东了，不过士兵没有走散，而且没遇到什么抵抗。在“金滩”、“朱诺滩”、“剑滩”登陆的英军与加军也取得了胜利，伤亡很少。不过他们并未像预想的那样迅速向内陆进发，而且他们花了一个月的时间才占领了登陆当天的目标地点卡昂。在“D日”登陆当天，超过132 000名士兵被运到海滩。这是历史上规模最大的一次两栖登陆行动。艾森豪威尔的选择是正确的，盟军可以挺进欧洲腹地并结束战争了。

1 美军将他们负责的“奥马哈”海滩分成10个小登陆区，代号分别是：艾柏、贝克、查理、绿狗、白狗、红狗、绿简易、红简易、绿狐和红狐。——译者注

# 海洋全球化

## 1945年至今

时间步入现代，远洋航行的魅力与刺激多已退去。虽然到了20世纪70年代，喷气式客机在很大程度上取代了远洋邮轮，成了长途旅行的首选交通工具，但在国际贸易与战争中，船只仍具有核心地位。在20世纪50年代到2000年之间，全球船运的吨位数增长了6倍。庞大的邮轮被建造起来，使得原来的“泰坦尼克号”也显得相形见绌。在电脑技术的支持下，不到20人的班组便可操作巨大的集装箱货轮。然而，这种新技术也并非十全十美——20世纪出现了首例因油轮沉没导致的原油泄漏事件。在战争领域，海军与时俱进。导弹取代了火炮，较小的战舰在火力部署上的优势也可以超过老式的巨炮战列舰。航母则越来越大，可以搭载超声速喷气式战机。最大的航母由核动力驱动，航程几乎没有限制。首批核动力潜艇在20世纪50年代面世，潜航的时间几乎也没有限制；其中一些核动力潜艇和水面舰艇一样，装备了核导弹。随着1991年苏联解体，美国当仁不让地成了全球海洋的霸主，其海军实力无人可比。在现代战争中，美国海军与其盟军的任务主要是用海基导弹和航母上的飞机攻击地面目标，完成自身实力在全球的投射。

在计算机与GPS（全球定位系统）导航的年代，远洋航行已经非常安全，并且变得常规化——不过，走私与海盗活动在不法之地依然猖獗。毋庸置疑，大海已不如以往那样浪漫，但人们在豪华邮轮上多少还能体会到它的一些魅力。另外，对冒险的渴望激发了人们对帆船航海运动的兴趣，也激励着孤独的水手进行长距离航行。与此同时，对海洋深处的探索为我们开启了一个新世界。深海就如同外太空一样，世人对其知之甚少。

# 集装箱革命

1956年4月26日，上百位达官贵人齐聚纽约港的纽瓦克港口，一边用着午宴，一边看着一部吊车将58只长达10米的集装箱吊上一艘改装过的油轮。在装船工作进行了8个小时之后，这艘载满货物的船便驶向得克萨斯州的休斯敦。数天后，当它抵达目的地时，码头工人“都被这艘甲板上摆满箱子的油轮惊住了”。当时在场的一个人说：“我们在休斯敦看见过数千艘油轮，但从来没见过这样的。所有人都盯着这个怪物，不敢相信自己的眼睛。”这艘船名叫“理想-X号”，它和随后出现的这类新型船只将给国际贸易带来革命。

对世界的很多地方来说，20世纪50年代通常被视作一个保守的年代。男人们统一穿着灰色西服，完成了战时工作的女人们则返回家庭。不过在这10年里的后半段时间中，社会、经济以及政治领域发生了一些史上最为巨大的变化。西方国家（包括北美、西欧、澳大利亚与新西兰）的经济持续增长，贫穷与失业人口锐减，生活标准不断提高。联邦德国和日本与西方世界不断融合，而西方世界组成了一个单独的贸易体。青年文化崭露头角，民权运动深入发展，数百万家庭购买了首部电视机、洗衣机以及首辆汽车。随着1958年波音707喷气式飞机的面世，大众旅游的年代到来了。在所有这些发展变化中，货柜革命的出现最不起眼，几乎无人注意。“集装箱化之父”是个名叫马尔科姆·麦克莱恩（Malcolm McLean）的美国企业家。和那个创立了跨大西洋汽船航线的铁路工程师布鲁内尔一样，麦克莱恩也是半路出家。麦克莱恩1914年在北加利福尼亚出生，1934年的时候买下了自己的第一

**SS“理想-X号”**

“理想-X号”由二战时期的T2油轮改造而成，是全球首只集装箱船，改装于1955年

**集装箱出现前的年代**

1931年，码头工人从一艘商船上卸下粮食。没有捆扎在一起的散货不好搬运，装卸起来也非常费时

**“美国为何需要新船”**
1946年一期《大众科学》杂志的封面，表示战后的航运行业需要改革

部卡车。到了20世纪50年代，他已经是全美第二大卡车运输公司的掌门了，手下有1 776辆卡车。他一开始就留意到了低效率的港口运作制度：“一天中的大多数时间里，我都坐在自己的卡车上，眼巴巴地望着装卸工打理其他的货物，等着自己车上的大包被运走……我看着他们把板条箱挨个从卡车上卸下来，用吊索钩出，再吊到船的货舱里。”他当时也在考虑用水路运输，沿美国东海岸运送货物。一艘船的载重量相当于数百辆卡车，途中消耗的燃料较少，而且只用雇用一小队船员而不是数百名司机。船只的维护费用也低得多，而且在大海身上也不用花什么钱（大海与道路不同。道路需要定期修理，而且要缴纳税费作为筹建费用）。他的初步想法是把拖车直接开到船上，不过一个更好的主意是把车斗吊到船上，而不管车架。这样可以把它们堆高，将空间最大化地利用起来。他买下了老式T2服役油轮“波特雷罗山号”，将上甲板改装成可以容纳集装箱的样式，并重新给它起名叫“理想-X号”。

麦克莱恩设计的货柜很结实，可以堆叠数层。他还在纽瓦克港和休斯敦港安装了吊车。集装箱的每个角上都有插孔，可以与吊车的撑竿接在一起，这样在装卸过程中就不需要工人接触集装箱，只要在甲板上稳住箱体便可以。美国的反垄断法禁止麦克莱恩同时拥有卡车运输公司和船运公司，因此他在买下泛大西洋汽船公司的时候，必须要卖掉自己原来的卡车公司。为了凸显新公司的新业务，他将船运公司更名为“海陆联运公司”。当“理想-X号”在休斯敦结束自己的处女航之后，托运人都被集装箱运输的低廉价格惊呆了，而且其运输的货物也干燥无损。

之后麦克莱恩又改装了一艘船——“盖特威城号”。这艘船被设计成甲板与货舱都可以盛下集装箱。虽然比“理想-X号”短，但“盖特威城号”的运载量几乎是前者的四倍。

标准化货柜的历史其实可以追溯到好多个世纪之前。古希腊就有双耳细颈罐，中世纪则有木桶，也叫作“tun”——“tunnage”（吨位）这个词就是由此得来。不过在20世纪50年代，大多数货物还是单独包装运送，即所谓的“零担货”。多数港口要雇用大量闲散劳力来搬运它们。1954年的电影《码头风云》就描述了这些工人的状况。《纽约太阳报》曾刊载系列报道，揭露了美国码头犯罪与腐败泛滥的情况。这部电影就取材于这些文章。影星卡尔·马尔登在片中饰演的人物，原型就是纽约港地区的神父克里丹。这位神父曾表示：“问题的核心就在于码头一带的招工制度。工人们被当成驮马一样使唤，场景就像未开化时代的奴隶市场。”伦敦的情况也是一样，码头工作既辛劳又危险。正如一名工人写的那样：“船里装的要是红糖，包裹就都黏在一起，你得用撬杠才能把它们分开。为了把链子穿到麻袋下面，你必须拎起包裹，而一包的重量可以达到约152千克。”在卸载冻肉的时候，“最糟的是要爬到肉堆上，操作的空间就非常狭小。因为一旦冷气从肉里跑出来，肉就会压到你身上”。

码头工作的事故率甚至比建筑行业和采矿业还高——不过，这好歹为码头工人提供了一份工作。也正因为这样，更安全的集装箱作业制度在出台的时候遭到了大西洋两岸工人的强烈抵制。看着“盖特威城号”驶出港口，国际码头工人协会的一名官员恨不得它“立刻”沉没。英国的码头工人更为激进，而且强烈要求保障工人权利。等到1972年的时候，他们发起的罢工将动摇政府。

在“理想-X号”和“盖特威城号”的航行之后，集装箱化逐渐成了一种趋势。美森轮船公司开辟了纽约到委内瑞拉的航线。1966年，海陆联运公司的“费尔兰号”完成了首次跨大西洋的集装箱运输航行，途中停靠了荷兰的鹿特丹、德国的不来梅和苏格兰的格兰奇

如果将一艘现代货轮上的集装箱排成一条线，长度可达：

**87千米**

茅斯。1965年开始的越战凸显了集装箱的重要性，证明了它们可以改善军备供应链。鉴于此，各国在1968年召开了首届关于集装箱尺寸标准化的会议——以“20英尺”这一标准为例，它被定为2.4米宽（8英尺）、2.5米高（8英尺6英寸）以及6米长（20英尺）。

在很多港口，航运公司与码头工人达成了协议。在美国的西雅图，海事职工杰里·泰勒记下了演讲中的一句话：“我们可以在集装箱问题上对抗雇主，让他们浪费数百万美元。但我们还是会失败。你无法阻止技术进步。”演讲者提出“用不反对集装箱来交换更好的医疗条件与福利、提前退休以及不失业”。尽管如此，工人与工会的力量——有时应该说是黑社会——很多时候被绕过了，因为新的港口建立起来，原来默默无闻的港口也在扩张。拿费利克斯托为例，这本来是个不起眼的地方，但经过了20世纪六七十年代的发展后，它成了英国最大的集装箱港口，而伦敦的码头则几乎全关闭了。

到1970年，集装箱化真正成了一个国际化的制度，每只集装箱都有标准序列号，便于人们识别。美国公司退居二线，在今天的9 000艘货轮里，大多数都由远东的公司运营（海陆联运公司在1999年被丹麦的马士基公司收购）。最新的轮船的运量相当于15 000只“20英尺”集装箱。货物的装卸也成了一项高技术性的工种，要考虑船只的稳定性、在每个港口装卸的便捷性，还要对危险货物实行分装。建筑师丹尼·马克·萨缪尔斯描述了集装箱货轮首航目的地休斯敦港的工作情景：

> 载着集装箱的卡车接踵而至，最后在港口入口处排成了26排，这里每天有1 600辆卡车进出。每辆卡车将货物送到胎式龙门吊机下面，吊机则把集装箱按顺序摞起来……通常只需要两步操作……摆好的集装箱等着装船。它们被按照目的地和重量分类，准备被放入货舱的不同部位（重一些的集装箱……放在货舱下层）。在最后一步，龙门吊机把摆好的集装箱放到卡车上，卡车再将其运给巨大的码头起重机，完成装船。

在意大利的焦亚陶罗港，作家玛丽亚·斯塔尔观察了那里的货物装

**“零担货”**

1950年，在集装箱诞生的前夕，零散的“零担货”在阿姆斯特丹港口装船。今天，阿姆斯特丹是全球第二繁忙的港口，多负责“整担”（未分拆）货物的运输

卸过程：

> 一些港口工人，也就是搬运工，上到船上……在整个装卸过程中，船只主甲板上的办公室是发号施令的神经中枢。那里也监测着船只的稳定性……为了避免翻船，压舱水被不断地抽进排出，以保持船只平衡。吊车很快就能从外层甲板上卸货了。

带来第一次航运大革命的是15世纪发明的三桅帆船，第二次则是19世纪蒸汽动力的出现。集装箱只是第三次航运大革命的部分内容——这次革命的内容还包括20世纪五六十年代用整装货轮取代不定期汽船的做法。今天，世界上95%的货物仍靠海路运输，只有少数高价值的货物采用空运的办法。海路运输的成本目前已经可以忽略不计——大约只相当于运送货物价值的1%或2%。而在20世纪50年代，这一比例可以高达25%甚至50%。一台售价700美元的电视机，现在的海运成本只有10美元；1升汽油被运到美国，成本只有半美分。如此经济划算的运输让国际贸易大为繁荣，也促进了中国、日本以及韩国的发展，使它们成了世界经济增长的动力。这在“理想-X号”首航时是根本不可想象的事情，却是麦克莱恩加快船运工作流程的直接结果。对这个行业来说，他设计的新制度有着革命性的意义。

# 古巴导弹危机

1962年10月1日午夜前后，每隔半小时就有一艘苏联潜艇解开缆绳，驶出摩尔曼斯克附近的北极港赛达湾。在出发的四艘潜艇中（B-14、B-36、B-59和B-130），艇员们对此次任务的内容一无所知，但他们知道这是一次特别行动，因为艇上携带了热带装备，而且还有情报部门的军官随行，这让本就拥挤的潜艇显得更加狭小。B-36艇的艇长杜别科对这些潜艇（都是641型）非常自豪，因为它们是当时世界上最先进的柴油电动潜艇。不过它们并非核动力潜艇，在水面的时间要比在水下多得多，而且潜航的速度也很慢。每艘艇都按标准配备了22枚鱼雷（10枚在发射管中，12枚备用），其中一枚则携带核弹头——美国情报机构对此毫不知情。当潜艇穿过科拉湾的时候，艇长们拆开了装有秘密指令的信封。指令要求他们穿越太平洋，前往苏联的新盟国古巴，然后再在哈瓦那附近的马列尔湾建立潜艇基地，阻止美国对这座岛屿的进攻。命令对在何种情况下可使用核弹头语焉不详。海军总部的人说他们应该在被攻击的情况下用核弹还击，但书面命令则写着启用核弹必须得到莫斯科的明确授权。

1957—1963年，以美国为首的北约与以苏联为首的华约两大势力之间的关系空前紧张。双方都有氢弹，威力至少是1945年投向日本的原子弹的1 000多倍，而搭载氢弹的弹道导弹射程则可以达到数千千米。苏联在1957年发射了全球首颗卫星“史普尼克1号”，并在1961年首次将人送上了太空，从而显示了自己的火箭运载能力，把美国的太空计划甩在了后面。与此同时，国际危机有愈演愈烈之势。1960年，苏联在本土击落一架美国U2侦察机；1961年，柏林墙建了起来。发展中国家也有冲突出现，因为美苏双方都在拉拢新获自由的殖民地国家。古巴游击队首领菲德尔·卡斯特罗于1959年推翻了腐败的巴蒂斯塔政权。尽管他当时并不想与苏联结盟，但美国的孤立政策令他别无选择。就这样，三位性格迥异的领导人便斗成一团——苏联部长会议主席尼

1962年古巴导弹危机

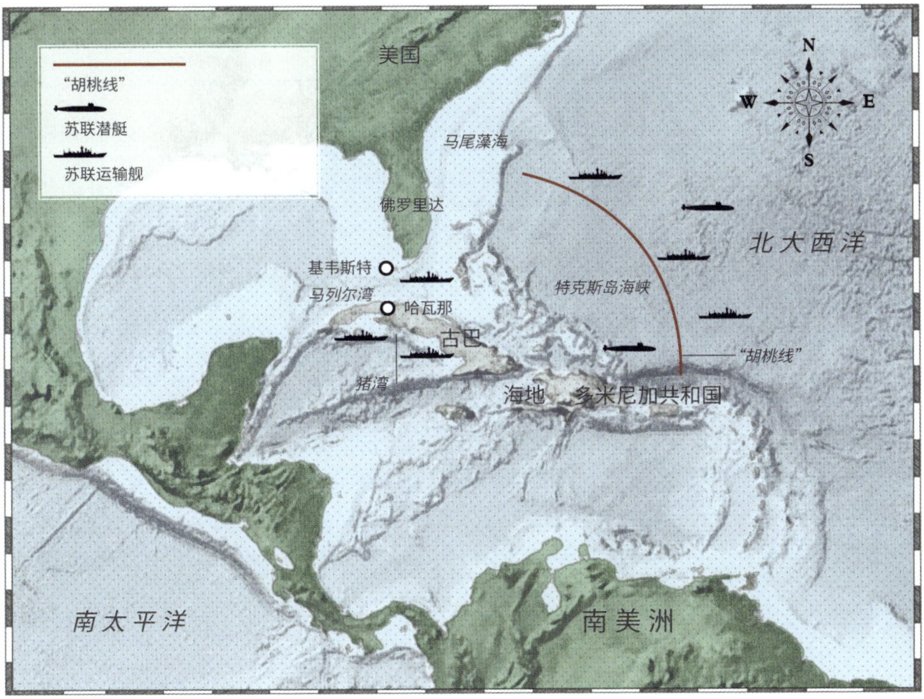


基塔·赫鲁晓夫固执得像头牛，美国总统约翰·肯尼迪行事老道，多话的卡斯特罗在发展中国家以及西方左翼中声望很高——而且1961年美国对古巴的入侵在猪湾被挫败，这让肯尼迪显得更加不利。之后，在1962年10月，美国情报机构证实，苏联正在古巴部署弹道导弹，其中包括可携带核弹头的中程弹道导弹，目的是阻止美国的进攻，同时让苏联在加勒比地区拥有战略平台。美国做出了回应，要求苏联拆除在古巴的所有导弹基地，并将武器运回苏联。有人提出用导弹攻击古巴，但肯尼

**赫鲁晓夫与肯尼迪**

1961年，两国领导人在气氛紧张的维也纳峰会会面。第二年，古巴导弹危机爆发

迪否决了这个提议，而是采取了“隔离”该岛的方法作为回击——美国人在这里特意选择了“隔离”这个词，而不是“封锁”，因为后者带有战争行为的意味。美国海军得到命令，在古巴北部800千米处建立一条“胡桃线”，每隔80千米部署一艘驱逐舰，所有接近古巴的船只都被拦截并接受检查。包括航母在内的所有美国海军舰只及陆基空军都可以支援这条封锁线。

10月23日下午6点，就在肯尼迪要向世界宣布隔离之时，国家安全委员会执行委员会召开会议。有人提出用演习深水炸弹的方式向苏联潜艇示意，肯尼迪对此很不放心。在二战期间曾担任海军军官的他还担心强行登上苏联舰只的程序，说：“他们继续往这边来。我们会尝试打掉他们的舵或击中他们的锅炉。然后，我们就会尝试登船。他们会进行还击，用机枪。我们会为登上那家伙付出很大代价。”众人让肯尼迪相信，苏联船只上只有很少的船员，这样会议便转向其他议题。在隔离启动后，执行委员会第二天再次碰面。他们知道在该地区有那么几艘苏联潜艇，担心其会攻击美军舰船，不过接下来的消息让事情整个变了样。中情局局长约翰·麦科恩（John McCone）证实，许多抵达封锁线的苏联船只要么停下了，要么折返了。国务卿迪安·腊斯克悄悄地对国家安全顾问乔治·麦克邦迪说了那句著名的话：“虽说是剑拔弩张，但我觉得对面只是虚张声势。”

古巴附近的苏联潜艇

在古巴导弹危机千钧一发的时候，美国海军一架飞机在古巴隔离区附近拍下了一艘苏联攻击型潜艇虽然事态在按照肯尼迪预想的方式发展，但大西洋上的危机仍未消除。苏联潜艇指挥官在极短的时间里穿越了大西洋。在海上航行了两周之后，他们现在收到了新的指令。指令不再要求他们前往古巴（上岸度假也不可能了），而是要他们“在特克斯岛海峡入口建立屏障，并在马尾藻海进入战斗准备”。命令没有说明原因，但潜艇上的情报官员都从无线电广播中听到了肯尼迪宣布对古巴隔离，他们相信这是美国入侵的开端。

当四艘潜艇再次发动时，B-130艇的引擎发生了故障，被一艘补给船拖走了。这下，在此地能够对抗众多美国舰船的苏联兵力就只剩下了三艘潜艇，而且它们还有机械故障。潜艇上的人不知道其他苏联船只已经折返。B-4艇躲过了美军的侦察，但B-59艇遭到了驱逐舰USS“比尔号”和USS“科尼号”的攻击。深水炸弹和手雷连续攻击了四个小时。据B-59艇上的大尉奥洛夫说：“感觉就像是你坐在一个铁桶里，外面有人不停用大锤敲打一样。”这艘潜艇已经在水下待了很长时间，电池电量告急，艇上只使用紧急照明灯。轮机舱内的温度升至60摄氏度，人只能在里面待很短一段时间。空气质量下降，值日官一个接一个地晕倒。艇长萨维茨基筋疲力尽，而且对水面上的情况一无所知。他变得非常情绪化，下令准备发射核鱼雷。按照奥洛夫的说法，这位艇长说：“或许上面已经开战了，而我们还在这里瞎闹腾。我们现在就崩

**1962年11月，苏联的导弹**

五角大楼公布的情报照片。从上面可以清晰地看出，苏联货轮“阿诺索夫号”载着8枚苏联弹道导弹。这艘船正在把导弹从古巴运回苏联了他们！或许我们活不了了，但要把他们全部击沉——决不能让我们的海军蒙羞！”

情况是否真如奥洛夫所说的那样，这一点一直存在争议。但若是果真如此，那么这可能就是整场危机中最危险的一刻，或许也是整个世界命悬一线的时刻。发射一枚威力可比拟广岛和长崎原子弹的鱼雷，肯定会摧毁一艘美国军舰，美国人也可能投下核深水炸弹进行报复——这样事情会发展到什么地步就不得而知了。在没征求艇上其他军官的意见前，萨维茨基不能做这个决定。参谋阿尔希波夫和政委马斯连尼科夫都反对发射鱼雷。10月27日周六晚8点52分，B-59艇向美军发出了国际识别信号，浮出水面。五艘驱逐舰包围了它，艇长萨维茨基听到了美国军舰上传出来的爵士乐，意识到战争并没有发生。

在B-36艇上，艇长杜别科正在为温暖水域的海水增加了探测器的有效范围而高兴，但为了躲避美国军舰而潜航又影响了通信。他从无线电中听到很多没有开战的说法，不过他并不知道此时危机就要结束了。10月31日，在被美国驱逐舰USS“塞西尔号”、USS“快速号”、USS“毕宿五号”包围的情况下，杜别科竭尽全力进行了规避，发射了诱饵弹并多次进行规避机动。不过，由于这艘艇的船体此前曾受过损伤，它无法潜到水深超过70米的地方。此时艇上只剩前舱和尾舱还能住人，船员们只能轮流前往那里歇息。饮用水供应降到了每天250克。缺水让人们的体重下降，皮肤上还起了疹子。在36小时的躲避之后，艇长杜别科必须做出决定。电量即将耗尽，“水面舰艇未采取任何攻击

**有关危机的讽刺画**

在这幅1962年的政治漫画上，卡斯特罗和赫鲁晓夫待在剧院后台，手里一边握着“美国承诺不入侵古巴”的告示，一边抱着核导弹。当时美国政府尚未意识到自己离核战争会如此之近

感觉要有战争爆发，而这场战争将是所有人的末日。

——尼基塔·赫鲁晓夫

行动……我决定上浮充电”。当这艘艇浮到水面时，头顶上立刻出现了直升机，美国军舰也围了上来。一艘船打出旗语：“需要帮助吗？”潜艇艇长回复道：“不需要。请你不要干扰我们的行动。”驱逐舰“塞西尔号”跟了这条潜艇两天，该潜艇一充好电便开始下潜，从美国人眼皮底下溜走了。

苏联最终同意拆除在古巴的导弹，条件是美国不得入侵古巴。美国私下也同意拆除自己在土耳其的导弹。从表面上看，似乎是肯尼迪大获全胜。如果不是在1963年遭刺杀，几乎可以肯定他将连任总统；赫鲁晓夫则在1964年下台。这场危机显示出两大国际势力危险外交政策中的巨大风险，于是美苏双方开始转向裁减军备与加强沟通的政策，在白宫和克里姆林宫间架起了电话“热线”。美国情报机构对此次危机严重性的判断有重大失误。苏联潜艇携带核弹头——而且几乎就要发射它们的事实，直到2002年才被美国知晓。

# 探索深海

1943年一个阳光明媚的夏日，在法国地中海海岸的邦多勒附近，雅克-伊夫·库斯托（Jacques-Yves Cousteau）与他的朋友菲利普·塔耶、弗里德里克·迪马一块儿把最近火车从巴黎运来的仪器组装起来。由于要提防占领此地的德军与意大利军队，他们非常担心，何况库斯托自己的兄弟就是个纳粹投靠者。他们前往一处隐蔽的小湾，库斯托要在那里测试这套新装备：

> 我缓缓地踢着脚蹼向下游去，逐渐加速……等到停下来的时候，我慢慢地呼出肺中的气体，屏住呼吸。缩小的身体体积减小了水的浮力，我舒舒服服地潜了下去。在吸了一大口（空气）后，我又屏气回到水面……我慢慢地呼吸了几次，俯身慢慢游到30英尺深……水肺自动让我呼入压缩空气，平衡新深度下的压力……我带着激动的心情潜到了水底……

他的发明是水肺，一件可以让潜水员在水下长时间自由游动的装备，由潜水员身上背着的一罐压缩空气供气。它给水下探索带来了革命，很快被美国海军采用——美国人将其命名为独立水下呼吸器（SCUBA）。库斯托这一生在潜水、电影拍摄以及海洋学领域有很多成就，水肺只是他的第一个发明。

库斯托1910年生于法国的吉伦特省。他从小就喜欢游泳和船只。1920年，库斯托一家搬到纽约，他在这时候学会了游泳。他本人在1930年返回了法国，买下了自己的第一台摄像机。还是在这一年，库斯托前往法国海军学院求学，但一场车祸让他的右臂部分瘫痪，使其无法成为一名海军飞行员。他在土伦军港获得了一份工作，那里的军官菲利普·塔耶鼓励他探索地中海的水下世界——在那里，库斯托、塔耶以及潜水专家弗里德里克·迪马试验了传统的潜水设备。

**装备测试**

雅克·库斯托（右）在1950年测试新的“法国肺”，帮助他的是潜水员特里·扬

在法国不难买到潜水服，但价格昂贵、有一定限制而且需要事先进行大量培训。库斯托写道：“我能想象潜水员穿着笨重的靴子……走路吃力的样子，肚子和脑袋还装在铜罐子里出不来。”和许多伟大的发明一样，库斯托提出的另一种办法也经过了数次尝试和实验。在他之前，莫里斯·费尔内（Maurice Fernez）已经发明了潜水面罩，路易·德·科利厄（Louis de Corlieu）则在1933年获得了脚蹼的专利。中校伊夫·勒普里厄（Yves Le Prieur）发明的一套系统已经用上了压缩空气，但潜水员每次呼吸时都必须调节气门。在工程师埃米尔·加尼昂（Emile Gagnan）的帮助下，库斯托造出了一个“自适应的气门”——在正常的水压下，它可以按照潜水员的呼吸节奏自动供气。澳大利亚作家詹姆斯·奥尔德里奇描述了在水下使用水肺的自由情景：

> ……一潜下去，水的深度与触感就让你感到一种自由，即便是飞翔也不能与之相比，因为还没有人能设计出一种翅膀，能给你在水下的感觉；在水下你就像长出了翅膀，无拘无束，在一个毫无限制的环境中。是潜是浮，只能依靠你自己的腿，终于可以摆脱把你从头到脚板得笔直的重力了。

战争结束后，库斯托的装备在全球引发了一股水下“寻宝”热。库斯托自己在突尼斯海岸外找到并探索了罗马时代的沉船“马赫迪

**水下拍摄**

雅克·库斯托不仅是海洋科考与环境保护工作的先驱，在水下摄影技术领域上也有创新

耶”，不过他最感兴趣的还是海洋生命，而且想把它们拍成电影。因此他发明了一种摄像机，可以在600米深的水下使用。他在1949年从海军退役，第二年他买了一艘二手扫雷艇，将其更名为“卡吕普索号”，装备上了潜水与科研设备，把它改成了一艘海洋科考船。这艘船是木制的，这意味着它在随便一个港口就能维修，不需要非得用上金属加工设施。另外，它吃水较浅，这样既可以在大洋航行，也可以在近海行驶。这艘船最显著的一个特点就是它的“假鼻子”——从船首支出去的一条管子，前端是可以观察水下的透明玻璃。有些舱室被改装成了实验室，整艘船还慢慢加装了各种各样的传感器，例如雷达和声呐。

“卡吕普索号”的甲板下面有个装补给的小储藏间、一台冰箱、一个车间以及一间轮机舱，轮机舱里面装着两部580马力的柴油引擎，可以推动船以10节的速度行驶。船员舱室相当简陋，用的是上下铺，不过可以把乘员从17名增加到30名，只是有些拥挤。后部货舱用来保存各种潜水装备——1970年，这里面装的是特别设计的水下小摩托，它可以在科隆群岛附近湍急多变的洋流中前进。还有一只装上了有机玻璃头的小潜艇。为了让“卡吕普索号”适合潜水，库斯托花了不少心思：

> ……船体上有一个通向水下的潜水井，穿过厨房，这样潜水员就可以在船只中部进到水中，这是整个船体上最适合下水的一个位置。天气不好的时候，他们也不用再为船舷两侧的波浪烦恼。而且从寒冷的水中一爬出来，就是温暖的厨房了。

“卡吕普索号”的首次探险是1951年在红海的航行。库斯托和同事们在那里潜水并观察了珊瑚礁：

> ……（红海）是个令人惊叹的生态走廊——我最愉快的潜水经历就是在那里……沙布-苏雷姆礁上面是珊瑚形成的门廊，交错的沟壑以及无数细小的裂痕，生物在附近驻足，就像是剧院里的配角。

在畅销书《寂静的世界》（1953）中，库斯托回忆了这些探险历程。之后他又发行了同名纪录片，震撼了观众。该片首次用彩色胶片记录了海底世界，赢得了1957年的奥斯卡奖，让库斯托成了家喻户晓的名人。他还在继续试验新设备，发明了一套防水压的摄像机，可在深达7000米的海水中使用。1962年，在苏丹海岸外，他建造了首个水下大陆架观测站，潜水员可以在其中连续生活数日。“大陆架

**库斯托的影响力**
雅克·库斯托在水下取得的成就，激发了公众的好奇心，被多家杂志报道，例如这份1950年的《大众科学》

二号”则有一个潜艇停靠站，可供双人的“蝶形潜水器”停靠（这也是库斯托发明的，参与发明的还有让·莫拉德）。“大陆架三号”建在费拉角附近，位于尼斯和摩纳哥之间，完工时间在1965年。六名潜水员在里面过了三周，深度为100米。

1967年2月，库斯托宣布，“卡吕普索号”将进行一次为期四年的考察，主要目的是拍摄《雅克·库斯托的海底世界》一片。该系列片将在美国电视台播出。这段旅程用上了库斯托开发的所有潜水与水下拍摄装备，而成片也是他最出色的作品，被大众铭记。这一系列的主题是展示海洋生物的多样性，总共分10集播出，从开播到结束花了两年半的时间，向世人展示了水下生态系统的瑰丽与脆弱。其中最令人印象深刻的一幕是，库斯托在太平洋科隆群岛与海鬣蜥的相遇——他对这种生物的潜水能力赞叹不已。正如库斯托的首席潜水员伯纳德·德勒莫特所说：“海鬣蜥并不是非常擅长游泳，但它们的潜水本领非凡。它们能够快速下潜，潜到海底又能飞快地移动。”在巴尔特拉岛和圣克鲁兹之间的狭长海道中，库斯托尾随海鬣蜥潜到了深处。他还随身带上了一块心电图仪，证明自己在深水中的心跳从平时的每分钟45次降到了8—9次。他还发现，海鬣蜥在潜水时会排空肺中的空气，以减少浮力，仅

**潜水的鬣蜥**

在电视剧《雅克·库斯托的海底世界》中，这位法国环境保护者首次跟随海鬣蜥潜入当地海底的最深处

# 我们忘了水循环与生命轮回是一体的。

——雅克·库斯托

依靠吸收皮肤中携带的氧气存活。

这些水下奇遇让库斯托成了一位热心的环境保护者，也激励他制作了大量独立电影，以凸显人类对自然环境的危害。在停止商业捕鲸问题上，他也是个永不疲倦的活动者。他在1976年叹息道：

> 当然，鲸鱼的价值远不止为宠物提供“海鲜食品”，或是作为束胸的嵌托，抑或是作为伞骨。“卡吕普索号”上的船员时刻能意识到鲸鱼的真正价值。我们一直在水下看着这些灰黑色的庞然大物。我们与它们那忧郁的大蓝眼睛对视。一头母鲸的鳍能掀动巨大的冲击力，但它又放过了我们。我们听到过鲸鱼歌唱。我们想——我们真的想——再听到它们的歌声。

库斯托意识到，世界已经发生了巨变：“在历史上的大多数时候，人必须与自然搏斗才能生存；在这个世纪，人类开始意识到，为了活下去，就必须保护自然。”他留下了无数本书、超过120部电视纪录片、大量发明以及1973年成立的非营利机构“库斯托协会”，而这些提醒世界发生了这种变化，并让世界意识到了许多在今天颇受关注的环境问题。

# 海底考察

海洋人操潜水器，或者无人远程遥控潜水器（ROV），是一种微型潜艇，可以从事从海洋学考察到调查沉船等一系列深海活动。有些潜水器可以应对深海极大的水压，能够在7 000米的水下运行。

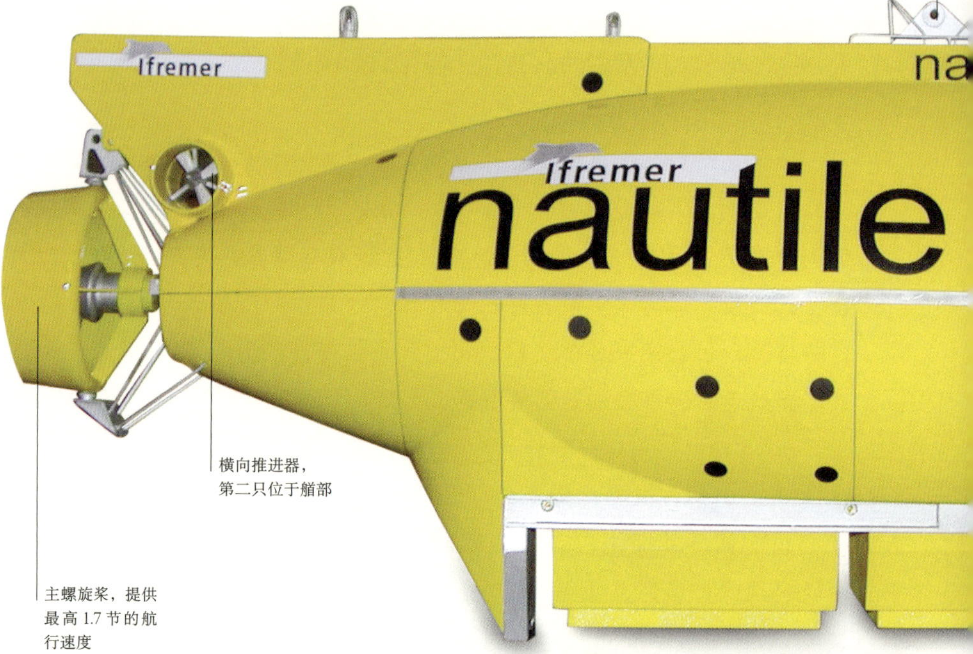


## 深海潜水器“阿尔文号”

“的里雅斯特号”这样的潜水器较重，而且操作起来不灵活。1964年，“阿尔文号”以改良品的身份出现。它可以搭乘一名驾驶员和两名科学家，下潜至4 500米深。“阿尔文号”已经下潜了4 000多次。除了机械臂以外，它还配有许多其他的考察设备

“阿尔文号”用机械臂在海床收集样品

**“鹦鹉螺号”**

法国，1984年

可搭载3名乘员的“鹦鹉螺号”潜水器最大下潜深度为6 000米，潜航时间可达8小时。它下潜过1 500多次，并在1987年考察了“泰坦尼克号”的残骸

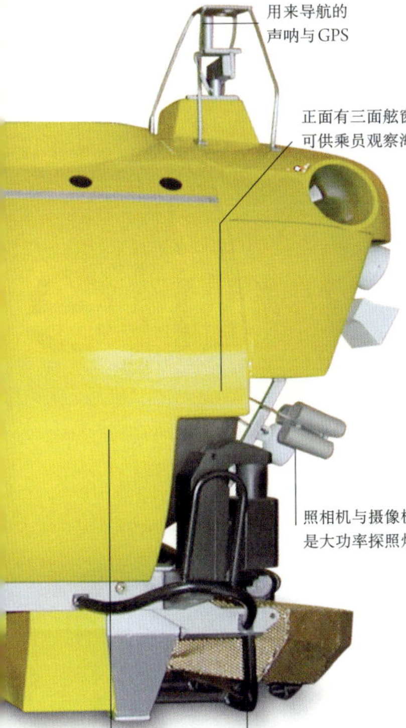


## 跟踪与导航

水面船只利用水下音波定位的方法跟踪潜水器，并为其导航。虽然实施具体操作的系统有很多，但它们都是基于一种根据声音在水中传播速度计算距离的原理。

### USBL与SSBL导航系统

在超短基线水声定位系统（USBL，或称为SSBL）中，水面船只用听音器跟踪潜水器上信标发出的信号。这样一来，水面船只上的船员便可以标出潜水器相对自己的距离与方位角。

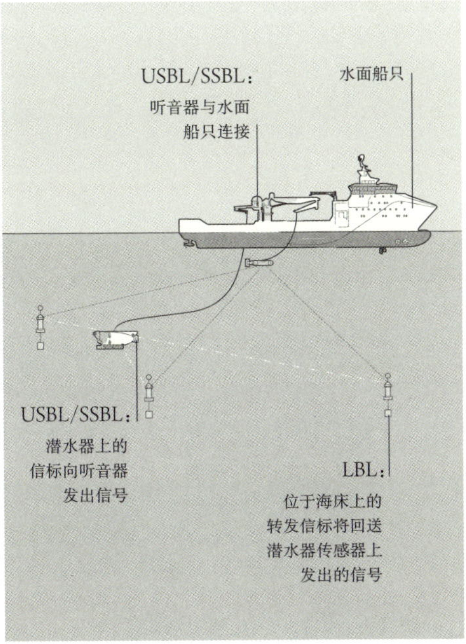


### LBL导航系统

长基线水声定位系统（LBL）可以提供更为准确的水下定位方法。以上图为例，潜艇上的传感器可以同海床上固定地点的转发信标交换信号。由于这些信标的位置固定，潜水器的位置就可以用测量信号间隔长短的方法跟踪。

# 马岛战争

1982年3月底，在大西洋演习结束后，15艘英国皇家海军战舰来到了英国海外属地、位于地中海入口的直布罗陀。船员们在这个被英国人称为“巨岩”的地方，享受着温暖的气候与颇具异域情调的景色。虽说海军人员上岸休假是非常正常的事情，但这些人没有留意新闻，因此还要过一阵他们才能意识到南大西洋正酝酿着一场危机。4月2日凌晨2点左右，驱逐舰HMS“考文垂号”上的通信官，雷·亚当斯上校收到了一条信息，上面说阿根廷已经入侵了马尔维纳斯群岛。那里是距离英国本土非常遥远的一个殖民地，位于南美洲东南部海岸外。虽然亚当斯对这处群岛印象模糊，但他还是叫醒了他的舰长戴维·哈特-戴克，汇报了情况。

和欧洲其他对外殖民的大国一样，到20世纪80年代，英国也失去了帝国的大部分领土。印度在1947年就已宣布独立，世界其他地区的领土也纷纷效仿，这种趋势变得不可阻挡。不过，有一处属地的居民不愿改变现状。英国人在1833年入驻阿根廷东部的马尔维纳斯群岛，但阿根廷从未承认过英国在这片领土上的权利，因为多年来阿根廷政府一直表示自己享有对这些岛屿的主权。英国方面坚持表示，因为这里的人一致反对阿根廷的统治，所以不能违背岛上2 000名居民的愿望，不可以将这里让给阿根廷。在当时，以莱奥波尔多·加尔铁里将军为首的军政府统治着阿根廷。这个政府的经济政策失败，它对内镇压人民，因此它迫切需要用一场胜仗来掩饰自

**莱奥波尔多·加尔铁里**

加尔铁里在1981—1982年任阿根廷总统，以军事独裁的方式执政

己的过错。

在殖民地纷纷独立的背景下，由撒切尔夫人带领的英国政府正在削减开支。英国皇家海军将基本放弃纵横全球的角色，转而改用潜艇实施核威慑战略，并准备和苏联打一场反潜艇战。1981年6月，英国宣布计划报废HMS“竞技神号”和HMS“无敌号”两艘航母，护卫舰与驱逐舰的数量也将削减，而且英国将放弃位于南极的科考船HMS“奋进号”。阿根廷人将这视作英国不愿或不能守卫马尔维纳斯群岛的表现。1982年3月，阿根廷一支非正规军在马尔维纳斯群岛东部900千米远的南乔治亚岛登陆——那里同样属于英国，升起了阿根廷国旗。

1982年4月1日晚9点30分，阿根廷驱逐舰ARA“圣三一号”在马尔维纳斯群岛外海下锚。非常具有讽刺意味的是，这艘舰采用了英国的设计方案，船体与“考文垂号”以及它的姊妹舰相同。在夜色的掩护下，阿根廷军人划着橡皮艇上了岸，行军10 000米来到当地的首府斯坦利港（Port Stanley）。在这座海港的另一边，一艘登陆舰将两栖履带车辆送上了岸。驻扎在首府的英国皇家海军陆战队只有一连人。在寡不敌众的情况下，马尔维纳斯总督雷克斯·亨特爵士（Sir Rex Hunt）命令英军投降。阿根廷占领了马尔维纳斯群岛。

不过，阿根廷严重低估了英国对此事的回应方式。虽然绝大多数英国人从未听说过马尔维纳斯群岛，但从感情上说，没有哪个有自尊的国家能忍受这种公然的武力挑衅。联合国安理会谴责了阿根廷的行动。撒切尔夫人成了一位意志坚决的战时领导人。仅仅在入侵发生数天后，一支由127艘舰船组成的英国特遣部队便驶向了12 875千米之外的南大西洋。开在舰队前面的是轻型航母“竞技神号”和“无敌号”，舰队中还有载着士兵的登陆舰，以及所有能提供支援的驱逐舰与护卫舰。对阿根廷来说倒霉的是，它的进犯不合时宜。英国尚未把国防开支削减方案付诸实施，皇家海军还是能拿出一支被军事家称为“作战实力均衡”的军队，里面包括航空母舰、登陆舰、潜艇以及提供反潜防空的护航船只。虽说英国商船队的数量一直在减少，但它还拥有像MS“伊丽莎白二世女王号”、SS“堪培拉号”这样的大轮船，以及可以运输货物的集装箱船和搭载车辆的渡轮。不过，英国战舰的设计是用来应对另

**马岛战争死亡总人数：913**

一种不同的战争的——针对苏联在北大西洋上部署的潜艇与飞机的战争。英国的航母较小，只能供直升机以及独特的鹞式垂直起降喷气式战斗机使用。虽然鹞式可以垂直起飞，但它的性能比最新式的喷气式战斗机弱很多，阿根廷采用的则是法国最新研制的超声速飞机“幻影”。英国的21型亚马孙级护卫舰是按照私人公司的方案设计的战舰，火力较弱且易受攻击。最新式的22型护卫舰用非常有效的“海狼”短程防空导弹取代了主炮，但整个舰队中只有两艘这种型号的军舰，即HMS“光辉号”与HMS“大刀号”。

包括“考文垂号”在内的三艘42型驱逐舰接到命令，与特遣部队的先头部队一同前往南部。这一型战舰的定位在1945年后就进行了修改，现在它们被设计成可以携带远程防空导弹。在之前削减国防预算的时候，42型的尺寸与规格就已经被缩小了。虽然它们的“海狼”导弹能够为舰队或船队提供远程防护，但这型舰无法在近程保护自己。“考文垂号”上有28名军官和271名士兵，在位于战区时，指挥室中每班有35人执勤。水手们被建议立下遗嘱并买下寿险。在战争真有可能爆发之际，出发的舰队中却有一种不现实的气氛。

差不多三周后，特遣部队抵达了阿森松岛。这是离马尔维纳斯群岛最近的英国属地，但距离那里还有差不多6 000千米。船只抛掉了所有非必要的装备。在42型驱逐舰HMS“谢菲尔德号”上，“所有没挂牢的陈设都被固定起来，所有照片都被从舱壁上取了下来。橱柜里只允许放一号制服（水手服）、换洗内衣与袜子，以及一些万一在弃船时会用到的保暖衣物”。“考文垂号”被编进了一个小组，那个小组后来被派往南边，在马尔维纳斯群岛北面1 600千米处进入战斗准备。

**阿根廷士兵**

虽然阿根廷地面部队占据有利地形，但他们的补给得不到满足英国政府在马尔维纳斯群岛方圆370千米的范围内划定了一个“全面禁航区”，任何出现在这一区域的物体都将遭到攻击。4月末，英国特遣部队发现阿根廷在部署钳形攻势，航母ARA“五月二十五日号”开向北部，而巡洋舰ARA“贝尔格拉诺将军号”开向南侧。虽然“贝尔格拉诺将军号”不在禁航区内，而且离那里越来越远，但从伦敦得到命令的潜艇HMS“征服者号”还是在5月2号击沉了它，舰上323人阵亡——这一决策至今仍存争议。在英国特遣部队中，并没有出现什么激烈的反应。“大刀号”上的随船神职人员汇报称：“……舰上没有人兴高采烈，因为我们自己也可能遭遇这种情况。”到了现在，真正能威胁到英国特遣部队就只剩空中的来犯者了，也就是致命的“飞鱼”反舰导弹。5月4日，驱逐舰“谢菲尔德号”瞭望台上的通信官看到了“一个似乎在冒烟的黑点”。数秒钟后，一枚“飞鱼”命中了这艘船，20人死亡。“考文垂号”的船员看到48千米外升起了一道黑色烟幕，然后有舰只被击中的消息便得到了证实。按照舰长当时的说法：“人们数小时内说不出一句话，只能强压住自己的感情与恐惧。”5月3日，“考文垂号”展开行动，舰上的直升机向阿根廷的一艘巡逻船发射了“海上大鸥”

**ARA“贝尔格拉诺将军号”**

1982年，阿根廷海军巡洋舰“贝尔格拉诺将军号”被英国一艘核潜艇击沉，舰上323人阵亡

鹞式垂直起降喷气机

鹞式的与众不同之处在于，它可以垂直起降——这在航母上是一大优势。目前世界各地仍有这种飞机的身影

导弹，杀死8人。6天后，它又在斯坦利港外用“海标枪”打下了一架“美洲狮”直升机。

5月20—21日，英国部队开始在圣卡洛斯水域，也就是东西马尔维纳斯之间的水湾登陆。阿根廷空军随后展开轰炸，击沉护卫舰HMS“热情号”和HMS“羚羊号”，23名英军身亡。“考文垂号”接到命令，在该地区执行防空任务。与它搭档的是“大刀号”，两艘舰上的“海狼”与“海标枪”正好互补。阵地建立在水湾入口向北16千米—24千米的区域上。5月24日，“考文垂号”发射了一枚“海标枪”，打下了阿军一架A4“天鹰”战机。获救的阿军飞行员告诉英国水手，说他们还未遇到阿根廷最精锐的空军部队。不管如何，阿根廷军人那种近乎自杀的英勇行为还是让英国人非常钦佩。5月25日，阿军针对“考文垂号”和“大刀号”发起了空袭。第一轮空袭以“考文垂号”击落一架战机收尾。四架“天鹰”随后发动了第二轮空袭。阿空军“火山”编队的上尉卡瓦略与中尉林克，在“大刀号”附近投下了炸弹。炸弹从水面上弹起，穿透了该舰的后甲板，砸坏了一架“山猫”直升机。

与此同时，卡瓦略上尉在无线电中听到了“宙斯”编队里中尉贝拉斯科和中尉巴依诺沃的声音：“发现目标，准备攻击。”“考文垂号”的舰长此时正命令该舰右转，让“海标枪”获得更好的射界，但不幸的是它挡住了“大刀号”上的“海狼”。“海标枪”导弹发射了出去，但制导系统锁定了附近的山丘，打偏了。舰上的防空火力全开，无线电通信官麦克法兰“命令无线电室中的所有人卧倒在地，双手抱头，‘听天由命’”。贝拉斯科用机炮扫射了“考文垂号”，然后投下了三颗炸弹。一颗在计算机室爆炸，炸死了16人，另一颗则在前部引擎室爆炸。这艘舰迅速侧倾，船员们只有3分钟时间逃生。由于舰长被震懵了而且通信设施遭到破坏，舰上未发布弃船命令，不过所有人都知道情况不妙。水手们跳入水中，爬上救生艇。幸运的是，当天风平浪静，而且事发时是白天，“大刀号”也在附近。1名英国船员在疏散时阵亡，2人淹死在海中；276人幸存，被“大刀号”以及上面的直升机搭救了起来。

5月31日，英军向着斯坦利港迂回前进，一路上不断夺取阿军阵地，但登陆舰“崔斯坦爵士号”和“加拉哈德爵士号”遭到了轰炸。6月14号，首府外围爆发了激烈的战斗。阿军在激战后投降，英国人夺取了这座城镇。这场短时间的战争是二战后唯一一次大规模海空军联合作战。英军阵亡255人，阿军方面则有655人丧生（另外还有3名平民死亡）。战争对两国均有影响。在英国，皇家海军的声望得以重塑，裁军被中止；阿根廷的战败则导致加尔铁里下台，民主制度建立了起来。虽然阿根廷仍宣称拥有马岛主权，但在1982年那次鲁莽的入侵之后，任何形式的权力移交都已经不再可能了。

# 赢取美洲杯

在任何帆船比赛中，一个好的开局都是至关重要的。这对1983年9月26日参赛的“澳大利亚二号”上的12名船员来说更是如此。这些来自澳大利亚的美洲杯挑战者需要操控帆船寻找有利位置，而且要在合适的时间用合适的速度驶过起点线，另外还要尽快驶进上风。在他们的船驶向起点线的时候，整个场面在最后的几秒钟稍显混乱。而当发令枪枪声响彻罗得岛湾的时候，来自美国的对手——红色大帆船“自由号”——在出发时领先他们8秒。不过“澳大利亚二号”在开到起点线末端时赶上了上风。帆船比赛历史上最激烈的比拼就此开始，而且就目前看还是胜负难定。

这一经典赛事已有132年的历史。在第一届比赛中，美国帆船“美国号”穿过大西洋，在怀特岛的考斯外，当着维多利亚女王的面拿走了冠军。从那时起，茶叶大亨托马斯·利普顿爵士和飞机制造商人汤姆·索普威斯爵士这样的英国富豪便开始资助挑战者，但在美洲杯帆船赛132年的历史中，冠军奖杯一直留在美国的纽约游艇俱乐部里。“澳大利亚二号”是最新一位挑战者，赞助他们的是英澳混血的地产开发商艾伦·邦德。

到20世纪70年代末和80年代初的时候，帆船比赛已经不再是一项富豪专享的运动了。在西方，很多人可以买下一艘带帆小艇，更富有些的专业人士能买得起带甲板的赛艇或游艇，这些船可以开到满足水深要求的任何地方。玻璃纤维的船体已经不再像原来那样昂贵，航行在电子辅助设备的帮助下变得更方便也更安全。到了1980年，据估计有1/4的美国人参与过某种形式的驾船活动，1/20的美国人拥有自己的船。不过，帆船比赛有自己的圈子：参加这类比赛的船在采用新技术的时候是不惜成本的，而且船员要有很高的素质。

设计“澳大利亚二号”的是澳大利亚船舶工程师、帆船运动员本·莱克森（Ben Lexcen）。此人没接受过专门的教育，但在帆船设计上有种天然的灵感。这艘船有不少技术创新，例如采用了全凯夫拉材质的

**“澳大利亚二号”**

这艘1982年下水的比赛用帆船长13米。从采用的新技术上看，它是1983年美洲杯比赛中最有力的冠军争夺者

# 航海帆船赛

19世纪行将结束之际，帆船在贸易和战争中扮演的角色逐渐弱化。然而也就是在大约同一时期，帆船运动逐渐受到了追捧。始于1851年的美洲杯帆船赛，时至今日依然热度不减（见下），而更年轻一些的沃尔沃环球帆船赛（之前被称为怀特布莱德环球帆船赛）出现在1972年。参赛帆船完全围绕航速来设计。它们的船体质轻且光滑，为了能获得足够的动力，船帆面积也很大。

## 首届美洲杯

虽然游艇俱乐部早在19世纪初便出现在世界各地，但第一届正规的国际性帆船比赛是在1851年举办的。在那一届赛事上，双桅纵帆船“美国号”前往英国，参加了环绕怀特岛的比赛。它取得了胜利，而美洲杯比赛也由此创立，像“五月花号”这样的帆船则不断为美国赢取桂冠。在后来的比赛中，出现了高达90英尺的斜桁帆帆船“信心号”。它的龙骨很长，船帆的面积大得惊人。

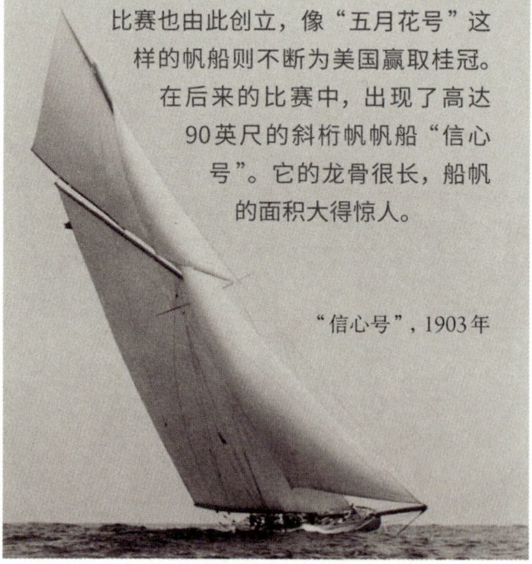

“信心号”，1903年

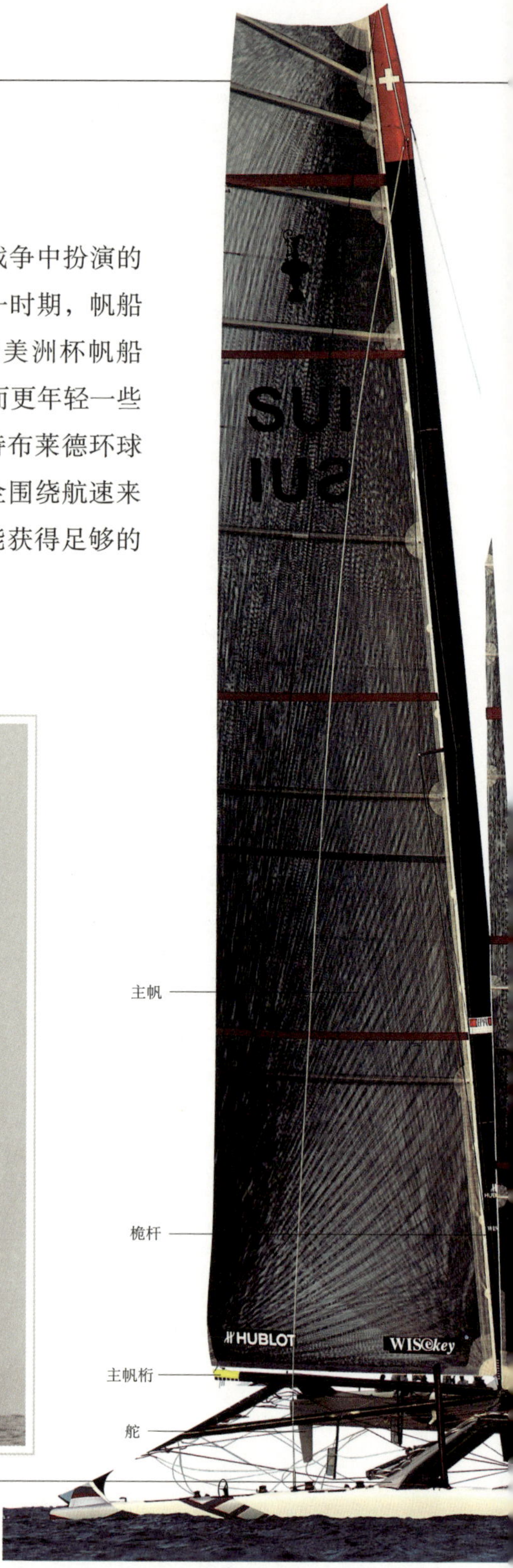

## 竞赛帆船的演变

早期美洲杯比赛的规则仅限定了帆船的长度和船帆的面积，参赛船只的设计五花八门，每个国家的每艘船都不一样。国际帆船竞赛联合会（IYRU）成立于1907年，目的是建立一套通用的赛事分类，从而保证参赛国之间的公平竞争。在美洲杯的历史上，参赛的技术规范曾数次更改，导致数十年来帆船的新设计层出不穷。图中是一些主要的帆船类型，它们的身影都曾出现在20世纪的比赛中。

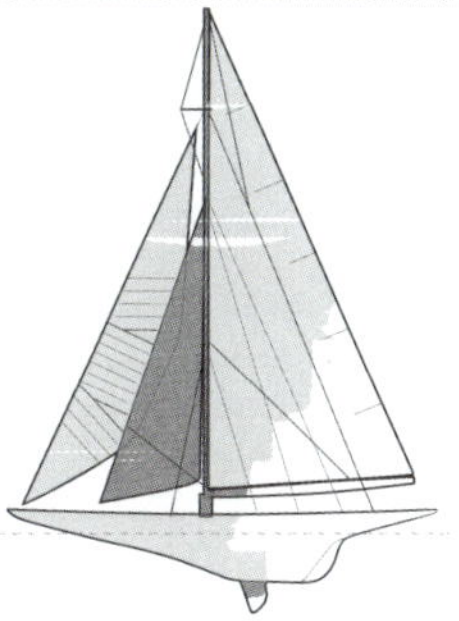

**J级帆船规则（1930—1937）**
这些迷人的百慕大帆装帆船在船帆的面积上不受限制，但吃水（即龙骨长度）和长度是固定的

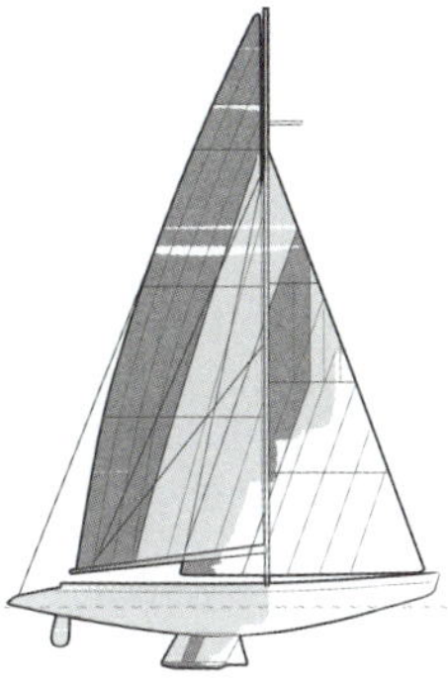

**12米帆船规则（1958—1983）**
二战之后，最长为23米的小型帆船获准参赛。比赛的首份安全守则也在这一时期出台

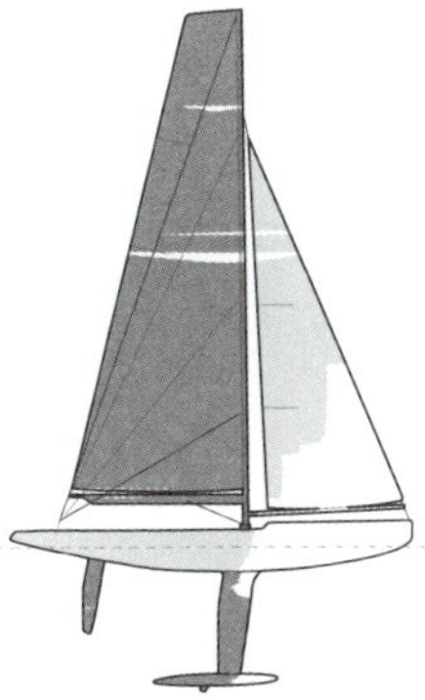

**国际美洲杯帆船赛规则（1992—2007）**
20世纪90年代和21世纪初的帆船船体更窄，有“球缘”龙骨，其底部有一个水平的横梁

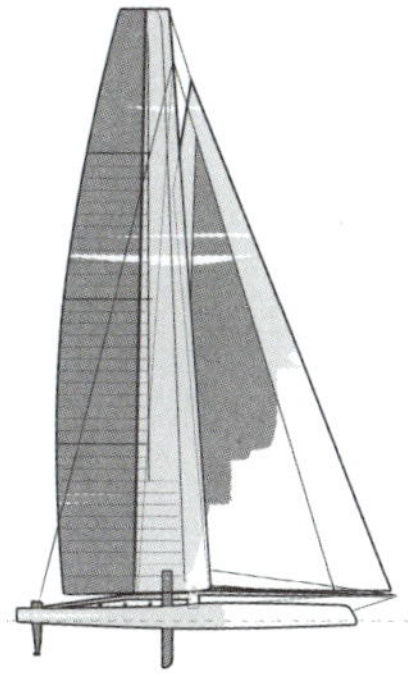

**AC72型帆船规则（2013年至今）**
今天，比赛中出现了带有碳纤维风帆、水翼以及船体长22米的双体船

**“阿灵基五号”**
瑞士，2010年
“阿灵基五号”是一艘长27米的双体船。它的桅杆高62米，靠534米的碳纤维索具支撑。它还有一张小袋帆，面积达1 100平方米——是有史以来三面最大的小袋帆中的一面。它的平均航速可达16节

**翼式龙骨**

创新的翼式龙骨设计给“澳大利亚二号”带来了争议。在倾斜时，水平的鳍板会减少船的偏航

活动索具，以及碳纤维的下桁。不过这艘船最具创新的地方还是其“翼式龙骨”。美洲杯比赛有严格的规则，对一艘船的吃水深度有相当具体的要求，所以莱克森在鳍龙骨的最低点加装了“横翼”。这样在船倾斜的时候，其吃水会更深一些，可以防止船被风吹偏。美国人对这一创新提出了抗议，但被赛事官方驳回，反倒是让挑战者得到了更多支持。

“澳大利亚二号”的船长约翰·贝特朗（John Bertrand）的头脑与体力一样好。他在墨尔本莫纳什大学求学时，曾写过一篇关于美洲杯比赛用帆的空气力学的论文。1972年，他在知名的麻省理工学院拿到了海洋工程学硕士学位。他还获得过1976年蒙特利尔奥运会的“芬兰人”级帆船赛的铜牌。在美洲杯决赛阶段，贝特朗一直在寻找最佳的航线，随时准备应对风向变化和对手的转向，同时还要掌管船上的一切大小事务。他身边是这艘船的战术师，帆船老手休伊·特里哈恩。战术师是船长的眼睛和耳朵，要不断观察对手“自由号”并向贝特朗传递信息。“总之我一切都得听他的。”船长后来写道。领航员由27岁的工程师格兰特·西莫尔担任。他的工作是使用那些最先进的电子设备，用远距离导航系统找到下一个浮标的位置，并确定到达那里的最佳线路。

另外9名船员要干的多是体力活。造船人科林·比歇尔负责操作三角主帆。桅杆后面只有这一面帆，下方带有帆桁（要想获得最佳风力，就必须精心操控这面帆的角度与形状，误差只能有1英寸）。当帆需要移动到桅杆前方时，罗布·布朗会上来帮忙。他没有比歇尔结实，但他对风向的预测能力无人能及。斯基普·里斯曼是左舷操帆手，主要任务是在操帆索被绞车拉紧时，牵住帆索的一端。在船的另一侧，有聪明的律师斯顾普·贾奇，他下帆的动作就和他的思路一样敏捷。左舷真正负责绞车的是外号为“Chink”的约翰·朗利，他身高1米9，非常强壮。右舷一侧和朗利干同样工作的是更高的威尔·巴利，他曾参加过1980年奥运会赛艇项目。主帆手斯密德莫要调整桅杆上升帆用的各种帆索，他对风向也有很好的感觉。彼得·科斯特洛被众人戏称为“下水道工”，是澳大利亚陆军中的一名少校。他主要在甲板下工作，打理7面前帆，也叫热那亚帆，以及10面升起来像气球一样的大三角帆——所有这些帆的形状与尺寸都不一样，需要在风况改变的时候更换。如果需要换帆，他就把该用的帆递上去，把换下来的帆收好，并随时做好换帆的准备。头桨手斯科蒂·麦卡利斯特的主要任务是在换帆时拴好热那亚帆的前缘，并撤下要换的帆。贝特朗表示：“海水总会溅到斯科蒂的眼睛里。他吊在前桅支索上，身体保持水平，非常辛苦，总有被浪头打下船的危险。”

和大多数帆船比赛一样，美洲杯也采用三角航线，因此参赛船只的航向总会和风向保持不同的角度。整个航程大约为48千米，第一阶段多为逆风行驶。在比赛日下午，刚开始的时候风向变化很快。“澳大利亚二号”前进在“自由号”的航线上。人们不断地把帆从一侧摆向另一侧，调整船头——这种操作叫换舷，是逆风航行的唯一办法。“自由号”比上一场比赛时轻了一些，开得更快了，贝特朗则发现海浪让操控变得非常困难。趁着风向合适，“自由号”抢先一步，在接近第一座浮标时领先对手四个船身的距离。在第二段航程中，“澳大利亚二号”把船头调整到与风向夹角更小的方位，升起了侧向航行用的2号大三角帆——一面彩色的、类似降

这种事真是靠直觉……
不过船开起来的感觉还好，
我也确信我们得加把劲儿，
按照这些角度航行。

——约翰·贝特朗
“澳大利亚二号”船长

**美洲杯帆船赛奖杯**

虽然比赛是在1851年举行，但奖杯却是制造于1848年的一件现成品。奖杯上刻有参赛船只的名字

落伞的帆，可以在风从侧面刮来时获得最佳航速。风正在转向左侧，而且一大群观赛船只形成了“风伞”效应，减弱了风力。当澳大利亚船员们开过第二座浮标时，他们落后“自由号”45秒。在转了接近90度后，风从他们身后吹来，船随之换上了金绿相间的1号大三角帆。在挂大三角帆的时候，可能会出现很多失误，但这次一切顺利。“澳大利亚二号”开始逼近那艘美国船。这时领航员格兰特与船上的其他人发生了分歧。他的设备显示，他们应当向着浮标行驶，而别的船员则认为要好好利用现在的微风。最后贝特朗决定按照后者认为的方式行驶，因为风向“太多变，机不可失”。

在驶过下一个浮标时，“澳大利亚二号”又赶上了一些。三角形的2号热那亚帆被升了起来，但是很快战术师休伊就表示，“自由号”将再度领先。风弱了下来，他们换上了更大的1号热那亚帆，经过“收紧、下拽、拖拉”，整个换帆过程仅花了短短的50秒。小风对澳大利亚人有利，他们把差距缩小到了15秒。斯密德莫看到一股大风吹向美国人的船，“自由号”一下冲了起来，再度拉开了差距。贝特朗后来回忆称，他们当时的感觉就是“下巴上被狠狠打了一拳”。

绕过了浮标的“澳大利亚二号”再次顺风行驶，落后“自由号”57秒。这是整个航程中的第五段，在过去的比赛中经常发生事故，不过他们已经从中吸取了教训。1号大三角帆再次升了起来，又是一次“魔法般”的换帆。船只现在处于“最佳状态”，每面帆的受力都很均匀，所有船员也发挥得很完美。它开始追赶对手，贝特朗注意到“自由号”上出现了犹豫的迹象——它的大三角帆“在我看来有点儿摇晃”。两艘船的航向都进行了数次改变。

两艘船非常接近，贾奇向船长大声喊出操作指令。“澳大利亚二号”现在稍微领先了一点儿，不过两艘船还要再次改变航向——如果“自由号”在不得已的情况下撞上了对手，那么“澳大利亚二号”就会被取消比赛资格，所以现在关键是保证领先的距离，防止出现碰撞。气氛紧张到了极点。贾奇喊道：“它要撞到我们船尾了，约翰。我们比他们快半个船身。”

两艘船驶过了最后一座浮标，开始了终点线前最后一段距离的拼抢。这是很长的一段逆风航程。贝特朗决定，来一次大胆的“下飘”式换帆，再争取几秒时间。在热那亚帆升起来的时候，船长全身都绷紧了。换下来的大三角帆直接掉进了海里，科斯特洛快速将其收了回来，“他那强壮的胳膊不停地抻动着帆，左臂右臂循环向回拉，把那面又大又湿的‘降落伞’拉到了自己身上”。他们现在领先21秒，正在逆风行驶。

随后，“澳大利亚二号”迎来了“可能是历史上最激烈的一次换舷对决”。船员们试图按照“自由号”的移动频率来操控船只。贝特朗发觉，往往上一次换舷还没完成，自己就要进行下一次换舷了。这非常耗费体力：操作绞车的人在多次更换热那亚帆后已经明显疲劳了。“自由号”把差距缩短到一个半船身的距离，在风向开始改变时，两艘船都准备好了大三角帆。两船平行开起来，“澳大利亚二号”还是稍微领先一点儿，直接改变航线，插到了“自由号”的前面，把它挤到了一个无法赶超的位置。有人开始倒数，离终点线还有“四个船身……三个船身……”比赛结束的枪声响了。在经过了4小时又15分钟的比拼后，澳大利亚船员们又蹦又跳，兴奋地连连挥拳，眼中闪出了泪花。澳大利亚国内所有人都放下了手头的事情，观看这场比赛。这是澳大利亚体育事业的自豪一刻，同时代表着航海技术创新的胜利。

**交叉换舷**

在1983年的美洲杯帆船赛上，“自由号”（下方红色船只）和“澳大利亚二号”在罗得岛外的海上换舷航行，互相超越。这是该赛事历史上冠亚军差距最小的一次比赛

# “瓦德兹号”油轮的灾难

对于自己那艘巨大的美国油轮“埃克森-瓦德兹号”，约瑟夫·黑兹尔伍德（Joseph Hazelwood）船长奉行放任的管理方针，所以1989年3月23日临近中午的时候，他和船上的轮机长以及通信官一同在阿拉斯加的瓦德兹上了岸。他们在一家饭馆里吃了午餐，喝了几杯酒。这时的“瓦德兹号”正在大副詹姆斯·孔克尔、二副劳埃德·勒肯以及三副格雷格里·卡曾斯的监督下装油。瓦德兹是一座小镇，坐落在壮丽的楚加奇山脚下。在经历了1964年那场毁灭性的地震与海啸后，这座小镇得到了重建，因为它是离普拉德霍湾油田最近的不冻港。这里没有繁华的商业设施，不过黑兹尔伍德还是买了花寄到家里，通信官逛了逛杂货店，轮机长买了份报纸。三人在酒吧碰面，然后回到了餐馆，定了比萨然后带了回去。

装船工作在这时进行得也很顺利，原油以每小时10万桶的速度被泵进货舱。到了晚上7点30分，船上已经装了1 263 000桶油。黑兹尔伍德船长和同伴搭一辆出租车回到港口。通过门卫的安检后，他们直接乘车赶到船边——这里不允许步行，因为冬天路面结冰，而夏天又有熊出没。等到登上舰桥，黑兹尔伍德吃惊地得知，他们离港的时间提前了一个小时，安排在9点，只剩下一个半小时多一点儿的时间准备出发了。不过船副们很称职，船已经装好，所有事情都有条不紊地进行着。

领航员威廉·墨菲已经在舰桥就位，和大副孔克尔一起。舰桥是个封闭的空间，宽度只相当于50米船宽的1/3，里面有雷达、测量水深的声呐、海图桌以及专门留给舵手的位置。现在的舵手已经不再像从前那样舞弄一只大轮盘了，而是靠一根小小的控制杆操作。舰桥位于船的后部，比长301米的船体高出四层。虽说舰桥内部空间不大，但在两舷处都留出了“翼台”，可供瞭望；在船沿着直码头前进的时候，这里也可以供船长监督操作——当时的海员们依然认为，在进行转向时有必要让风直接吹到脸上，从而掌握方向，而不能单纯依靠设备。计划改动让黑兹尔伍德稍显不安，不过船员们在晚上9点准时解缆。12分钟后，最后一根缆绳也解开了。在两条拖船的帮助下，油轮开始从停靠处向外移动。

和那个时候同类的船一样，只需要20名男女，就能控制21万吨的“埃克森-瓦德兹号”。它被归在“超大型原油货轮”那一类，这意味着它本身超过16万吨重，不过这还不是最大的一类，最大的“超级型原油货轮”重量可超过32万吨。“原油”代表它运输的油的种类，而不是说这艘船开起来不灵巧[1]。瓦德兹这个地方的油港为当地创造了就业，复苏了整个小镇，但也有人对它给环境造成的影响不满。就在当天晚上，活动人士瑞奇·奥特在一场30多人参加的集会上发表了演讲，说迟早会发生一场严重的原油泄漏事故。

与此同时，领航员墨菲正引导“埃克森-瓦德兹号”开向11千米外的瓦德兹海峡，拖船“坚定者号”就跟在一边，以防有意外发生。黑兹尔伍德船长已经在这处海峡穿行过多次，所以他自信地离开了舰桥，而经验不足的三副卡曾斯接替了大副孔克尔，装船工作已经让后者筋疲力尽。在接近海峡的时候，墨菲按照规定把速度降到了6节，船轻松地驶过了中部礁岩，那里一向被视作整个海峡中最危险的地段。

1 做形容词时“Crude”有粗糙、凑合的含义，做名词时则意为原油。——译者注

**“埃克森-瓦德兹号”**

1989年4月1日，这艘21万吨重的超大型油轮停在阿拉斯加布莱岛外威廉王子湾狭窄的水道中

墨菲把速度加了起来，但交管台报告水道前方有“大量小块浮冰”。黑兹尔伍德在离开90多分钟后返回了舰桥，因为现在该领航员下班了。一艘独桅纵帆船从后面开了上来，“瓦德兹号”再次减速。卡曾斯和墨菲一道下到甲板，去检查自己下船后梯子保存的情况。

在多数情况下，领航员离开舰桥意味着出港工作中最困难的部分已经完成，船员们可以稍微休息一下，但在当天，等在“瓦德兹号”前面的，还有威廉王子湾里很长的一段狭窄水道。黑兹尔伍德向交管台汇报船的位置。他说话时支支吾吾，有一阵还忘了自己到底在哪艘船上：“瓦德兹交管台？哦，这里是埃克森-巴塔……（指埃克森-巴吞鲁日号），啊，是埃克森-瓦德兹号”。他询问了浮冰的情况，被告知主水道附近有些“咆哮者”[1]——像房子一样大的小型冰山。交管台还告诉他可以选择走航道的另一边，绕开这些障碍物。船长确认了对面不会有船过来。

晚上11点30分，黑兹尔伍德对交管台表示，他将把航向转向200度，这样就可以开入对面的航道。几分钟后，卡曾斯回到了舰桥，他发现船只正在靠自动导航行驶，吓了一跳——在复杂环境中一般不使用自动导航。他是船上最低级的船副，而且没有多少在此地航行的经验。他关掉了自动导航，改为手动驾驶。卡曾斯本应该在11点50分前后下班，但二副勒肯在装船后实在太累了，因此获得批准多睡一会儿。于是莫林·琼斯站到舰桥翼台瞭望，另一名二副卡根开始掌舵。卡根又是船副中薄弱的一环——他是从食堂升上来的，不过近期一份报告说他“不具备从事这项工作的素质”。

黑兹尔伍德用电脑程序调整引擎，让船可以逐渐加速到在开放水域行驶的正常速度。他给卡根的指令并不明确，其中的关键内容在后来也有争议。他可能是命令卡根驶过巴斯比岛，而不是返回到正确的航道上。指令下达完毕后，船长就回到了自己的舱室。这彻底违反了公司的规定，即在这种情况下，必须有两名高级船员一直待在舰桥上。卡

1 小型冰山有时被称为“咆哮者”，是因为在冰山融化时，里面的空气跑出来会发出声音，听起来就像动物嗥叫一样。——译者注

**控制室**
管理像“埃克森-瓦德兹号”这么大的油轮，船只的电子自动化程度要非常高。然而，正如这场灾难显示出的，船员对工作的投入程度仍然是关键因素

曾斯关闭了自动导航，恢复了手动操作。他利用一座灯塔确定了一下船的方位，但没有及时返回航道。临近午夜的时候，他命令卡根慢慢向右转，最初是右舵10度，然后是20度。卡曾斯用电话告知了黑兹尔伍德，但船长没有采取行动。“让超大型油轮转弯”本是一个形容事情很难完成的谚语，而“瓦德兹号”在那晚就切切实实地处于这种困境中。这艘船迟缓地转向，但卡曾斯之前耽误的时间实在是太多了。3月24日午夜刚过，连续工作24小时后倒头大睡的孔克尔被巨大的震动惊醒了，整艘油轮猛烈地抖了六下。

在这种情况下，黑兹尔伍德再也不能视而不见了。他冲到了舰桥，想操纵引擎和舵把船开出来，但没有成功。这艘船搁浅在了布莱岛外一处9米深的暗礁上。因为当时的船速高达12节，所以它被死死地卡在了礁石的缺口上。孔克尔看到这艘船的“货物已经流出了很多”。船的中段被紧紧卡住，而船首和船尾都悬在水中。船底已经破了几个洞，原油正在飞快地涌出货舱。

这并不是超大型油轮时代发生的第一起事故。1967年3月，11.8万吨的“托利峡谷号”油轮在英国西南海岸外触礁，这个世界头一回遭遇了重大原油泄漏事件，康沃尔与法国布列塔尼的海滩和野生动物遭遇了灭顶之灾。1976年，体积小得多的“阿耳戈商人号”在美国马萨诸塞州的科德角外触礁，好在风吹散了大部分泄漏出来的原油，避免了一场大灾难。1978年3月，“阿莫科·卡迪兹号”造成了迄今为止最严重的一次原油泄漏事故，它撞到了法国布列塔尼海岸，泄漏出了近25万吨原油。

“埃克森-瓦德兹号”损坏严重。11个油箱中的8个被穿透，尽管大部分原油还留在船上，它最终还是泄漏了3.8万吨的原油。政府对这种规模的灾难完全没有准备，而且威廉王子湾位置偏远，难以施救——抵达那里的交通工具只有直升机、飞机或船。另外，糟糕的天气也阻碍了救援人员。船上剩下的80%的原油被抽进了埃克森公司的其他油轮中，但如何把这些黏稠的原油从临时的存储容器中转移到更长久一些的设备中也很难办。当局在海面放置了围油栏，防止原油扩散，并试验了燃烧除油的办法。不过由于天气恶劣，这种方法太过危险，所以无法继续下去。

之后人们试图用撇油器清理海面浮油。在事故发生后的最初24小时里，这些设备还没有运抵现场。当撇油器被运到这里并开动起来之后，厚厚的油层和海藻又阻塞了它们，还要花时间修理。埃克森与其他石油公司主张使用化油剂，但这里没有足够大的浪，化油剂和水无法混合，所以方案只能作废。在“托利峡谷号”事故后，法国人曾使用沉降剂，不过这个办法会对环境造成危害，因此也被禁止了。

在人为失误引发的环境灾难中，原油泄漏属于最具破坏性的一种。阿拉斯加大约2 100千米长的海岸线，以及2.8万平方千米的海洋遭到了污染。据估计有25万只海鸟、2 800只海獭、300只斑海豹、250只白头海雕以及多达22头虎鲸因此死亡。那里的物种数量直到现在还低于正常水平，恢复的数量还不到原油泄漏前的1/10。大部分动物至今还生活在海岸线上被污染的沙土中，这对它们繁殖延续来说也是一种灾难。

船长黑兹尔伍德被判玩忽职守导致原油泄漏，需缴纳罚款5万美元，并从事1 000个小时的社区服务。他的船长执照也被暂停，但未被注销。埃克森航运公司被控未能尽职监督船长，以及未在“埃克森-瓦德兹号”

“埃克森-瓦德兹号”泄漏的原油：

**38 000吨**

**对野生动物的影响**

科学家们试图弄清楚，一头灰鲸的死亡是否与1989年的“埃克森-瓦德兹号”原油污染事故有关。那次原油泄漏持续影响着阿拉斯加的野生动物和整个生态系统

上配备足够的船员。该公司被处以1.5亿美元的罚款。这是有史以来法院因环境犯罪开出的最大一笔罚金，但其中的1.25亿美元因为该公司合作清理泄漏原油并进行了私人赔偿而取消了。官方在事故总结报告中表示，石油行业坚持要求自行监管，以及政府在面对行业压力时示弱，是造成这一灾难性后果的根本原因。从那以后，政府便开始实施安全措施新规。“埃克森-瓦德兹号”最终被打捞起来并进行了维修。这艘船几经更名，在大西洋上继续运营。2012年8月，它在印度被拆解。

## 原油泄漏

“埃克森－瓦德兹号”搁浅后泄漏出来的原油覆盖了2.8万平方千米的海域。人们在清理工作中尝试使用围栏和撇油器，来控制原油的扩散范围，还用化油剂进行降解

# 法外之地

今天的海洋上行驶着无数的游艇与货轮，它们是奢华与繁荣的象征。然而海洋上也有令人恐惧的犯罪行为，其令人发指的程度不亚于早期移民的遭遇，甚至可以与奴隶贸易相提并论。难民逃离极端残酷的政权，普通人被当作奴隶贩卖，毒品与武器被走私偷运，这些都可以通过船只完成。恐怖分子也可以把国际水域作为发动攻击的平台。在所有出现在现代的海上出逃事件中，最不幸的事件发生在1978—1979年，当时有150万越南公民因贫穷与压迫逃离自己的国家，他们依靠的仅仅是条件不完备且超载的小船。据估计有5万~20万越南“船民”[1]葬身大海，不过更多的人成功抵达了美国、加拿大、澳大利亚与法国，并在当地扎根定居。2000年，发生了一起耸人听闻的偷渡事件，60名中国籍非法移民藏在一辆集装箱卡车中，想用装番茄的箱子做隐蔽，从

**越南的“船民”**

从20世纪70年代末起，越南人便试图逃离自己的国家。在外逃之路上，这些难民通常要忍受逼仄与不洁的环境

比利时乘船前往英国。为了躲避检查，司机关上了通风口。除两人生还外，其余偷渡者全被活活闷死。

毒品与武器经常通过海路走私，不过海上最大的一个问题还要算海盗活动的复苏。从航海最开始出现到17、18世纪，海盗活动一直被视作国际航运中一个可以接受的风险。但在20世纪80年代，海盗活动再次大量出现在印尼和马来半岛之间的马六甲海峡海域。在1983年的头七个月里，仅新加坡地区就记录了47起袭击事件。在全球贸易的背景下，装载大量贵重货物的巨大货轮要穿越贫困地区，而让这些渔乡之地的人们失去工作的也正是这种全球化经济。这些货轮通常长300米，只有15到20名船员——很难抵御海盗登船。海盗可以用航速很快的小艇追逐大船，这样做的成本相对较低。另外，还有许多港口可供他们藏身，当地的警力很弱或是完全缺失。海盗的目标是船上的货物，而不是船本身，他们的行事作风也很低调。就像1983年3月，六个人翻上了在利比里亚注册的“奥尔科贸易号”。在被赶下船前，他们砍掉了船长的鼻子。同年7月，瑞典“斯特纳大洋洲号”上的大副发现，通信官被绑了起来，而船长室也被洗劫一空。

20世纪90年代，东非索马里政权倒台，整个国家落入无视法律的军阀和宗教极端主义者手中。就全球的货运航线来说，索马里的地位就和印度尼西亚一样重要，因为这个国家拥有漫长的海岸线，而且在红海入口处和前往苏伊士运河的路上有众多海港。索马里人把猖獗的海盗活动发展到了一个新的境界，他们会扣押整艘船，用凶残的方式向船主索要高额赎金。

德国一艘1.3万吨的化学品运输船“玛丽达-玛格丽特号”就遭遇了这样的命运。它于2010年5月从印度的古吉拉特邦出发，前往比利时，运载着蓖麻油和汽油添加剂。这艘船在马绍尔群岛注册，船长是印度人马哈德奥·马可恩，轮机长奥列格·德莱格拉兹沃来自乌克兰，另外船上还有18名印度船员和两名孟加拉船员。5月8日，这艘船驶进了“海盗巷”，也就是索马里和也门之间的危险水域，这时雷达上突然出

1 原文为“boat people”，同名电影被译为“投奔怒海”。——译者注

现了一个亮点。一小时后，德莱格拉兹沃看见有条小船尾随其后，他从尺寸、速度和航迹立刻判断出那是艘海盗船。“玛格丽特号”的船员没接受过武器培训，也没制定过安全预案，不过他们用铁丝网把自己的船围了起来，准备用消防带击退登船者。小船加速驶来，上面的六个人用AK冲锋枪向船员射击，然后又用枪榴弹攻击船只。情况非常危险，因为“玛格丽特号”装载的是易燃品，被击中后可能引发爆炸。德莱格拉兹沃后来表示，如果货物真的被打中，那么“就是同归于尽”。

海盗们登上了“玛格丽特号”。船长马可恩回忆道：“我们听不懂他们说话，但施加威胁并不需要语言。”实习船副迪潘德拉·拉斯莫尔想用无线电联系附近的一艘印度军舰，但已经来不及了。“情况非常混乱，很吓人，”他解释道，“我们别无选择，只能投降。”海盗命令船长将船开往索马里海域。两天后，这艘船在索马里海岸下锚——那里扣押着很多船只。更多海盗登上了“玛格丽特号”。据马可恩说，“第一拨人抢走了手表、金项链、手机、笔记本电脑……所有看起来不错的东西，还有靴子、夹克，所有东西……甚至连内衣也被扒走了”。

海盗中有一个人态度比较温和，会说多门语言。此人名叫穆罕默德·撒埃利·史宾（Mohammad Saaili Shibin），以前当过教师和石油公司的调度员，现在负责替海盗谈判。正如美国律师尼尔·麦克布莱德在史宾一案开审时所说的那样：“像史宾这样的人，很少亲自参与劫持。抢下船的那六个人不说英语，他们需要史宾这种人帮他们把船、船员以及货物变现。”史宾很快在电话里联系上了德国的船主，并让船长接听电话。马可恩只能在电话里恳求：“他们说如果要求得不到满足，就要折磨我们，还要杀掉我们。”史宾跟着补充道：“我本人不是海盗。我为当地一个NGO（非政府组织）工作，那是一个在当地从事人权活动的NGO。我之所以自愿做这件事情，是想挽救他们的性命，我不想让这些畜生杀掉你的船员，明白吗？”

在接下来的几天里，史宾向马可恩和其他船员询问了船与货物的价值，然后他再次打电话给航运公司，索要1 500万美元赎金。由于公司拒绝了他的要求，这些人质遭受了长达7个月的折磨。虽然史宾还在谈判，但船员们的处境非常悲惨：“海盗们轮流值班，用枪指着我

**"玛丽达-玛格丽特号"**
2010年5月，这艘德国化学运输船在行驶至也门与索马里之间的"海盗巷"时被劫持。船上的船员未携带武器

们——根本没有逃跑的机会，也不可能和他们说上两句好话。我们就处在一种恐惧的状态中——经常挨打……"拉斯莫尔说。食物也给得很少，船员萨达罕舒·潘迪回忆道："虽然他们会给我们一些食物，但是吃不饱，仅仅是够活下去。"船员们被关在舰桥上窄小的舱室里，海盗们则在船上随意出入。海盗会嚼一种叫作巧茶的麻醉品，因此表现得亢奋暴戾。人们管史宾叫作"吸血鬼德古拉"，因为他只会在晚上现身。他经常给航运公司打电话，偶尔也让船员打电话回家。拉斯莫尔说：

> 每隔几天，我们中的一个人就会被逼着给公司打电话，还要在电话里哀求。公司那边则告诉我们无能为力——目的是想迫使劫持者降低赎金。在开始的四个月里，我们每个月可以给家里打一次电话，这样海盗就可以利用家人给公司施压。这些电话打得非常艰难——只说上两三句就被挂断了。真叫人难过。

7月时，又有一艘海盗船出现在“玛格丽特号”旁边。马可恩被要求向那艘船提供淡水。他不想在这一过程中浪费宝贵的燃料，所以拒绝了这个要求。于是海盗们蒙上了他和德莱格拉兹沃的眼睛，把他俩分别拖到船的两边，随后再向空中开枪，好让他俩以为对方都被打死了。这之后两人都被绑住胳膊吊了起来，这种酷刑一直持续了21天。马可恩想起了一本由法国囚犯撰写的回忆录《蝴蝶》[1]，这让他坚持了下来。“囚犯‘蝴蝶’从未放弃希望。我要保持信心。”他说。宗教也是他获得安慰的一个地方。拉斯莫尔当时只有21岁，是船员中最年轻的一个，躲过了酷刑的虐待：“或许是他们认为我太年轻，无足轻重。一些年龄稍长的船员好争论，我则决定不与海盗对抗。”不过，这种心态堵不上他的耳朵，别人受折磨时求饶的惨叫还是依旧传来。这对他来说也是一种煎熬，而且这种心理上的折磨在事后还持续了很长一段时间。

“玛格丽特号”船员稍有喘息之时，史宾又表示，如果再看不见赎金，就要把他们交到恐怖组织的手里——他们只能再活24小时了。随后海盗们又开始拷打高级船员。马可恩和德莱格拉兹沃被吊在船舷外面，好像就要被扔下海一样。海盗们用塑料袋套住马可恩的脑袋，用刀顶着他说：“我们要宰了你。你最好把淡水的事情说清楚。”燃料已经没有多少了，海盗们变得越发绝望——他们扒光了一名船员的衣服，把他锁进了冰箱。

全球航运业每年因现代海盗而遭受的损失预计为：

60亿美元

航运公司最终同意支付550万美元的赎金。10月28日，在熬过了恐怖的238天后，船员们看到了一架小型飞机。飞机在船上空兜着圈子，“玛格丽特号”的船员们被集中到甲板上。没多久，飞机上扔下了捆着赎金的包裹，然后

1《蝴蝶》的英文名为Papillon，又译为巴比龙。——译者注

一名德国籍船员来到船上，把船开离了这个地方。拉斯莫尔描述了自己劫后余生的感受：“……感觉就像重生一样。吃第一顿饭，洗第一回澡，换第一套干净衣服，都令人感觉清新爽朗。六天后，我和家人团聚了。我瘦得要命，看起来很糟，他们就愣在那里不停哭泣……这种经历并不能把我从船上赶走……我不会让海盗夺走我的职业。他们对我的伤害已经够大了。”噩梦结束了，海盗也逃跑了。在2011年，史宾因为涉嫌参与劫持美国游艇“探索号”被逮捕了——那次劫持事件导致4名船员遇害。史宾从赎金中拿走了自己的那份，至少有3万美元。法院认定他犯下了诱拐、从事海盗活动以及施暴等多项罪名，判处其服刑12年。

**穆罕默德·撒埃利·史宾**

美国反海盗机构逐渐把目标转向在财务上支持海盗的人，以及像史宾这样的谈判者

国际社会在打击海盗一事上付出了很大努力，但收效不佳。航运公司已经把支付赎金看成航行中的正常风险，国际法存在薄弱环节，海军无法提供长期合作。美国一直在严厉打击那些对本国公民发动袭击的人，法国也是一样——到2009年年中，这个国家已经逮捕了79名海盗，击毙了4名。

人们不应对现代海盗活动抱有任何浪漫的想象。正如麦克布莱德在史宾案中所说的那样：“所谓海盗带有某种浪漫的、爱冒险的气质的说法，在此案中已经被彻底拆穿……海盗就是残忍、贪婪、野蛮、无所顾忌的罪犯。他们会诱拐、折磨人质，而且最后会将其杀害，为的只是满足他们自己对金钱的贪欲。”

## 海洋的盛事

虽然历史上有无数航海者葬身大海，但海洋对人类仍然有巨大的吸引力。图中是一场传统帆船赛，颇有百舸千帆之势。该比赛在法国沿海举办，场地从布雷斯特一直延伸到杜阿讷尼，是2008年“布雷斯特之雷电”海洋节活动的一部分。

# 术语表

AFT：接近船尾的。

ASDIC：用来测量潜航潜艇方位与距离的水下声音测距仪器。见“声呐”（sonar）。

BALLAST：压舱物，放在船舱中用来降低重心，保证船只正浮的材料。

BATTLECRUISER：战列巡洋舰，在第一次世界大战前按照快速战列舰开发出来的一类舰只，火力强大，但防护较弱。

BILGE：舱底，船体中最低的一层，存有海水。

BIREME：每侧船舷有两排桨的桨帆船，即二桡船。

BOAT：通常指没有甲板的小船，可以指代潜艇和渔船。

BOW：艏，船的前部。

BREAK BULK：零担货，单独或小捆装运的货物，而不是用大集装箱运输的货物。

BRIG：双桅横帆船，带有两根横帆帆装桅杆的小型帆船。

BROADSIDE：战舰一侧的所有火炮同时开火。

BULKHEAD：隔板，甲板下方垂直的隔离物，将船的一部分与另一部分隔开。

CARAVEL：卡拉维尔帆船，15世纪发明的一种机动性很好的小型船只，有两根或三根桅杆，挂三角帆。

CARRACK：克拉克帆船，15世纪和16世纪使用的一种三桅或四桅帆船。

CAST THE LEAD：用铅线测量船下水的深度。

CATAMARAN：双体船，有两只平行船体的船。

CHRONOMETER：精密计时器，一种精确的计时器，最初用于海上领航。

CLIPPER：飞剪式快船，19世纪中叶的一种快速帆船，船首很尖，有一面大帆，而且船宽小于船长。

CLOSE HAULED：尽可能顺风行驶而不损失速度。

COG/COGGE：柯克船，13世纪到15世纪期间，北欧地区一种用重叠木板的方法建造的船，只使用一面横帆。

CORSAIR：1. 袭击者（有时被视作海盗），特指那些16世纪和17世纪在北非巴巴里沿海活动的袭击者。2. 战争时期获准攻击敌人贸易线的船，在巴巴里沿海活动。

CORVETTE：护卫舰。1. 一种航速快、装甲轻的20世纪护航船只，通常用于反潜。2. 18世纪和19世纪的一种小型风帆战船。

CRUISER：巡洋舰，19世纪和20世纪的一种轻装甲快速战舰。

DEAD RECKONING：一种在海中靠船速、经过时间以及航向计算方位的方法。

DESTROYER：驱逐舰，一种小型快速战舰，装备有火炮、鱼雷、深水炸弹或制导导弹。这种舰的最初形态是19世纪末的鱼雷驱逐舰。

DHOW：阿拉伯三角帆船，起源于中东地区的三角帆帆装帆船。

DOLDRUMS：赤道无风带，赤道上的一条轻风或无风区域，在那里帆船的速度可能会大大降低。

DREADNOUGHT：无畏舰，1906年下水的HMS“无畏号”，成了新一代战列舰的名字。它的速度比以往的战舰更快，其装甲也更厚。

EAST INDIAMAN：东印度商船，17世纪和18世纪最大的商船之一，用来向亚洲运送货物，或将货物运出亚洲。

FATHOM：寻，一种古老的深度单位，相当于1.8米。

FLOTILLA：一支小舰队，更常见的说法是指小船组成的舰队。

FLUYT：福禄特帆船，荷兰商用帆船，平底，船体截面呈方形，可运货也可以载不多的人。

FORE：接近船头的。

FORECASTLE：艏楼。1. 中世纪船船头高出来的结构，可做作战平台使用。2. 船上甲板的前部。

FORESAIL：前桅帆，横帆帆船前桅最低的帆。

FRIGATE：1. 佛盖特帆船，一种17世纪的帆船，速度比风帆战列舰快，只有一层炮甲板。2. 巡防舰，一种20世纪的战舰，可以反潜或进行一般作战任务。

GALLEASS：16世纪一种大型的威尼斯桨帆船，可携带重炮。

GALLEON：加利恩帆船，16世纪与17世纪欧洲主要的战船。与早先的克拉克帆船相比更长更窄。

GALLEY：1. 18世纪前地中海地区主要使用的一种带桨战船。2. 船上的厨房。

GENOA：热那亚帆，挂在比赛帆船桅杆前部的大三角帆，与它后面的主帆有重叠。

GYBE：让船尾穿过风从而改变航行线路。

HORSEPOWER：马力，机械功率单位，相当于每分钟33 000磅-1英尺（一匹拉着33 000磅东西的马1分钟走1英尺所做的功），或745.7瓦。

IRONCLAD：一种19世纪中叶的战船，木质船体包裹铁片。

JIB：前桅前方的三角帆。
JUNK：中国或日本帆船。
KEEL：龙骨，船体最下方的结构，长度几乎等于船长，由金属或木质材料组成。
KNOT：节，衡量船只在水中行驶速度的单位，相当于1小时走1海里。
LATEEN SAIL：拉丁帆，地中海地区的标准用帆。三角形，挂在船头或船尾的斜桁上。
LEAGUE：里格，三海里。
LINE：小号到中号之间的绳索。
LINE ABREAST：用来描述船只并排排成一线的术语。
LINE AHEAD：用来描述船只头尾相连排成一线的术语。
LINER：最开始是指走固定线路的客运或货运商船，后来指那些完全为了旅游而设计出来的游艇。
LONGSHIP：长船，用重叠木板方法建造的传统维京船，可以靠桨划动也可以靠帆驱动。
LONGSHOREMAN：美国词汇，指雇来装卸船的工人，通常是指打零工的人。
MAT-AND-BATTEN SAILS：传统的中国帆装，帆依靠高度不同的帆骨加固并连在一起。
MIZZENMAST：后桅，多桅帆船中最接近船尾的桅杆。
OCTANT：八分仪，六分仪的前身。这种仪器可以测量太阳、月亮以及星星与地平线的夹角。
OUTRIGGER：浮架，从主船体伸出的第二个船体，可以提供更好的稳定性。太平洋与印度洋地区的独木舟有使用设计的传统。
POOP DECK：艉楼，船上最靠后也是最高的甲板，高出后甲板。
PORT：左舷。
PRE-DREADNOUGHT：在HMS“无畏号”1906年下水前建造或订造的战列舰。
PRIVATEER：私掠船，在战时袭击敌人航运线路的私人船只。袭击者可以通过出售俘获的船只获利。
PROW：艏部，尤其是指经过夸张装饰的船头。
QUINQUIREME：五桡桨帆船，古希腊和古罗马时代的大型战船。
RADAR：雷达，一种探测物体的方式。先发出无线电波，当无线电波撞上物体反射回来后用接收器接收，可以得到目标的方位角和距离。
REEFING：缩帆，当强风刮来时缩小帆的面积。
RETOURSCHIP：一种荷兰东印度船，往返于荷兰与东印度群岛之间。
RUDDER：舵，操纵船只的主要装置，是一块固定在船尾的桨。
SAMPAN：舢板，中国的平底小船，当作小艇使用，有时上面可以住人。
SCHOONER：多桅纵帆船，带有两根或更多桅杆的船只，采用纵帆帆装，主后桅比前桅高。
SCUTTLE：故意弄沉自己的船，通常是为了避免船只被俘。
SEXTANT：六分仪，可以测量太阳或星星与地平线夹角的航海设备。
SHIP：带甲板的船只，尺寸与装备都能保证完成航行。
SHIP OF THE LINE：风帆战列舰，17世纪到19世纪间全副武装的风帆战船，舷炮可以与敌军的战列上的船只互射。
SKIPPER：负责比赛帆船或渔船这种小船的人，有时也可以指服从高级船员命令的海员。
SHEET：用来控制风帆未系一角的绳索。
SLOOP：单桅纵帆船。
SONAR：声呐，之前被称作ASDIC。这是一种可以锁定水下物体的电子设备，主要用在反潜作战上。
SOUNDINGS：用铅线测量出来的船底水深，或指可以用这些方法测量出水深的浅水水域。
SPINNAKER：挂在比赛帆船桅杆前方的球形大帆，通常在风力适合时使用。
SQUARE RIG：横帆帆装，一种帆装方案。主帆被绑在帆桁上，帆的中央位置正贴在桅杆上。
STARBOARD：右舷。
STEERAGE：统舱，接近船尾的一个大隔间，通常刚好高出螺旋桨，里面通常只提供最基本陈设。
STEVEDORE：在船上堆装货物的工人，他不负责把货物运到船舱中。
STERN：船的尾部。
TACK：迎风换舷，让船首穿过风，这样便能按“Z”字形路线逆风航行。
TANKER：设计用来装载大量液体的船只，通常装载原油。
TRAMP：没有固定线路的小货船，按需求递送或收取货物。
TRIM：船在水中的水平程度。
TRIMMING：调整帆的角度，让风力的效果发挥到最佳。
TRIREME：三桡船，一种古希腊或古罗马作战用桨帆船，每侧船舷有三排桨。
U-BOAT：U型潜艇，一种德国潜艇。这个词来自德语单词Unterseeboot。
WEARING：顺风换舷，让船尾贴近风向，从而让船转向。
YARD：桁，末端呈锥形的横木杆，用来支撑和展开船帆。

# 参考书目


## 早期航海者，1450年前

### 探索太平洋

Joseph Banks, *The Endeavour Journal, 1768–1771*, ed J.C. Beaglehole, Sydney, 1962

Henry Byam Martin, Polynesian Journal, Salem, Mass, 1981

Richard Feinberg, *Polynesian Seafaring and Navigation*, Kent, Ohio, 1988

Raymond Firth, *Tikopia Songs*, Cambridge, 1990

Geoffrey Irwin, *The Prehistoric Exploration and Colonisation of the Pacific*, Cambridge, 1992

### 地中海上的航行

Lionel Casson, *Ships and Seafaring in Ancient Times*, London, 1994

Homer, *The Odyssey*, translated by E.V. Rieu, London, 2003

Synesius of Cyrene, *Letters*, Livius.org

### 维京传奇

A.W. Brøgger and H. Shetelig, *Viking Ships*, Oslo, 1971

Ole Crumlin-Petersen and Olaf Olsen, *Five Viking Ships from Roskilde Fjord*, Copenhagen, 1978

*The Saga of Erik the Red*, translated J. Sephton, 1880, Icelandic Saga Database

*The Saga of Leif Erikson*, translated J. Sephton, 1880, Icelandic Saga Database

James Graham-Campbell and Dafydd Kidd, *The Vikings*, London, 1890

### 阿拉伯世界

Ibn Jubayr, *Travels*, translated by R.J.C. Broadhurst, London, 1952

Buzurg ibn Shahriyar, *The Book of the Wonders of India*, translated by G.S.P. Freeman-Grenville, London, 1981

Shelomo Goitein, *A Mediterranean Society*, 6 vols, Berkeley, California, 1967–93

*Letters of Jewish Medieval Traders*, Princeton, 1974

George Hourani, *Arab Seafaring in the Indian Ocean in Ancient and Early Medieval Times*, Princeton, 1995

G.R. Tibbetts, *Arab Navigation in the Indian Ocean*, London, 1971

### 郑和下西洋

Ma Huan, *The Overall Survey of the Ocean's Shores*, translated by J.V.G. Mills, Hakluyt Society, Cambridge, 1970

Gavin Menzies, *1421: The Year China Discovered the World*, London, 2003

Joseph Needham, *Science and Technology in China*, vol 4, Cambridge, 1971

G.R.G. Worcester, *The Junks and Sampans of the Yangtze*, Annapolis 1971

### 朝圣者与桨帆船

Felix Fabri, *The Book of the Wanderings of Brother Felix Fabri*, translated A. Stewart, in Palestine Pilgrims Text Society vols 7–10, London, 1896–97

John F. Guilmartin Jr, *Galleons and Galleys*, London, 2002

John H. Pryor, *Geography, Technology and War*, Cambridge, 1988

### 温切尔西海战

Joe Flatman, *Ships and Shipping in Medieval Manuscripts*, London, 2009

Jean Froissart, *Chronicles*, London, 1978

Gillian Hutchison, *Medieval Ships and Shipping*, Leicester, 1994

Navy Records Society, vol 131, *Select Naval Documents*, Aldershot, 1993

## 探索时代，1450—1600

### 新大陆

Samuel Eliot Morrison, *Admiral of the Ocean Sea*, Oxford, 1942

Christopher Columbus, *Journal of the First Voyage*, translated by R.J. Penny, Warminster, 1990

### 从海路到印度

E.G. Ravenstein, ed, *A Journal of the First Voyage of Vasco da Gama*, London, the Hakluyt Society, 1898

Sanjay Subrahmanyam, *The Career and Legend of Vasco da Gama*, Cambridge, 1997

### 环球航行

Ian Cameron, *Magellan and the First Circumnavigation of the World*, London, 1974

Antonio Pigafetta, *The First Voyage Round the World*, translated by Lord Stanley of Alderley, Hakluyt Society, London, 1874

### 征服墨西哥

Bernal Diaz de Castillo, *The Discovery and Conquest of Mexico, 1517–1521*, ed Genaro Garcia, translated by A.P. Maudslay, Cambridge, MA, 2003

Florentine Codex; *General History of the Things of New Spain*, ed Arthur J.O. Anderson and Charles E. Dibble, vol 12, Santa Fe, NM, 1982

### 探索加拿大

H.P. Biggar, *The Voyages of Jacques*

*Cartier*, Ottawa, 1924
Charles Bourel de la Roncière, *Jacques Cartier et la Découverte de la Nouvelle-France*, Paris, 1931
David B. Quinn, ed, *New American World*, New York, 1979

私掠船船长德雷克
British Library, *Sir Francis Drake*, London, 1977
Sir Julian Corbett, *Drake and the Tudor Navy*, vol 1, London, 1899

## 帝国时代，1600—1815

殖民美洲
Phillip L. Barbour, *The Three Worlds of Captain John Smith*, London, 1964
Phillip L. Barbour, ed, *The Jamestown Voyages under the First Charter*, 2 vols, 1606–1609, Hakluyt Society, London, 1969
Brian Lavery, *Anatomy of the Ship, Susan Constant*, London, 1988
Samuel Purchas, *His Pilgrims*, vol XVIII, New York, 1965

"巴达维亚号"的沉没
Batavia, *Guide*, Lelystad, 1995
C.R. Boxer, *The Dutch Seaborne Empire*, 1600–1800, London, 1977
Mike Dash, *Batavia's Graveyard*, London, 2003
H. Drake-Brockman, *Voyage to Disaster*, London, 1964

海盗生涯
Plamen Ivanov Arnaudov, *Raveneau de Lussan: Buccaneer Apologist and Mythical Hero, in Elements of Mythmaking in Witness Accounts of Colonial Piracy*, doctorial dissertation, Louisiana State University, 2003
David Cordingly, *Life Among the Pirates*, London, 1995
Raveneau de Lussan, *A Journal of a Voyage Made into the South Sea by the Bucaniers or Freebooters of America*, London, 1698

大西洋上的奴隶船
Olaudah Equiano, *The Interesting Narrative*, London, 2003
John Newton, *Journal of a Slave Trader*, London, 1962

库克船长在太平洋
Joseph Banks, *The Endeavour Journal*, 1768–1771, ed J.C. Beaglehole, Sydney, 1962
James Cook, *The Voyage of the Endeavour*, 1768–71, ed J.C. Beaglehole, *Hakluyt Society*, Cambridge, 1955
Richard Hough, *Captain James Cook*, London, 1994

约翰·保罗·琼斯与美国独立
Dr. Ezra Green, *Diary*, 1777–78, Boston, 1875
John Paul Jones, *Memoirs*, London, 1830
Lincoln Lorenz, *John Paul Jones*, Annapolis, 1942
J.H. Sherburne, *The Life and Character of John Paul Jones*, New York, 1851

特拉法尔加海战
Auguste Marie Cicquel des Touches, *Souvenirs d'un Marine de la Republique in Revue des Deux Mondes*, 1905
Brian Lavery, *Nelson's Fleet at Trafalgar*, Greenwich, 2004
Peter Warwick, *Voices from the Battle of Trafalgar*, Newton Abbot, 2005

北极的杀戮
William Scoresby, *An Account of the Arctic Regions*, 2 vols, Edinburgh, 1820
*Arctic Whaling Journals*, vol 1, Hakluyt Society, London, 2003
Bill Spence, Harpooned; *The Story of Whaling*, London, 1980

## 蒸汽与移民，1815—1914

海上之火
Ewen Corlett, *The Iron Ship*, Bradford on Avon, 1980
Robert Gardiner, ed, *The Advent of Steam*, London, 1993
James Hosken et al, *The logs of the first voyage, made with the unceasing aid of steam, between England and America, by the Great Western of Bristol*, Bristol, 1838

到美国去
Raymond A. Cohn, *Mass Migration Under Sail*, Cambridge, 2009
Terry Coleman, *Passage to America*, London, 1972
Robert Whyte, *The Ocean Plague; The Diary of a Cabin Passenger*, Boston, 1848

中国、日本与佩里的探险
Marius P. Jansen, *The Making of Modern Japan*, Cambridge, Mass, 2002
P.C. Kuo, *A Critical Study of the First Anglo-Chinese War with Documents*, Taipei, 1970
Matthew C. Perry, *Narrative of the Expedition of an American Squadron to the China Seas and Japan*, New York, 1856

海洋学的诞生
M.F. Maury, *Explanations and Sailing Directions to Accompany the Wind and Current Charts*, 1852
*The Physical Geography of the Sea*, 1855, reprinted Mineola, NY, 1963
Sir Charles Wylie Thompson, *The Voyage of the Challenger*, London, 1877
Francis Leigh Williams, *Matthew Fountaine Maury, Scientist of the Sea*, New Brunswick, 1963

海上救援
Alexander McKee, *The Golden*

*Wreck*, Bebington, Merseyside, 2000
Samuel Plimsoll, *Our Seamen*, an Appeal, London, 1873

“亚拉巴马号”与海上的美国
S. Dana Greene, *In the "Monitor" Turret, in Battles and Leaders of the Civil War*, vol 1, reprinted 1956
John Mackintosh Kell, *The Cruise and Combats of the Alabama in Battles and Leaders of the Civil War*, vol 4, reprinted 1956
Raphael Semmes, *My Adventures Afloat*, London, 1869

茶运大赛
Basil Lubbock, *The China Clippers*, Glasgow, 1916
Andrew Shewan, *The Great Days of Sail*, London, 1927, reprinted 1973

约翰·霍兰与第一艘潜艇
Robert Gardiner, ed, *Steam, Steel and Shellfire*, London, 1992
Simon Lake, *The Submarine in Peace and War*, Philadelphia, 1918
Richard Morris, *John P. Holland*, 1841–1914, Columbia, SC, 1998

前往世界另一边
Keith Cameron, ed, *The Gull*, Brisbane, 1884
Helen R. Woolcock, *Rights of Passage; Emigration to Australia in the Nineteenth Century*, London, 1986

豪华游轮的诞生
N.R.P. Bonsor, *North Atlantic Seaway*, London, 1955
Susan Wiborg, *The World is Our Oyster*, Hamburg, 1997

军备大赛
Randall Grey, ed, *Conway's All the World's Fighting Ships*, London, 1985
Patrick J. Kelly, *Tirpitz and the Imperial German Navy*, Bloomington, Ind, 2011
Nicholas A. Lambert, *Sir John Fisher's Naval Revolution*, Columbia, SC, 1999
Gary E. Weir, *Building the Kaiser's Navy*, Annapolis, 1992

## 海战，1914—1945

日德兰海战
N.J.M. Campbell, *Jutland; an Analysis of the Fighting*, London, 1986
Robert Gardiner, ed, *The Eclipse of the Big Gun*, London, 1992
Georg Hase, *Kiel and Jutland*, London, 1921
Richard Stumpf, *The Private War of Seaman Stumpf*, London, 1969

大海中的上流社会
Engineering Magazine, 1907, *The Cunard Turbine-Driven Quadruple Screw Atlantic Liner Mauretania*, reprinted Wellingborough, 1987
Anita Loos, *Gentlemen Prefer Blondes*, New York, 1925
Basil Woon, *The Frantic Atlantic*, New York, 1927

大西洋海战
*Navy Records Society*, vol 137, The Defeat of the Enemy Attack upon Shipping, 1939–1945, ed Eric Grove, 1997
Joseph H. Wellings, *On His Majesty's Service*, Newport, RI, 1983

中途岛海战
Ikuhiko Hata, Yasuho Izawa, Christopher Shores, *Japanese Naval Air Force Units and their Aces 1932–1945*, London, 2011
E.B. Potter, *The Great Sea War*, London, 1961
Ron Werneth, *Beyond Pearl Harbour*, Atglen, PA, 2008

诺曼底登陆
"Jimmy" Green, *The Royal Navy on Omaha Beach*, in BBC History, World War II People's War
Ernest Hemingway, *Voyage to Victory*, in Collier's Magazine, 22 July 1944
Samuel Elliot Morrison, *The Invasion of France and Germany*, 1944–1945, Edison, NJ, 2001
Winston G. Ramsay, *D-Day Then and Now*, 2 vols, London, 1995
US Navy, the Navy Department Library, *Ship to Shore Movement, General Instructions*, 1944

## 海洋全球化，1945年至今

集装箱革命
Brian J. Cuddahy, *Box Boats; How Container Ships Changed the World*, Fordham, 2007
Marc Levinson, *The Box – How the Shipping Container Made the World Smaller and the Economy Bigger*, Princeton, 2006
Danny Marc Samuels, *Ideal-X and the Birth of Container Shipping in Houston*, in offcite.org

古巴导弹危机
Peter A. Huchthausen, *October Fury*, Hoboken, 2002
Ernest R. May and Phillip D. Zelikow, *Inside the White House during the Cuban Missile Crisis*, Cambridge, Mass, 1997
National Security Archive, George Washington University; *Recollections of Vladimir Orlov (B-59)*
A.F. Dubivko, *In the Depths of the Sargasso Sea, from On the Edge of the Nuclear Precipice*, Moscow, 1998

探索深海
Jacques Cousteau and Alexis Sivirine, *Jacques Cousteau's Calypso*, New York, 1983
Jacques Cousteau and Phillipe Doilé, *Galapagos, Titicaca, the Blue Holes*, London, 1973
Jacques Cousteau, *James Dugan, The Living Sea*, London, 1963

马岛战争

Eric Grove, *Vanguard to Trident*, Michigan, 1987

David Hart-Dyke, *Four Weeks in May*, London, 2007

Ministry of Defence, *Board of Enquiry – Report into the Loss of HMS* Coventry

赢取美洲杯

John Bertrand, *Born to Win*, London, 1985

Douglas Phillips-Birt, *The History of Yachting*, London, 1974

John Rousmaniere, *The Americas Cup*, 1851–1983, London, 1983

“瓦德兹号”油轮的灾难

Alaska Oil Spill Commission, *Spill, the Wreck of the Exxon Valdez.* Appendix N, T/V Exxon, 1989 *Valdez Oil Spill Chronology*

Richard A. Cahill, *Disasters at Sea: Titanic to Exxon Valdez*, London, 1990

法外之地

John C. Foyne, *Piracy Today*, London, 1980

Dipendra Rathmore, *I Was Kidnapped by Somali Pirates*, The Guardian, 11 June 2011

Roger Villar, *Piracy Today*, ibid

# 致谢

感谢下列人士为本书提供的大力协助：

编辑助理：Satu Fox、Gareth Jones、Antara Moitra、Simon Mumford、Nicola Munro，以及Ed Wilson；设计助理：Joanne Clark、Keith Davis、Phil Gamble和Chris Gould。

以下机构准许作者复制使用照片，在此一并表示感谢：（a代表在上方；b代表在下方/在底部；c代表中部；f代表远端；l代表左侧；r代表右侧；t代表顶部）

2-3 National Maritime Museum, Greenwich, London: National Heritage Memorial Fund.
5 National Maritime Museum, Greenwich, London: (c). 9 Photo SCALA, Florence: DeAgostini Picture Library (br). 12 National Maritime Museum, Greenwich, London: Ministry of Defence Art Collection (c). 17 Getty Images: Science & Society Picture Library (tl).
18 Getty Images: Dea Picture Library / De Agostini (tl). 19 National Maritime Museum, Greenwich, London: Ministry of Defence Art Collection (t). 21 Corbis: Gianni Dagli Orti (b).
22-23 Dorling Kindersley: Hellenic Maritime Museum (c). 22 Dorling Kindersley: Hellenic Maritime Museum (bl, bc); The Science Museum, London (ca). 23 Dorling Kindersley: Hellenic Maritime Museum (cr); National Maritime Museum, London (clb, crb). Science Museum / Science & Society Picture Library: (tr). 24 The Bridgeman Art Library: Ancient Art and Architecture Collection Ltd. (b). 26 Corbis: Gianni Dagli Orti (bl). 30 Getty Images: Ted Spiegel / National Geographic (bl). 32 Corbis: Yadid Levy / Robert Harding World Imagery (br). 35 The Bridgeman Art Library: De Agostini Picture Library / G. Dagli Orti (tr). 39 Dorling Kindersley: National Maritime Museum, London (br). 40 Corbis: Arne Hodalic. 42 Getty Images: AFP (br). 44-45 National Maritime Museum, Greenwich, London: (c). 44 National Maritime Museum, Greenwich, London: (bc). 45 Corbis: Bettmann (br). Dorling Kindersley: National Maritime Museum, London (cra). National Maritime Museum, Greenwich, London: Pym Collection (crb). 46 Corbis: Chris Hellier (br).
48 Imaginechina: Cheng jiang (br). 50 Photo SCALA, Florence: Photo The Philadelphia Museum of Art / Art Resource (bl). 53 Mary Evans Picture Library: Interfoto / Sammlung Rauch (t). 54 The Bridgeman Art Library: (clb). 57 The Art Archive: Naval Museum Genoa / Collection Dagli Orti (t). 59 The Bridgeman Art Library: (tl). 61 The Art Archive: Bibliothè que des Arts Décoratifs Paris / Gianni Dagli Orti (tr). 62 Mary Evans Picture Library: IBL Collections (c). 64 Corbis: The Gallery Collection (br). 66 Getty Images: Science & Society Picture Library (tr). 71 Corbis: The Gallery Collection (tr). 72-73 Science Museum / Science & Society Picture Library: (c). 72 akg-images: Michael Teller / National Maritime Museum (cl). Dorling Kindersley: (cla). National Maritime Museum, Greenwich, London: (bl). Science Museum / Science & Society Picture Library: (bc, br). 73 Dorling Kindersley: Hellenic Maritime Museum (bl). Imaginechina: Cheng jiang (bc). National Maritime Museum, Greenwich, London: (tr, cr, br). 74 Corbis: The Gallery Collection (bl).
76 Getty Images: G. Dagli Orti / De Agostini.
80-81 Photo SCALA, Florence: White Images. 83 Science Photo Library: Patrick Landmann (b). 84 Getty Images: G. Dagli Orti / De Agostini (br). 86 The Bridgeman Art Library: Royal Geographical Society, London, UK. 89 Getty Images: Theodore de Bry / The Bridgeman Art Library (t). 91 akg-images: (tr). 92-93 akg-images: British Library.
95 The Art Archive: Biblioteca Nacional Madrid / Gianni Dagli Orti (b). 96 The Art Archive: Museo Ciudad Mexico / Gianni Dagli Orti. 98-99 Getty Images: Apic / Hulton Archive. 100 The Art Archive: Museo Ciudad Mexico / Gianni Dagli Orti (tl). 102 Corbis: Werner Forman (tr). 105 Mary Evans Picture Library: (bl). 106 Alamy Images: Gianni Dagli Orti / The Art Archive (t). 111 National Maritime Museum, Greenwich, London: Caird Collection (tl). 112 The Art Archive: Plymouth Art Gallery / Eileen Tweedy (clb). 114 Getty Images: G. Dagli Orti / De Agostini. 116 National Maritime Museum, Greenwich, London: (c). 119 Alamy Images: North Wind Picture Archives (tl). 121 Corbis: Peter

Harholdt (t). 122 Photo SCALA, Florence: British Library board / Robana. 124-125 The Bridgeman Art Library: Photo © Bonhams, London, UK (c). 124 The Art Archive: Private Collection Italy / Collection Dagli Orti (bc). The Bridgeman Art Library: Photo © Bonhams, London, UK (br). John Hamill: (cla). Dorling Kindersley: National Maritime Museum, London: (crb); Caird Collection (cl). 125 Dorling Kindersley: National Maritime Museum, London (tr, cr). National Maritime Museum, Greenwich, London: (cb); Caird Collection (clb). 126 Mary Evans Picture Library: (bl). 127 Getty Images: Andries Beeckman / The Bridgeman Art Library (t). 132-133 The Bridgeman Art Library: British Library, London, UK (b). 134-135 Museum of London: (b). 134 National Maritime Museum, Greenwich, London: Caird Collection (cl). 138 National Maritime Museum, Greenwich, London: (t). 141 Alamy Images: AAA Photostock (bl). 142-143 The Bridgeman Art Library: Peter Newark Pictures. 146 akg-images: North Wind Picture Archives (bl). 147 National Maritime Museum, Greenwich, London: (br). 148 Getty Images: English School / The Bridgeman Art Library (t). 150-151 The Bridgeman Art Library: Michael Graham-Stewart. 153 © Royal Geographical Society: (tl). 154 National Maritime Museum, Greenwich, London: Greenwich Hospital Collection (br). 156-157 Getty Images: Universal Images Group (b). 159 The Bridgeman Art Library: (tl). 160 National Maritime Museum, Greenwich, London: (b). 162-163 National Maritime Museum, Greenwich, London: Adams Collection (c). 162 National Maritime Museum, Greenwich, London: Sir William Lawrence collection. 165 Corbis: PoodlesRock (t). 166 The Bridgeman Art Library: Peter Newark Historical Pictures (bl). 168 Getty Images: Interim Archives / Archive Photos (tl). 169 National Maritime Museum, Greenwich, London: Caird Collection (br). 170-171 The Art Archive: Chateau de Blerancourt / Gianni Dagli Orti. 172 National Maritime Museum, Greenwich, London: (tl). 173 Mary Evans Picture Library: Library of Congress. 174 Getty Images: Leemage / Universal Images Group (br). 175 National Maritime Museum, Greenwich, London: (tl). 179 National Maritime Museum, Greenwich, London: (b). 180 National Maritime Museum, Greenwich, London: (bl). 182-183 National Maritime Museum, Greenwich, London: Ministry of Defence Art Collection (c). 182 National Maritime Museum, Greenwich, London: (cl). 185 National Maritime Museum, Greenwich, London: (bl). 186 National Maritime Museum, Greenwich, London: (tl). 187 National Maritime Museum, Greenwich, London: (br). 188 Getty Images: Science & Society Picture Library (b). 190 Getty Images: Science & Society Picture Library (c). 193 Alamy Images: Interfoto (br). 194 National Maritime Museum, Greenwich, London: (bl). 195 National Maritime Museum, Greenwich, London: (t). 196-197 Science Museum / Science & Society Picture Library: (b). 197 Corbis: (cra). 199 Getty Images: Imagno / Hulton Archive (t). 200 The Bridgeman Art Library: Look and Learn / Peter Jackson Collection (bl). 201 Alamy Images: Mary Evans Picture Library (tr). 204-205 Getty Images: Popperfoto. 207 Getty Images: Hulton Archive (tr). 208 U.S. National Park Service: (cla). 212-213 The Art Archive: Eileen Tweedy. 214 The Bridgeman Art Library: (bl). 218 Corbis: (t). 220-221 The Art Archive: Superstock (t). 223 The Bridgeman Art Library: Royal Geographical Society, London, UK (tr). 224 Corbis: Mathew
B. Brady Studio / Medford Historical Society Collection (bl). 226-227 Getty Images: Time & Life Pictures. 228 Barry Lawrence Ruderman Antique Maps Inc. 229 The Bridgeman Art Library: Royal Geographical Society, London,
UK (tl). 231 Mary Evans Picture Library: (tl). 233 National Maritime Museum, Greenwich, London: (b). 234 Mary Evans Picture Library: Illustrated London News Ltd (bl). 236 Science Photo Library. 237 Alamy Images: Huw Jones (tr). 238-239 National Maritime Museum, Greenwich, London. 241 Getty Images: George Eastman House / Archive Photos (tr). 242 Corbis: (tl). 243 Corbis: Lebrecht 3 / Lebrecht Music & Arts (b). 244 Getty Images: MPI / Archive Photos (t). 246-247 Corbis. 249 Getty Images: Hulton Archive (t). 250 National Maritime Museum, Greenwich, London: (tl). 252-253 National Maritime Museum, Greenwich, London:
(b). 255 The Bridgeman Art Library: Peter Newark American Pictures (tl). 256-257 National Maritime Museum, Greenwich, London: (c). 256 Getty Images: Transcendental Graphics / Archive Photos (crb). 258 Corbis: Bettmann (bl). 260 Alamy Images: Mary Evans Picture Library (t). 262 Corbis: (b). 264 Getty Images: British Library / Robana / Hulton

Fine Art Collection
(cr). 264-265 Getty Images: Dea Picture Library / De Agostini (b). 266 Corbis: Hulton-Deutsch Collection (b). 269 National Library of Australia: Keith Cameron,vn5011407 (tl). 270 The Bridgeman Art Library: Royal Geographical Society, London, UK (b). 272 Getty Images: Handout / Getty Images News (bl). 275 Getty Images: Sean Gallup / Getty Images News (tr).
276-277 Mary Evans Picture Library. 278 The Bridgeman Art Library: Cauer Collection, Germany. 280 Corbis: Bettmann (bl). 282 Corbis: Bettmann (cl). 282-283 SD Model Makers: (b). 284 The Bridgeman Art Library: Peter Newark Military Pictures. 286 The Bridgeman Art Library: © SZ Photo (b). 287 Getty Images: Hulton Archive (tr). 288 Mary Evans Picture Library: Epic / Tallandier (c). 291 Getty Images: Popperfoto (t). 292 Getty Images: Hulton Archive (b). 294-295 Alamy Images: Timewatch Images (t). 296 Dorling Kindersley: National Maritime Museum, London (cra/HMS Conqueror, clb). © The Mariners' Museum, Virginia, USA: (c/USS Bainbridge). SD Model Makers: (crb, cla). 296-297 SD Model Makers: (b). 297 Dorling Kindersley: Gary Ombler (cra). SD Model Makers: (tl, cr).
298 Alamy Images: Elk-Opid / Photo12 (bl). 299 The Art Archive: Imperial War Museum / Eileen Tweedy (tl). 300 Getty Images: New York Daily News Archive (bl). 302 Corbis: Swim Ink 2, LLC. 306-307 Getty Images: Gill / Hulton Archive. 310 Getty Images: Daily Herald Archive / SSPL (bl). 312 Getty Images: Hulton Archive (t). 314 Getty Images: Popperfoto. 316-317 Getty Images: Albert Harlingue / Roger Viollet. 319 Getty Images: Library of Congress - edited version / Science Faction (bl). 320 Getty Images: George Eastman House / Archive Photos (t). 325 Corbis: (tr). 326 Alamy Images: Coll-DITE / USIS / Photo12 (bl). 328-329 Dorling Kindersley: National Maritime Museum, London (c). 328 Bovington Tank Museum: Roland Groom (br). 329 Mary Evans Picture Library: Illustrated London News Ltd (tl). 331 Corbis: Hulton-Deutsch Collection (t). 334 Getty Images: James Lauritz / Photodisc (c). 336 Fred Koster: (bl). 337 Getty Images: Daily Herald Archive / SSPL. 338 Getty Images: Popular Science (tl). 341 Getty Images: N. V. De Arbeiderspers / Hulton Archive (tl). 343 Getty Images: AFP (br). 344-345 Corbis: Bettmann (b). 346-347 Corbis: Bettmann. 348 Corbis: (bl). 351 Getty Images: Haynes Archive / Popperfoto (tr). 352 The Kobal Collection: Turner Network Television (t). 353 Getty Images: Popular Science (br). 354 Corbis: Tui De Roy / Minden Pictures (b). 356-357 Dorling Kindersley: IFREMER, Paris (c). 356 Getty Images: Emory Kristof And Alvin Chandler / National Geographic (br). 358 Getty Images: Michael Brennan / Hulton Archive (bl). 360 Getty Images: Manchester Daily Express / SSPL (bl). 361 Corbis: Reuters (b). 362 Alamy Images: Richard Cooke (t). 365 Corbis: Adam Stoltman. 366 Alamy Images: Niday Picture Library (clb). 366-367 Getty Images: Manuel Queimadelos Alonso (bc). 368 Kos Picture Source: (tl). 370 Corbis: Roger Garwood & Trish Ainslie (tl). 371 Corbis: Adam Stoltman (br). 373 Corbis: Roy Corral (b). 375 Corbis: Sergei Karpukhin / Reuters (tl). 377 Getty Images: Natalie Fobes / Science Faction (tl). 378-379 Getty Images: Natalie Fobes / Science Faction. 380 Corbis: Alain Dejean / Sygma (b). 383 Dietmar Hasenpusch Photo-Productions: (t). 385 Press Association Images: L. Todd Spencer / AP (tr). 386-387 Corbis: Benoit Stichelbaut / Hemis / Terra

Jacket images: Front and Back: Dreamstime.com: Joseph Gough (UK PLC); Front: Corbis: Ocean cb, crb; National Maritime Museum, Greenwich, London; Back: Alamy Images: Gianni Dagli Orti / The Art Archive cla, Enno Kleinert / dieKleinert tc; The Bridgeman Art Library: tr; Corbis: Ocean cb, Adam Stoltman cra; Getty Images: G. Dagli Orti / De Agostini ca; The Kobal Collection: Turner Network Television tl; Front Flap: Corbis: Ocean cb; Back Flap: Corbis: Ocean cb



地图：

本书地图系原书插附地图，均为有选择性标注的特写地图。只应用于一般性参考，并不包括全部地理信息。

换算

航海长度单位未换算；载重量与排水量均以英制长吨计算。